Illustrierte

KANINCHEN- & NAGETIERE-ENZYKLOPÄDIE

Esther Verhoef

Illustrierte

KANINCHEN & NAGETIERE

ENZYKLOPÄDIE

DÖRFLER

FAUNA & FLORA

Übersetzung aus dem Holländischen: Stefanie Menzel

Im Internet finden Sie unser Verlagsprogramm unter:
www.edition-doerfler.de

Inhalt

Vorwort

Die vorliegende Enzyklopädie vermittelt alles Wissenswerte über die bekanntesten Nagetiere, wie Meerschweinchen, Chinchillas, Hausratten und -mäuse, Degus, Streifenhörnchen sowie verschiedene Hamsterarten und Rennmäuse. Außerdem ist ein beträchtlicher Teil des Buches über 60 unterschiedlichen Kaninchenzüchtungen gewidmet. Neben art- oder rassespezifischen Eigenschaften werden auch Pflege, Unterbringung und Zuchtmöglichkeiten beschrieben. Insbesondere die vielen hervorragenden Fotos machen diese Enzyklopädie zu einem einzigartigen Nachschlagewerk. Ein Buch, das Ihnen Antworten gibt auf die Frage, ob ein Nagetier, das Sie im Auge haben, hinsichtlich Charakter und Ansprüchen zu Ihnen passt oder nicht. Auch wenn Sie einfach nur neugierig sind auf die vielen Züchtungen, Farb- und Fellvarietäten in der Welt der Kaninchen, wird dieses Buch Ihren Wissensdurst stillen. Vielleicht haben Sie aber auch schon ein oder zwei Nager zu Hause und möchten mehr über deren Verhalten, Fortpflanzung und Herkunft lernen. Falls all das ein wenig auf Sie zutrifft, haben Sie mit diesem Buch eine gute Wahl getroffen. Allerdings ist diese Enzyklopädie nicht als Handbuch für Züchter oder Juroren gedacht, denn es ist bei der großen Zahl aller hier erwähnten Tiere und Züchtungen nicht möglich für jedes behandelte Tier den genauen Rassestandard aufzunehmen, denn dieser kann von Land zu Land stark variieren. Er ist außerdem nicht unumstößlich, sondern wird Entwicklungen und wechselnden Ansprüchen angepasst. Sie als Leser sollen den bestmöglichen Überblick über die enorme Vielfalt der Nagetiere in aller Welt erhalten. Beschreibungen der durchschnittlichen Größe, des Gewichts, der Farben und Fellvarianten werden ergänzt durch Hinweise auf landestypische Unterschiede, nicht zuletzt hinsichtlich der Anerkennung bestimmter Züchtungen. Wenn Sie an einer ganz bestimmten Art oder Züchtung interessiert sind, können Sie den nationalen Rassestandard beim zuständigen Zuchtverein erfragen.

Es war für mich ein großes Vergnügen fast alle der hier abgebildeten Tiere live zu erleben. Die Zusammenarbeit mit diesen Tieren und besonders auch mit ihren Züchtern war eine einmalige Erfahrung. Ich bin allen vierbeinigen Modells außerordentlich dankbar, dass sie so geduldig vor meiner Linse posiert haben. Niemals wären die Fotos jedoch ohne die tatkräftige Mitwirkung der Züchter und Besitzer zustande gekommen. Menschen, die all ihre Freizeit mit einem Lächeln für die Pflege und Erhaltung der von ihnen auserkorenen Tierarten opfern. Mein besonderer Dank gilt auch denen, die mit Einsatz und Enthusiasmus an der inhaltlichen Gestaltung dieser Ausgabe mitgearbeitet haben. Ich hoffe von ganzem Herzen, dass diese aufwändige Enzyklopädie, die ich selbst mit Begeisterung verfasst habe, jeden Leser mitreißt und inspiriert.

Esther J. J. Verhoef-Verhallen

Links: *Degu*

AGRICULTURAL SOCIETY
LEY SHOW 14th August 1963
THE LONDON MOUSE CLUB
MONTHLY SHOW
RICT
19
PRIZE
Driffield Agricultural Society
Fur and Feather Open Sho
Wednesday, July 29th, 1953
ouse Club
City
ciety
TH P
RAL SOCIET
FIRST
Class 419
No. 230
No. of Entries 9
Sec.: J. JENKINSON
HOW 1953
ADFORI H. SHO
958
43 Pen No. 498 No. of Entries 4
Kellett
Ring No.
DIVISION
Y MOUSE CLUB
CLUB
22

1. Einleitung

Nagetiere

Nagetiere *(Rodentia)* gibt es bereits seit dem Paläozän (seit ca. 60 Millionen Jahren). Sie bilden die umfangreichste Ordnung der Säugetiere. Mit fast 3000 Arten sind sie in allen Biotopen (mit Ausnahme der Meere) verbreitet. Man findet Nagetiere in allen Erdteilen, denn sie haben sich perfekt an die unterschiedlichsten Klimate und Umweltbedingungen angepasst.

Die wichtigsten Merkmale der Nagetiere

Gebiss

Kennzeichnend für die Ordnung der Nagetiere ist das außergewöhnliche Gebiss. Ein hervorstechendes Merkmal sind unter anderem die ausgeprägten Schneidezähne (Nagezähne), die ein Leben lang wachsen, auch wenn das Tier schon erwachsen ist.
Deshalb müssen Nagetiere nagen. Dadurch nutzen sich ihre Schneidezähne genau in dem Maß ab, in dem sie nachwachsen. Manchmal gibt es jedoch Probleme. Entweder ist ein Zahn abgebrochen oder das Gebiss ist so angelegt, dass die Zähne nicht genau aufeinander passen. Zähne, die ins Leere beißen, schleifen sich nicht ab und wachsen unaufhaltsam weiter. Es wird für das Tier schwierig – oft sogar unmöglich – zu fressen und zu trinken.
In der Natur stirbt solch ein armes Geschöpf, bei einem geliebtem Heimtier hingegen kann der Tierarzt durch Kürzen der Zähne Abhilfe schaffen. Allerdings wachsen die Zähne immer wieder nach, sodass der Besitzer eines solchen Tiers mehrmals pro Jahr einen Tierarzt konsultieren sollte. Für jedes Nagetier ist es also lebensnotwendig, dass Ober- und Unterkiefer gut aufeinander passen.
Ein weiteres Charakteristikum des Nagetiergebisses ist eine große Zahnlücke, die durch das Fehlen von Eck- und Vormahlzähnen entsteht.

Sprichwörtliche Fruchtbarkeit

Von einigen wenigen Ausnahmen abgesehen, werden Nagetiere nicht besonders alt. Viele kleine Nagetiere leben nur ein oder zwei, im Höchstfall drei Jahre, aber dann sind sie wirklich alt.
Die meisten frei lebenden Nagetiere erreichen dieses Alter nicht, denn vor allem kleinere Nager sind eine schmackhafte Beute für verschiedene kleine und große Räuber. Sie stehen auf dem Speisezettel vieler Greifvögel, hunde- und katzenartiger Raubtiere, aber auch einiger Reptilienarten. Für kleine Nagetiere ist die Welt voller Gefahren. Sie können sich kaum wehren. Zwar haben sie wirklich scharfe Zähnchen, mit denen sie aber gegen einen Feind, der viel größer ist als sie selbst, nichts ausrichten.

Links: *Diese hübsche Siammaus hat schon viele Preise gewonnen.*

Junges dreifarbiges Meerschweinchen

Eine typische Eigenschaft kleinerer Nagetiere ist, dass sie sich in Windeseile fortpflanzen können.

Doch ganz hilflos sind die kleinen Nager nicht. Neben einer gehörigen Portion Wachsamkeit und Intelligenz haben sie noch eine andere „Waffe“ gegen die harte und erbarmungslose Natur. Ihre große Individuenzahl!

Zahme Ratte in der ursprünglichen Agoutifarbe

Bei zahmen Ratten sind die Männchen wesentlich größer als die Weibchen.

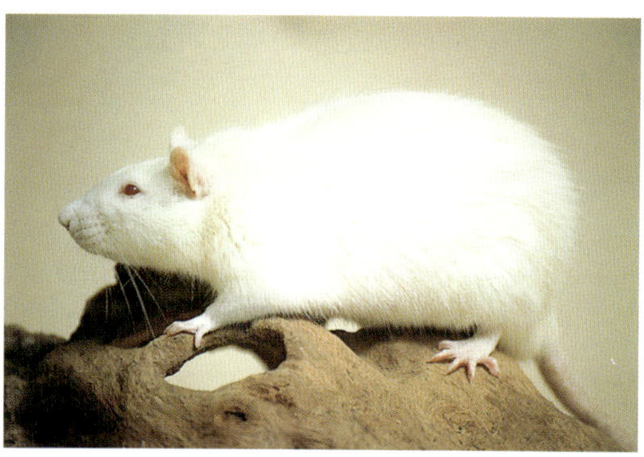

Zwei Wochen alte Weiße Farbmaus

Die meisten kleinen Nagetiere sind schon sehr früh geschlechtsreif – es gibt beispielsweise Goldhamster, die schon mit fünf Wochen sexuell aktiv werden. Hinzukommt, dass die Zyklen bei den meisten kleinen Nagern extrem kurz sind. Mäuseweibchen können zum Beispiel gleich nach der Geburt wieder gedeckt werden. Oft sind sie schon wieder trächtig, während sie den ersten Wurf noch säugen. Dieser rasante Fortpflanzungszyklus ist für die Erhaltung der Art entscheidend: Wenn sich die Tiere nicht so schnell vermehren könnten, wären viele Arten schon vor langer Zeit ausgestorben.
Ein weiterer Vorteil ist, dass kleine Nagetiere relativ große Würfe haben. Vor allem zahme Ratten und Mäuse. Ein Wurf mit zehn oder 20 Jungen ist bei diesen Tierarten zwar keine Seltenheit, meistens sind es jedoch weniger. Die Jungen entwickeln sich enorm schnell.

Nachtaktivität

Die meisten Nagetiere sind vor allem nachts, am späten Nachmittag oder am frühen Abend aktiv. Tagsüber verbringen sie die meiste Zeit schlafend und werden nicht gern geweckt. Dies hat insbesondere mit ihrer Schutzlosigkeit zu tun, denn tagsüber sind die meisten Raubtiere aktiv – schließlich spüren sie ihre Beute leichter im Hellen auf.
Viele Nagetiere, die im Haus gehalten werden, behalten ihren natürlichen Lebensrhythmus

Syrischer Goldhamster: Oben gelb, unten gold

Langhaariges Meerschweinchen, rotbunt

bei. Ein Teil dieser Nagetiere, darunter auch viele Hamsterarten, ist deshalb für kleine Kinder als Heimtier nicht geeignet, denn diese Tiere sind nachts am aktivsten. Mit ihrem geschäftigen Geraschel stören sie die Kinder beim Schlafen, wenn der Käfig im Kinderzimmer steht.

Nicht alle Nagetiere sind Dämmerungs- oder Nachttiere. Viele Eichhörnchenarten oder auch Meerschweinchen sind den ganzen Tag über munter. Es gibt auch Nager mit einem unregelmäßigen Rhythmus. Sie schlafen ein wenig, sind dann wieder ein Stündchen wach, um anschließend etwas zu dösen. Der Dshungarische Zwerghamster ist hier ein gutes Beispiel.

Domestikation

Vom Nagetier zum Heimtier

In dieser Enzyklopädie kommen viele Nagetiere vor, doch liegt die Betonung auf den Arten, die häufig als Heimtiere gehalten werden. Es gibt verschiedene Möglichkeiten, den Begriff Heimtier zu definieren.

Die meisten Menschen verstehen unter einem Heimtier ein Tier, das zahm ist, das also zum Beispiel nicht beißt, wenn man es anfasst, und das sich bereitwillig streicheln lässt. Diese Menschen denken an Hamster, Rennmäuse, Meerschweinchen und Hausmäuse. Dies sind domestizierte Tiere. Das heißt, sie sind bereits so an den Menschen gewöhnt, dass sie sich

Nacktmäuse

zum Heimtier entwickelt haben. Meistens sind sie so sehr von der täglichen Fütterung abhängig, dass sie sich in freier Wildbahn nicht selbst versorgen könnten. Oft gibt es bei diesen Tieren verschiedene Fellstrukturen und -farben, eine der Folgeerscheinungen der Domestikation. Man denke hierbei zum Beispiel an langhaarige Züchtungen, denen die Haare, müssten sich die Tiere ihr Futter selbst suchen, nur hinderlich wären, oder an Nacktmäuse, die harte Winter in der Natur nicht überleben würden. Auch diverse, in Gefangenschaft entstandene Färbungen reduzieren die Überlebenschancen eines Tiers in freier Natur: Mit den bunten Farben fällt es im Gebüsch oder Gras sofort auf, was für seine Feinde natürlich von Vorteil ist.

Nicht nur das Äußere, sondern auch Fortpflanzungs- und Sozialverhalten sowie die Nahrungsaufnahme weichen bei domestizierten Tieren im Lauf der Zeit immer mehr von den ursprünglichen artspezifischen Verhaltensmustern ab. Der Domestikationsprozess ist für das Tier – solange es als Heimtier gehalten wird –

Dickschwanzmaus

Negev-Rennmaus

Degu

allerdings nicht von Nachteil und auch nicht auf Nagetiere beschränkt. Man braucht nur an die vielen Hunderassen, die domestiziert wurden, zu denken. Sie haben mit ihrem Urahn, dem Wolf, kaum mehr etwas gemeinsam. Auch Nutztiere wie Milchkühe und Fleischrinder, sind nicht auf ein eigenständiges Leben ohne Versorgung durch den Menschen eingestellt.

Domestizierte Tiere haben sich an ein Zusammenleben mit dem Menschen angepasst. Deshalb hat der Mensch auch die Verantwortung, für seine Tiere so gut wie möglich zu sorgen, denn sie können nie mehr in die Freiheit zurück.

Nicht domestizierte Nagetiere

Es gibt auch Nagetiere, die nicht domestiziert sind, aber trotzdem als Heimtier gehalten werden. Hierzu zählen zum Beispiel das Sibirische Streifenhörnchen und die Stachelmaus. Verschiedene Tiere aus dieser Gruppe werden in den nächsten Jahrzehnten vermutlich den glei-

Europäische Zwergmaus

Sibirisches Streifenhörnchen

chen Weg beschreiten, den vor ihnen schon Goldhamster, Meerschweinchen und Farbmäuse genommen haben – sie werden domestiziert werden.

Einige dieser Tierarten weisen inzwischen bereits auffällige Unterschiede zu ihren Artgenossen in freier Wildbahn auf. Sie sind zum Beispiel oftmals wesentlich stressanfälliger als ihre frei lebenden Artgenossen.

Nicht alle Tiere lassen sich vollkommen domestizieren. Einige passen sich bis zu einem gewissen Punkt an die neuen Lebensumstände an. Manche lernen sogar, aus der Hand zu fressen oder lassen sich ab und zu streicheln. Aber die Haltung solcher Tiere sollte wegen der speziellen Ansprüche und Fressgewohnheiten erfahrenen Spezialisten vorbehalten bleiben. Sie ist nicht zu vergleichen mit der Haltung einer Farbmaus oder eines Meerschweinchens.

Man muss sich darüber im Klaren sein, dass solche Exoten nicht die gleiche Anhänglichkeit und Zuneigung zeigen wie domestizierte Tierarten. Die Tiere werden nicht so zahm, auch wenn sie von klein auf regelmäßig in die Hand genommen und gefüttert werden. Dem echten Liebhaber ist das auch nicht wichtig. Er findet es viel schöner, dem Tier eine möglichst artgerechte Umgebung zu gestalten und sein natürliches Verhalten zu beobachten.

Die Haltung nicht domestizierter Nagetiere ist wirklich interessant, verlangt vom Tierfreund aber auch viel Verständnis und Wissen. Ein solches Tier sollte keinesfalls die erste Anschaffung sein. Anfänger können es ohne fachkundige Anleitung nicht versorgen. Wenn Sie Interesse an einem derartigen Nagetier haben, sollten Sie sich in jedem Fall an einen Verein wenden und ausführlich beraten lassen.

Die Anschaffung eines Nagetiers

Ein neuer Freund

Bevor man sich ein Tier anschafft, sollte man sich darüber klar werden, ob man nur ein Heimtier möchte oder ob man das Tier auf Ausstellungen präsentieren und mit ihm eine Zucht aufbauen will. Wenn die Wahl auf ein exotisches Nagetier fällt, kann man auf diese Überlegung verzichten, denn solche Tiere werden nicht prämiert. Wenn man sich jedoch eine Farbmaus, eine zahme Ratte, einen Goldhamster oder ein Meerschweinchen anschaffen möchte, ist die Entscheidung in jedem Fall von Belang.

Die Standards für Ausstellungstiere sind sehr hoch, was auch für Zuchttiere gilt. In solch

Rennmaus

einem Fall sollte man am besten mit einem Züchterverein Kontakt aufnehmen, in dem sich jemand mit der gewünschten Rasse auskennt, damit ein geeignetes Tier gekauft werden kann. Von Vorteil ist es, zunächst einmal verschiedene, größere Tierbörsen zu besuchen, um sich möglichst viele Tiere anzuschauen. Sprechen Sie mit so vielen Züchtern wie möglich und versuchen Sie herauszufinden, welche Qualitäten zur Prämierung führen. So bekommen Sie langsam aber sicher einen besseren Überblick und sind gut vorbereitet für das weitere Vorgehen.
In dieser Enzyklopädie werden die verschiedenen Farb- und Fellvariäteten und auch der gewünschte Körperbau von Nagetieren und Kaninchen behandelt. Es kann jedoch vorkommen, dass eine Farbe oder Varietät auf nationaler Ebene nicht anerkannt ist. Auch wenn Ihr Herz vielleicht an einer solchen Farbe hängt, ist es ratsam, zunächst mit einer anerkannten Varietät zu beginnen, denn nur solche dürfen an Ausstellungen teilnehmen. Adressen von diversen Vereinigungen sind auf Seite 315 dieser Enzyklopädie aufgeführt.

Chinchilla in der Standardfarbe

American Crested (Schopf-Meerschweinchen), schwarz

Junge Rex-Meerschweinchen

Für Goldhamster ist ein Käfig mit horizontalen Streben eine gute Wahl, da die Tiere sehr gerne klettern.

Der Nager als Heimtier

Wenn man einen Nager nur als Heimtier halten möchte, fällt die Anschaffung nicht schwer. Hat ein Tier einen oder zwei Flecken zu viel oder zu wenig oder entspricht sein Körperbau nicht ganz dem Ideal, sollte Sie das nicht vom Kauf abhalten. Vielleicht machen gerade diese Schönheitsfehler den Charme Ihres neuen Mitbewohners aus.
Solch ein Tier bekommt man in der Zoohandlung, man kann aber auch zu einem erfahrenen Züchter gehen. Züchter führen nicht nur perfekte Tiere, sondern auch manchen Wurf mit „fehlerhaften" Tieren, für die sie ein neues

Zuhause suchen. Vorteilhaft am Kauf direkt beim Züchter ist, dass man mehr über die Abstammung des Tiers erfährt. Die Elterntiere sind oft auch anwesend. Außerdem weiß man dann, unter welchen Bedingungen das Tier aufgewachsen ist und an welches Futter es gewöhnt ist.
Unabhängig davon, ob Sie ihr neues Heimtier bei einem seriösen Züchter oder in einer Zoohandlung erwerben, sie sollten eines unbedingt beachten: Meiden Sie kommerziell eingestellte Züchter. Mäuse und Ratten werden bei solchen Züchtern in großem Stil als Schlangenfutter gezüchtet. Es liegt auf der Hand, dass es diesen Züchtern nicht auf schöne, gesunde Tiere ankommt, sondern hier allein die Masse zählt. Solche Zuchttiere werfen in kurzen Abständen und haben kaum Zeit sich zwischen zwei Würfen zu erholen. Die Muttertiere haben in solchen Zuchtanstalten keine Möglichkeit, sich um ihre Nachkommen zu kümmern, was sich natürlich in der Kondition der Jungen widerspiegelt. Jungtiere aus solchen „Fabriken" bereiten ihrem neuen Besitzer nichts als Verdruss, sind körperlich wenig fit und sterben meist frühzeitig. Sie sollten sich die Mühe machen, sich selbst über die Herkunft des Tiers, das Sie im Auge haben, zu informieren. Kaufen Sie nur bei einem vertrauenswürdigen Züchter.

Etwas älterer Dshungarischer Zwerghamster

Agoutifarbenes Merrschweinchen mit Rexfell

Zuchtmeerschweinchen mit Russenzeichnung

Gängiger Mäusekäfig

Der Kauf

Beim Kauf eines Nagetiers, insbesondere wenn es für ein Kind gedacht ist, sollte man darauf achten, dass es sich um ein junges Tier handelt, das problemlos zu zähmen ist. Ältere Nager lassen sich manchmal zwar auch noch zähmen, dies ist dann jedoch wesentlich schwieriger. Von der Anschaffung allzu junger Tiere ist allerdings abzuraten. Wenn die Jungen zu früh von der Mutter getrennt wurden, entwickeln sie oft Verhaltensstörungen und sind häufig noch zu schwach und zu wenig entwickelt, um ohne die Mutter zurechtzukommen. Wenn Sie in diesem Punkt unsicher sind, nehmen Sie jemanden mit, der sich auskennt, oder kaufen Sie Ihr Nagetier bei einem renomierten Züchter.

Jungtiere dürfen niemals zu früh von der Mutter getrennt werden.

Man muss beim Kauf auch auf die Länge und Stellung der Schneidezähne achten. „Stoßzähne" kommen bei Nagetieren häufig vor. In diesem Fall passen die Schneidezähne nicht aufeinander und schließen nicht. Die Zähne wachsen, wenn man nicht rechtzeitig eingreift, so lange weiter, bis sie das Gebiss blockieren und das Tier nicht mehr fressen kann. Zwar kann der Tierarzt oder ein geübter Züchter solche Zähne regelmäßig schneiden, doch wird es immer ein Problem bleiben, das nicht dauerhaft behoben werden kann. Tiere mit einer solchen Anomalie sollte man selbstverständlich niemals zum Züchten verwenden.

Es ist außerdem wichtig, den Gesundheitszustand des Tiers zu überprüfen. Es muss parasitenfrei sein und ein weiches, glänzendes Fell ohne kahle Stellen oder Schorf haben. Ausfluss aus der Nase oder den Augen ist natürlich im-

Bleiche Rennmaus

Degus sind äußerst neugierig.

Goldhamster

Maushamster

Campbelli-Zwerghamster, wildfarben

Goldhamster, silbersepiafarben

mer verdächtig. Auch Tiere mit Darmproblemen sind ungeeignet. Abgesehen davon weisen ein krummer Rücken, haarendes Fell und Schwellungen an Beinen und Pfoten stets auf Anomalien hin.

Das Tier sollte gut proportioniert sein – nicht zu dick nicht zu dünn – und einen lebendigen Eindruck machen.

Der Heimtransport

Sie sollten Ihr neues Heimtier immer so vorsichtig wie möglich transportieren. Denken Sie daran, dass viele Nagetiere ihrem Namen alle Ehre machen und sich in kürzester Zeit durch Lagen von Papier oder Pappe knabbern. Vor allem Hamster, zahme Ratten, Degus und Mäuse sind hier wahre Meister. Meerschweinchen sind in dieser Hinsicht weniger problematisch.

Es lohnt sich immer, eine stabile Transportkiste anzuschaffen oder selbst zu bauen. Sie werden das Tier hin und wieder transportieren müssen, beispielsweise auf eine Ausstellung oder zum Tierarzt. Dafür ist solch eine prakti-

sche Box aus Holz oder Metall, abgedeckt mit fester, feinmaschiger Gaze, eine gute Investition.
Es gibt im Handel auch durchsichtige Transportboxen aus Plastik mit dickem weißem oder buntem Deckel, kleinen Löchern und einer Klappe. Diese Boxen sind nicht teuer und ideal für kleine Nager, wie Ratten, Mäuse und Hamster.

Kupferfarbener Goldhamster mit Satinfell

Chinchilla

Farbmaus, blau

Chinchilla im Schlafabteil

Degu

Man muss besonders darauf achten, dass es dem Tier während des Transports nicht zu kalt bzw. zu warm wird. Vor allem Hitze können die meisten Nager nicht vertragen. Sie dürfen ihr Tier niemals in der prallen Sonne im Auto stehen lassen und müssen immer für eine ausreichende Frischluftzufuhr sorgen.
Tiere, die sich nicht vertragen, darf man auf keinen Fall zusammen in einen Käfig setzen, auch nicht für kurze Zeit, denn es könnte zu ernsthaften Auseinandersetzungen kommen.
Legen Sie großzügig Heu in die Transportbox oder den Käfig, damit sich das Tier verkriechen kann und sich sicher fühlt. Das Heu hat außerdem den Vorteil, dass das Tier während des Transports gut gepolstert und somit geschützt ist, falls Sie einmal scharf bremsen müssen. Wenn der Transport länger dauert, müssen Sie Ihrem Nager etwas Futter in das Transportbehältnis legen. Das hat auch den Vorteil, dass das Tier während der Fahrt beschäftigt ist.

Züchten

Vorüberlegungen

Bevor man mit der Zucht beginnt, sollte man einige Fragen klären. Die wohl wichtigste Frage ist: Welches Ziel verfolge ich mit der Züchterei? Aus finanziellen Gründen zu züchten, ist in den seltensten Fällen Erfolg versprechend. Unterbringung, Futter und Pflege der Tiere kosten viel Geld. Der Verkauf der Nagetiere kann mit etwas Glück oftmals nur diese Kosten decken. Steckt man die Tiere, um die Kosten zu senken, in billige Käfige, macht seltener sauber und gibt ihnen qualitativ minderwertiges Futter, so wird sich dies sofort auf die Aktivität und die Gesundheit der Tiere und ihrer Nachkommen auswirken.
Züchten sollte nur als Hobby gesehen werden, wobei man jedoch bedenken muss, dass es nicht immer einfach ist, seine Jungtiere unterzubringen. Es ist beispielsweise wirklich schwierig ein gutes Zuhause für Mäusemännchen zu finden, da sie einen unangenehmen Geruch verströmen. Auch für zahme Ratten findet man nicht immer einen Liebhaber. Am besten treten Sie einem Verein bei, dann kön-

Meerschweinchenstall

Ein prächtiger Goldhamsterwurf. Aber wohin mit den Tieren, wenn sie größer werden?

Glatthaar-Meerschweinchen, silberagoutifarben,

nen Sie untereinander Tiere austauschen. Sie müssen sich auch darüber im Klaren sein, dass für Tiere, die nicht dem Rassestandard entsprechen, kaum jemand in der Welt der Aussteller und Züchter ein Herz hat.

Bevor man sich entschließt, zu züchten, muss man sicherstellen, dass man für die Tiere, die man nicht selbst behalten kann, ein neues Zuhause findet. Sie können in Tierhandlungen nachfragen, ob man Ihnen Tiere abnimmt. In der Regel werden Jungtiere für den Verkauf bevorzugt. An älteren Tiere, die sich zum Züchten nicht mehr eignen, ist fast niemand interessiert. Um solche Tiere muss man sich selbst kümmern, bis sie an Altersschwäche sterben.

Geschichten von horrenden Summen, die manche Zuchttiere eingebracht haben sollen, sollte man nicht allzu ernst nehmen. Manche Leute reden gern und viel über ihre Erfolge, dafür aber nur ganz selten über die vielen Käfige, die sie zusätzlich anschaffen mussten, weil sie mal wieder ihre Tiere nicht verkaufen konnten.

Andere Probleme tauchen auf, wenn man eine Tierart züchten möchte, die als Heimtier noch wenig bekannt ist oder eine spezielle Pflege braucht. Solch ein Tier kann man nicht an jeden weitergeben, denn nur wenige Menschen kennen sich mit den Bedürfnissen eines solchen Tiers aus. Ein verantwortungsbewusster Züchter wird dem neuen Besitzer genau erklären, wie ein Tier zu halten ist – und vielleicht sogar Hilfe anbieten, falls Probleme auftreten.

Das Ziel des Züchtens

Das Züchten von Nagetieren ist generell ein schönes und faszinierendes Hobby. Die größte Befriedigung liegt darin, Tiere zu züchten, die möglichst nahe an den Rassestandard herankommen. In diesem Fall ist man nicht nur damit beschäftigt, Tiere zu vermehren – was

Siammaus mit Satinfell

Syrischer Goldhamster in der Originalfarbe Gold

wenig problematisch ist –, sondern man versucht auch, Rassen zu verbessern. Wenn Letzteres der Fall ist, sollte man sich am besten auf ein oder zwei Rassen spezialisieren. Um Inzucht zu vermeiden, braucht man mehrere leicht unterschiedliche Zuchtlinien, die miteinander nicht oder nur entfernt verwandt sind. Wenn man mehrere Rassen gleichzeitig züchten möchte, muss man bedenken, dass es Platz- und Zeitprobleme geben kann und dass letztlich auch die finanziellen Möglichkeiten immer eine Rolle spielen.

Die bestmöglichen Tiere zu züchten, ist eine große Herausforderung. Für den wahren Nagetierliebhaber ist der Moment, in dem ihm klar wird, das ein neuer Wurf aus nahezu perfekten Tieren besteht, ein unvergleichliches Glücksgefühl. Nur erfahrene Züchter, die schon auf unzähligen Ausstellungen gewesen sind, erkennen sofort, wann sie ein solches Tier in Händen halten. Sie haben alle Rassestandards der Varietäten, die sie züchten, im Kopf und wissen genau, worauf es der Jury ankommt.

Wenn Sie mit dem Züchten beginnen, werden Ihnen zunächst noch viele Eigenschaften der Tiere entgehen. Ein Grund mehr sich einem Verein anzuschließen und seine Zuchttiere mit ihren Nachkommen möglichst oft auf Ausstellungen zu zeigen. Auf diese Art und Weise kann man von den Preisrichtern erfahren, wie die eigenen Tiere einzuschätzen sind und worauf man beim weiteren Züchten besonderes achten muss.

Außerdem macht man die Bekanntschaft mit anderen Züchtern und sieht viele Exemplare der eigenen Zuchtrasse. So erwirbt man sich einen tieferen Einblick und grundlegende Kenntnisse von einer Rasse oder Art.

Aufgrund der Tatsache, dass die große Gruppe der Nagetiere aus so vielen verschiedenen Arten besteht und jede Art spezielle Fortpflanzungsgewohnheiten hat, sind hier bezüglich der Züchtung keine allgemeingültigen Richtlinien aufgeführt. Alle nötigen Informationen finden Sie unter der jeweiligen Tierart.

Goldhamster, orangegescheckt

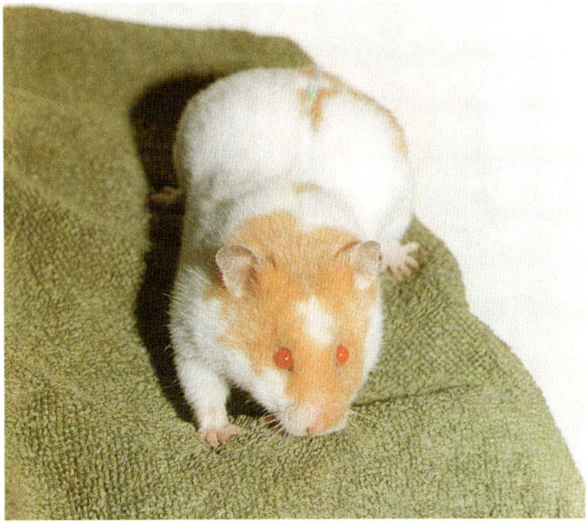

Kaninchen

Ein Kaninchen ist kein Nagetier

Der Unterschied zwischen Kaninchen und Nagetieren

Der Laie bezeichnet Kaninchen oftmals als Nagetiere, obwohl sie eigentlich zu einer ganz anderen Säugetierordnung, den Hasentieren *(Lagomorpha)*, gehören. Tatsächlich gibt es einige Gemeinsamkeiten zwischen Kaninchen und Nagetieren: Kaninchen haben ebenfalls Schneidezähne, die nachwachsen, außerdem weisen sie die typische Lücke vor der Backenzahnreihe auf und sie haben wie die meisten Nagetiere bei der Geburt noch kein Fell. Kaninchen entwickeln sich aber in Windeseile zu ausgewachsenen Tieren.
In dieser Hinsicht bilden die von Experten als Nagetiere bezeichneten Meerschweinchen und Chinchillas bemerkenswerte Ausnahmen. Bei diesen beiden Tierarten kommen die Jungen nach einer relativ langen Tragzeit mit vollem Haarkleid zur Welt. Sie werden zwar anfangs gesäugt, laufen aber bald schon herum und fressen. Das letzte Wort ist bei Meerschweinchen und Chinchillas noch nicht gesprochen. In Fachkreisen wird weiterhin diskutiert, ob es sich bei diesen Tierarten um Nagetiere handelt oder nicht.
Was Kaninchen und Hasen betrifft, konnte diese Diskussionen vor einiger Zeit beendet werden, denn Fossilienfunde haben belegt, dass sich Hasen- und Nagetiere stammesgeschichtlich vollkommen unabhängig voneinander entwickelt haben. Man erkennt bei diesen Funden zum Beispiel grundsätzliche Unterschiede im Bau des Schädels und des Gebisses, die auf einen völlig getrennten Ursprung von Hasen und Nagetieren zurückzuführen sind. Aufgrund dieser Erkenntnisse zählt man Hasen und Kaninchen heute zur Familie der Hasenartigen *(Leporidae)*, die wiederum drei Unterfamilien bildet: die Urhasen *(Palaeolaginae)* und die Althasen *(Archaeolaginae)*, die beide bereits ausgestorben sind, und die Hasenartigen im engeren Sinn *(Leporinae)*. Diese Unterfamilie umfasst mehrere Gattungen zum Beispiel die Gattung Altweltliche Wildkaninchen *(Oryctolagus)*, zu der auch das Europäische Wildkaninchen *(Oryctolagus cuniculus)* gehört, von dem es zwar nur eine Art gibt, von der jedoch alle Rassen des Hauskaninchens abstammen.
Neben den bisher beschriebenen Faktoren sind auch die Unterschiede bei der Fortpflanzung sehr interessant. Hasen werfen in einem geschützten Versteck, nicht in einem richtigen Bau. Genau wie bei Meerschweinchen und Chinchillas sind die Jungen voll ausgebildet, behaart und Nestflüchter, die früh damit beginnen, unter Aufsicht der Mutter selbstständig zu fressen.
Kaninchen haben eine sehr kurze Tragzeit. Sie dauert nur 28 bis 31 Tage. Die Jungen kommen in einem unterirdischen Bau nackt und hilflos zur Welt. Sie sind so lange auf die Muttermilch angewiesen, bis sie nach ein paar Wochen unter dem wachsamen Auge der Häsin ihre ersten Schritte außerhalb des Baus unternehmen.
Kreuzungen zwischen Hasen und Kaninchen sind aufgrund dieser markanten Unterschiede völlig unmöglich.

Links: *Ein besonders hübscher grauer Schecke*

Kleinsilber, hasengrau

Widderzwerg, madagaskarfarben

Farbenzwerge galten immer schon als edel.

Die Anschaffung eines Kaninchens

Unterschiedliche Rassen

Es gibt viele verschiedene Kaninchenrassen, die in aller Welt in einer Vielzahl von Farben und mit unterschiedlichen Fellstrukturen gezüchtet werden. Viele Rassen gibt es bereits seit dem 19. Jahrhundert, andere sind noch ganz jung.

Kaninchenrassen kann man grob in zwei Gruppen einteilen: Rassen, die von alters her als Nutztiere gezüchtet wurden und so genannte „Schoßtiere".

Unter Nutzrassen versteht man die Tiere, die überwiegend ihres Fells, ihres Fleisches oder wegen Fell und Fleisch gezüchtet werden. So gewinnt man zum Beispiel von Angorakaninchen die begehrte Angorawolle, während Gelbe Burgunder und Neuseeländer traditionelle Fleischlieferanten sind.

Zu den Schoßtieren zählen beispielsweise Widderkaninchen, Farbenzwerge, Polen- und Hasenkaninchen. Diese attraktiven Rassen wurden ausschließlich nach optischen Gesichtspunkten gezüchtet.

Nutzen und Schönheit lassen sich aber auch verbinden: der Blaue Wiener ist hierfür ein gutes Beispiel. Er hat einen ansprechenden Körperbau, ein hübsches Fell und sein Fleisch schmeckt vorzüglich.

Manch eine Rasse, die ursprünglich wegen ihres Fells gezüchtet wurde, ist im Lauf der Zeit zum Schmusetier geworden, nachdem die Pelzindustrie kein Interesse mehr an den Tieren hatte. Das Fell war zu dünn, zu uneinheitlich oder entsprach in irgendeiner anderen Weise nicht mehr den Qualitätsansprüchen. Unter diese Kategorie fallen zum Beispiel Satinkaninchen und Rex-Kaninchen.

Standardisierung der Rassen

Die Rassestandards für Nagetiere, Mäuse, Hamster und Hausratten sind auf den Tierschauen in aller Welt nahezu einheitlich. Das Aussehen einer Hausratte beispielsweise wird in den USA nach denselben Kriterien bewertet

Angorakaninchen hat man lange Zeit nur wegen ihres Fells gezüchtet.

wie in Großbritannien oder Deutschland. Auch die Farbvorstellungen sind sehr ähnlich. Neuen Farb- und Fellvariationen wird in der Regel auf internationaler Ebene zugestimmt. Neue Farben und Arten kommen meistens aus Großbritannien oder den USA.
Bei Kaninchen sind die Rassestandards weit weniger einheitlich als bei Nagetieren. Manche Farben werden nur in ein oder zwei Ländern anerkannt. Ein Beispiel hierfür ist das Von-Beveren-Kaninchen, das in seinem Herkunftsland und in den umliegenden Ländern nur in Blau und Weiß gezüchtet wird, auf Messen in Großbritannien aber in einer Vielzahl von Farben zu sehen ist.
Es gibt Rassen, die nahezu in jedem Land gezüchtet werden, in dem es Kaninchenliebhaber gibt, wobei sich die Standards jedoch teilweise erheblich voneinander unterscheiden können. Die Rassen variieren von Land zu Land in Gewicht, Kopfform, Körperbau und Ohrlänge. In der Schweiz zum Beispiel sehen Wiener ganz anders aus als in Belgien.
Manche Unterschiede bestehen seit der ersten Züchtung einer Rasse. Die jeweilige Rasse kann sich bei deutschen, britischen und französischen Züchtern parallel je nach den speziellen Vorstellungen von Perfektion in verschiedene Richtungen entwickeln.
Diese Enzyklopädie ist so international wie möglich angelegt. Schließlich möchte man auch wissen, was die Züchter in anderen Ländern machen. Das heißt aber auch, dass Farben und Rassen gezeigt werden, die man zu Hause niemals auf einer Messe zu sehen bekommt. Sollten Sie ernsthaftes Interesse an einer Rasse oder Züchtung haben, die Sie in ihrer Umgebung nicht bekommen, wenden Sie sich an einen überregionalen Kaninchenzüchterverein. Hier werden Sie erfahren, ob die Rasse auch in Deutschland oder nur im Ausland gezüchtet wird.

Große und kleine Rassen

Die kleinsten Rassen der Welt sind Polenkaninchen und Farbenzwerge. In vielen Ländern wiegen diese Zwergkaninchen gerade mal ein Kilogramm, sie können aber auch bis zu 1,5 Kilogramm wiegen.
Zu den schwersten Rassen gehören die verschiedenen Widderrassen, die ein Mindestgewicht von 6 bis 7 Kilogramm erreichen. Die-

Französische Widder sind neben den Riesenschecken die schwergewichtigsten Kaninchen.

Widderzwerg

se Rassen sind allerdings nicht nur schwer, sondern auch groß. Deutsche Riesen, beispielsweise, messen vom Kinn bis zur Blume durchschnittlich etwa 72 Zentimeter.

Daneben gibt es mittelgroße Rassen, die 2,5 bis 5,5 Kilogramm wiegen. Zu diesen Züchtungen zählen unter anderem Kalifornier, Japaner, Alaskakaninchen und Wiener. Es gibt auch Rassen, die zwischen den mittelgroßen und den kleinen Zwergrassen stehen, wie beispielsweise Holländer, Lohkaninchen, Thrianta und Russen-Kaninchen.

Es ist nicht verwunderlich, dass kleine Rassen und Zwergrassen als Heimtiere am beliebtesten sind. Ein kleines Kaninchen braucht keinen großen Käfig, frisst wenig und ist insgesamt nicht so kostenaufwändig in der Haltung. Außerdem lässt sich ein kleines Kaninchen – besonders von Kindern – leichter auf dem Arm tragen. Ein Deutscher Riese, der ein Normalgewicht von etwa 6,5 Kilogramm erreicht, ist beinahe doppelt so schwer wie eine Katze. Wenn er dann noch anfängt zu strampeln, ist jedes Kind mit der Beaufsichtigung völlig überfordert.

Kleine Rassen finden immer ihre Liebhaber, auch wenn sie Schönheitsfehler haben und deshalb nicht auf Ausstellungen gezeigt werden können. Doch auch die Anschaffung eines größeren Tiers lohnt sich, sofern man ausreichend Platz zur Verfügung hat. Wenn dies der Fall ist, spielt es keine Rolle, ob Sie sich ein kleines oder ein großes Kaninchen anschaffen, wobei jedoch zu bedenken ist, dass die größeren Ras-

Wiener, blaugrau

Deutscher Widder, schwarzgescheckt

Sallander-Kaninchen

sen meist anhänglich, sanftmütig und sehr verschmust sind, während kleinere Rassen lebhaft, neugierig und nicht so anhänglich sind.

Charakterunterschiede

Die verschiedenen Kaninchenrassen unterscheiden sich nicht nur im Aussehen, sondern auch charakterlich. Die kleineren Züchtungen sind meistens lebhafter und temperamentvoller als die großen. Dafür sind letztere meist ausgeglichener und anhänglicher. Ein lebhaftes Wesen äußert sich darin, dass das Kaninchen oft Männchen macht, aktiv und aufmerksam ist. Leider kann solch ein Tier manchmal aber auch kaum zu bändigen sein. Es ist schwierig, den Charakter der verschiedenen Rassen richtig einzuschätzen.
Das Wesen eines Kaninchens und auch seine Eigenarten sind weitestgehend erblich. Wenn ein Züchter von einer überwiegend phlegmatischen Rasse wie den Weißen Neuseeländern nur die aktivsten und temperamentvollsten Tiere zum Züchten nimmt, wird er bald nur noch temperamentvolle Jungtiere bekommen. Auch das Gegenteil ist möglich. Der Züchter einer typischerweise lebhaften Rasse kann durch strikte Selektion und mit viel Geduld einen kompletten Stamm vollkommen ruhiger Tiere heranzüchten. Jeder Züchter hat seine Vorlieben, sodass man dieselbe Rasse oft mit sehr unterschiedlicher Wesensart antrifft. Diese Enzyklopädie beschreibt, soweit möglich, den „normalen“ Charakter der jeweiligen Rasse. Bevor Sie sich für ein Kaninchen entscheiden, sollten Sie das Tier eine Zeit lang genau beobachten, um bestimmte Wesenszüge einschätzen zu können, zum Beispiel, ob es lebhaft oder eher ruhig, zutraulich oder eher zurückhaltend ist.

Rammler oder Häsin?

Männliche Kaninchen heißen „Rammler“, weibliche werden „Häsin“ genannt. Äußerliche Unterschiede zwischen den beiden Geschlechtern werden vor allem in der Kopfform und in den Körperproportionen deutlich. Bei den meisten Rassen haben die Rammler einen grö-

Rheinische Schecke, blau

Ein Wurf Mischlinge

ßeren Kopf und dickere Backen. Der Körper der Häsinnen ist meist weniger muskulös, dafür aber ein wenig länger.
Abgesehen von diesen Äußerlichkeiten unterscheiden sich die beiden Geschlechter auch charakterlich. Rammler sind in der Regel temperamentvoller und leichter erregbar. Nur wenn eine Häsin trächtig ist oder Junge hat, ist sie reizbar. Instinktiv lässt sie sich dann weniger gefallen und kann richtig aggressiv werden, um ihren Nachwuchs zu verteidigen.

Ein oder mehrere Kaninchen

Kaninchen ziehen die Gesellschaft von Artgenossen dem Alleinsein vor. Wenn man den ganzen Tag außer Haus ist oder das Kaninchen in einem Stall oder Gehege im Freien hält, ist es besser, sich zwei Tiere anzuschaffen. Oftmals genügt es schon, wenn ein zweites Kaninchen in der Nähe ist. Man kann also zwei Tiere in getrennten Käfigen halten, vorausgesetzt sie können sich gegenseitig beobachten. Man muss bedenken, dass auch Kaninchen ihre Eigenarten haben, sodass hier unterschiedliche Charaktere aufeinander prallen können.

Wenn man zwei Kaninchen in einem Gehege halten möchte, sollte man sich am besten für zwei junge Häsinnen entscheiden, die möglichst aus einem Wurf stammen sollten. Das ist Erfog versprechender, als wenn man zwei erwachsene oder fast erwachsene Kaninchen zusammenbringt.
Zwei Rammler kann man – von seltenen Ausnahmen abgesehen – nicht im selben Stall halten, auch nicht wenn sie Brüder sind und sich gut kennen. Rammler werden sofort miteinan-

Polenkaninchen (Albino) und Farbenzwerg mit Hototzeichnung

Ein Farbenzwerg mit Holländerzeichnung sollte braune Augen haben.

Kleinsilber sind neugierige und sehr temperamentvolle Kaninchen.

der kämpfen, sobald sie geschlechtsreif sind. Einen Rammler und eine Häsin zusammen in einem Stall unterzubringen, ist nicht anzuraten. Man hat dann mit Sicherheit mehrere Würfe pro Jahr. Eine Häsin zieht sich mit ihren Jungen außerdem gerne zurück, was nicht möglich ist, wenn sie den Stall teilen muss. So kann es zu Stresssituationen und Aggressionen gegenüber dem Rammler und den Jungtieren kommen.

Die Anschaffung eines Kaninchens

Bevor man sich ein Kaninchen anschafft, sollte man sich genau überlegen, was man von seinem neuen Heimtier erwartet. Wenn man lediglich ein hübsches Schmusetier haben möchte, kann man sich beim Züchter oder in der Tierhandlung einfach das Kaninchen aussuchen, das einem am besten gefällt. Man kann sich für eine Kreuzung entscheiden oder für ein reinrassiges Kaninchen mit kleinen Schönheitsfehlern, das man auf Ausstellungen nicht präsentieren kann. Abweichungen vom Zuchtstandard sind bei einem Heimtier unerheblich,

Rotes Neuseeländerkaninchen, Rammler

Zwergkaninchen

Hauptsache das Tier ist nicht aggressiv und gesund.

Wenn man allerdings sein Kaninchen ausstellen oder eine Zucht aufbauen möchte, muss man bei der Anschaffung sorgfältiger vorgehen. Man muss dann mit einem Kaninchen beginnen, das dem jeweiligen Rassestandard möglichst genau entspricht. Solche Tiere finden sich aber nicht in einer Zoohandlung, sondern nur bei seriösen Züchtern und auf Aus-

Zwergkaninchen mit Hototabzeichen

Angorakaninchen

stellungen. Auf größeren Ausstellungen trifft man sehr viele Züchter mit ihren Tieren. Außerdem kann man dort viel über gewünschte und unerwünschte Eigenarten einer Rasse erfahren.
Ausstellungen werden im Lokalteil der Tageszeitungen angekündigt. Man kann aber auch bei den nationalen Kaninchenzüchtervereinen erfragen, wann und wo Ausstellungen stattfin-

Eine ältere Großsilberhäsin

Drei Wochen alter Französischer Widder

den. Man sollte mit möglichst vielen Züchtern sprechen, denn sie haben intensive Erfahrungen mit einer speziellen Rasse und helfen einem gerne weiter, sofern man echtes Interesse an einem Tier zeigt.
Die meisten Kaninchen in diesem Buch findet man auf Ausstellungen. Doch kann es auch sein, dass Ihre bevorzugte Farbe in Deutschland nicht gezüchtet wird oder nicht anerkannt ist. Um Enttäuschungen vorzubeugen sollten Sie zunächst bei einem nationalen Kaninchenzüchterverein nachfragen, ob eine bestimmte Züchtung oder Farbe anerkannt ist und auf Ausstellungen zugelassen wird. Adressen finden Sie auf Seite 315 dieser Enzyklopädie.

Was man bedenken sollte

Unabhängig davon, ob das Kaninchen bei einem Züchter oder in einer Zoohandlung gekauft wird, sollte man auf einige Dinge genau achten. Schließlich möchte man ein gesundes Kaninchen. Das Fell sollte weich und frei von Parasiten sein und darf natürlich keinen Schorf oder kahle Stellen aufweisen. Aus-

Junger Riesenschecke, blau

fluss aus der Nase oder den Augen ist genau wie Durchfall ein verdächtiges Anzeichen. Von solchen Exemplaren sollte man besser die Finger lassen.

Das Tier sollte gut genährt sein – nicht zu dick und nicht zu dünn – und einen lebendigen Eindruck machen. Ein weit verbreitetes Problem bei Kaninchen sind die ständig nachwachsenden „Stoßzähne". Hierbei passen die Schneidezähne oftmals nicht richtig aufeinander, wodurch sie sich nicht abnutzen. Wenn die Zähne immer weiter wachsen, kann das Kaninchen irgendwann nicht mehr fressen. Zwar kann ein Tierarzt oder ein geübter Züchter solche Zähne regelmäßig kürzen. Es ist aber lästig und kann nicht dauerhaft geheilt werden. Prüfen Sie also die Zähne des Kaninchens, bevor Sie es kaufen, und stellen Sie sicher, dass sie kräftig und gesund sind.

Nicht zuletzt spielt auch das Alter eines Kaninchens eine entscheidende Rolle. Ein Jungtier sollte niemals zu früh von seiner Mutter getrennt werden, denn solch ein Tier ist meist schwächer und anfälliger für Krankheiten, da es nicht genug Widerstandskraft aufbauen konnte. Es besteht ein großes Risiko, dass es früh stirbt. Ein Kaninchen sollte mindestens sechs Wochen bei seiner Mutter bleiben – am besten noch länger. Erst mit zehn Wochen ist es so weit entwickelt, dass es selbstständig leben kann. Wenn Sie noch wenig Erfahrung mit Kaninchen haben, kaufen Sie nur bei einem seriösen Züchter oder nehmen Sie jemanden mit, der sich mit Kaninchen auskennt. Vielleicht möchten Sie gleich ein etwas älteres Kaninchen. Vorausgesetzt, das Tier hat gute Erfahrungen mit Menschen gemacht, wird es sich schnell an die neue Umgebung gewöhnen.

Englischer Widder, schwarzbunt

Weißes Neuseeländerkaninchen

Junge Thrianta-Kaninchen

Der Transport

Für den Transport eines Kaninchens kann man eine Transportkiste bauen oder in einer Tierhandlung eine fertige kaufen. Solch eine Kiste muss stabil sein und ausreichende Belüftung bieten.

Im Gegensatz zu einem Käfig, der nie zu groß sein kann, sollte eine Transportbox eher eng sein. Schließlich verbringt das Kaninchen nicht mehrere Tage in der Box. Es ist besser, wenn das Tier seitlich gestützt wird, damit ihm beim Transport nichts passiert.

Geben Sie in die Transportkiste stets eine Lage frisches Heu, damit das Kaninchen gut gepolstert ist. Notfalls kann man auch einen Katzenkorb zum Transport verwenden.

Für eine kurze Strecke genügt ein starker Karton. Bohren Sie jedoch einige Löcher hinein, damit die Belüftung sichergestellt ist. Achten Sie vor allem darauf, dass der Karton wirklich fest zu ist. Kaninchen können sehr hoch springen.

Es versteht sich von selbst, dass man das Kaninchen keinen Extremtemperaturen aussetzt. Im Auto kann es im Sommer sehr heiß werden, was dem Tier schwer zu schaffen macht. Beschränken Sie dann den Transport

Holländischer Widderzwerg, grau

Der Transport von Kaninchen

Dieser Rheinländische Schecke inspiziert die Umgebung aus seiner Transportkiste.

auf das Nötigste und vermeiden Sie große Temperaturwechsel.

Haltung und Pflege

Unterbringung im Freien oder im Haus

Kaninchen fühlen sich im Freien äußerst wohl. Man sollte aber bedenken, dass sie zwar gut gegen Kälte, aber nicht vor Zugluft, Nässe, praller Sonne und klirrendem Frost geschützt sind. Ein Freigehege muss an einem geschützten, windstillen und schattigen Platz aufgestellt werden.
In den kalten Wintermonaten und wenn die Temperaturen im Sommer in die Höhe klettern, sollte man das Gehege in einen unbeheizten Schuppen, eine Garage oder einen Wintergarten stellen. Bringen Sie ein Kaninchen niemals aus dem kalten Schuppen in einen beheizten Raum oder umgekehrt. Das Risiko, dass das Tier diesen krassen Temperaturwechsel nicht überlebt, ist hoch. Wenn man Kaninchen in einem Schuppen unterbringt, muss man diesen gut lüften und dafür sorgen, dass ein wenig Tageslicht hineinfällt.
Kaninchen kann man aber auch in der Wohnung halten. Sie sind meist stubenrein und verbreiten keinen Geruch, vorausgesetzt, ihr Käfig wird regelmäßig gereinigt. Man kann ihnen sogar beibringen, ihr Geschäft auf einem Katzenklo zu verrichten, sodass man sie frei in der Wohnung laufen lassen kann. In diesem Fall sollte die Wohnung natürlich kaninchenfreundlich eingerichtet sein. Elektrokabel, (giftige) Zimmerpflanzen und andere, in Innenräumen mögliche Gefahrenquellen, müssen außerhalb der Reichweite des Kaninchens sein.

Kaninchenkäfige und -ställe

Im Handel sind die verschiedensten Kaninchenkäfige und -ställe für Innen- und Außenbereiche erhältlich. Zimmerkäfige gibt es in einer Vielzahl, doch man kann sie grundsätzlich in zwei Typen einteilen: Käfige mit einer Plastikschale als Boden und Maschendrahtwänden sowie Käfige, die rundherum aus Plastik sind und nur einen Maschendrahtdeckel haben. Vorteilhaft ist bei ersteren die gute Belüftung vor allem im Sommer, dafür fallen jedoch oftmals Sägespäne, Futterreste und Heu neben den Käfig. Der Hauptvorteil des geschlossenen Käfigs ist, dass die Umgebung sauber bleibt. In beiden Fällen muss man darauf achten, dass der Käfig nie in der prallen Sonne steht.
Außenkäfige und -häuser kann man in Zoohandlungen kaufen, aber jeder einigermaßen geschickte Bastler kann solch einen Holzkäfig auch selbst zimmern. Das verwendete Holz sollte sowohl gegen Feuchtigkeit als auch gegen Urin beständig sein.
Ein Kaninchenhaus sollte etwas erhöht stehen und gut isoliert sein. Das Dach muss etwas überstehen, damit es nicht in den Käfig hineinregnen kann. Ein gutes Kaninchenhaus hat außerdem ein kleines Schlafabteil.
Leider sind die meisten Fertigställe zu klein. Kaninchen, die nie die Möglichkeit haben, sich im Gras auszustrecken oder frei herumzuhoppeln, brauchen einen besonders großen Stall.
Wenn Sie Ihr Kaninchen nicht dauernd im Haus oder im Garten frei herumlaufen lassen möchten oder können, ist ein großer Auslauf ideal. Solch ein Auslauf muss unbedingt einen Boden aus Maschendraht haben, denn Kanin-

Kaninchen fühlen sich im Freien sehr wohl.

Weiße Neuseeländer sind sehr ruhig.

chen sind Weltmeister im Graben. Stellen Sie dieses Freigehege niemals in die Sonne und sorgen Sie dafür, dass ein Teil des Geheges abgedeckt ist, damit die Kaninchen Unterschlupf finden können.

Ernährung

Im Gegensatz zu vielen Nagetieren, die gerne auch mal Insekten oder Regenwürmer fressen, nehmen Kaninchen ausschließlich pflanzliche Nahrung zu sich.

Es gibt zahlreiche fertige Kaninchenfutter zu kaufen, die man grob in Pressfutter und Trockenfuttermischungen unterteilen kann. Der Nachteil der Mischungen ist, dass ein gewitztes Kaninchen nur die Bestandteile herausfrisst, die ihm schmecken, und den Rest liegen lässt, sodass es sich einseitig ernährt. Beim Pressfutter hat man dieses Problem nicht. Es enthält alles, was ein Kaninchen für eine ausgewogene Ernährung braucht. Wie viel man täglich von diesem Futter zur Verfügung stellt, hängt davon ab, wie groß das Kaninchen ist und wie viel Auslauf es hat. Tiere, die sich wenig bewegen, werden schnell zu fett, da sie durch die geringere Aktivität kaum Nährstoffe verbrauchen und aus lauter Langeweile nur noch fressen. Kaninchen mit viel Auslauf fressen weniger und bleiben fit. Eine Zeit lang kann man den Tieren auch gut nur Trockenfutter geben.

Tragende und säugende Häsinnen brauchen ungefähr die doppelte Futtermenge. Stellen Sie den Tieren immer so viel Futter zur Verfügung, wie sie fressen möchten.

Wenn man immer das gleiche Trockenfutter verwendet und eines Tages wechseln möchte, sollte man dies behutsam tun und nicht von einem Tag auf den anderen, denn Kaninchen reagieren auf derartige Wechsel sehr empfindlich.

Neben fertigem Pressfutter braucht jedes Kaninchen auch Ballaststoffe in Form von trockenem und schimmelpilzfreiem Heu. Es muss ständig ausreichend Heu im Käfig vorhanden sein, sodass das Kaninchen nach Herzenslust davon fressen kann. Heu darf nicht auf dem Boden liegen, wo es schnell fault, sondern gehört in eine Raufe.

Burgunder, gelb

Kaninchen ernähren sich ausschließlich von pflanzlicher Nahrung.

Nicht nur Heu, sondern auch Wasser ist äußerst wichtig. Wenn ein Kaninchen wenig frisches Grünfutter bekommt, braucht es wesentlich mehr Wasser, als wenn es stets genügend Grünfutter zur Verfügung hat. Im Durchschnitt trinkt ein Kaninchen täglich ungefähr ein Zehntel seines Körpergewichts. Wenn Sie eine Wasserschüssel in den Käfig stellen, kann es sein, dass das Kaninchen diese umwirft oder schmutzig macht. Eine an der Außenseite des Käfigs besfestigte Trinkflasche ist die bessere Lösung.
Kaninchen – und das gilt vor allem für junge Tiere – kommen mit zu feuchter Nahrung nicht gut zurecht. Salat, Kohl, Bohnen, Klee, frisches Frühlingsgras und Wurzelgemüse liegen den Tieren schwer im Magen und verursachen bei vielen Kaninchen heftige Blähungen. Jungtiere – bis zu einem Alter von drei bis vier Monaten – können daran sogar sterben. Füttern Sie deshalb nur erwachsene Kaninchen mit diesen Gemüsesorten und geben Sie den Tieren nur kleine Portionen.
Ähnliche Auswirkungen auf den Darm hat Frischfutter, das aus dem Kühlschrank oder dem Eisfach kommt. Das Futter sollte deshalb immer Zimmertemperatur haben.

Geeignetes frisches Grünfutter

junge Karotten
Endivien
Grünkohl
Birnen
Äpfel
Löwenzahn
Hirtentäschelkraut
Spitzwegerich
Brennnessel
Kräuter (Petersilie, Thymian)
Rettichblätter
Zweige und Blätter von Obstbäumen und Weiden

Zucht

Was es zu bedenken gibt

Jeder, der ernsthaft Kaninchen züchten möchte, sollte zunächst einige grundsätzliche Überlegungen anstellen. Erstens braucht man zum Kaninchenzüchten ausreichend Platz. Rammler

kann man, wenn sie geschlechtsreif sind, nicht zusammen in einem Käfig halten. Auch sollten die Häsinnen nicht zu mehreren in einem Käfig gehalten werden, damit sie ihre Jungen in Ruhe großziehen können. Um Kaninchen zu züchten braucht man also eine Vielzahl von Käfigen und somit jede Menge Platz.
Manche Leute halten ihre Kaninchen in gut umzäunten Gehegen. Von einer ernsthaften Zuchtauswahl kann hierbei jedoch nicht die Rede sein. Denn es ist nicht möglich, bei frei herumlaufenden Tieren die Übersicht zu behalten.
Abgesehen vom ausreichenden Platz braucht man auch ausreichend Zeit für die tägliche Pflege der Tiere.
Natürlich spielt die finanzielle Seite ebenfalls eine bedeutende Rolle. Kaninchen brauchen unter anderem qualitativ hochwertiges Futter, Einstreu zum Beispiel in Form von Stroh oder Holzspänen, außerdem Trinkflaschen, Transportboxen und so weiter. Hinzu kommen die Kosten für den Tierarzt, beispielsweise für Impfungen. Nicht zuletzt muss man, wenn man verreist, jemanden finden, den man mit der Pflege der Tiere betrauen kann. Für ein einzelnes Tier können Nachbarn oder Familienmitglieder sorgen, aber eine komplette Kaninchenzucht ist etwas anderes.
Man darf nicht vergessen, dass viele Menschen auf Tierhaare allergisch reagieren. Deshalb sollte man – selbstverständlich mit der ganzen Familie – bei einem Arzt einen Allergietest durchführen lassen, um unangenehme Überraschungen zu vermeiden.
Schließlich ist die Anschaffung der Käfige eine Investition, die man keinesfalls unterschätzen darf, auch wenn man die Käfige kostengünstig selbst baut.
Wer der Meinung ist, er könne vom Kaninchenzüchten reich werden oder wenigstens etwas Geld zur Seite legen, dem kann man nur einen Rat geben: Lassen Sie es sein! Züchten ist ein echtes Hobby. Unterbringung, Futter und die Pflege der Kaninchen kosten einfach Geld. Durch den Verkauf der Tiere kann man, wenn alles gut geht, einen Teil seiner Ausgaben decken, zu einer lohnenden Einnahmequelle wird Kaninchenzüchten jedoch nicht werden.
Bevor man mit dem Züchten beginnt, muss man sich um eine Unterbringungsmöglichkeit für die Tiere kümmern, die man nicht behalten kann oder möchte. Namhafte Züchter haben oft schon lange Wartelisten, aber Neulinge tun sich meistens schwer, ihre Kaninchen zu verkaufen. Insbesondere für größere Rassen findet man häufig kein geeignetes Zuhause, dabei haben gerade sie oftmals zahlreiche Junge. Es bleibt einem dann nichts anderes übrig als alle Kaninchen zu behalten oder sie als Schlachttiere an einen Händler zu verkaufen.
Mann muss außerdem bedenken, dass man auch für ältere Tiere, die sich nicht mehr zum Züchten eignen, in der Regel nur schwer eine Unterkunft findet.

Junge Kaninchen mit Elsterabzeichen

Junge Deilenaar-Kaninchen

Die richtigen Zuchttiere

Ein oder zwei Würfe züchten manche Menschen, weil sie einfach gerne kleine Kaninchen heranwachsen sehen. Die meisten züchten Kaninchen aber aus Idealismus. Ihr Ziel ist es, Tiere zu züchten, die möglichst genau dem Rassestandard der jeweiligen Rasse entsprechen. Sie wollen nicht nur Kaninchen vermehren, was an sich jeder kann, sondern sie selektiv züchten.
Wenn man selektiv züchten möchte, sollte man sich ein wenig mit Genetik (Vererbungslehre) auskennen und fundierte Kenntnisse über die Eigenschaften der speziellen Rasse haben. Nur

erfahrene Züchter, die regelmäßig auf Ausstellungen gehen und regen Kontakt zu anderen Züchtern der betreffenden Rasse pflegen, wissen, wann sie ein wertvolles Tier in Händen halten. Sie kennen genau den Rassestandard und die Farb- und Fellvarietäten ihrer Rasse, ebenso wie die typischen Verhaltensweisen der Tiere. Außerdem wissen erfahrene Züchter, worauf die Jury auf den Ausstellungen am meisten Wert legt. Ein Anfänger kennt sich mit diesen Dingen noch nicht aus und sollte sich aus diesem Grund einem Verein anschließen, um mit anderen Züchtern in Kontakt zu kommen.
Seine Kaninchen regelmäßig auf Ausstellungen beurteilen zu lassen, ist ein wichtiger Bestandteil der Zucht. So kann man lernen, was man richtig macht und was man ändern sollte.

Praxis

Ein Weibchen ist im Durchschnitt mit neun Monaten so weit entwickelt, dass es zum ersten Mal gedeckt werden kann. Ein Rammler kann schon früher decken, ungefähr im Alter von fünf Monaten. Man sollte jedoch warten, bis er ausgewachsen ist, damit man beurteilen kann, ob er überhaupt für die Zucht geeignet ist.
Zum Deckakt setzt man immer die Häsin in den Käfig des Rammlers und nicht umgekehrt, denn die Häsin kann in ihrer eigenen Umgebung aggressiv reagieren und der Rammler ist dann vielleicht so sehr mit dem Erkunden seiner neuen Umgebung beschäftigt, dass er keine Zeit zum Decken findet.
Wenn die Häsin nicht deckwillig ist, probieren Sie es ein paar Tage später noch einmal. Normalerweise ist es kein Problem. Der Deckakt selbst dauert nicht lange und sollte am besten in Gegenwart des Züchters geschehen. Setzen Sie nachher das Weibchen gleich zurück in seinen eigenen Käfig.
Häsinnen werfen am liebsten in einer separaten Ecke ihres Käfigs. Am besten eignet sich eine Holzkiste, die man in oder an den Käfig der Häsin stellt. Als Einstreu kann man etwas Stroh hineinlegen, was aber nicht unbedingt nötig ist, denn die Häsin wird selbst ihr Nest mit Heu, Stroh und Flocken ihrer eigenen Wolle auspolstern.
Wenn der Deckel der Nistkiste leicht abzunehmen ist, kann man ab und zu nachschauen, was im Inneren vorgeht. Eine Nistkisten erlaubt es außerdem, den übrigen Käfig zu reinigen, ohne dabei die Häsin und ihre Jungen zu sehr zu stören. Es ist wichtig, das Muttertier so weit

Rotes Neuseeländerkaninchen, Rammler

wie möglich in Ruhe zu lassen. Viele Weibchen kommunizieren während der Trage- und Säugezeit kaum mit ihrem Züchter und können, wenn sie sich gestört fühlen, richtig unwirsch werden. Diese Erscheinung ist vollkommen normal.
Die Tragzeit variiert zwischen 28 und 31 Tagen. Junge Kaninchen kommen blind und nackt zur Welt. Bis die Jungen – ungefähr im Alter von zwei bis drei Wochen – etwas feste Nahrung zu sich nehmen können, muss man dem Weibchen jeden Tag eine Extraportion Futter zur Verfügung stellen. Täglich ein wenig lauwarme Milch fördert die Milchproduktion des Häsin.
Jungen Tieren darf man nicht zu viel Grünfutter geben, denn vor allem Jungtiere sind besonders anfällig für Darmkrankheiten und können sogar sterben, wenn sie zuviel feuchtes Grünfutter fressen. Sorgen Sie dafür, dass immer ausreichend Heu für die Tiere im Käfig vorhanden ist.
Die Jungen müssen mindestens sechs Wochen bei der Mutter bleiben, auch wenn sie schon weitgehend selbstständig erscheinen. Ab diesem Zeitpunkt kann man sie von der Häsin trennen und zusammen in einen eigenen Käfig setzen. Aber setzen Sie die Jungen nicht in eine völlig neue Umgebung, bevor sie nicht zehn bis 12 Wochen alt sind.

Vererbungslehre

Mutationen

Was bedeutet der Begriff Mutation?

Alle bekannten Kaninchen und Nagetiere gibt es in zahlreichen verschiedenen Farben und Fellvarietäten. Bei den Vorfahren dieser Tiere gab es keine solche Vielfalt an Erscheinungsformen. Weiße Flecken, lange Haare und auffällige Farbmuster sind zumeist die Folge von Mutationen. Mutationen sind spontan auftretende Veränderungen im Erbmaterial. Sie sind ein natürliches Phänomen, das so alt ist, wie die Erde selbst und bei allen Tierarten, aber auch bei Menschen und Pflanzen vorkommt.
Mutationen können unterschiedliche Auswirkungen haben. Plötzlich kann ein Tier ohne Fell geboren werden oder mit einer abweichenden Farbe, mit besonders langen oder kurzen Pfoten, ohne Augen oder mit ungewöhnlich großen Ohren. Mutationen können aber auch Organe betreffen, die von Außen nicht sichtbar sind, beispielsweise den Verdauungstrakt oder das Gehirn.
Eine Mutation ist normalerweise eine Laune der Natur, kann allerdings auch provoziert werden, beispielsweise durch Radioaktivität. Mutationen sind erblich, was bedeutet, dass ein bestimmter Prozentsatz der Nachkommen eines mutierten Organismus die gleichen abweichenden Eigenschaften wie Mutter oder Vater hat.

Links: *Japanerkaninchen (Harlekine) haben sowohl Eu-Melanine als auch Phäo-Melanine.*

Struppiges Fell vererbt sich bei Merrschweinchen dominant.

Gescheckte Mongolische Rennmaus

Der Sinn von Mutationen

Mutationen dienen in der Natur dazu, das Überleben einer Art zu sichern. Man stelle sich vor, eine Hamsterkolonie lebt in felsigem Gelände. Die Hamster sind graublau, entsprechend der Farbe der Felsen, wodurch sie gut getarnt sind. Wenn diese Hamster beige gefärbt wären, wären sie leichte Opfer für Greifvögel und andere Feinde. Sie könnten die beigefarbenen Tiere mit einem Blick vor dem blaugrauen Hintergrund erkennen. Ihre Farbe hat somit eine Schutzfunktion, dank der sie überleben können.
Wird nun in derselben felsigen Umgebung eine Mutante geboren, beispielsweise ein Hamster mit auffallend hellem Fell, dann hat dieses Tier kaum eine Überlebenschance. Bevor dieser Hamster die Möglichkeit hat, heranzuwachsen und sich fortzupflanzen, wird er längst einem Feind zum Opfer gefallen sein. Diese Mutation ist für das Tier zunächst ungünstig und trägt nicht zum Überleben der Art bei. Wenn die

Dank ihrer dezenten Schutzfarbe fällt die Europäische Zwergmaus in ihrer natürlichen Umgebung kaum auf.

In freier Wildbahn würde diese auffällig gescheckte Farbmaus von Raubtieren nicht unbemerkt bleiben.

Blaues Angorakaninchen; Blau ist eine Abschwächung von Schwarz.

Hamster nun jedoch durch äußere Umstände gezwungen werden, ihr angestammtes Revier zu verlassen, zum Beispiel in ein Wüstengebiet zu ziehen, oder wenn ihr natürlicher Lebensraum durch äußerliche Einflüsse zu einer sandigen Wüstenei wird, wird ihnen ihre graublaue Farbe keinerlei Schutz mehr bieten. Unter diesen Umständen ist das mutierte beigefarbene Tier eindeutig im Vorteil gegenüber seinen graublauen Artgenossen. Es hat nun die Chance sich fortzupflanzen. Aufgrund der Tatsache, dass Mutationen des äußeren Erscheinungsbilds (Phänotyp) im Erbmaterial (Genotyp) verankert sind, gibt das beigefarbene Tier seine günstige Färbung an seine Nachkommen weiter, die dann wiederum gegenüber anderen Hamstern, die nicht mutiert sind, im Vorteil sind.

Mutationen fallen nicht immer so glücklich aus, sondern können manchmal sogar die Überlebenschancen einer Tierart verringern. Mutationen sind eine Hilfestellung von Mutter Natur, eine Art Joker, der sich im Lauf der Zeit als hilfreich entpuppt, aber zunächst oft zu einem Zeitpunkt an einem bestimmten Platz für eine Tierart überhaupt keine Vorteile bringt. Nur wenn eine Mutation der Mutante eine Eigenschaft verleiht, durch die diese gegenüber ihren Artgenossen im Vorteil ist, trägt die Mutation zum Erhalt der Art bei und im Lauf der Zeit werden sich die Tiere mit den neuen Eigenschaften durchsetzen.

Mutanten sind allgegenwärtig in der Tierzucht

Tiere in menschlicher Obhut sind keinen natürlichen Feinden ausgesetzt. Wenn hier ein lebensfähiges, fruchtbares Tier geboren wird, das stark von seinen Eltern und Vorfahren abweicht, eine Mutante also, so kann es sich ungestört fortpflanzen oder gezüchtet werden. Solch eine Zucht ist normalerweise kein Problem. Züchter lieben einfach alles, was von der Norm abweicht, und haben gerne ein ausgefallenes Tier im „Sortiment".

Eine solche Mutante kann der Ausgangspunkt für eine neue Farb- oder Fellvariante sein. Das Tier wird zunächst mit verschiedenen Art-

genossen gekreuzt. Möglichst viele Nachkommen aus dieser Kreuzung, die die gewünschte neue Fell- oder Farbabweichung zeigen oder möglicherweise in ihrem Erbgut tragen, werden anschließend untereinander gepaart. Nach einiger Zeit entsteht so eine neue Rasse.
Beispiele für alte Rassen, die einst durch Mutationen entstanden sind, sind bei den Kaninchen Rex-Kaninchen, Satin- und Widderkaninchen. Gute Beispiele für jüngste Mutationen sind die haarlosen Ratten und die, in den USA entstandenen Ratten ohne Schwanz, die dort auf Ausstellungen zu sehen sind. Es gibt auch nackte Kaninchen und Meerschweinchen, die bisher aber nicht auf Ausstellungen gezeigt werden. Diese Tiere werden ausschließlich in Labors gehalten und gezüchtet.
Die Möglichkeiten, neue Eigenschaften herauszuzüchten, sind noch lange nicht ausgeschöpft. Mutationen sind so natürlich wie die Natur selbst, deshalb werden ständig neue Mutanten geboren. Man darf also auch in Zukunft allerlei neue „Kreationen" erwarten.
Die in dieser Enzyklopädie beschriebenen Farb- und Fellvarianten sind somit nur eine

Nacktmaus

Diese „rumpwhite-tan"-Farbmäuse sind durch Kombination des Tan-Faktors und des „white rump"-Faktors entstanden.

Widderzwerg mit madagaskarfarbener Scheckung

Momentaufnahme. In hundert Jahren wird ein Nachschlagewerk mit der gleichen Zielsetzung wie die vorliegende Enzyklopädie wesentlich umfangreicher sein. Vom Dshungarischen Zwerghamster kennt man beispielsweise momentan lediglich drei Farbenschläge, inklusive der Wildfarbe. Er wird noch nicht lange als Heimtier gehalten. Erwartungsgemäß werden aber in 30 bis 40 Jahren verschiedene Farb- und vermutlich auch Fellvarianten dieser Rasse entstanden sein.

Selektion

Nicht nur durch Mutation, sondern auch durch strenge Selektion nach bestimmten Eigenschaften kann eine neue Rasse oder Farbvarietät entstehen. Durch die Kombination von gewünschten Eigenschaften mit viel Geduld und einem Einblick in genetische Abläufe können Züchter aus bestehenden Rassen neue Rassen züchten.
Viele Rassen sind auf diese Art und Weise aufgebaut worden. Hierzu zählen beispielsweise

die Widderzwerge, eine kleine Widderrasse mit Hängeohren, die aus einer Kreuzung zwischen Widder- und Zwergkaninchen entstanden ist.
Auch das Hasenkanichen ist durch Selektion entstanden. Durch wiederholte Selektion und Paarung von Tieren mit aufrechtem, schlankem Körperbau gelang es den Züchtern schließlich, eine neue Rasse zu kreieren, die äußerlich sehr stark von den üblichen Kaninchenrassen abweicht.
Meerschweinchenzüchter haben Tiere mit Satinfell mit Tieren mit Rexfell gekreuzt, was dazu führte, dass es jetzt Meerschweinchen mit beiden Eigenschaften gibt.
Auch die Kombination von Farben bietet viele Möglichkeiten. Die Entstehung der diversen Rassen ist somit nicht nur den Launen der Natur zu verdanken, sondern auch den Züchtern, die verschiedene Erbfaktoren miteinander kombinieren und festlegen.

English Crested, goldagouti

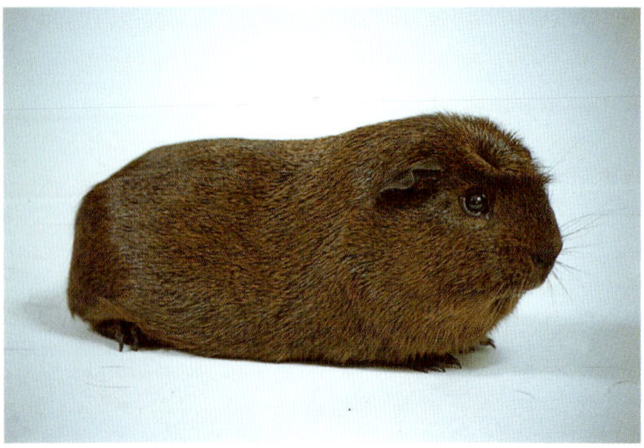

Farben

Melanin

Der Farbeindruck des Fells entsteht durch die Reflexion des Lichts von den Farbpigmenten, die in jedem einzelnen Haar vorhanden sind. Diese Pigmente sind in Menge, Form und Größe sehr unterschiedlich. Sie können gehäuft

English Crested, schwarz

Junges braunes Angorakaninchen

Rex-Kaninchen haben ein besonderes Fell.

Dalmatiner-Rex

Polenkaninchen (Albino)

auftreten oder gleichmäßig im Haarschaft verteilt sein. Diese Pigmente nennt man Melanine. Alle Farben, die man bei Kaninchen und Nagetieren kennt, sind auf zwei Hauptmelanine zurückzuführen: Phäo-Melanine und Eu-Melanine. Phäo-Melanine ergeben ein gelbes oder rotes Fell und Eu-Melanine sind verantwortlich für ein schwarzes Fell.

Aufgrund einer Mutation können die Pigmentkörnchen ihre Form oder Anzahl verändern, wodurch das Licht anders reflektiert wird, sodass die Farbe des Fells andersfarbig erscheint. Eine berühmte Mutation des schwarzen Eu-Melaninpigments ist die Farbe Havanna, auch Schokoladenbraun oder nur Braun genannt.

Derartige Veränderungen treten beim Phäo-Melanin nicht so deutlich zu Tage wie beim Eu-Melanin.

Verdünnung

Eine weitere Mutation ist die so genannte „Verdünnung" der Fellfarbe. Sie entsteht dadurch, dass die rezessiven Gene eine verminderte Pigmentbildung und -einlagerung im Haar hervorrufen. Schwarz sieht dann aus wie Blau und Schokoladenbraun wird zu Lila. Die Farben Schokoladenbraun, Lila und Blau resultieren aus Eu-Melaninen und basieren ursprünglich auf Schwarz. Auch Phäo-Melanine, die für ein rötliches Fell verantwortlich sind, können solchen Veränderungen unterliegen. Durch Verdünnen einer rötlichen Färbung wird das Fell cremefarben.

Das große Chinchilla hat eine fleckig schwarze Schattierung (Ticking).

Wildfarben (agouti)

Viele Nagetiere und Kaninchen kommen in der Natur nur mit einer Farbschattierung, die Agouti oder Wildfarbe genannt wird, vor. Eine Schattierung entsteht dadurch, das ein bestimmtes Gen in einem Teil des einzelnen Haars die Ausbildung der Grundfarbe mehr oder weniger verhindert. So entsteht in jedem Haar eine Folge von dunklen und hellen Bändern. Die dunkler gefärbten Bänder entsprechen der wirklichen Farbe des Tiers, die hellen Bänder sind auf das für die Schattierung verantwortliche Gen zurückzuführen. Es wirkt der Ausbildung des dunklen Pigments an bestimmten Stellen entgegen.

Ein Tier, daş beispielsweise ein goldagoutifarbenes Fell trägt, hat schwarze Haarspitzen und oft auch noch schwarze Bänder innerhalb des Haars. Obwohl die Fellfarbe dieses Tiers Goldagouti genannt wird, ist die Grundfarbe Schwarz. Wenn das Tier kein Gen für ein agoutifarbenes Fell hätte, wäre es vollkommen schwarz.

Genauso verhält es sich bei Tieren mit brauner, blauer oder lilafarbener Schattierung: Ohne das Agouti-Gen wären diese Tiere vollkommen braun, blau oder lila.

Dickschwanzmaus

Agouti kommt bei vielen Tierarten vor. Man denke zum Beispiel an Katzen, bei denen das Agouti-Gen vier verschiedene Farbenschläge verursacht: gestichtelt (ticked), getupft (spotted), getigert (mackerel) und gestromt (classic, blotched).

Diese unterschiedlichen Zeichnungen gibt es bei Kaninchen und Nagetieren nicht. Hier gibt es nur das schattierte Agouti: Am ganzen Körper, mit Ausnahme des Bauchs und der Pfoten, sind helle und dunkle Farbbänder gleichmäßig im Haar verteilt.

Vererbungslehre (Genetik)

Der Nutzen der Vererbungslehre

Kenntnisse in Vererbungslehre (Genetik) sind für jeden Züchter unentbehrlich. Aufgrund dieser Kenntnisse kann ein Züchter nach der Paarung bestimmter Tiere mit großer Wahrscheinlichkeit vorhersagen, welche Fellfarbe und -beschaffenheit die Nachkommen aufweisen werden.
In Genetiklehrbüchern werden leider meistens komplizierte Ausdrücke, Codes und Schemata verwendet, sodass sie vielen Interessierten den Mut nehmen, sich mit dieser Thematik zu beschäftigen. Wenn man sich einen tiefgehenden Einblick über die Genetik verschaffen möchte, ist eine angemessene Fachterminologie sicher unerlässlich. In dieser Enzyklopädie sollen jedoch nur Grundlagen der Vererbungslehre vermittelt werden, und zwar mit leicht verständlichen Erklärungen. Genetik ist keineswegs so kompliziert, wie es vielleicht zunächst den Anschein haben mag und die größte Hürde ist überwunden, wenn man die Grundprinzipien verstanden hat.

Elsterkaninchen

Degu

Erbanlagen

Jede Körperzelle eines Tiers trägt eine genau festgelegte Anzahl von Chromosomenpaaren in sich, in denen die genetische Information gespeichert ist. Eine Ausnahme hiervon bilden stets die Samenzellen des Männchens und die Eizellen des Weibchens, denn diese Zellen tragen keine Chromosomenpaare, sondern einzelne Chromosomen in sich. Dies ist durchaus sinnvoll, schließlich sollen durch Vereinigung der Chromosomen aus Samen- und Eizelle neue Chromosomenpaare entstehen. Enthielten Samen- und Eizellen Chromosomenpaare, dann würden daraus Tiere geboren, die – soweit sie überhaupt lebensfähig wären – nicht den einfachen, sondern den doppelten Chromosomensatz hätten. Wenn sich diese Tiere wiederum untereinander paaren würden, dann hätten die Nachkommen sogar den vierfachen Chromosomensatz.
Durch die Verschmelzung von Ei- und Samenzelle vereinigen sich die einzelnen Chromosomen zu Chromosomenpaaren. Die Nachkommen erhalten somit jeweils zur Hälfte die genetischen Eigenschaften der Mutter und zur anderen Hälfte die des Vaters. In den Chromosomenpaaren liegen die Gene, die zusammen das „Strickmuster" für ein neues Lebewesen darstellen. Eigenschaften wie zum Beispiel Haarlänge, Farbe, Zeichnung, Länge der Pfoten und Form der Ohren sind in diesen Genen festgelegt. Aber auch Eigenschaften, die nicht das Äußere betreffen, wie zum Beispiel die Anlage für einen bestimmtem Defekt, die Funktion des Verdauungstrakts und des Gehirns, sind in den Genen fixiert. Die Gene enthalten nur Informationen, die von den Eltern

vererbt wurden – angeborene Merkmale sozusagen. Über Gene können keine Eigenschaften weitergegeben werden, die ein Tier in seinem Leben erworben hat. So wird beispielsweise ein geschorenes Kaninchen im Normalfall behaarte Junge zur Welt bringen und ein Degu, der durch einen Unfall seinen Schwanz verloren hat, wird keine schwanzlosen Jungen zur Welt bringen.
Auch Charaktereigenschaften sind ein Stück weit erblich. Ein Tier kann beispielsweise die Erbanlage für Aggressivität haben, wenn es jedoch gut versorgt wird und nicht in Situationen kommt, in denen es aggressiv werden könnte, tritt diese Veranlagung nie oder nur selten in Erscheinung.

Dominante und rezessive Gene

Während der Meiose (Reifeteilung der Keimzellen) teilt sich jedes Chromosomenpaar in zwei einzelne Chromosomen. Bei der natürlichen Befruchtung kommt dann willkürlich eines der beiden Einzelchromosomen des

Langhaar-Meerschweinchen

Männchens mit einem der beiden Einzelchromosomen des Weibchens zusammen. Chromosomenpaare enthalten also die doppelte Anzahl Gene, also auch die doppelte Menge an Information. Ein Tier kann dadurch sowohl ein Gen für Blau als auch für Schwarz haben, die Gene für die Fellfarbe können auch gleich sein.
Vermischen können sich diese Gene nicht. Dies würde bedeuten, dass weiße und schwarze

Junge Rennmäuse

Zahme Ratten

Rennmäuse

Zahme Ratte

Syrischer Goldhamster

Kaninchen zusammen immer graue Nachkommen haben, was jedoch nicht der Fall ist. Die Erklärung hierfür ist, dass manche Gene dominant und andere rezessiv vererbt werden. Dominant bedeutet, dass die jeweilige Eigenschaft sich durchsetzt und immer im Erscheinungsbild des Individuums zutage tritt, sofern das Tier von einem Elternteil das dominante Gen geerbt hat. Rezessive Gene hingegen treten nur

Die Erbanlage für die Russenzeichnung ist rezessiv.

Langhaarige weiße Farbmaus mit Satin-Gen

in Erscheinung, wenn sie nicht durch ein dominantes Gen unterdrückt werden, das heißt, wenn die Nachkommen dieses rezessive Gen von beiden Elternteilen geerbt haben. Wenn nun ein Tier eine rezessive Eigenschaft zeigt, zum Beispiel langes Haar, dann besitzt es kein Gen für kurzes Haar, sonst wäre es kurzhaarig, denn das Gen für kurzes Haar ist dominant. Ein Gen ist natürlich immer dominant oder immer rezessiv gegenüber einem anderen Gen.
Eine Ausnahme bilden die Phäo-Melanine und die Eu-Melanine. Sie können gleichzeitig auftreten. Eine Kreuzung eines Tiers mit Eu-Melanin (schwarz, blau, braun oder lila) mit einem Tier mit Phäo-Melanin (rot) kann zu einer Farbkombination führen. Ein gutes Beispiel hierfür ist das Japanerkaninchen, das sowohl schwarze als auch rote Fellpartien hat. Auch Farbmäuse und Meerschweinchen mit Schildpattzeichnung haben eine Kombination von Eu- und Phäo-Melaninen.

Beispiele

Ein durchgefärbtes Fell ist dominant gegenüber

Durch die Satinhaarstruktur schimmert diese taubengraue Farbmaus metallisch.

einem Teilalbino, das man von den Russen-Kaninchen kennt. Das für die Russenzeichnung verantwortliche rezessive Gen unterdrückt die Ausbildung dunkler Pigmente. Die eigentliche Fellfarbe des Tiers zeigt sich unter dem Einfluss dieses Gens nur an den Ohren, der Schnauze, den Läufen und der Blume. Aus der Paarung zwischen einem komplett gefärbten Kaninchen, das vollständig gefärbte Vorfahren hat, und einem Russen-Kaninchen entstehen nur komplett gefärbte Tiere. Die Jungen haben dann von einem Elternteil das dominante Gen für vollständige Färbung erhalten und vom anderen Elternteil das rezessive Gen, das den Teilalbinismus verursacht.

Die Jungen aus dieser Paarung tragen – nach außen hin unsichtbar – das Russen-Gen in ihrem Erbmaterial. Es tritt aber nicht in Erscheinung, da es vom dominanten Gen für Komplettfärbung unterdrückt wird. Solche Jungen nennt man „Träger“ einer bestimmten Eigenschaft. Kommt es nun zu einer Paarung zwischen Geschwistern aus demselben Wurf, besteht die Chance, dass einige Jungen sowohl vom Vater als auch von der Mutter das rezessive Gen für die typische Russenzeichnung erben. Die Folge sind Russen-Kaninchen, die von komplett gefärbten Elterntieren abstammen. Die bei den Eltern nichtsichtbare Eigenschaft ist durch das Aufeinandertreffen von zwei rezessiven Genen zutage getreten.

Die Paarung zwischen zwei vollständig gefärbten Tieren kann somit durchaus Russen-Kaninchen hervorbringen, aber der umgekehrte Fall kann nicht eintreten, denn Russenkaninchen können kein Gen für Komplettfärbung haben (das Vorhandensein eines dominanten Gens zeigt sich immer in der Ausprägung der entsprechenden Eigenschaft), sodass sie zusammen auch keine vollständig gefärbten Nachkommen zeugen können.

Das Besondere an rezessiven Eigenschaften ist, dass sie zutage treten können, aber nicht müssen. Die Art und Weise, nach der sich Gene kombinieren ist völlig willkürlich. So kann es passieren, dass über Generationen keine Träger eines rezessiven Gens gepaart werden oder dass sich bei zwei Trägern einer rezessiven

Syrischer Goldhamster

American Crested

Eigenschaft immer auch ein dominantes Gen findet, sodass das rezessive Gen wieder unterdrückt wird. Ein Züchter, der zum Beispiel schon jahrelang nur hasengraue Tiere (hasengrau ist dominant) miteinander paart, kann plötzlich überraschenderweise einen völlig schwarzen Wurf (schwarz vererbt sich in diesem Fall rezessiv) erhalten. Es hat hier zwar lange gedauert, aber schließlich wurden doch zufällig einmal Tiere gepaart, die beide das rezessive Gen trugen. Beim Verschmelzen von Ei- und Samenzellen haben sich diese Gene gefunden. Die Chance, dass dieser Fall eintritt, ist zwar sehr gering, aber durchaus gegeben.

Reinerbige Zucht

Tiere, von denen man sicher weiß, dass sie keine unangenehmen Überraschungen parat haben, nennt man reinerbige Tiere. Genetisch betrachtet bezeichnet man ein solches Tier als homozygot hinsichtlich seiner Farbe oder Fellbeschaffenheit. Ein Tier mit sichtbar rezessiver Eigenschaft ist grundsätzlich homozygot. Bei einem Tier, das eine dominant vererbte Eigenschaft zeigt, weiß man nie hundertprozentig, ob es für diese eine Eigenschaft wirklich homozygot ist. Schwarz beispielsweise ist dominant gegenüber braun. Ein schwarzes Tier, dessen Vater braunes Fell hat, wird zweifelsohne neben dem dominanten Gen für Schwarz von der Mutter auch das rezessive Gen für Braun vom Vater haben. Solche Tiere sind nicht reinerbig schwarz – auch hierfür gibt es einen wissenschaftlichen Ausdruck: Das Tier ist heterozygot. Solch ein Tier ist Träger der Farbe Braun.
Meistens reicht eine einzige Testkreuzung des vermeintlichen Trägers mit einem braunen Tier, um braune Individuen zum Vorschein zu bringen. Manchmal sind aber auch mehrere Kreuzungen nötig, schließlich ist die Kombination der Gene willkürlich. Trotzdem gibt es eine gewisse Gesetzmäßigkeit hinsichtlich des Grads der Vererbung. Diese Gesetzmäßigkeit kommt im Prinzip nur bei großen Wurfzahlen richtig zum Ausdruck, aber auch in einer kleinen Zucht läuft die Vererbung nach gewissen Regeln ab.

Genetischer Code

Für dominante und rezessive Eigenschaften gibt es einen Buchstabencode. Eine dominante

Mongolische Rennmaus, honigfarben

Eigenschaft kürzt man stets mit einem Großbuchstaben ab. Die Farbe Schwarz wird zum Beispiel mit B abgekürzt. Schwarz dominiert über Braun, was man mit einem kleinen b andeutet.
Wenn nun ein reinrassig schwarzes (BB) Kaninchen mit einem reinrassig braunen (bb) Kaninchen gekreuzt wird, bekommen die Jungen ein Gen von jedem Elternteil. Ihr genetischer Code für die Fellfarbe wird Bb sein. Bei allen Tieren wird die dominante Fellfarbe Schwarz ausgeprägt sein. Sie tragen aber unsichtbar alle auch die Veranlagung für ein braunes Fell in ihrem Erbgut. Werden diese Jungen untereinander gekreuzt, so können folgende Genkombinationen zustande kommen:
BB reinrassig schwarz;
Bb nicht reinrassig schwarz;
bb reinrassig braun.
Es können also zwei dominante, zwei rezessive oder ein dominantes und ein rezessives Gen aufeinander treffen, sodass dieser Wurf aus schwarzen und braunen Nachkommen besteht. Aufgrund der Dominanz der Farbe Schwarz, die bei Vorhandensein eines rezessiven Gens für die Farbe Braun zum Tragen kommt, ist die Chance, dass bei dieser Paarung die schwarzen Jungtiere überwiegen, groß. In Prozenten ausgedrückt werden etwa 25 % der Jungen in diesem Wurf reinrassig schwarz (BB), weitere 25 % reinrassig braun (bb) und die übrigen 50 % nicht-reinrassig schwarz (Bb) sein. Etwa die Hälfte der Nachkommen hat somit den gleichen genetischen Code wie die Elterntiere.

Kleines Chinchilla

Gefleckter Syrischer Goldhamster

Angewandte Genetik

Die Variationsmöglichkeiten hinsichtlich Farbe und Zeichnung (zum Beispiel schildpatt, gescheckt) sind groß. Dies gilt auch für andere Eigenschaften wie zum Beispiel Schwanzlänge und -form, Struktur und Länge des Fells, Vorhandensein und Dichte der Unterwolle.
Nicht alle Eigenschaften werden wie im Lehrbuch nach dem einfachen Strickmuster dominant/rezessiv vererbt. Es gibt auch Eigenschaften, die nur dann in Erscheinung treten, wenn ein ganz bestimmtes anderes Gen vorhanden ist, das das erste Gen aktiviert, das bedeutet, dass manche Gene ihre Eigenschaften nur gekoppelt mit anderen Genen weitergeben. Eine bestimmte Augenfarbe kann somit an eine bestimmte Fellzeichnung gebunden sein, wodurch es genetisch bedingt unmöglich ist, ein Tier mit dieser bestimmten Augenfarbe und einer abweichenden Fellzeichnung zu züchten.
Auch sind bei Kaninchen und Nagetieren die Farbgene oft an bestimmte Krankheiten oder Defekte gekoppelt. Manche Kombinationen können somit niemals reinerbig herausgezüchtet werden, weil Nachkommen mit zwei identischen Genen (Homozygote) in diesem Fall nicht lebensfähig sind. Dieses Phänomen tritt oft bei Weißen Mäusen auf.
Auf diesem Gebiet gibt es noch viel zu entdecken und zu untersuchen. Wer hier größeres Interesse hat, sollte sich in die zahlreichen Publikationen zu diesem Themenkreis einlesen, in denen es um die Vererbung bei Kaninchen und Nagetieren geht.

Campbelli-Zwerghamster

Weiße Farbmaus

Rennmäuse

Zahme Ratte mit Siamzeichnung

Ausstellungen

Sinn und Zweck von Ausstellungen

Ausstellungen sind in dreifacher Hinsicht interesssant: Erstens sind Züchter und Liebhaber neugierig auf das Urteil der Jury, zweitens können Züchter ihre Tiere vergleichen (es ist die Gelegenheit für einen Züchter, sich die Tiere andere Züchter anzusehen, ohne dass er dafür tagelang unterwegs sein und Hunderte von Kilometern reisen muss) und drittens sind Ausstellungen mit Kaninchen- und Nagetierrassen bei einem breiten Publikum sehr beliebt. Nirgendwo sind so viele verschiedene Nagetiere und Kaninchen auf einmal zu bewundern wie auf Börsen und Ausstellungen.
Ausstellungen können in eher kleinem Rahmen stattfinden, wie etwa die regionale Tierbörse in der örtlichen Stadthalle. Hier werden die Tiere von Mitgliedern der ansässigen Kleintiervereine gekürt.

Links: *Großes Chinchilla*

Daneben gibt es allerdings auch größere nationale Ausstellungen, auf denen jeder, der Mitglied eines Vereins ist, seine Tiere zeigen kann. Schließlich gibt es ganz große internationale Veranstaltungen. Für jemanden, der an der ganzen Bandbreite von Rassen und Farbenschlägen, die Kaninchen und Nagetiere zu bieten haben, interessiert ist, ist eine große, internationale Ausstellung die beste Wahl. Hier stellen Züchter fast alle Rassen aus. Besonders wenn man auf der Suche nach einer seltenen Rassefarbe ist, lohnt sich der Besuch einer solchen Ausstellung.

Was ist ein Rassestandard?

Auf Ausstellungen werden die Tiere anhand des für ihre Rasse oder Varietät verbindlichen Rassestandards bewertet. Ein Rassestandard ist eine schriftlich fixierte Festlegung, die für jede Tierart oder -rasse das ideale Aussehen eines Vertreters beschreibt. Unter anderem geht es dabei um die Ohrlänge, die Felldichte und -farbe und das Gewicht der betreffenden Tierart.
Der Standard für eine Rasse oder Varietät wird vom nationalen Züchterverband in Zusammenarbeit mit Spezialisten festgelegt. Die Rasse-

Chinesische Zwerghamster in Wildfarbe

standards sind auf internationaler Ebene nicht einheitlich festgelegt. So kann es passieren, dass das zulässige Gewicht einer bestimmten Kaninchenrasse in benachbarten Ländern unterschiedlich sein kann. Auch Farbunterschiede und Abweichungen im Körperbau kommen vor. Wenn Sie am Rassestandard Ihres Kaninchens, einer Farbmaus, einer Ratte, eines Meerschweinchens oder eines Hamsters interessiert sind, können Sie diesen beim nationalen Züchterverband erfragen. Oft können Ihnen auch die örtlichen Zuchtvereine weiterhelfen.

Der Preisrichter

Ein Preisrichter ist eine Person, die befugt ist,

Meerschweinchen

Chinchilla

Dieser Preisrichter beurteilt mit kritischem Blick eine Farbmaus.

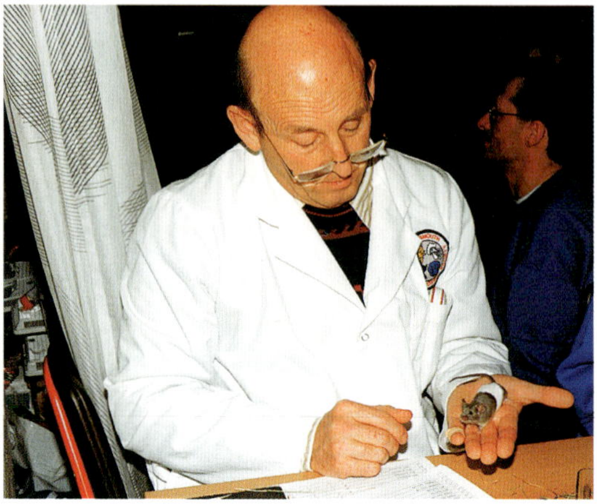

auf Ausstellungen eine oder mehrere Rassen und Varietäten zu bewerten. Oft züchten solche Personen selbst schon seit Jahren diese Rassen oder haben es früher einmal getan.
Vor der Berufung zum Preisrichter muss der Kandidat einen relativ strengen Kurs absolvieren, in dem Themen wie Vererbungslehre, Ernährung und Verhalten eingehend behandelt werden.
Von einem Preisrichter kann man also durchaus erwarten, dass er sich nicht nur mit den äußerlichen Merkmalen einer Rasse oder Art, die er bewerten soll, auskennt, sondern daneben auch ein großes Potential an grundlegenden Kenntnissen rund um die Tierzucht mitbringt.

Die Vorbereitung

Die Bewertung von Nagetieren und Kaninchen ist immer nur eine Momentaufnahme. Der Preisrichter sieht das Kaninchen nur wenige Minuten und muss sich in dieser kurzen Zeit ein Urteil über die Qualität des Tiers bilden. Wenn dieses gerade stark haart, so sollte das bei der Beurteilung nicht allzu sehr berücksichtigt werden, doch der Preisrichter wird ein paar Punkte abziehen, da die Fellbeschaffenheit, die ein wichtiges Kriterium für die Rasse ist, im Moment nicht optimal ist. Um Punktabzüge zu vermeiden, lassen erfahrene Züchter in der Regel nur Tiere beurteilen, die gerade in Topform sind. Auch lange Krallen werden negativ bewertet, da sie den Gesamteindruck stören.
Natürlich soll sich ein Tier auf dem Tisch des Preisrichters von seiner besten Seite zeigen.

Dieses Hasenkaninchen hat gelernt, sich von seiner besten Seite zu zeigen.

Bei Mäusen, Hamstern und Ratten ist dies problematisch, da sie sich nicht bzw. nur unzureichend trainieren lassen. Am leichtesten ist das Präsentieren eines Kaninchens, obwohl auch hier Probleme auftreten können. Man stelle sich nur vor, ein Exemplar einer bestimmten Rasse, das dem Rassestandard nach einen kurzen Rücken haben soll, streckt sich vor den Augen der Jury behaglich der Länge nach aus. Dem Preisrichter fällt es dann schwer, sich über die wirkliche Rückenlänge ein Urteil zu bilden. Da aber ein Kaninchen, das ausgestreckt liegt immer länger wirkt als eines das aufrecht sitzt, sollte solch ein Kandidat deshalb nicht weniger Punkte erhalten als ein Konkurrent, der sich von seiner besten Seite präsentiert.

Wenn Tiere gerade haaren – wie dieser Flanderische Riese – hat es keinen Zweck, sie auf eine Ausstellung mitzunehmen.

Kaninchen kann man sehr gut dazu erziehen, auf eine bestimmte Weise zu posieren und so eine möglichst vorteilhafte Figur zu machen. Vor allem temperamentvolle Rassen tun dies oft ohne Training von ganz allein. Andere Kaninchen hingegen können eine richtige Herausforderung sein.

Jeder seriös arbeitende Züchter hat einen Tisch, auf dem er die Tiere von klein auf regelmäßig in die gewünschte Positur setzt. Als Unterlage empfiehlt sich ein Stück griffiger Teppich. Für das richtige Positionieren braucht man ein wenig Erfahrung. Deshalb ist es vorteilhaft, sich als neuer Züchter oder Aussteller dem ortsansässigen Kleintierverein anzuschließen. Dort bekommt man von erfahrenen Züchtern gute Tipps und kann nützliche Kniffe lernen.

2. Mäuse

Farbmäuse
(Mus musculus)

Herkunft

Die Vorfahren unserer Farbmäuse sind ganz gewöhnliche Hausmäuse, wie man ihnen in Ställen, Scheunen und in Häusern begegnet. Der große Unterschied zwischen Hausmäusen und Farbmäusen ist, dass Letztere von Menschen gehalten und versorgt werden. Natürlich hat auch hier wieder eine Zuchtwahl nach Farbe und Körperbau stattgefunden und unter dem Einfluss von Mutationen weicht die Farbmaus in vielerlei Hinsicht von ihren in freier Natur lebenden Artgenossen ab.
Das Züchten und Halten von Farbmäusen ist als Hobby nicht erst seit kurzem auf dem Vormarsch. In Japan werden zum Beispiel schon seit über 300 Jahren Tanzmäuse, Weiße Mäuse und Farbmäuse gezüchtet. Von dort gelangten die ersten dieser Mäuse nach Nordamerika und Europa. In China kennt man Tanzmäuse sogar schon seit mehr als 2500 Jahren.
Auf der griechischen Insel Kreta hielt man ebenfalls schon vor unserer Zeitrechnung Weiße Mäuse in Gefangenschaft. Bei den Griechen galten diese Tiere als heilig und als Glücksbringer. Die Verehrung der kleinen weißen Nagetiere ging sogar so weit, dass Dutzende von Mäusen in speziellen Tempeln, die auf Staatskosten unterhalten wurden, untergebracht waren.

Links: *Farbmäuse mit Satinfell*

Mäuse lieben die Gesellschaft von Artgenossen.

Junge Farbmäuse

Auch die Ägypter hielten schon vor etwa 4000 Jahren Mäuse in Gefangenschaft. Dies belegen Darstellungen, die man auf Schalen und Tongefäßen aus dieser Zeit gefunden hat. Die Ägypter schrieben den Mäusen übersinnliche Kräfte zu.
Auf Sizilien, in Griechenland und Kleinasien wurde der Gott Apoll viele Jahrhunderte lang als Mäusegott (Smintheus) verehrt. Die Mäuse waren hoch geschätzt und wurden in speziellen Tempeln sogar zur Befragung der Götter gehalten.
Vor nicht allzu langer Zeit, Mitte des 19. Jahrhunderts, beschäftigten sich Mäuseliebhaber auch in unseren Breitengraden, genauer gesagt in Großbritannien, mit der Zuchtwahl nach Farben und Zeichnungen. Die ersten Zuchttiere, die in Großbritannien auftauchten, kamen jedoch nicht aus Griechenland, sondern wurden vermutlich von portugiesischen Seefahrern aus Japan mitgebracht.
Ende des letzten Jahrhunderts entstand in England der *National Mouse Club* (NMC), die erste Vereinigung, die sich mit dem Züchten, Ausstellen und Bewerten von Farbmäusen beschäftigte.
Heute werden auf der ganzen Welt Farbmäuse in Labors gehalten. Viele Tiere finden aber auch ein Plätzchen als Heimtier, denn sie sind einfach niedliche, interessante und leicht zu pflegende kleine Nager.

Verhalten

Farbmäuse sind aktive, unternehmungslustige

und äußerst neugierige Tiere. Tagsüber verhalten sie sich ruhig und schlafen viel, gegen Abend und nachts werden sie aktiver. Sie können auch am Tag aktiv sein, brauchen dann aber immer wieder Ruhephasen zwischendurch.

Mäuse sind ausgesprochen gute Kletterer und Hochspringer. Sie benutzen dabei ihren Schwanz als Ruder und Fangleine. Von seltenen Ausnahmen abgesehen beißen Farbmäuse nicht.

Farbmäuse sind, genau wie ihre Artgenossen in freier Wildbahn, richtig gesellige Tiere. Deshalb sollte man sich am besten mindestens zwei Farbmäuse anschaffen. Wenn man keine Zucht aufbauen möchte, kann man sich zwei oder drei Weibchen zulegen. Männchen sind als Heimtiere nicht unbedingt empfehlenswert, da sie einen strengen Geruch verbreiten.

In der Gruppe sind die Tiere äußerst friedfertig – vorausgesetzt sie kennen sich von klein auf – und Kämpfe innerhalb der Gruppe kommen so gut wie nie vor. Wenn man jedoch eine ältere Farbmaus zu einer Gruppe erwachsener Tiere setzt, so wird diese als Eindringling betrachtet und gejagt. Hierbei entstehende Kämpfe können gefährlich werden, sodass man diese Situation besser vermeiden sollte.

Wenn Sie eine Gruppe Mäuse haben, die sich prächtig versteht, sollten Sie aus dieser Gruppe kein Individuum herausnehmen, auch nicht für ein paar Tage, denn Farbmäuse erkennen sich untereinander weder an der Farbe, noch an anderen Äußerlichkeiten, sondern einzig und allein am Geruch. Wenn ein Tier eine Weile von den anderen getrennt gewesen ist, nimmt es einen fremden Geruch an und wird dann von den anderen Mäusen seiner Gruppe nicht wieder erkannt.

Farbmäuse sind ausgesprochen gute Kletterer.

Laborkäfige werden häufig benutzt, bieten aber keinen ausreichenden Platz.

Junge Tiere kann man, auch wenn sie einander nicht kennen, problemlos zusammen in einen Käfig setzen. Reibungslos verläuft die Zusammenlegung, wenn die Tiere erst vier Wochen alt sind. Jungtiere die innerhalb der Gruppe zur Welt kommen, werden in der Regel sofort von der gesamten Gruppe akzeptiert.

Dies soll nicht bedeuten, dass es völlig unmöglich ist, erwachsene Farbmäuse gemeinsam in einen Käfig zu setzen. Man braucht hierfür aber etwas Feingefühl. Wenn man die Tiere alle gleichzeitig in einen zuvor gründlich gereinigten Käfig setzt und für viel Abwechslung in Form von Leckereien und neuem Spielzeug sorgt, sodass die Mäuse mit Fressen und dem Erkunden des Käfigs beschäftigt sind, haben sie kein Interesse daran, sich gegenseitig zu attackieren. Vorsicht ist allerdings trotzdem geboten. Am besten man bleibt anfangs in der Nähe und beobachtet den Käfig, um zur Not eingreifen zu können.

Typischerweise ist innerhalb der Mäusegruppe eine deutliche Hierarchie zu spüren. Die dominantesten Weibchen und Männchen sind die einzigen, die sich bei großem Stress – zu dem es zum Beispiel kommen kann, wenn zu viele Mäuse auf engstem Raum gehalten werden – fortpflanzen können. Bei den untergeordneten Tieren ist in solch einer Situation, die natürlich bei gut versorgten Mäusen niemals vorkommen sollte, die Hormonausschüttung so geregelt, dass die Tiere keine Jungen in die Welt setzen können.

Unterbringung

Farbmäuse sind gute Kletterer und Springer und außerdem so klein, dass sie sich noch durch kleinste Öffnungen und Spalten zwängen können. Man sollte sie deshalb stets in einem

Mäuse spielen gerne und untersuchen alles, was man ihnen in den Käfig legt.

Käfig halten, der speziell für Farbmäuse gedacht ist. Bei guten Mäusekäfigen stehen die Gitterstäbe höchstens 6 Millimeter auseinander. Alle anderen Käfigarten sind für Mäuse ungeeignet, denn normalerweise sind die Abstände zwischen den Käfigstäben größer.
Man darf auch nicht vergessen, dass Mäuse ziemlich schlau sind. Ein Türchen, das ein Mensch mit einem Handgriff öffnen kann, ist für eine neugierige, aufgeweckte Maus kein unüberwindbares Hindernis. Durch eine zusätzliche Sicherung, etwa einen kleinen Riegel, bleibt die Tür an ihrem Platz.
Auch Laborkäfige werden oft zur Unterbringung von Farbmäusen benutzt. Sie bestehen aus einer harten Plastikwanne, die nicht durchgeknabbert werden kann, und einem extra starken Gitterdeckel, der fest an das Unterteil des Käfigs geklemmt wird. Der Nachteil bei diesen Käfigen ist, dass sie nicht besonders hoch sind und die Tiere dadurch relativ wenig Bewegungsfreiheit haben.
Nicht nur spezielle Mäusekäfige eignen sich für die Unterbringung. Auch alte Glasaquarien kann man verwenden. Sie haben den Vorteil, dass sie nicht viel kosten – auf Trödelmärkten werden für wenig Geld schöne, gebrauchte Aquarien angeboten – und dass nichts aus einem solchen Käfig fallen kann. Glasaquarien haben aber auch einige Nachteile: Ihr Gewicht und damit verbunden unbequemes Reinigen sowie schlechte Durchlüftung. Somit bleiben, besonders wenn es warm ist, der Käfig nicht rechtzeitig sauber gemacht wird oder zu viele Tiere gehalten werden, Uringerüche länger im

Zweifarbige Maus

Käfig hängen. Ein weiterer Nachteil eines Glasaquariums ist, dass es darin sehr heiß werden kann, wenn der Behälter in der prallen Sonne steht. Wenn man den Käfig jedoch regelmäßig reinigt und ihn nicht in die pralle Sonne stellt, spricht nichts dagegen, ein Aquarium als Mäusehaus einzurichten. Da Farbmäuse hervorragende Hochspringer sind, braucht man unbedingt einen schweren Maschendrahtdeckel zur Abdeckung.
Farbmäuse haben noch eine weitere Eigenschaft, die man nicht unterschätzen sollte: Mit ihrem kräftigen Gebiss nagen sie sich spielend durch jede Holzplatte und durch weiche Plastikoberflächen. Käfige, die teilweise aus weichem Plastik oder dünnem Holz bestehen, sollte man deshalb für Farbmäuse besser nicht anschaffen.
Als Einstreu kann man unterschiedliches Material verwenden. Die meisten Mäusebesitzer verwenden Sägespäne, die im Zoofachhandel angeboten werden. Auch Katzenstreu kann man als Unterlage verwenden oder eine biologische Kleintierstreu, die eine hervorragende Saugtätigkeit hat und den Käfig geruchlos und

Champagnertan Farbmaus mit weißem Hinterleib

Farbmäuse

Farbmäuse mit Siamzeichnung und Satinfell

keimfrei hält. Allerdings ist diese Kleintierstreu verhältnismäßig teuer.
Farbmäuse haben gerne eine Möglichkeit zum Verstecken in ihrer Behausung. Man kann ihnen dazu einen umgedrehten Blumentopf in den Käfig stellen, dessen Loch man am Boden etwas vergrößert, sodass die Mäuse hineinschlüpfen können. Auch ein Pappkarton, ein Mäuse- oder Hamsterhaus oder ein kleines Vogelhäuschen, das man in der Zoohandlung kaufen kann, ist als Unterschlupf gut geeignet.
Farbmäuse sind agile und neugierige Tierchen, die in einem langweiligen Käfig den ganzen Tag überdrüssig in der Ecke sitzen werden. Wenn man aber regelmäßig etwas Neues in den Käfig legt, sind die Mäuse nicht nur wesentlich aktiver, sondern auch glücklich und zufrieden. Man kann zum Beispiel eine Sisalkordel an den Gitterstäben befestigen, auf der die Mäuse balancieren können. Ein Stück Wurzel, Weidenäste und leere Küchenrollen sind wunderbare Spielgeräte. Mit Laufrädern muss man vorsichtig sein, denn die Mäuse können sich, gerade wenn mehrere Tiere in einem Käfig sind, mit ihrem Schwanz darin verfangen. Stellen Sie das Laufrad nur zeitweise in den Käfig und bleiben Sie dabei, wenn Ihre Mäuse darin spielen.

Ernährung

Mäuse sind Allesfresser. Sie nehmen pflanzliche und tierische Nahrung zu sich. Fertiges Nagetierfutter enthält im Grunde alles, was Mäuse brauchen. Trotzdem sollte ihr Speisezettel ab und zu durch Salat, frisches Gemüse oder Obst und etwas tierisches Eiweiß, zum Beispiel ein kleines Stückchen gekochtes Ei oder ein Stück Speck, ergänzt werden. Von zu viel Grünfutter bekommen Mäuse allerdings

Darmprobleme. Auch mit fetthaltigen Speisen, wie Wurst, Käse, Erdnüssen und Sonnenblumenkernen, sollte man sparsam umgehen.
Mäuse fressen im Durchschnitt nur 10 Gramm Futter am Tag. Im Käfig muss immer genug Heu vorhanden sein. Die Mäuse werden davon zwar nur wenig fressen, doch die Ballaststoffe die sie mit dem Heu aufnehmen, sind sehr wichtig für ihre Verdauung.
Damit die Mäuse ihr Nagebedürfnis stillen und ihre Zähne pflegen können, sollte man ihnen einen Weidenast oder einen Nagestein in den Käfig legen. Ein Salzblock aus der Tierhandlung bietet den Tieren die Möglichkeit, eventuelle Mineralmängel beim Naschen auszugleichen. Sorgen Sie für genug frisches Wasser, am besten aus einer Nippeltränke.

Pflege

Wie oft der Käfig gereinigt werden muss, hängt davon ab, wie groß und wie gut belüftet er ist, wie viele Tier darin leben, welche Einstreu man benutzt und aus welchem Material

Muttertiere mit unterschiedlich alten Jungen

Ein wenige Tage alter Wurf Farbmäuse

der Käfig selbst ist. Meistens genügt es, den Käfig und das Zubehör ein- bis zweimal pro Woche zu säubern und einmal pro Woche zu desinfizieren. Im Zoofachhandel erhalten Sie entsprechende Desinfektionsmittel.
Der Futternapf muss täglich gereinigt werden, die Tränke bei jedem Wasserwechsel – mindestens zweimal pro Woche, besser jedoch alle zwei Tage. Welkes Grünfutter und verunreinigtes Nagematerial sollten stets sofort ausgetauscht werden.
Farbmäuse sind von Natur aus saubere Tiere, die regelmäßig ihr Fell putzen. Sie brauchen keine zusätzliche Körperpflege.

Umgang mit Mäusen

Mäuse werden schnell zahm, wenn sie von klein auf ans Hochnehmen gewöhnt werden. Man kann eine Maus gut hochnehmen, indem man sie an der Schwanzbasis hält und mit der anderen Hand den Körper unterstützt. Fassen Sie eine Maus nicht in der Schwanzmitte oder am Ende an, der Schwanz könnte dadurch verletzt werden.

Geschlechtsunterschiede

Der Unterschied zwischen den beiden Geschlechtern wird am Abstand zwischen Anus und Geschlechtsöffnung deutlich. Bei den Weibchen ist dieser Abstand deutlich geringer als bei den Männchen. Ausgewachsene Männchen sind außerdem an den länglichen Hoden, die bis über die Afteröffnung hinausragen, zu erkennen. Bei Jungtieren, die noch unbehaart sind, erkennt man die Weibchen gut an den Zitzen.
Da die Männchen einen Duftstoff ausscheiden, der von den meisten Menschen als unange-

Satinfarbmaus, silberagouti

nehm empfunden wird, werden fast nur Weibchen als Heimtiere gehalten.

Fortpflanzung

Die Farbmaus ist, was den Nachwuchs betrifft, ein äußerst aktives Tierchen. Mäuseweibchen sind ab dem dritten Monat geschlechtsreif, und wenn man der Natur freien Lauf lässt, kann ein Weibchen im Jahr ungefähr neun Würfe großziehen. Das geht natürlich auf Kosten der Gesundheit des Muttertiers und sowohl Anzahl als auch Vitalität der Jungen nehmen von Mal zu Mal ab.
Züchten sollte man mit einem Mäuseweibchen erst, wenn es mindestens vier Monate alt ist. Die Weibchen lassen sich aber nicht jederzeit decken. Ungefähr alle vier bis sechs Tage – die Zyklen sind bei Mäusen unterschiedlich lang – ist ein Weibchen fruchtbar und lässt sich begatten. Normalerweise kann man ein paarungswilliges Weibchen gut zu einem Männchen in den Käfig setzen, ohne das es Gerangel gibt. Gegen Ende der Tragzeit, die im Schnitt 21 bis 23 Tage dauert, beginnt das Weibchen mit dem Nestbau.
Die Jungen kommen völlig nackt und blind zur Welt. Die Anzahl variiert zwischen vier und elf Tieren, manchmal sind es noch mehr. Die Größe des Wurfs hängt vom Alter und von der Vitalität der Mutter ab. Nach ungefähr drei Tagen beginnt das Fell der jungen Mäuse zu wachsen und man bekommt schon eine leise Ahnung von Farbe und Zeichnung. Erst nach zehn Tagen ist das Fell voll entwickelt. Vier Tage darauf können die Jungen schon ein wenig Nagetierfutter knabbern.
Im Alter von drei bis vier Wochen kann man die Jungen von der Mutter trennen. Es empfiehlt sich, in jedem Fall gleich die Männchen aus dem Nest zu nehmen, da sie schon mit fünf

Zwei Goldagoutimäuse, eine mit normalem Fell und die andere mit Satinfell

Wochen geschlechtsreif sein können. Selbstverständlich brauchen Mutter und Jungtiere so viel Ruhe wie möglich. Da Farbmäuse sehr gesellige Tiere sind, kann man trächtige Weibchen problemlos bei ihrer Gruppe lassen. Die Jungen werden dann von allen säugenden Müttern in der Gruppe versorgt.

Lebenserwartung

Mäuse werden leider nicht besonders alt. Die mittlere Lebenserwartung einer Farbmaus liegt zwischen ein und zwei Jahren.

Die Fellfarben der Farbmäuse

Agouti

Agoutimäuse haben eine agoutifarbene (wildfarbene) Schattierung. Das bedeutet, dass jedes einzelne Haar abwechselnd helle und dunkle

Farbmaus, silberagouti

Besonders hübsche Albinomaus

Bänder aufweist. Bei dieser Farbe soll das Fell am ganzen Körper so ebenmäßig wie möglich aussehen. Hellere oder dunklere Flecken oder andere Unregelmäßigkeiten sind nicht erwünscht. Auch der Bauch zeigt bei diesen Tieren eine ausgeprägte Schattierung (Ticking), allerdings nicht so stark wie am übrigen Körper.

GOLDAGOUTI

Die ursprüngliche Farbe ist Goldagouti, eine Farbe, die man auch bei wilden Hausmäusen antrifft, hier allerdings etwas blasser als bei Zuchtformen.

Bei diesem Farbenschlag ist der dunkelste Teil des Haares schwarz und der hellste goldbraun gefärbt. Die Haarbasis kurz über der Haut ist dunkelschiefergrau gefärbt. Augen und Ohren sind schwarz, genau wie Schwanz und Fußsohlen. Bauch und Pfoten sind weniger intensiv schattiert.

SILBERAGOUTI

Mäuse, deren einzelne Fellhaare schwarz und silberweiß gebändert sind, nennt man Silberagoutimäuse. Die Unterfarbe ist auch bei diesen Tieren dunkelschiefergrau.

Genau wie bei den Goldagoutimäusen ist die Schattierung bei den Silberagoutimäusen an Bauch und Pfoten weniger deutlich ausgeprägt. Augen und Barthaare sind schwarz. Krallen, Ohren und Schwanz sind dunkel gefärbt. Silberagoutimäuse können anstelle einer schwarzen auch eine andersfarbige Schattierung haben.

ZIMTAGOUTI

Zimtagoutimäuse sind zimtfarben schattiert, wobei die helleren Haarbereiche insgesamt heller sind als bei den Goldagoutimäusen. Auch die Unterfarbe ist heller. Die Augen sind dunkler, die Schattierung an Pfoten und Bauch ist weniger intensiv als am übrigen Körper.

CHINCHILLAAGOUTI

Chinchillaagoutimäuse ähneln stark den Silberagoutimäusen, sind aber am Bauch nicht schattiert. Bauch und Pfoteninnenseiten sind rein weiß mit schiefergrauer Unterfarbe. Die Augen sind schwarz.

SILBER- ODER GELBAGOUTI

Auch Silber ist eine Wildfarbe. Das schwarze Pigment, das für die Schattierung verantwortlich ist, ist bei Silber so zu Hellgrau verblichen, dass es kaum mehr auffällt und das Tier im Ganzen hellgelb erscheint. Der weiße

Bauch verrät den Einfluss der Wildfarbe. Silberfarbene Mäuse haben rote Augen und wenige bis gar keine Pigmente an Ohren, Sohlen und Krallen.

Einfarbige Mäuse

Einfarbige Mäuse haben, wie der Name schon sagt, nur eine Farbe. Ihr Bauch ist zwar oft etwas heller gefärbt als der übrige Körper, aber Züchter und Preisrichter bemühen sich um möglichst einfarbige Tiere.
Das Fell sollte am ganzen Körper keine Schattierung oder einzelne andersfarbige Haare oder gar Flecken aufweisen. Im Idealfall ist das Fell bis an die Haarwurzeln, inklusive Unterwolle, komplett durchgefärbt. Es sind viele verschiedene einfarbige Mäuse anerkannt.

WEISS MIT ROTEN AUGEN (ALBINO)
Die Weiße Maus mit roten Augen ist die bekannteste und bliebteste Maus. Dieser Farbenschlag hat im Allgemeinen den besten Körperbau.

Braune Farbmäuse

Farbmaus, blau

Albinozüchter müssen niemals ein gut gebautes Tier von der Zucht ausschließen, weil seine Farbe vielleicht zu blass, die Abzeichen unregelmäßig sind oder die Schattierung nicht gleichmäßig ist. Die Farbe der Albinomäuse ist immer optimal, wodurch die Züchter Zeit haben, ihre Tiere nach vollendetem Körperbau, großen Ohren oder glatt anliegendem glänzendem Fell zu selektieren. Der Standard für Albinomäuse ist viel strenger als für andere Mäuse. So müssen Weiße Mäuse mit roten Augen mindestens 13 Zentimeter lang sein. Fußsohlen und Schnäuzchen sind hautfarben.

WEISS MIT DUNKLEN AUGEN
Auch die Weiße Maus mit dunklen Augen wird hinsichtlich des Körperbaus von der Jury etwas kritischer unter die Lupe genommen als andere Mäuse. Sowohl hinsichtlich des Körperbaus als auch der Ohrengröße sind die Weißen Mäuse mit schwarzen Augen zusammen mit den Albinomäusen die hübschesten Vertreter der Mäuse. Die Fußsohlen der Tiere sind rosa. Die Zucht der Weißen Mäuse mit dunklen Augen ist nicht einfach, da bei dieser Farbe erbliche Abweichungen vorkommen.

SCHWARZ
Schwarze Mäuse haben ein glänzendes tiefschwarzes Fell. Auch Augen, Ohren, Schwanz und Füße sind schwarz. Der Bauch ist oft etwas heller.

BRAUN
Schokoladenfarbene Mäuse haben ein braunes Fell. Fußsohlen und Augen sind dunkelbraun, genau wie Schwanz und Ohren. Der Bauch ist oft etwas matter.

LILA
Lilafarbene Mäuse haben einen leichten altrosa Schimmer. Die Tiere haben blaue Augen mit rötlichem Feuer.

CHAMPAGNER
Die Champagnerfarbe ähnelt ein wenig dem Lila, ist aber zarter und wärmer im Ton und tendiert zum Beige. Champagnerfarbene Tiere haben stets rote Augen.

BLAU
Blaue Farbmäuse sollten ein gleichmäßig dunkelblaues Fell haben. Der Bauch ist oft etwas matter, die Augen sind immer dunkelblau.

TAUBENGRAU
Taubengraue Farbmäuse haben ein zartes, pastelliges, hellgraues Fell und rote Augen. Die Farbe ist hier viel heller als beim blauen Farbenschlag und erscheint leicht metallisch. Gelegentlich kommen Tiere mit unerwünschtem bläulichen oder rötlichen Glanz vor.

ORANGE
Das Fell dieser Mäuse hat einen warmen Orangeton. Es ist heller als das Fell der roten Mäuse. Eine Schwierigkeit bei der Zucht dieses Farbenschlags ist, dass die Tiere gelegentlich noch schwarze Haarspitzen (Schattierung) haben. Die Augen der Tiere sind rot.

GELB
Das Fell dieser Mäuse hat einen warmen Gelbton. Die Augen sind rot, die Krallen und Barthaare etwas dunkler. Es gibt daneben auch gelbe Mäuse mit schwarzen Augen, sie sind allerdings eher selten.

ROT
Rote Mäuse haben ein warmes tiefrotes Fell und dunkelbraune Augen. Schwanz und Ohren sind dunkel pigmentiert.

Farbmaus, blauloh und schwarzloh

CREMEFARBEN

Cremefarbene Mäuse haben ein zart elfenbeinfarbenes Fell und dunkle Augen. Das Haarkleid sollte gleichmäßig und möglichst hell gefärbt sein.

Reinerbige Zeichnungsmäuse

Als Mäuse mit reinerbiger Zeichnung bezeichnet man die Tiere, die ein bestimmtes Farbspiel zeigen, welches sich zuverlässig weitervererbt. Wenn man also zwei Tiere mit den gleichen Farbabzeichen paart, dann werden die Jungen mit Sicherheit ebenfalls dieses Farbmuster zeigen.

TAN

Tanmäuse sind wegen ihres kontrastreichen Haarkleids sehr beliebt. Die gesamte Unterseite der Maus, einschließlich der Pfoten, ist heller gefärbt, die Oberseite inklusive Kopf dunkler.
Der Kontrast zwischen beiden Farben muss so groß wie möglich und die Grenze so scharf wie möglich sein. Es gibt mehrere Farbkombinationen bei Tanmäusen. Die häufigste und zugleich ursprünglichste hat einen schwarzen Körper und Kopf und ist am Bauch und den Innenseiten der Pfoten lohfarben. Außerdem gibt es blaue, taubengraue, kastanien- und champagnerfarbene Tanmäuse.
Die Augenfarbe harmoniert immer mit der Farbe von Kopf und Körper. Blaue Tiere haben blaue Augen, schwarze haben dunkle und taubengraue haben rote Augen.

SILBERFUCHS

Silberfuchsmäuse haben die gleichen Zeichnungen wie Tanmäuse. Bei den Silberfuchsmäusen fehlt jedoch jegliches rote Pigment.

Siammaus

Bauch und Innenseite der Pfoten sind weiß. Gegenwärtig gibt es Silberfuchsmäuse vor allem in Schwarz, Blau und Kastanienbraun, im Grunde können sie aber in allen möglichen Farben gezüchtet werden.

SIAMMAUS

Siammäuse haben die gleichen Abzeichen wie Siamkatzen. Ihr Körper ist hell gefärbt, während Pfoten, Ohren, Schnäuzchen und Schwanz braun oder blau gefärbt sind. Bei den braun gezeichneten Siammäusen ist der Körper cremefarben, bei den blau gezeichneten Tieren hat auch das übrige Fell einen Blaustich. Der Farbkontrast zwischen Körper und gefärbten Partien ist auffällig. Siammäuse haben immer rote Augen.

Silberfuchsmäuse in Schwarz und Braun

Farbmaus mit Russenzeichnung

Farbmaus mit schwarzen Flecken, broken

RUSSE

Die Russenzeichnung ist der Siamzeichnung ähnlich. Allerdings ist die Körperfarbe nicht cremefarben, sondern rein weiß. Russenmäuse gibt es ausschließlich mit roten Augen. Pfoten, Ohren, Schnäuzchen und Schwanz können schwarz, blau oder braun sein. Auch andere Farben sind möglich.

Gescheckte Mäuse

Der Unterschied zwischen Zeichnungsmäusen und gescheckten Mäusen, liegt darin, dass die bunten Flecken völlig willkürlich an die Nachfahren weitergegeben werden. Wenn zwei perfekt gescheckte Mäuse miteinander gepaart werden, kann es passieren, dass keines der Jungen die gewünschte Zeichnung hat.
Ideal gescheckte Mäuse zu züchten ist deshalb für viele eine Herausforderung und auf Ausstellungen ziehen solche Mäuse alle Blicke auf sich.

GLEICHMÄSSIG GESCHECKT

Es gibt zwei Sorten gescheckter Mäuse, die ungleichmäßig gescheckten (broken) und die gleichmäßig gescheckten (even).

Gescheckte Mäuse haben einen weißen Körper mit einigen Flecken. Bei den gleichmäßig gescheckten Mäusen sind die Flecken von oben gesehen symmetrisch angeordnet: Wenn die Maus beispielsweise einen Fleck auf der linken Schulter hat, dann sollte genau solch ein Fleck auch auf der rechten Schulter sein. Auch der Kopf zeigt Flecken, zumindest einen auf der Nase. Die Flecken können verschiedene Farben haben und es kommen auch gescheckte Mäuse mit zwei verschiedenfarbigen Augen vor.

Farbmaus mit Schildpattmuster

Farbmaus mit Holländerzeichnung

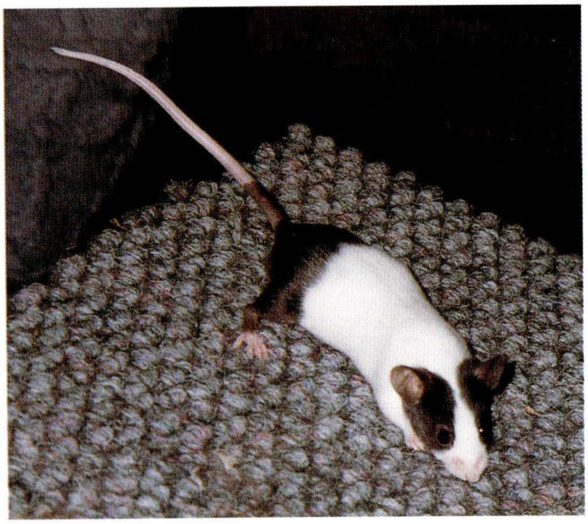

Braune Maus mit weißem Hinterleib (Rumpwhite)

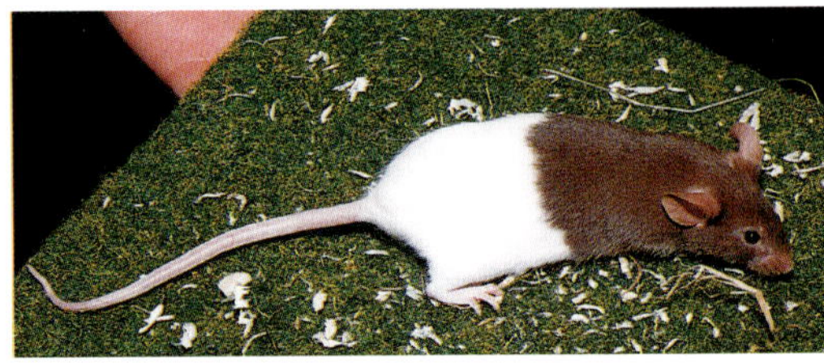

UNGLEICHMÄSSIG GESCHECKT

Bei ungleichmäßig gescheckten Mäusen (broken) kann von Symmetrie keine Rede sein. Die Flecken sind über den ganzen Körper verteilt und laufen nicht ineinander. Der Kopf muss auf jeden Fall einen Fleck haben. Ungleichmäßig gescheckte Mäuse kommen in verschiedenen Farben vor.

SCHILDPATT

Farbmäuse mit Schildpattzeichnung sind zweifarbig. Die Farbfelder sind scharf begrenzt und die Flecken haben eine durchschnittliche Größe von 4 Millimetern. Sie sind gleichmäßig über den Körper verteilt.

Ohren und Schwanz können sowohl einfarbig als auch gefleckt sein. Auf Ausstellungen zieht man jedoch Schildpattmäuse mit gescheckiem Schwanz vor. Eine der beiden Farben ist stets Rot oder Creme, die andere Schwarz oder davon abgeleitete Farben, wie Braun oder Blau.

HOLLÄNDER

Holländermäuse haben die gleichen Abzeichen wie Holländerkaninchen. Diese Mäuse haben einen gefärbten Hinterleib und zwei Farbflecken um die Augen. Der übrige Körper ist weiß. Die Grenze zwischen Weiß und der anderen Farbe muss so scharf und so gerade wie möglich verlaufen. Es sind verschiedene Farben möglich, etwa Schwarz und Kastanienbraun, aber auch diverse Agoutifarben sind bekannt.

WEISS GESTREIFT

Dieser Farbenschlag mit einem quer verlaufenden weißen Streifen in der Mitte des ansonsten gefärbten Körpers ist nicht leicht zu züchten. Der Vorzug gilt Mäusen mit einem möglichst exakt abgegrenzten, gerade sitzenden Streifen. Gestreifte Mäuse gibt es unter anderem in den Farben Schwarz, Blau, Braun und Champagner.

WEISSER HINTERLEIB (RUMPWHITE)

Bei diesen Mäusen ist der vordere Teil des Körpers gefärbt und der Hinterleib weiß. Die Grenze zwischen bunter Färbung und Weiß muss gerade verlaufen und die Farben dürfen

Gestreifte Mäuse in Blau und Schwarz

Schwarze Tanmäuse mit weißem Hinterleib (Rumpwhite)

Farbmaus, sandfarben

Schwarze Farbmaus mit Zebrazeichnung

Blauschimmelmäuse

nicht ineinander laufen. Es gibt diese Mäuse in verschiedenen Farben. Mäuse mit weißem Hinterleib sollten nicht untereinander gepaart werden, da dieser Farbenschlag genetisch an den Letalfaktor gekoppelt ist und ein Teil der Jungen nicht lebensfähig sein würde.

Tanmaus, schwarz

Gescheckte Mäuse mit Farbabzeichen

Es gibt Züchter, die sich auf gescheckte Mäuse mit Farbabzeichen spezialisiert haben. Durch das Kreuzen einer Maus mit weißem Hinterleib mit einer Tanmaus beispielsweise ist es möglich, Tiere zu züchten, die beide Eigenschaften zeigen.

Besonderheiten

Abgesehen von den beschriebenen Farben und Abzeichen tauchen durch Zufall und Zuchtwahl immer wieder neue Farben und Muster auf. So gibt es inzwischen so genannte „Zebramäuse“ (mit zwei weißen Bändern um den Körper) und Schimmelmäuse. Meist dauert es einige Jahre, bis neue Farben und Muster auf internationaler Ebene von den diversen Organisationen anerkannt werden.

Normalhaarmäuse

Herkunft

Die Normalhaarmaus ist die ursprünglichste Farbmaus. Diese Mäuse haben die gleiche Art von Behaarung wie die Hausmaus. Aus Normalhaarmäusen sind die Rosettenmäuse sowie satinhaarige und langhaarige Mäuse entstanden.

Eigenschaften

Normalhaarmäuse sind nachtaktive Tiere, die neugierig alles erkunden. Tagsüber verhalten sie sich ruhig und schlafen viel. Sie bevorzugen die Dunkelheit, deshalb ist es wichtig den Tieren einen Unterschlupf, zum Beispiel ein Schlafhäuschen in den Käfig zu stellen, in das sich die Mäuse tagsüber zurückziehen können.

Körperliche Merkmale

Farbmäuse sind schlank und muskulös. Der Kopf sollte nicht zu spitz sein und die großen, runden Ohren sollten weit auseinander stehen. Der Kopf geht fließend in den Körper über. Auf Ausstellungen werden große Mäuse bevorzugt, die im Ganzen aber noch einen mausartigen Eindruck machen müssen und nicht zu robust wirken dürfen. Eine diesen Vorgaben entsprechende ausgewachsene Maus misst ohne Schwanz ungefähr 13 Zentimeter. Der Schwanz ist genauso lang wie der Körper, an der Basis dick und zum Ende hin spitz. Er darf weder geknickt noch unregelmäßig geformt sein.

Erwachsene Mäuse wiegen 40 bis 60 Gramm. Hinsichtlich Gewicht und Größe gibt es zwischen den Geschlechtern fast keinen Unterschied.

Fell

Das Fell der Normalhaarmaus liegt flach am Körper an, ist dicht und hat einen schönen Glanz.

Rote Farbmaus mit Satinfell

Lila gescheckte Farbmaus, broken

Farbmaus, taubengrautan mit Satinfell

Siammaus mit Satinfell

Farben

Normalhaarmäuse kommen in den unterschiedlichsten Farben und mit verschiedenen Zeichnungen vor. Die kurzen anliegenden Haare eignen sich gut für Farbabzeichen.

Farbmäuse mit Satinfell

Herkunft

Das Satinfell ist durch eine spontane Mutation entstanden, die zum ersten Mal im Jahr 1955 beschrieben wurde. Sie trat in einem englischen Labor auf, wurde aber schnell von Liebhabern entdeckt.
Im April 1973 wurden Farbmäuse mit Satinfell erstmals auf einer Kleintierausstellung in Carlisle (Nord-England) der breiten Öffentlichkeit vorgestellt. Heute gibt es sie in allen Ländern, in denen Farbmäuse gehalten und gezüchtet werden.

Eigenschaften

Farbmäuse mit Satinfell, insbesondere Tiere mit normaler Haarlänge, werden immer beliebter. Dies ist allerdings nicht verwunderlich angesichts des durch den Satin-Faktor verursachten prächtigen Glanzes, der die Farbe der Maus erst richtig zur Geltung bringt.

Körperliche Merkmale

Der Körperbau der Farbmäuse mit Satinfell entspricht dem Körperbau von Normalhaarmäusen.

Goldagoutimaus mit Satinfell

Fell

Mäuse mit Satinfell haben einen herrlichen Glanz, der der Fellfarbe einen besonderen Tiefeneffekt verleiht. Bei Mäusen mit qualitativ minderwertiger Behaarung – die beispielsweise hinsichtlich der Haardichte etwas zu wünschen übrig lässt – unterstreicht der Satinglanz allerdings dieses ärmliche Aussehen. Die Maus wirkt dann, als hätte sie ein fettiges oder nasses Fell. Vor allem bei langhaarigen Farbmäusen mit Satinfell kommt dies oft vor.
Auf Ausstellungen legen die Preisrichter großen Wert auf den Glanz des Fells, ein Hauptmerkmal der Satinfellmäuse.
Satinfell gibt es sowohl bei kurz- und langhaarigen Mäusen als auch bei Rosetten-Farbmäusen.

Farben

Die Farbmaus mit Satinfell kommt in allen Farben und mit den Zeichnungen vor, die es

Rosetten-Farbmäuse, schokoladenfarben

Langhaarige Weiße Maus mit Satinfell

auch bei der Normalhaarmaus gibt. Die Farbe ist jedoch in der Regel aufgrund des Satinglanzes etwas intensiver.

Rosetten-Farbmäuse

Herkunft

Über die Herkunft der Rosetten-Farbmaus ist wenig bis gar nichts bekannt. Sicher ist nur, dass die erste Farbmaus mit dieser abweichenden Haarstruktur in einem Labor entdeckt wurde.

Eigenschaften

Das hübsche Fell der Rosetten-Farbmäuse benötigt keine besondere Pflege. Auch charakterlich weichen diese Mäuse kaum von den normalhaarigen Tieren ab. Leider ist diese attraktive Fellvariante beim breiten Publikum noch nicht so bekannt, deshalb kommt sie nur selten vor.

Körperliche Merkmale

Der Körperbau der Rosetten-Farbmäuse entspricht dem Körperbau von Normalhaarmäusen.

Fell

Das Fell der Rosetten-Farbmäuse ist etwas länger als das der normalhaarigen Farbmäuse und hat einen schönen Glanz. Im Idealfall verläuft von der Mitte des Körpers bis zum Schwanzansatz über den Rücken ein abstehender Kamm aus Haaren und auf jeder Hüfte befindet sich mindestens eine schöne runde Rosette. Auf Ausstellungen sind Tiere mit mehr Rosetten gern gesehen.

Farben

Die Rosetten-Farbmaus gibt es in allen üblichen Farben und mit verschiedenen Zeichnungen. Am besten kommt das Fell jedoch in Agouti oder einfarbig zur Geltung.

Besonderheiten

Rosetten-Farbmäuse sind noch nicht in dem Maße üblich wie Normalhaar- und Satinfellmäuse. Deshalb ist es nicht immer leicht, eine solche Maus zu erwerben. Wer Interesse an einer Rosetten-Farbmaus hat, sollte Kontakt zu einem Mäusezuchtverein aufnehmen.

Langhaarmäuse

Herkunft

Der aus England stammende Mäuseliebhaber Tony Jones besaß als Erster Langhaarmäuse. Er hatte sie 1966 in einem Labor entdeckt und nahm einige Tiere mit nach Hause, um mit ihnen zu züchten. Nur drei Jahre später wurde für die Langhaarmäuse in Großbritannien bereits ein Rassestandard formuliert.

Eigenschaften

Das Fell der Langhaarmäuse benötigt keine außergewöhnliche Pflege. Es ist zwar länger als das von Normalhaarmäusen, aber nicht zu vergleichen mit den langen Strähnen der Langhaarmeerschweinchen.
Charakterlich ähneln die Langhaarmäuse den Normalhaarmäusen.

Körperliche Merkmale

Der Körperbau der Langhaarmäuse entspricht dem Körperbau von Normalhaarmäuse.

Fell

Das Fell der Langhaarmaus muss so lang wie möglich sein und dabei schön dicht bleiben. In der Praxis haben Langhaarmäuse zwar ein etwas längeres Fell als Kurzhaarmäuse, richtig langhaarige Mäuse gibt es jedoch bis heute nicht. Züchter sind allerdings bestrebt, Mäuse mit möglichst langem Fell zu züchten. Langhaarige Farbmäuse gibt es auch mit Satinfell und mit lockigem Fell, sie sind aber äußerst selten.
In der Regel ist das Fell der männlichen Langhaarmäuse etwas länger als das der Weibchen, was offensichtlich mit dem weiblichen Hormonhaushalt zusammenhängt. Die Hormonschwankungen spiegeln sich auch direkt in der Fellqualität wider.

Weiße Langhaarmaus mit Satinfell

Langhaarmaus, taubengrau mit Satinfell

Langhaarmäuse können auch ein Satinfell haben. Das Satinfell dieser Langhaarmaus ist taubengrautan gefärbt.

Farben

Die Langhaarmaus kommt in allen üblichen Farben und mit verschiedenen Zeichnungen vor. Für kompliziertere Zeichnungen ist das längere Fell allerdings nicht so gut geeignet, denn die Farben können bei diesem Felltyp nie so scharf abgegrenzt werden wie bei Normalhaarmäusen, deren Fell glatt am Körper anliegt.

Besonderheiten

Langhaarmäuse sind bis heute nicht sehr verbreitet und man findet sie in kleineren Tierhandlungen normalerweise nicht. Wer sich für eine Langhaarmaus interessiert, sollte Kontakt

zu einem Mäusezuchtverein aufnehmen oder eine große Ausstellung besuchen.
Wer Langhaarmäuse züchten möchte, muss wissen, dass sich die Eigenschaft für langes Haar rezessiv gegenüber der Eigenschaft für kurzes Haar vererbt. Das heißt, wenn man eine Normalhaar- mit einer Langhaarmaus paart, werden die Nachkommen alle kurzes Haar haben. Erst wenn man diese Nachkommen wiederum untereinander paart werden auch langhaarige Mäuse geboren werden.

Nacktmäuse

Herkunft

Nacktmäuse sind durch Mutation bei der Zuchtwahl in Labors aus verschiedenen Stämmen entstanden. Solche Mäuse werden in der Krebsforschung häufig eingesetzt, da man auf der unbehaarten Haut eventuelle Besonderheiten schneller bemerkt, als wenn die Tiere normal behaart wären.

Eigenschaften

Als Heimtiere sind Nacktmäuse nicht besonders beliebt, da das Äußere dieser Tiere nicht jedermanns Geschmack entspricht. Abgesehen davon gleichen Nacktmäuse aber ihren behaarten Artgenossen.

Nacktmaus

Nacktmäuse sind erstmals in Labors aufgetaucht.

Körperliche Merkmale

Nacktmäuse haben den gleichen Körperbau wie Normalhaarmäuse. Sie haben jedoch mehr Falten und einen Nachteil, wenn sie sich verletzen: Narben bleiben deutlich sichtbar.

Haut

Die Nacktmaus ist eine haarlose Farbmaus. Sie wird wie alle anderen Mäuse nackt geboren. Nach einigen Wochen bekommt sie einen Flaum, der jedoch wieder ausfällt, wenn das Tier drei Wochen alt ist. Wenn die Maus ihr Fell verloren hat, wächst keines mehr nach.
Eine weitere Besonderheit bei Nacktmäusen ist die dünne Haut. Sie ist nahezu durchsichtig, sodass man die darunter liegenden Organe erkennen kann.

Farben

Nacktmäuse kommen nur in Weiß vor, das bedeutet, dass die Tiere rosa gefärbt erscheinen.

Besonderheiten

Nacktmäuse brauchen, da sie kein schützendes Fell haben, mehr Wärme als behaarte Mäuse. In Labors werden diese Mäuse bevorzugt gezüchtet, wohingegen man sie in Liebhaberkreisen nur äußerst selten antrifft. Wer sich eine oder mehrere Nacktmäuse zulegen möchte, sollte Kontakt zu einem Mäusezucht- oder Kleintierverein aufnehmen.

Erwachsene Nacktmaus mit Jungtier, dessen Fell noch nicht ganz ausgefallen ist.

Nacktmäuse

Stachelmäuse

Herkunft

Neben Farbmäusen und zahmen Ratten gehören auch die Stachelmäuse zur Unterfamilie der Echten Mäuse, wissenschaftlich *Murinae* genannt.
Von Spezialisten werden am häufigsten die Ägyptische Stachelmaus *(Acomys cahirinus)* und eine verwandte Sorte, die Schwarze Nilstachelmaus *(Acomis cahirinus cahirinus)* gehalten und gezüchtet.
Bei der Stachelmaus kann man im Gegensatz zu Farbmäusen und zahmen Ratten in keinster Weise von Domestikation sprechen. Stachelmäuse sind noch immer „wilde" Mäuse.
Neben der Ägyptischen Stachelmaus und der Schwarzen Nilstachelmaus gibt es beispielsweise noch die Sinai-Stachelmaus und die Goldstachelmaus.
Den meisten Arten begegnet man in Nordafrika, aber auch im Mittleren Osten sind einige Arten beheimatet. In diesen Teilen der Welt fällt wenig Regen und es gibt viele wüstenartige Gebiete. Deshalb ist der Verdauungstrakt dieser Tiere auf einen kargen Speisezettel eingestellt. Stachelmäuse können auch gut eine Weile ohne Wasser auskommen. Aus Gräsern und Insekten können sie ausreichend Flüssigkeit aufnehmen.
In Europa ist die Stachelmaus nur auf Kreta und Zypern zu finden.
Der Name Stachelmaus ist leicht zu erklären: Alle Stachelmäuse sind auf dem Rücken stachelig behaart. Der übrige Körper trägt normales Fell.

Verhalten

Obwohl Stachelmäuse nicht domestiziert sind, sind sie sehr gut als Heimtiere geeignet. Um sie erfolgreich zu halten, braucht man jedoch etwas mehr Kenntnisse als für Farbmäuse. Stachelmäuse sind eher an ein Leben unter Ihresgleichen gewöhnt als an ein Leben unter Menschen. Sie haben grundsätzlich kaum oder kein Interesse an ihrem Besitzer. Einige Stachelmäuse können ein wenig zahm werden, wohingegen andere Zeit ihres Lebens zurückhaltend bleiben und blitzschnell ihre Zähnchen einsetzen, wenn ihnen eine Menschenhand zu nahe kommt.

Die meisten (Halb-)Wüstenbewohner sind Dämmerungs- und Nachttiere, die sich tagsüber nur äußerst selten zeigen. Stachelmäuse sind im Gegensatz dazu – abgesehen von wenigen Ruhepausen – auch tagsüber aktiv.

Stachelmäuse sind ohne Ausnahme gesellig lebende Tiere, die man am besten in Gruppen hält. Die Art des Zusammenlebens ist der der Farbmäuse sehr ähnlich. Das bedeutet, dass es genau wie bei den Farbmäusen auch unter Stachelmäusen, die sich nicht kennen, zu heftigen Kämpfen kommen kann.

Wenn Sie mehrere Stachelmäuse halten möchten, so kaufen Sie sich am besten einige Jungtiere und setzen sie alle zusammen in einen neuen Käfig. Eine Veränderung in der Zusammensetzung der gewohnten Gruppe, etwa ein neuer Mitbewohner, wirft immer Probleme auf. In der Gruppe geborene Junge werden hingegen stets akzeptiert.

Stachelmäuse haben auf dem Rücken eine stachelige Behaarung.

Unterbringung

Stachelmäuse hält man im Haus am besten in einem großen Glasaquarium, das man mit einem passenden Deckel abdeckt. Wichtig ist dabei, dass man für ausreichende Belüftung sorgt.

Als Einstreu sollte man ein möglichst natürliches Material verwenden, zum Beispiel sauberen Sand, ein paar Steine, (ungiftige) Wurzeln und ein wenig staubfreies Heu. Als Höhle kann ein halb vergrabener Blumentopf aus Ton dienen.

Ernährung

Stachelmäuse fressen gerne Nagetierfutter, brauchen daneben aber auch ab und zu Insekten. Man kann die Insekten selbst sammeln. In

Stachelmaus

Stachelmaus

Schwarze Nilstachelmäuse

besser sortierten Zoohandlungen kann man allerdings auch fertige Insektenmischungen kaufen.
Man sollte den Tieren nicht zu viel Grünfutter geben, denn das Verdauungssystem der Stachelmäuse ist nicht auf allzu feuchte Nahrung eingestellt, sodass sie davon Darmprobleme bekommen können.

Pflege

Die Versorgung der Stachelmäuse ist mit der der Farbmäuse vergleichbar. Die Behausung der Tiere, insbesondere das Schlafhäuschen, in dem die Mäuse gerne Futter sammeln, muss regelmäßig gesäubert und mit neuer Einstreu ausgestattet werden.

Umgang

Stachelmäuse sind nicht domestiziert, deshalb darf man nicht erwarten, dass sie sich vertrauensvoll hochnehmen und liebkosen lassen. Sie sind eher schön zu beobachten, was angesichts ihres interessanten Verhaltens sehr viel Freude bereitet. Für kleine Kinder sind Stachelmäuse nicht geeignet.

Geschlechtsunterschiede

Der Unterschied zwischen den Geschlechtern ist bei Stachelmäusen leicht zu erkennen: Der Abstand zwischen Geschlechtsöffnung und Anus ist bei den Männchen größer als bei den Weibchen.

Fortpflanzung

Alle Stachelmausarten zeigen das gleiche Fortpflanzungsverhalten. Die Tragzeit der Stachelmäuse dauert durchschnittlich etwa 14 Tage länger als bei Farbmäusen. Sie beträgt 36 bis 38 Tage.
Die Jungen sind im Unterschied zu den Farbmäusen bei der Geburt schon gut entwickelt. Sie haben zum Beispiel die Augen bereits bei der Geburt geöffnet und erkunden schon bald selbstständig die Umgebung. Nach ungefähr einer Woche knabbern die Jungtiere sogar schon ein wenig am Futter der Eltern.
Auch die Wurfgröße unterscheidet sich deutlich von der der Farbmäuse: Im Durchschnitt besteht ein Wurf aus nur drei bis fünf Jungen. Was Stachelmäuse aber mit den Farbmäusen gemeinsam haben, ist, dass die Weibchen ihre Jungen gerne zusammen mit anderen Weibchen großziehen.

Lebenserwartung

Die Lebenserwartung einer Stachelmaus liegt im Durchschnitt bei zwei bis drei Jahren.

Eurasiatische Zwergmaus *(Micromys minutus)*

Herkunft

Ein weiteres beliebtes und oft gehaltenes Mitglied der Unterfamilie Echte Mäuse *(Murinae)* ist die Eurasiatische Zwergmaus *(Micromys minutus)*. Diese kleine Maus macht ihrem Namen alle Ehre: Sie zählt zu den kleinsten Mäusearten der Welt. Sie kommt in Europa und in Teilen Russlands häufig in freier Wildbahn vor.

Verhalten

Eurasiatische Zwergmäuse sind hübsche, interessante Tierchen mit einem angenehmen Wesen. Sie sind sowohl nachts als auch tagsüber – abgesehen von einigen kleinen Ruhepausen – äußerst aktiv. Sie klettern gerne und viel. Wer diese kleine Mäuseart in der freien Natur beobachtet, wird feststellen, dass die Tiere oft tagelang den Erdboden nicht berühren.

Menschen gegenüber sind Eurasiatische Zwergmäuse neugierig und freundlich. Sie beißen in Gefangenschaft nur selten zu. Die Tiere sind sehr gesellig und kommen mit dem Alleinsein nicht gut zurecht. Am besten sollte man sich eine Gruppe junger Tiere anschaffen, die man alle zusammen in einen Käfig setzt. Im Allgemeinen wird ein Neuling von der Gruppe schnell akzeptiert.

Eurasiatische Zwergmäuse kommen in freier Wildbahn häufig vor. Allerdings ist es nicht empfehlenswert, diese wild lebenden Tiere einzufangen, da sie sich kaum oder gar nicht an ein Leben in Gefangenschaft gewöhnen können.

Unterbringung

Ein großes Glasbehältnis eignet sich für Eurasiatische Zwergmäuse als Behausung am besten. Das Behältnis sollte fest verschließbar und gut zu belüften sein. Man darf nicht vergessen, dass diese Mäuse sehr klein sind und sich durch die engsten Spalten zwängen können. Belüftungsschlitze sollten deshalb sehr klein, aber dafür in großer Anzahl vorhanden sein.

Als Einstreu verwendet man am besten eine dicke Lage Sand.

Eurasiatische Zwergmäuse klettern gern und sind äußerst aktiv. Um ihnen hierzu Gelegenheit zu geben, sollten Sie die Behausung mit interessant geformten Ästchen (zum Beispiel von Obstbäumen oder Weiden), Grashalmen, Steinen und Wurzelholz ausstatten.

Ernährung

Eurasiatische Zwergmäuse fressen gerne Körner, brauchen daneben aber auch tierisches Eiweiß in Form von Insekten und Larven. Man

kann ihnen eine Mischung aus Nagetierfutter, Vogelkörnern und Insekten zur Verfügung stellen. Insekten kann man sowohl frisch als auch getrocknet (fertiges Insektenfutter für Vögel) kaufen.
Eurasiatische Zwergmäuse trinken nicht viel, vor allem, wenn ihr Futter genug Feuchtigkeit enthält. Wenn man ihnen stets etwas frisches Wasser hinstellt, können sie trinken, falls sie Durst haben.

Pflege

Wie oft der Käfig sauber gemacht werden muss, hängt von dessen Größe und der darin lebenden Anzahl Mäuse ab. Normalerweise genügt es, die Behausung ein- bis zweimal pro Wochen zu reinigen und mit frischer Einstreu zu versehen. Einmal pro Woche sollte der Käfig desinfiziert werden.

Umgang

Eurasiatische Zwergmäuse sind klein und flink. Sie lassen sich nicht leicht einfangen. Wenn man unbedingt ein Tier aus dem Käfig holen muss, sollte man es am besten mit der einen Hand packen und mit der anderen über der Maus ein Dach formen, sodass sie nicht entkommen kann.

Geschlechtsunterschiede

Die beiden Geschlechter unterscheidet man anhand des Abstands zwischen Geschlechtsöffnung und Anus. Dieser ist bei den Männchen größer als bei den Weibchen.

Fortpflanzung

Eurasiatische Zwergmäuse werden im Alter von anderthalb bis zwei Monaten geschlechtsreif. Unter günstigsten Bedingungen können sie dann pro Jahr vier bis sieben Würfe großziehen. Die Tragzeit liegt ungefähr bei drei Wochen und die durchschnittliche Wurfgröße umfasst fünf bis sechs Junge.
Trächtige Weibchen bauen aus Materialien, die sie im Käfig finden, zum Beispiel aus Grashalmen oder Holzstückchen, eine Nestkugel. Die Jungen kommen nackt und blind zur Welt. Sie sind nur 2 Zentimeter groß und wiegen knapp ein Gramm. Wenn sie zwei Wochen alt sind, trauen sie sich aus dem Nest heraus und schließen sich den erwachsenen Mäusen in ihrer Umgebung an.

Lebenserwartung

Die Lebenserwartung einer Eurasiatischen Zwergmaus beträgt in freier Wildbahn bis zu anderthalb Jahren, in Gefangenschaft können die Tiere drei bis vier Jahre alt werden.

Körperliche Merkmale

Ausgewachsene Eurasiatische Zwergmäuse sind mit einem Körpergewicht von ungefähr 7 Gramm und einer Körperlänge von durchschnittlich 6 Zentimetern die kleinsten Mäuse Europas. Sie haben ein normalhaariges gelbbraunes Fell, das bei den meisten Exemplaren auf dem Rücken und an den Seiten etwas dunkler gefärbt ist als am Bauch.

Eurasiatische Zwergmaus

3. Ratten

Jahrhundertelang betrachtete man Ratten lediglich als Überträger gefährlicher Krankheiten – vor allem der Pest – und als ekelige Tiere. Deshalb wurden sie vom Menschen gnadenlos gejagt und vergiftet.
Heute hat sich das Image der Ratte wesentlich verändert und man hat erkannt, dass es sich bei diesen Tieren um sehr intelligente und äußerst anpassungsfähige Tiere handelt. Wer sich eine Ratte als Heimtier hält, weiß, dass diese bei liebevoller Behandlung dem Menschen rasch Vertrauen entgegenbringt und ein sehr liebenswerter Hausgenosse ist.

Zahme Ratten

Herkunft

Die Vorfahren der zahmen Ratten sind die so genannten „Wanderratten" *(Rattus norvegicus)*. Wanderratten stammen ursprünglich aus Steppengebieten in Asien. In der Blütezeit des Seehandels sind sie auf Schiffen unerwünscht als blinde Passagiere nach Europa gekommen. Bereits im Jahr 1553 stellte der Schweizer Naturforscher Konrad Gesner in seinem Tierbuch eine Ratte dar, bei der es sich mit hoher Wahrscheinlichkeit um eine Wanderratte handelte.
Geschichtlich belegte Beobachtungen von Wanderratten in Europa stammen jedoch erst aus dem 18. Jahrhundert, zum Beispiel aus den Jahren 1735 (Frankreich), 1750 (Deutschland) und 1800 (Spanien). Nach Nordamerika gelangte die Wanderratte per Schiff im Jahr 1755.
Wanderratten sind wesentlich anpassungsfähiger als die in Europa heimischen Haus- oder Dachratten *(Rattus rattus)*, sodass sie diese in relativ kurzer Zeit verdrängt haben.
Die Ausrottung aller Ratten war in Europa zeitweise ein großes Bestreben. Zu einer Zeit, in der Rattengift noch nicht üblich war, behalf man sich mit allerlei findigen Methoden, um der Rattenplage Herr zu werden. Es gab zum Beispiel diverse Hunderassen, vor allem verschiedene Terrierrassen, die speziell für diese Aufgabe gezüchtet wurden. Ziel war es, die Hunde darauf abzurichten, die Ratten mit einem einzigen Biss zu töten. Dazu mussten die Hunde schnell, wendig und blutrünstigen sein, um effektiv ans Werk zu gehen. Nach einiger Zeit kamen die Besitzer der Hunde auf die Idee, ihre Tiere miteinander zu messen. Es wurden Gruben ausgehoben, die so genannten „pits", in denen die Hunde zeigen konnten, in welcher Zeit sie eine bestimmte Anzahl Ratten erledigen konnten. In solch einem Pit wurden Hunderte, manchmal Tausende, von Ratten losgelassen. Viele waren zuvor von professionellen Rattenfängern eingefangen worden. Zunehmend hat man sie aber speziell für diesen Zweck gezüchtet. Natürlich waren diese Spektakel sehr gut besucht und auf die vermeintlichen Gewinner wurde oftmals viel Geld gesetzt.
Zwei der bekanntesten Rattenfänger waren Jimmy Shaw und Jack Black aus London. Von Shaw und Black weiß man, dass sie in der ersten Hälfte des 19. Jahrhunderts schon Wanderatten mit abweichendem Farbenschlag gefangen haben. Sie hielten sie getrennt von den übrigen Tieren und begannen auch mit diesen Ratten zu züchten. Weiße Ratten, gescheckte Exemplare und alle anderen Ratten, die irgendwie von der durchschnittlichen Wanderratte abwichen, wurden nicht an die Organisatoren der Pits verkauft, hin und wieder jedoch an Liebhaber und Labors.
In Labors sind Ratten auch heute noch gern gesehene Tiere. Es wird mit ihnen viel in der Krebsforschung experimentiert.
Obwohl die zahme Ratte ein direkter Abkömmling der Wanderratte ist, sind die beiden heute kaum mehr miteinander vergleichbar. Zahme Ratten werden schon so lange über Ge-

Links: *Ratte im Farbenschlag Blau*

Ratte, schwarzbunt

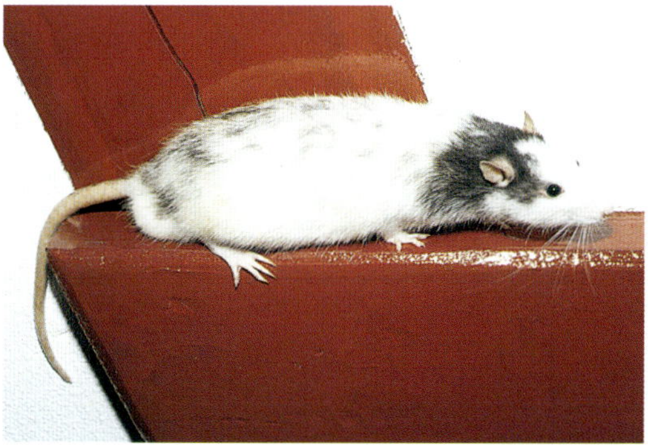

nerationen hinweg in Gefangenschaft gehalten und gezüchtet, dass im Lauf der Zeit ein Domestikationsprozess eingesetzt hat, der zu der heute bekannten umgänglichen, friedlichen zahmen Ratte geführt hat.
Ohne Zweifel hat man auch selektiv nach charakterlichen Merkmalen gezüchtet, denn Wissenschaftler können mit widerspenstigen oder tückischen Labortieren nicht arbeiten. Daraus kann man schließen, dass die Stämme, mit denen gezüchtet wird, nur aus zahmen, gutartigen Tieren bestehen.
Über die Labors, in denen Ratten nicht nur zur Krebs-, sondern auch zur Verhaltensforschung eingesetzt werden, haben die meisten zahmen Ratten ihren Weg zu den Tierfreunden gefunden, die sie als Heimtiere halten.
Im Jahr 1901 wurden zahme Ratten in England auf Ausstellungen zugelassen und örtliche Vereine hielten Schönheitswettbewerbe ab. Die Engländerin Mrs Douglas widmete sich Zeit ihres Lebens den Ratten. In der Öffentlichkeit setzte sie sich unermüdlich für die Wertschätzung der zahmen Ratten als Heimtiere ein. Nach ihrem Tod im Jahr 1921 gingen die Rattenbestände rapide zurück und immer weniger Menschen interessierten sich für diese Tiere. Es dauerte bis in die 70er Jahre, bis die Ratte ihr Comeback als beliebtes Heim- und Ausstellungstier feiern konnte.

Der Kauf

Es gibt verschiedene Möglichkeiten, eine Ratte zu erwerben. Sie werden heute zum Beispiel in vielen Zoofachgeschäften angeboten. Man kann aber auch im Tierheim, beim Tierschutzverein oder bei einem Tierarzt nachfragen. Oft erhält man dort Adressen von Rattenbesitzern, die Tiere abgeben möchten.

Zahme Ratten lassen sich gut in einer Bauchtasche transportieren.

Wenn Sie sich dazu entschließen, eine Ratte zu kaufen, sollten Sie einige Dinge beachten, um keine Enttäuschungen zu erleben. Sie sollten sich das ausgewählte Tier genau ansehen. Auch als Laie können Sie den Gesundheitszustand einer Ratte anhand einiger Merkmale gut einschätzen.
Die Ratte sollte zum Beispiel klare Augen haben, die nicht verklebt oder entzündet sein dürfen. Das Fell darf keine kahlen, verkrusteten oder verklebte Stellen aufweisen. Es muss glatt sein und gut am Körper anliegen. Ratten sind reinliche Tiere, die sich sehr sorgfältig putzen. Nur wenn ein Tier krank ist, vernachlässigt es die Körperpflege. Ein untrügliches Zeichen hierfür ist zum Beispiel ein mit Kot verschmierter After.
Auch das Verhalten der Ratte liefert einen Anhaltspunkt über den Gesundheitszustand des Tiers. Kranke Ratten sind desinteressiert und verhalten sich apatisch, wohingegen gesunde

Husky-Ratte

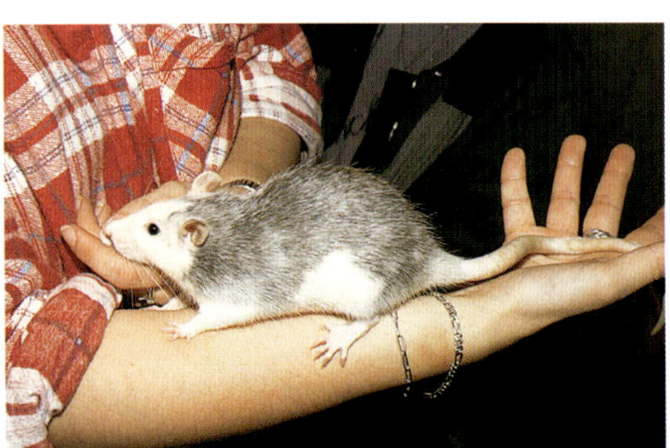

Geräumiger Rattenkäfig

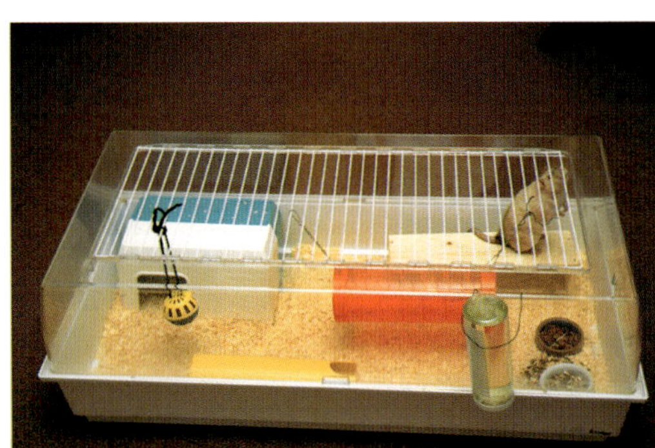

Zahme Ratten sind gesellige Tiere.

Laborkäfig

Ratten neugierig an die Gitterstäbe des Käfigs kommen.

Verhalten

Ratten sind höchst intelligente und lebendige Tiere, die mit ihrem Besitzer eine feste Beziehung eingehen. Sie sind nette Spielkameraden für Kinder, aber auch Erwachsene haben viel Freude an diesen geselligen Tieren. Gut sozialisierte und liebevoll gepflegte Ratten beißen selten, brauchen aber sehr viel Aufmerksamkeit, um zu vermeiden, dass sie vereinsamen und Verhaltensstörungen entwickeln.

Mit einer zahmen Ratte, die man einzeln hält, muss man sich täglich mindestens eine Stunde beschäftigen. Nicht jeder wird hierzu die Zeit haben, deshalb ist es immer besser, sich zwei oder drei Ratten anzuschaffen, sodass sich die Tiere gegenseitig Gesellschaft leisten können.

Wenn zwei Ratten, ob es nun zwei Weibchen oder zwei Männchen sind, gleichzeitig angeschafft werden, gibt es keine Probleme. Wenn man jedoch einer erwachsenen Ratte, die man einzeln hält, einen Gefährten geben möchte, sollte man grundsätzlich nur ein gleichgeschlechtliches Jungtier wählen. Man muss dabei bedenken, dass ein älteres Weibchen das junge Tier problemloser akzeptiert als ein Männchen. Man sollte die beiden Tiere nicht sofort zusammen in einen Käfig setzen, sondern den Käfig mit dem Jungtier erst einige Tage in die Nähe des anderen Käfigs stellen, damit sich die Tiere aus einiger Entfernung kennen lernen können.

Männchen und Weibchen, die sich von klein auf kennen, können in großen Kolonien zusammenleben, ohne dass es jemals Gerangel gibt. Die Weibchen ziehen oftmals ihre Jungen gemeinsam groß. Männchen, die sich nicht kennen, zusammenzusetzen, ist selten von Erfolg gekrönt.

Zahme Ratten sind Allesfresser; diese verzehrt gerade ein Ei.

Wenn man sich geduldig mit seinen Ratten beschäftigt, können sie aufgrund ihrer Intelligenz viel lernen. Rattenfreunde tragen ihr Tier gerne auf der Schulter oder in einer Bauchtasche, wenn sie außer Haus gehen. Dies ist eine gute Angewohnheit, denn zahme Ratten, die Vertrauen zu ihrem Besitzer gefasst haben, hängen sehr an ihm und begleiten ihn gerne. Manche Ratten lernen sogar, auf ihren Namen zu hören.

Behausung

Wenn eine zahme Ratte regelmäßig aus ihrem Käfig gelassen wird, muss dieser nicht allzu groß sein. Die Grundfläche sollte nicht weniger als 40 x 60 cm messen, besser etwas mehr. Wichtig ist vor allem, dass der Käfig mindestens zwei Etagen enthält, da Ratten gerne klettern.

Neben Gitterkäfigen sind auch Glaskästen geeignet. Man darf nicht vergessen, dass die Tiere ziemlich stark sind und sehr wohl einen

Eine bunte und zwei Agouti-Ratten

Zahme Siamratte

Gitterdeckel verschieben können, wenn er nicht ordentlich befestigt ist.
Eine Gitterabdeckung ist auch im Hinblick auf die Frischluftzufuhr anzuraten. Der Käfig sollte so konstruiert sein, dass die Tiere weder das Material durchnagen noch zwischen den Gitterstäben hindurchschlüpfen können. Sehr gut geeignet sind große Vogel- oder Hamsterkäfige – natürlich nicht aus Holz. Außerdem muss der Käfig gut zu reinigen und zu desinfizieren sein. Nicht zuletzt sollte der Verschluss gut durchdacht sein. Ratten sind schlau und finden in kürzester Zeit heraus, wie sich eine Tür öffnen lässt. Ein zusätzliches Schloss ist oftmals kein überflüssiger Luxus.
Den Käfigboden können Sie mit einer Lage Holzspäne bedecken. Achten Sie jedoch darauf, dass die Späne nicht von Tannen stammen, denn diese aromatische Holzart kann sich negativ auf die Gesundheit der Ratten auswirken. Es gibt auch andere Einstreu zum Beispiel weniger stark riechendes Holz, Mais oder unbedrucktes Papier. Diese Materialien sind besser geeignet. Die beste Einstreu für Ratten ist jedoch Hamsterstreu, die Sie im Zoofachhandel erhalten.

In eine Ecke des Käfigs gehört ein kleines Schlafhaus aus Plastik oder Keramik. Gut geeignet sind Kaninchen oder Meerschweinchenhäuschen, die im Zoofachhandel erhältlich sind. Ein ruhiger Winkel in der oberen Etage des Käfigs ist der beste Platz für das Schlafhaus, das mit Küchenpapier, Heu oder Stoffresten gepolstert werden sollte.
Neugier und Spieltrieb der Ratten befriedigt man, indem man ab und zu Dinge in den Käfig legt, die sie untersuchen und erkunden können. Zahme Ratten langweilen sich schnell und brauchen ständig Ablenkung. Somit sind Gegenstände jeglicher Art eine willkommene Abwechslung für die Tiere. Denken Sie jedoch daran, Ihren Ratten nichts in den Käfig zu legen, was sie nicht ruhig auch anknabbern können.

Ernährung

Ratten benötigen eine ausgewogene Ernährung. Sie bevorzugen Körner, Nüsse, Obst, Salat und Gemüse. Geben Sie ihren Tieren auf keinen Fall kalorien-, fett- und zuckerhaltige Speisen wie Kekse, Schokolade, Butter und dergleichen. Sie können den Tieren gemischtes Nagetierfutter geben, aber ab und zu brauchen sie auch etwas tierisches Eiweiß. Das können Sie Ihren Ratten in Form von Trockenfutter für Hunde oder Katzen geben. Gekochte Hühner- oder Rindfleischstückchen – selbstverständlich ungewürzt – sind ebenfalls gut geeignet. Außerdem lieben Ratten trockenes Brot und Joghurt.
Die tägliche Futterration für mittelgroße Ratten, die durchschnittlich 300 Gramm wiegen, liegt bei etwa 25 Gramm. Am besten verwenden Sie für das Futter zwei glasierte Steingutschälchen. In das eine Schälchen können Sie das Körnerfutter geben, in das andere frisches Grünfutter.
Ratten benötigen relativ viel Wasser. Geben Sie das Wasser immer in eine Nippeltränke, da die Tiere Wasserschüsseln leicht verschmutzen oder umstoßen.

Pflege

Ratten sind reinliche Tiere, die ihr Fell normalerweise selbst sauber halten. Waschen oder baden ist nicht nötig. Wenn Sie Ihre Tiere trotzdem baden möchten, sollten Sie ein sanftes pH-neutrales Shampoo verwenden. Rubbeln Sie Ihre Ratten nach dem Baden gut trocken.

Gelegentlich können die Krallen der Tiere etwas lang werden. Mit einer scharfen Nagelzange können Sie diese vorsichtig kürzen. Wenn Sie sich das nicht zutrauen, fragen Sie einen erfahrenen Rattenbesitzer oder bitten Sie den Tierarzt gelegentlich darum. Auch die ständig nachwachsenden Nagezähne können zu lang werden und die Tiere beim Fressen behindern. Die Nagezähne müssen in diesem Fall vom Tierarzt gekürzt werden. Um diesem Problem vorzubeugen, sollten Sie Ihren Ratten stets hartes Nagematerial zur Verfügung stellen. Gut geeignet sind zum Beispiel hartes, dunkles Brot sowie Nüsse mit Schale (keine Paranüsse, die Schale können die Ratten nicht aufbeißen).

Die Rattenbehausung muss ein- bis zweimal pro Woche ausgemistet werden. Wenn mehrere Tiere in einem Käfig gehalten werden, sollte man diesen öfter reinigen. Futterschalen und Tränke sollten täglich mit heißem Wasser gereinigt werden. Auch das Schlafhaus sollte ein- bis zweimal pro Woche mit heißem Wasser ausgewaschen und anschließend gut getrocknet werden.

Umgang

Zahme Ratten sind von Natur aus äußerst neugierig. Wenn etwas ihr Interesse geweckt hat, müssen sie dieses Objekt ganz genau inspizieren.

Wenn Sie Ihre junge Ratte gut behandeln, dürfte sie bald zahm werden.

Zum Hochheben der Ratte packen Sie das Tier beherzt am Schwanzansatz und greifen ihm mit der anderen Hand unter den Bauch. Heben Sie eine Ratte niemals an der Schwanzspitze oder in der Mitte hoch. Das kann zu Verletzungen führen.

Junge Husky-Ratten

Geschlechtsunterschiede

Das Geschlecht einer Ratte kann man problemlos am Abstand zwischen Anus und Geschlechtsöffnung erkennen, der bei Männchen viel größer ist als bei Weibchen. Außerdem sind erwachsene Männchen größer und meist ruhiger als Weibchen.

Fortpflanzung

Zahme Ratten werden im Alter von ungefähr sechs bis sieben Wochen geschlechtsreif, sind dann aber noch nicht reif genug, um einen Wurf Junge großzuziehen.

Normalerweise kann ein Weibchen mit vier Monaten zum ersten Mal gedeckt werden. Der

„Maskierte" Ratte

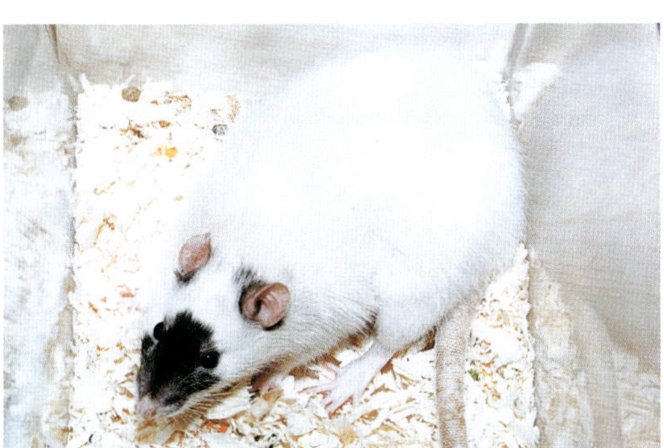

Wildfarbene Ratte

Zyklus der Rattenweibchen dauert nur vier bis fünf Tage an. Das heißt, dass ein Weibchen alle vier bis fünf Tage gedeckt werden kann. Weibchen sind schneller sexuell erregt, wenn sie ständig ein Männchen um sich haben, als wenn sie alleine sind. Am besten setzt man beide Tiere auf unbekanntes Terrain, beispielsweise in einen gereinigten Käfig oder Glaskasten, der nach keinem der Tiere riecht.
Das Männchen kann zwar während der Tragzeit und auch zur Aufzucht der Jungen beim Weibchen bleiben, doch um ein erneutes Decken gleich nach der Geburt zu verhindern, sollte man die erwachsenen Tiere trennen. Die Tragzeit beträgt im Durchschnitt 24 Tage.
Rattenweibchen können in der Regel problemlos zusammenleben, unabhängig davon, ob sie Junge haben oder nicht. Sie helfen einander bei der Versorgung des Nachwuchses und machen keinen Unterschied zwischen ihren eigenen Jungen und denen der anderen Weibchen. Zahme Ratten haben große Würfe. Sechs bis 12 Junge sind durchaus keine Seltenheit.
Das Gewicht der Jungen liegt bei der Geburt bei 40 bis 100 Gramm. Sie kommen nackt und völlig hilflos mit geschlossenen Augen zur Welt. Nach zwei Wochen öffnen sie die Augen und beginnen, ihre Umgebung zu erkunden. Wenn sie vier bis fünf Wochen alt sind, können die Jungen von ihrer Mutter getrennt werden. Rattenweibchen werden im Alter von 15 bis 18 Monaten unfruchtbar.

Lebenserwartung

Die Lebenserwartung einer Ratte hängt von mehreren Faktoren ab. Besonders wichtig ist

Einfarbige Ratte

Weiße Ratte mit roten Augen

die Qualität des Futters, aber auch Gesundheit und Allgemeinbefinden sind von Belang. Die durchschnittliche Lebenserwartung liegt bei zwei bis drei Jahren, allerdings können Ratten manchmal auch über sechs Jahre alt werden. Sehr viele Tiere sterben früh an Krebs. Diese Veranlagung ist vielen Ratten angeboren: Eine Erbschaft ihrer Vorfahren, die in Labors eingesetzt wurden.

Irische Ratte

Die Fellfarben der zahmen Ratten

Agouti

Die ursprünglichste Farbe ist Agouti (Wildfarbe). Das Charakteristische an dieser Fellfarbe ist die schwarze Schattierung der Haare, das so genannte „Ticking". Im Gegensatz zu Farbmäusen, bei denen es viele Varianten der ursprünglichen Wildfarbe gibt, sieht man bei den zahmen Ratten auf Ausstellungen in Europa bis heute nur Gold-, Zimt- und Silberagouti-Ratten. Eine Ausnahme hiervon bildet Großbritannien, dort sind – ebenso wie in den USA – wesentlich mehr Agoutifarbenschläge anerkannt. Wildfarbene Ratten sind die widerstandsfähigsten und lebhaftesten Vertreter ihrer Art.

GOLDAGOUTI

Das einzelne Haar ist bei dieser Fellfarbe schwarzbraun gebändert. Die Unterfarbe – die Haarfarbe direkt über der Haut – ist dunkelschiefergrau. Bei diesen Agouti-Ratten sollte das Ticking am ganzen Körper möglichst gleichmäßig sein, das heißt ohne hellere und dunklere Flecken. Der Bauch zeigt weniger Schattierung als Rücken, Kopf und Seiten.

Siamratte

Die Augen sind dunkelbraun, Ohren, Fußsohlen, Schwanz und Krallen sind etwas dunkler.

ZIMTAGOUTI

Zimtagouti-Ratten haben eine zimtfarbene Schattierung. Die helleren Bänder haben einen warmen Hellbraunton. Der Bauch ist in einem hellen Graubraun gefärbt, Barthaare und Schwanz sind braun, die Augen sind dunkelbraun.

SILBERAGOUTI

Silberagouti ist eine auffällige Farbe. Bei diesen Tieren ist die schwarze Schattierung zu einem hellen Grau verblichen. Auf den ersten Blick wirken die Tiere hellgelb, abgesehen vom cremeweißen Bauch.
Die Augen sind rot, die Pigmentierung an Fußsohlen, Ohren und Schwanz ist minimal.

Einfarbige Ratten

Einfarbige Ratten haben, wie der Name schon sagt, nur eine Farbe. Meistens ist der Bauch, genau wie die Pfoten, etwas heller oder zumin-

dest weniger intensiv gefärbt. Ziel der Züchter ist es jedoch, Ratten zu züchten, die am ganzen Körper exakt dieselbe Farbe haben.
Anders gefärbte Fellhaare, kleine Flecken, weiße Zehen und so weiter kommen bei einfarbigen Ratten häufig vor. Natürlich werden solche Exemplare auf Ausstellungen nicht gut bewertet. Es gibt viele verschiedene einfarbige Ratten.

SCHWARZ

Schwarze Ratten findet man relativ selten. Das Fell dieser Tiere sollte möglichst dunkel sein, ohne den leisesten Hauch von Braun oder Grau und ohne einzelne, anders gefärbte Haare.
Die Augen der schwarzen Ratten sind dunkelbraun, Ohren, Schwanz, Fußsohlen und Krallen sollten möglichst dunkel gefärbt sein.

BRAUN

Braune Ratten sind am ganzen Körper gleichmäßig schokoladenbraun. Schwanz, Ohren, Fußsohlen und Krallen sind braun, die Augen dunkelbraun.

CHAMPAGNER

Das Fell der champagnerfarbenen Ratten hat einen beigen Farbton mit leicht rötlichem Stich.
Bauch und Pfoten sind bei diesem Farbenschlag heller gefärbt, die Augen sind rot. Fußsohlen, Krallen, Schwanz und Ohren sind pigmentiert.

CREME

Das Fell dieser Ratten ist cremefarben. Fußsohlen, Schwanz und Ohren sind nicht pigmentiert. Die Augen der Tiere sind stets dunkelbraun.

ALBINO

Ratten von diesem Farbenschlag haben ein rein weißes Fell. Fußsohlen, Schwanz und Ohren sind völlig pigmentfrei. Die Augen der Tiere sind rot und die Krallen hornfarben.

WEISS MIT DUNKLEN AUGEN

Weiße Ratten mit dunklen Augen haben ein rein weißes Fell. Fußsohlen, Schwanz, Ohren

Berkshire-Ratte

Gescheckte Ratte

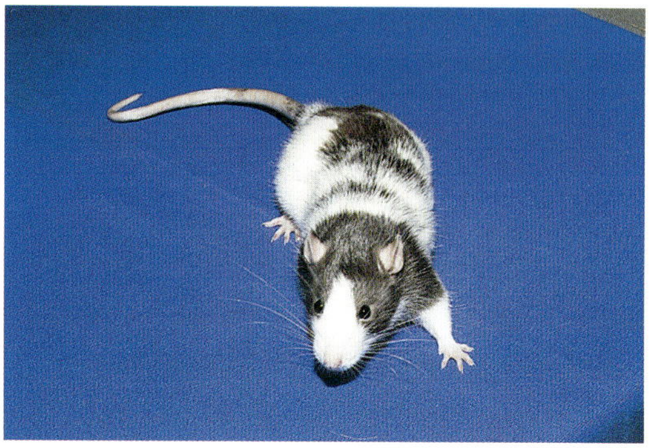

Ratte, gelbsilber

Ratte, schwarzsilber

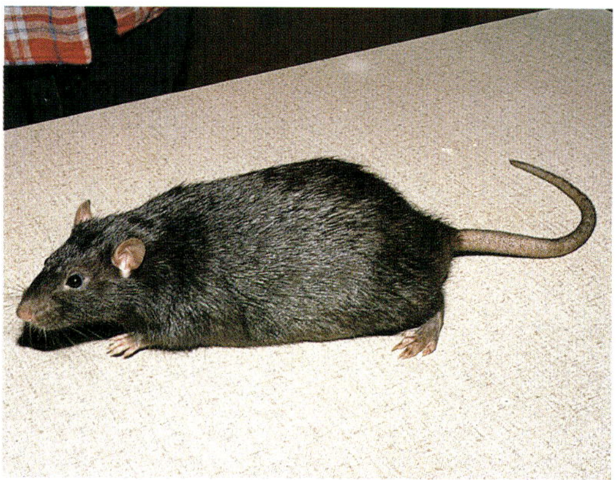

Besonders hübsch gezeichnete Japanerratte

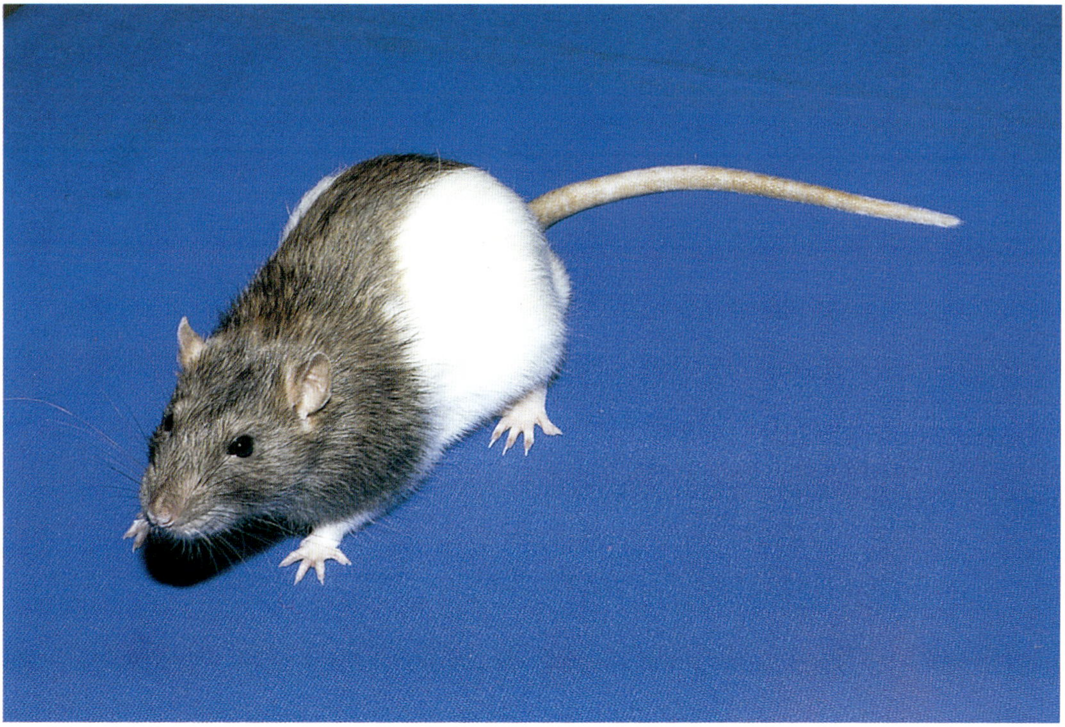

und Krallen sind dunkelfleischfarbenen. Die Augen der Tiere sind dunkelbraun.

Varietät wurde erstmals in den 70er Jahren in Frankreich gezüchtet.

Zeichnungsratten

Zeichnungsratten sind Ratten, die ein bestimmtes Farbmuster tragen, das ohne Probleme zu züchten ist. Das bedeutet, dass man, immer wenn Tiere mit dem gleichen Farbmuster gepaart werden, davon ausgehen kann, dass auch die Jungen die gleichen Abzeichen tragen.

SIAM

Die Farbe der Siamratten entspricht ungefähr der der Siamkatzen. Der Körper ist hell gefärbt, Pfoten, Ohren, Schnauze und Schwanz sind dunkler. Der Kontrast dieser beiden Farben muss so deutlich wie möglich sein.
Die Augen sind bei diesem Farbenschlag stets rot. Siamratten gibt es noch nicht so lange, sie erfreuen sich aber nach kurzer Zeit schon größter Beliebtheit.

RUSSE

Russenratten sind den Siamratten sehr ähnlich, haben aber einen rein weißen Körper. Diese

Gescheckte Ratten

Typisch für gescheckte Ratten ist, dass Lage, Größe und Form der Flecken bei jedem Tier anders sind. Zwei perfekt gezeichnete Ratten, die miteinander gepaart werden, können Junge bekommen, die keinem einzigen Standard genügen. Auch das Gegenteil ist möglich. Das Züchten von perfekt gescheckten Ratten ist für viele Züchter eine große Herausforderung.

IRISCHE RATTE

Die Irische Ratte ist eine gescheckte Ratte mit einem großen, dreieckigen Fleck auf der Brust. Dieses Dreieck muss möglichst scharf begrenzt sein. Die Füße sind weiß, die Fußsohlen weisen keine Pigmentierung auf. Irische Ratten gibt es in vielen Farben.

BERKSHIRE-RATTE

Der Name „Berkshire“ leitet sich von einer gescheckten Ferkelart ab. Die ersten Berkshire-Ratten wurden gegen Ende der 50er Jahre ausgestellt. Berkshire-Ratten haben einen weißen

Bauch. Im Idealfall haben sie außerdem noch einen weißen Fleck am Kopf oder eine Blässe. Diese Ratten gibt es in verschiedenen Farben, meistens sind sie jedoch braun.

Husky-Ratte

Haubenratte

JAPANER

Japanerratten sind zweifelsohne die häufigsten und beliebtesten gescheckten Ratten. Dabei ist es wirklich schwer, eine schöne Japanerratte zu züchten.
Im Idealfall sind bei diesem Farbenschlag Kopf und Schultern einfarbig, ohne weiße Härchen oder Flecken. Vom Nacken bis zur Schwanzbasis verläuft ein farbiger Aalstrich. Das dunkle Pigment läuft durch den ganzen Schwanz bis zur Spitze durch. Der übrige Körper ist weiß. Japanerratten gibt es in vielen Farben.

SCHECKEN

Auf Ausstellungen sind gleichmäßig gescheckte Ratten gern gesehen. Gleichmäßig bedeutet in diesem Zusammenhang, dass die Flecken von oben gesehen auf beiden Seiten der Ratte symmetrisch jeweils an der gleichen Stelle sitzen, gleich groß und gleich geformt sind. Ein völlig weißer Kopf wird, ebenso wie Flecken auf dem Bauch, hoch bewertet. Der Aalstrich sollte möglichst dünn sein.

Ratten mit Silberung

Bei Ratten mit Silberung sind die Haarspitzen weißsilbrig. Ein gleichmäßiger Silberstich ist erwünscht. Diese Ratten werden in verschiedenen Farben, zum Beispiel in Braun, gezüchtet.

Besonderheiten

Neben den beschriebenen Farben, Abzeichen und Scheckungen tauchen immer wieder neue

Japanerratte

Bunte Ratte

Farben und Zeichnungsmuster auf. Diese entstehen sowohl durch Mutationen als auch durch Kreuzungen von verschiedenen Farben sowie durch wiederholtes Selektieren nach gewünschten Farben und Zeichnungen. Mittlerweile sind auf diese Weise verschiedene neue Varianten entstanden, die auf internationaler Ebene jedoch noch nicht anerkannt sind.
Eine der letzten „Kreationen“, die sehr beliebt ist, sind die Husky-Ratten. Sie haben einen weißen Bauch und eine weiße Blässe. Der gesamte Rücken und die Seiten sind hellgrau. Husky-Ratten sind bei der Geburt dunkel und hellen nach einigen Monaten so lange auf, bis die eigentliche Farbe entwickelt ist.
Weitere „Neuschöpfungen“ sind: „maskierte“ Ratten, sie sind weiß mit gefärbten Ohrenringen und gefärbter Schnauze; Haubenratten, sie sind weiß mit gefärbtem Kopf, und die einfarbigen blauen Ratten, die genau wie die lila gefärbten immer beliebter werden.
In den USA sind noch mehr Rattenfarben bekannt und anerkannt als in Europa. Dort gibt es unter anderem auch Farbenschläge mit fantasievollen Namen, wie „Coffee“, „Walnut“, „Amber“ und „Lynx“.

Rex-Ratte

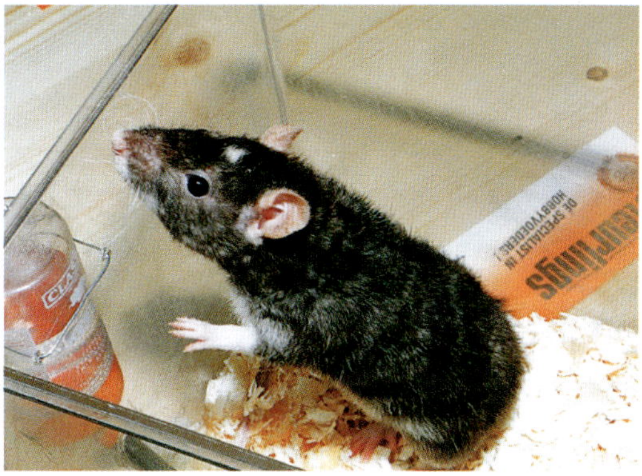

Normalhaarratten

Herkunft

Ratten mit normalem Haar sind die ursprüngliche Form. Von diesen Tieren stammen alle anderen Fellvarianten ab.
Obwohl es mittlerweile einige andere Felltypen gibt, kommen zahme Ratten mit normaler Behaarung noch immer am häufigsten vor.

Körperliche Merkmale

Auf Ausstellungen sieht man am liebsten muskulöse und kräftige, aber schlanke Ratten mit einem langen Körper. Ohne Schwanz ist eine voll ausgewachsene Ratte bei einem Gewicht von etwa 500 Gramm ungefähr 24 Zentimeter lang. Die Weibchen sind leichter und weniger robust gebaut als die Männchen. Rücken und Lenden sind sanft gewölbt.
Der Schwanz ist ungefähr 20 Zentimeter lang, an der Basis dick und zapfenförmig zulaufend. Er darf keinen Knick, keine Verdickungen oder andere Anomalien haben.
Die relativ dünn behaarten Vorderpfoten haben vier, die Hinterpfoten fünf Zehen. Nicht nur die Pfoten, sondern auch Ohren und Schwanz sind dünn behaart.
Eine schöne Ratte hat einen relativ langen Kopf, die Schnauze darf aber nicht zu spitz sein. Die Augen sind groß und rund. Sie sollten einen lebendigen Ausdruck haben. Die Ohren sind breit, abgerundet und nicht zu groß.

Fell

Das Fell der Normalhaarratten ist kurz. Es liegt

Weiße Ratte mit roten Augen (Albino) und Rexfell

flach am Körper an und hat einen schönen Glanz. Die Fellstruktur ist gröber als bei Mäusen.

Farben

Normalhaarratten werden in allen üblichen Farben, Abzeichen und Scheckungen gezüchtet. Durch die kurze, glatt anliegende Behaarung dieser Tiere kommen Abzeichen und Scheckungen ausreichend zur Geltung.

Satinratten

Herkunft

Die zahme Ratte mit Satinfell ist eine spontane Mutation, die erst kürzlich in den USA entdeckt und beschrieben wurde.
Zahme Ratten mit Satinfell sind heute in Europa noch nicht üblich. Sie kommen überwiegend in den USA vor und können dort auch regelmäßig auf Ausstellungen bewundert werden.

Körperliche Merkmale

Diese Ratten haben den gleichen Körperbau wie Normalhaarratten.

Fell

Auf Ausstellungen wird großer Wert auf Qualität, Dichte und vor allem auf den stark irisierenden Glanz des Fells gelegt. Die Haare sind

Nacktratte (Sphynx)

kurz, von feiner Struktur, elastisch, fühlen sich weich an und stehen dicht.

Farben

Ratten mit Satinfell gibt es in den gleichen Farbvarianten wie Normalhaarratten.

Rex-Ratten

Herkunft

Die erste Ratte mit Rex-Fell züchtete der englische Genetiker Roy Robinson im Jahr 1976. Die Rex-Ratte wurde noch im selben Jahr in Großbritannien anerkannt.

Körperliche Merkmale

Rex-Ratten haben den gleichen Körperbau wie Normalhaarratten. Sie weichen nur durch ihre Haarstruktur von ihren Artgenossen ab.
Die Rex-Ratte ist heute keine seltene Erscheinung mehr. Sie ist auf jeder Kleintierausstellung zu sehen.

Fell

Rex-Ratten haben ein gelocktes Fell. Ihr Haarkleid ist unwesentlich länger als das der Normalhaarratten und fühlt sich ein wenig hart und

Diese Nacktratte hat in den USA kürzlich eine Ausstellung gewonnen.

borstig an. Auch die Barthaare sind gekräuselt. Das Fell der Rex-Ratten entwickelt sich nicht so schnell. Ältere Tiere haben oft ein schöneres, besser ausgebildetes Kräuselfell als jüngere Tiere.

Farben

Ratten mit Rexfell kommen in allen Farben vor, die man auch bei Normalhaarratten kennt. Wegen des oftmals etwas unordentlich wirkenden Fells eignet sich diese Varietät weniger gut für Farbmuster und -zeichnungen.

Nacktratten (Sphynx)

Herkunft

Über eine haarlose Ratte, auch Sphynx genannt, berichtete erstmals 1932 eine amerikanische Fachzeitschrift. Diese Varietät ist durch eine spontane Mutation in einem amerikanischen Labor entstanden.
Nacktratten sind auf internationaler Ebene bisher noch nicht anerkannt. Sie werden zur Zeit überwiegend in den USA ausgestellt.

Eigenschaften

Nacktratten sind außerhalb der USA noch immer nicht besonders beliebt. Einen wahren Boom werden sie vermutlich auch nicht erleben, denn durch die fehlende Behaarung halten sie viele Rattenliebhaber für unattraktiv.
Anfangs gab es bei den Nacktratten Probleme mit der Aufzucht der Jungen. Viele Weibchen hatten nicht genug Milch mit der Folge, dass die Jungen oft frühzeitig starben oder von einem anderen Weibchen gesäugt werden mussten. Durch selektives Züchten nur mit solchen Weibchen, die ausreichend Milch produzieren konnten, gelang es, diese negative Eigenschaft mit der Zeit wegzuzüchten.

Körperliche Merkmale

Haarlose Ratten haben den gleichen Körperbau wie Normalhaarratten. Manche Exemplare haben jedoch eine auffallend runzelige Haut.

Haut

Die Haut der Nacktratten sollte so nackt wie möglich sein. Ein Flaum auf Kopf, Bauch und Pfoten wird zugestanden. Für eine Ausstellung muss die Haut sauber, narbenfrei und ohne Blessuren sein. Gerunzelt darf sie sein.
Nacktratten können kurze gekräuselte Barthaare oder gar keinen Schnurbart haben. Beide Varianten werden auf Ausstellungen akzeptiert.

Besonderheiten

Es gibt zwei Typen von haarlosen Ratten: Den vollkommen haarlosen Typ, den die Preisrichter bevorzugen, und eine nicht ganz haarlose Form, auch „Patchwork“-Ratte genannt. Bei den Patchwork-Ratten wachsen ständig an wechselnden Stellen Haarbüschel und fallen wieder aus.

Schwanzlose Ratten

Herkunft

Die schwanzlose Ratte, auch „Bobtail“ oder „Manx“ genannt, ist eine Mutation, die zum ersten Mal in den USA aufgetreten ist. 1942 wurden erstmals Ratten ohne Schwanz gemeldet, die alle ausnahmslos in Labors geboren worden waren.

Die erste schwanzlose Ratte, die von einem Rattenliebhaber gezüchtet wurde, erblickte 1983 in den USA das Licht der Welt. Sie war ein Nachkomme von zwei aus Großbritannien importierten Siamratten.
Schwanzlose Ratten sind bis heute außerhalb der USA und Großbritanniens sehr selten. Außerdem sind sie auf internationaler Ebene bisher noch nicht anerkannt. Vor allem die Tatsache, dass bei einem Wurf von schwanzlosen Ratten oft auch Tiere mit Koordinationsstörungen darunter sind, schreckt viele Tierfreunde ab.

Eigenschaften

Schwanzlose Ratten sind aktiv, intelligent und gesellig. Sie spielen und klettern wie jede andere Ratte auch.
Die meisten schwanzlosen Ratten sind durch den fehlenden Schwanz in keiner Weise beeinträchtigt. Ausnahmen bilden die Individuen, bei denen die Schwanzlosigkeit mit Skelettmissbildungen, zum Beispiel am Rücken und an den Hinterpfoten, verknüpft ist. Bei ausgeprägten Missbildungen sind diese Tiere stark eingeschränkt.

Körperliche Merkmale

Schwanzlose Ratten haben einen etwas anderen Körperbau als ihre Artgenossen mit Schwanz. Der Körper ist birnenförmig, das bedeutet, der hintere Teil des Körpers ist etwas höher als der vordere Teil.
Auf Ausstellungen werden nur vollkommen schwanzlose Ratten beurteilt, sie dürfen weder einen Stumpf noch einen halben Schwanz haben.

Schwanzlose Ratte mit Rexfell

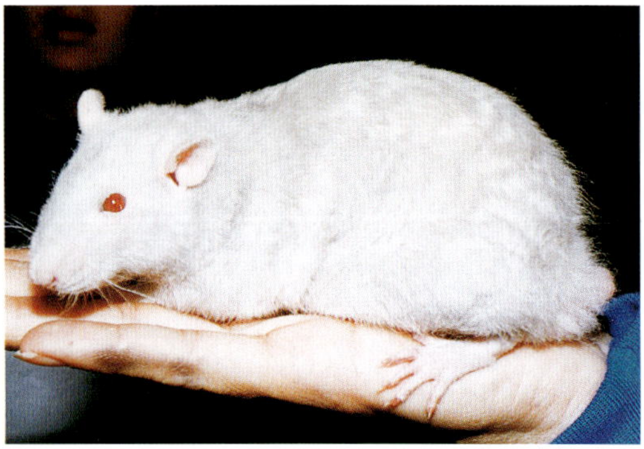

Schwanzlose Ratten werden nach einer schwanzlosen Katzenrasse auch Manx genannt.

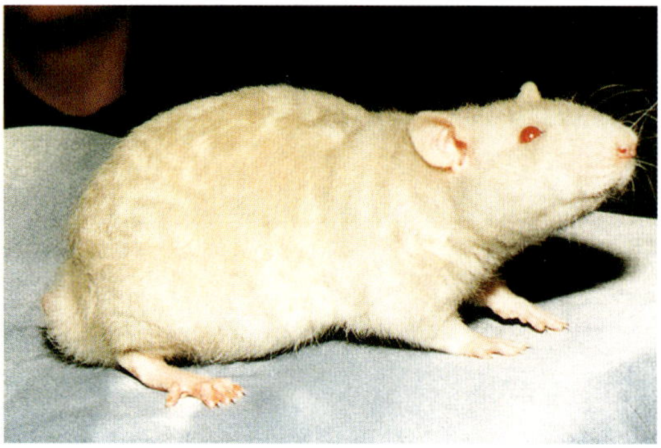

Fell

Schwanzlose Ratten können ein normalhaariges Fell, ein Satin- oder Rexfell haben. Auch Exemplare ohne Haare gibt es.

Farben

Schwanzlose Ratten gibt es in den verschiedenen Farbvarianten der normalhaarigen Ratten.

Besonderheiten

Es kommt immer wieder vor, dass schwanzlose Rattenweibchen Probleme haben, ihre Jungen auf natürlichem Weg zur Welt zu bringen. Um dieses Problem zu umgehen, paaren Züchter meistens schwanzlose Männchen mit schwanztragenden Weibchen, die das Gen für Schwanzlosigkeit besitzen.
Sowohl Paarungen zwischen zwei schwanzlosen Ratten als auch zwischen Ratten mit und ohne Schwanz ergeben stets Würfe, die aus schwanzlosen, schwanztragenden und Jungen mit Stummelschwanz bestehen.

Dumbo-Ratten

Herkunft

Eine der neuesten Züchtungen ist die Dumbo-Ratte. Sie ist nach dem großohrigen Walt Disney Elefanten Dumbo benannt.
Die Dumbo-Ratte stammt aus Kalifornien. Dort wurden die Tiere mit der abweichenden

Ohrenform erstmals 1991 entdeckt. Die Mutation ist so neu, dass über ihre Vererbung noch wenig bekannt ist. Manche Publikationen sprechen von einem einzelnen rezessiven Gen, das bei den Tieren diese Eigenschaft hervorruft. Da aber auch Ratten mit einem normalen und einem deutlich größeren Ohr existieren, kann diese Behauptung noch nicht als gesichert gelten.

Eigenschaften

Nicht nur die Ohrform der Dumbo-Ratte, sondern auch die Körperproportionen und der Charakter dieser Tiere sind anders als bei normalen Ratten. Dumbo-Ratten sind wesentlich ruhiger und ausgeglichener. Sie haben einen kürzeren Körper und sind weniger lebendig und aktiv.

Körperliche Merkmale

Ein typisches Rassemerkmal der Dumbo-Ratte sind die Ohren. Diese sollen relativ dick, möglichst groß und rund sein und können geknickt sein. Die Ohren sind tief am Kopf angesetzt. Der Kopf selbst ist etwas breiter und stärker abgeplattet als bei anderen Ratten.

Der Körperbau der Dumbo-Ratten lässt sich ein wenig vergleichen mit dem der schwanzlosen Ratten. Auch diese Tiere haben einen leicht birnenförmigen Körperbau und sind im Allgemeinen weniger schlank als normale Ratten.

Fell

Dumbo-Ratten werden in verschiedenen Fellvarianten gezüchtet – mit Rex- oder Satinfell, aber auch ohne Haare – ursprünglich haben sie jedoch normales Haar.

Farben

Die von der Norm abweichende Ohrform und der Ohransatz stehen nicht in Zusammenhang mit der Fellfarbe der Tiere.
Die ersten Dumbostämme waren weiß und hatten einen anders gefärbten Fleck auf dem Kopf. Durch Kreuzung mit normalen Ratten können Dumbo-Ratten in allen möglichen Farben gezüchtet werden.

4. Rennmäuse

Mongolische Rennmaus
(Meriones unguiculatus)

Herkunft

Mongolische Rennmäuse kommen in der freien Natur vor allem in den trockenen Steppen und ausgedehnten Halbwüsten der Mongolei und Nord-Chinas vor. Diese ariden Gegenden sind sehr karg, denn es fällt kaum Regen. Folglich sind die Rennmäuse eiweißarme Kost gewöhnt und haben einen hierauf eingestellten Verdauungstrakt. Ihren äußerst geringen Wasserbedarf decken sie überwiegend über ihre pflanzliche Nahrung, teilweise jedoch auch über tierische Nahrung.
Um sich vor zahlreichen Feinden wie Steppenfüchsen, Iltissen und Eulen sowie den in diesen Halbwüstengebieten vorkommenden enormen Temperaturunterschieden zu schützen, spielt sich das Leben einer Rennmaus zum Großteil in selbst gegrabenen unterirdischen Labyrinthen ab.
Die ersten Rennmäuse wurden Mitte des 19. Jahrhunderts von A. David aus ihrer Heimat, der Mongolei und Nord-China, nach Paris exportiert. Auch später wurden noch von vielen Expeditionen Rennmäuse nach Europa gebracht. Über Zoos und Labors sind die Tiere in Privathand gelangt.

Links: *Mongolische Rennmaus in Naturfarbe*

Mongolische Rennmaus, Albino

Ursprünglich gab es Rennmäuse nur in einer Farbe, die heute „Natur“ oder „Wildfarbe“ genannt wird. Inzwischen sind weitere Farben hinzugekommen. In den letzten 20 Jahren ist die Rennmaus zu einem äußerst beliebten Heimtiere geworden.

Verhalten

Grundsätzlich sind alle Rennmäuse gesellige Tiere. Das bedeutet aber, dass man sie nur mit Schwierigkeiten oder gar nicht einzeln halten kann. In freier Wildbahn leben Mongolische Rennmäuse immer in Gruppen und auch in Gefangenschaft leben sie gerne mit Artgenossen zusammen. Wenn eine Rennmaus allein gehalten wird, zeigt sie Verhaltensstörungen und verkümmert allmählich. Man sollte diese Tiere deshalb mindestens zu zweit halten, am besten jedoch in noch größeren Gruppen zusammenleben lassen.
Erwachsene Individuen, die sich nicht kennen, werden ausnahmslos aggressiv aufeinander losgehen. Der Kampf geht oftmals auf Leben und Tod. Aus diesem Grund ist es am geschicktesten, nur junge Tiere gemeinsam in einen Käfig zu setzen. In der Gruppe geborene Tiere werden von allen Gruppenmitgliedern problemlos akzeptiert.
Mongolische Rennmäuse erkennen sich untereinander am Geruch. Wenn ein Gruppenmitglied einige Tage von der Gruppe getrennt wird, besteht beim Zurücksetzen ein großes Risiko, dass es nicht mehr erkannt und angegriffen wird. Sie sollten deshalb nicht ohne triftigen Grund eines der Tiere aus der Gruppe nehmen.
Als Heimtiere sind Rennmäuse gesellige und interessante Tiere, die ihren Besitzer nur beißen, wenn sie keinen anderen Ausweg sehen. Eine gut versorgte Rennmaus beißt prinzipiell nicht zu.
Mongolische Rennmäuse sind neugierige und aufmerksame Tiere, wodurch sie schnell zahm werden. Ihnen entgeht fast nichts: Sie stellen sich oft auf die Hinterpfoten und beobachten aufmerksam ihre Umgebung. Dieses Verhalten zeigen sie auch in freier Wildbahn. Hier dient es jedoch der Sicherheit der Gruppe. Die Tiere stellen sich auf erhöhte Punkte und beobachten aufmerksam ihre Umgebung. Sobald sie die geringste Bewegung wahrnehmen, klopfen sie

mit den Hinterfüßen auf den Sand oder fiepen laut, wodurch die anderen Mitglieder der Gruppe gewarnt werden und alle Tiere blitzschnell im Bau verschwinden.
Im Gegensatz zu vielen anderen Nagetieren sind Mongolische Rennmäuse auch tagsüber aktiv. Etwa alle zwei Stunden machen sie ein kurzes Nickerchen. Rennmäuse sind sehr agil. Nach einiger Zeit lassen sie sich bereitwillig anfassen und springen nicht mehr so leicht aus der Hand.

Unterbringung

Mongolische Rennmäuse werden oft in gewöhnlichen Gitterkäfigen gehalten. Sie leiden zwar in solchen Käfigen nicht direkt, fühlen sich jedoch in einer großen Glasbehausung wesentlich wohler.
Rennmäuse graben gerne. Wenn man ihnen etwas Gutes tun möchte, sollte man als Einstreu eine Mischung aus Sand, Sägespänen und Heu verwenden. Geschickt graben sie Gänge,

Blumentöpfe bieten ideale Verstecke für die Mongolischen Rennmäuse.

Silberagouti-Rennmäuse

sofern Käfiggröße und Höhe der Einstreu dies zulassen. In einer solchen Umgebung fühlen sich Mongolische Rennmäuse am wohlsten und man hat gute Chancen, ihr fesselndes natürliches Verhalten zu beobachten.
Man sollte bedenken, dass Rennmäuse hervorragend springen und problemlos aus einem Käfig entkommen können, wenn man nicht vorsorgt. Eine fest schließende, stabile Gazeabdeckung (Belüftung) ist in der Regel ausreichend.
Außerdem gehört in jeden Rennmauskäfig ein Schlafhäuschen. Dies kann ein Vogelnistkasten, ein umgedrehter Blumentopf oder ein Hamsterhäuschen sein. Sorgen Sie auch für Klettergeräte, wie Wuzeln und Steine.
In einem Rennmauskäfig darf keinesfalls ein Laufrad stehen. Der äußerst empfindliche Schwanz der Tiere könnte eingeklemmt werden und abbrechen. Eine solche Verletzung kann nicht behoben werden, da der Schwanz nicht mehr nachwächst.
Rennmäuse nehmen gerne ein Sandbad. Sie sollten deshalb eine Schale mit sauberem wei-

Mongolische Rennmäuse nehmen gerne ein Sandbad.

ßen Sand (kein Muschelsand) in den Käfig stellen.

Ernährung

Mongolische Rennmäuse sind an einen kargen Speisezettel gewöhnt. Pro Tier muss man täglich ungefähr zehn bis 15 Gramm Futter einplanen. Die Verdauungsorgane der Rennmäuse sind auf solch kleine Mengen Futter eingestellt. Zu nahrhaftes Futter mit Sonnenblumenkernen und Erdnüssen ist ungesund. Nagetierfutter bekommt den Tieren gut im Wechsel mit kleinen Mengen an tierischem Eiweiß (Mehlwürmer und andere Larven) sowie Obst- und Gemüsestückchen, wie zum Beispiel Äpfel und Brokkoli.
Sorgen Sie stets für ausreichend frisches Heu, denn die darin enthaltenen Ballaststoffe sind für Mongolische Rennmäuse – ebenso wie für alle anderen Nagetiere – für eine gute Verdauung sehr wichtig.
Obwohl die Tiere in der Natur selten oder nie Wasser trinken, ist eine kleine Trinkflasche mit täglich frischem Wasser kein übertriebener Luxus. Die Tiere können dann nach Bedarf trinken.
Damit die Rennmäuse ihre Nagezähne kürzen können, sollten Sie Ihren Tieren regelmäßig Weiden- oder Obstbaumästchen in den Käfig legen.

Ein Wurf Rennmäuse

Pflege

Mongolische Rennmäuse produzieren relativ wenig Kot und Urin und haben meist ein oder zwei bestimmte Ecken im Käfig, in denen sie ihr Geschäft verrichten. In der Regel genügt es, diese Ecken alle zwei Tage sauber zu machen und den Rest des Käfigs zweimal im Monat gründlich zu reinigen. Wenn sie viele Rennmäuse auf relativ engem Raum halten, muss der Käfig öfter gereinigt werden.
Rennmäuse verströmen keinen für den Menschen wahrnehmbaren Geruch. Wenn der Käfig zu riechen beginnt, ist dies ein Zeichen dafür, dass er öfter gereinigt werden muss. Entfernen Sie täglich nicht gefressene Futterreste, von frischen Nahrungsmitteln, damit diese nicht verderben und schimmeln.

Umgang

Da Mongolische Rennmäuse von Natur aus neugierig sind, werden sie bei entsprechender Pflege schnell zahm. Zum Hochnehmen umfasst man die Rennmaus mit einer Hand nahe am Schwanzansatz und greift gleichzeitig mit der anderen Hand unter das Tier.
Fassen Sie eine Rennmaus nie in der Mitte oder am Ende des Schwanzes an, auch nicht ohne Unterstützung des Körpers am Schwanzansatz, denn der Schwanz fällt leicht ab und wächst nicht mehr nach. Dies ist eine natürliche Fluchtstrategie, durch die die Tiere den Fängen eines Raubtiers entkommen können.

Geschlechtsunterschiede

Der Unterschied zwischen Weibchen und Männchen ist leicht am Abstand zwischen Geschlechtsöffnung und Anus zu erkennen. Bei Männchen ist dieser größer als bei Weibchen.

Fortpflanzung

Mongolische Rennmäuse sind mit drei bis vier Monaten geschlechtsreif. Sie bleiben bis zu

einem Alter von anderthalb Jahren fruchtbar. Die Weibchen sind alle sechs Tage paarungsbereit. Wenn die Weibchen trächtig sind, beschäftigen sie sich eifrig mit dem Nestbau. Sie graben ein Loch, schleppen Nistmaterial wie Heu und Papierschnipsel in den Bau, zernagen es und bauen aus den Fasern eine Art Kugelnest.
Nach einer durchschnittlichen Tragzeit von 24 Tagen kommen die Jungen blind und nackt zur Welt. Sie sind dann ungefähr 2 Zentimeter lang und wiegen 2 bis 3 Gramm. Ein Wurf besteht im Durchschnitt aus drei bis sieben Jungen.
Die Jungen wachsen schnell heran. Nach einer Woche ist ihr Fell entwickelt und sie öffnen die Augen. Nun verlassen sie zusammen mit ihrer Mutter das Nest, um die Umgebung zu erkunden.
Im Alter von drei Wochen werden die Jungtiere nicht mehr gesäugt, man sollte aber noch ein bis zwei Wochen warten, bis man sie von der Mutter trennt.
Da Mongolische Rennmäuse äußerst gesellig sind, kann man eine Mutter mit ihren Jungen normalerweise bei der Gruppe lassen. Der Vater spielt bei der Aufzucht eine wichtige Rolle und darf deshalb nicht ohne Grund von der Mutter und den Jungtieren getrennt werden.

Lebenserwartung

Die durchschnittliche Lebenserwartung der Mongolischen Rennmäuse liegt zwischen drei und fünf Jahren.

Körperliche Merkmale

Erwachsene Mongolische Rennmäuse erreichen ein Gewicht von 80 bis 120 Gramm. Die Männchen sind immer schwerer als die Weibchen.
Der Körper misst ohne Schwanz ungefähr 12 Zentimeter, der Schwanz selbst hat eine Länge von 8 bis 11 Zentimetern.
Rennmäuse haben einen schlanken Körper mit kurzem Nacken. Sowohl der Körper als auch der relativ dicke Schwanz sind vollständig behaart. Die Hinterbeine sind länger als die Vorderbeine. Der Kopf ist kurz und breit, der Nasenrücken gebogen und das Schnäuzchen sollte nicht zu spitz sein. Auffällig sind die ausdrucksstarken großen Augen. Die Ohren sind klein und oval. Die Tiere verströmen keinen wahrnehmbaren Geruch.

Junge Mongolische Rennmaus

Fell

Das Haar ist kurz, liegt eng am Körper an und glänzt.

Die Fellfarben der Mongolischen Rennmäuse

Wildfarben

Bei wildfarbenen Rennmäusen ist jedes Haar abwechselnd hell und dunkel gebändert. Man nennt diese Tiere auch Agouti-Rennmäuse. Die dunkleren Bänder bezeichnet man als „Ticking“ (Schattierung). Auf Ausstellungen legen die Preisrichter vor allem Wert auf den Kontrast zwischen den gefärbten Bereichen und dem weißen Bauch. Es gibt bekannte und weniger bekannte Agoutifarbenschläge, die im Folgenden genauer beschrieben werden.

AGOUTI, WILDFARBE ODER NATUR
Agouti auch „Wildfarbe“ oder „Natur“ ge-

Mongolische Rennmaus, agoutifarben

nannt, ist die ursprüngliche Farbe der Mongolischen Rennmaus. Die Haare zeigen abwechselnd schwarze und braunbeige Bänder, also eine schwarze Bänderung. Die Unterfarbe, die Farbe direkt über der Haut, ist dunkelgraublau. Der Bauch ist stets weiß. Augen, Sohlen und Krallen sind schwarz.

SILBERAGOUTI

Dieser Farbenschlag wird auch „Chinchilla" genannt. Silberagouti-Rennmäuse ähneln sehr den ursprünglichen Rennmäusen, nur dass sie statt braunbeige gefärbten Bändern weiße haben. Augen, Sohlen und Krallen sind schwarz, der Bauch ist weiß.

ARGENT

Diese beliebte Farbe läuft auch unter dem Namen „gelbwildfarben". Argent-Rennmäuse sind Agouti-Rennmäuse mit heller lichtgrauer Bänderung. Diese Schattierung ist so hell, dass sie kaum auffällt und das Tier einfarbig zu sein scheint.
Der Bauch ist stets weiß, die Augen sind rot. Ohren, Sohlen und Krallen sind wenig oder gar nicht pigmentiert.

ARGENTCREME

Diese Farbe ist etwas heller als Argent und wird auch „lichtgelbwildfarben" genannt.
Der Bauch der argentcremefarbenen Rennmäuse ist weiß, die Augen sind rot, Krallen, Sohlen und Ohren sind stets ohne Pigmentierung.

DARK-EYED HONEY (ALGERIER)

Die Entstehung dieser Farbe ist äußerst ungewöhnlich. Mongolische Rennmäuse mit der

Mongolische Rennmaus, argent

Mongolische Rennmaus, honigfarben

Einfarbige Mongolische Rennmaus, schwarz

Mongolische Rennmaus, lila

Mongolische Rennmaus, taubengrau

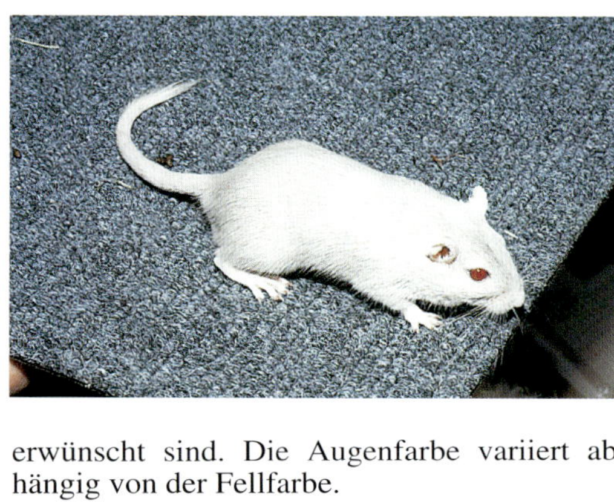

Fellfarbe Honey (Honig) durchlaufen im Alter von zwei Monaten eine Farbveränderung. Anfangs haben sie ein hellgelbes Fell, wobei Pfoten, Schwanz, Ohren und Schnäuzchen schwarz sind, sodass die Zeichnung an eine Siamkatze erinnert.
Mit zwei Monaten wird das Gelb wärmer, die schwarze Zeichnung verschwindet und allmählich erscheint eine schwarze Bänderung auf den Haaren. Das Weiß am Bauch breitet sich mit zunehmendem Alter immer mehr aus. Ein Algerier hat schwarze Augen, dunkle Krallen und dunkle Sohlen.

POLARFUCHS (SILBERALGERIER)
Durch die Kreuzung von Algerier-Rennmäusen mit Silberagouti-Rennmäusen hat man in Deutschland die Polarfuchs-Rennmaus, auch „Silberalgerier“ genannt, kreiert. Ihren Namen verdankt diese Rasse der Ähnlichkeit zu den Polarfüchsen.
Diese Rennmäuse ähneln den honigfarbenen, aber alle Partien, die bei den honigfarbenen Rennmäusen gelblich sind, sind bei der Polarfuchs-Rennmaus weiß. Auch die für Algerier-Rennmäuse so typische farbliche Veränderung des Fells trifft bei den Polarfüchs-Rennmäusen zu.
Die Augen sind, genau wie Sohlen und Krallen, schwarz, der Bauch ist weiß.

Einfarbige Mongolische Rennmäuse

Einfarbige Mongolische Rennmäuse tragen am ganzen Körper dieselbe Farbe, ohne Bänderung und ohne weißen Bauch. Gelegentlich haben einfarbige Tiere einzelne anders gefärbte Haare oder weiße Flecken im Fell, die nicht erwünscht sind. Die Augenfarbe variiert abhängig von der Fellfarbe.

SCHWARZ
Diese Tiere sind pechschwarz und haben ein glänzendes Fell. Am Bauch ist die Farbe etwas matter. Krallen, Augen und Fußsohlen sind schwarz.

LILA
Das Fell dieser Tiere ist einfarbig lila. In der

Mongolische Rennmaus, Albino

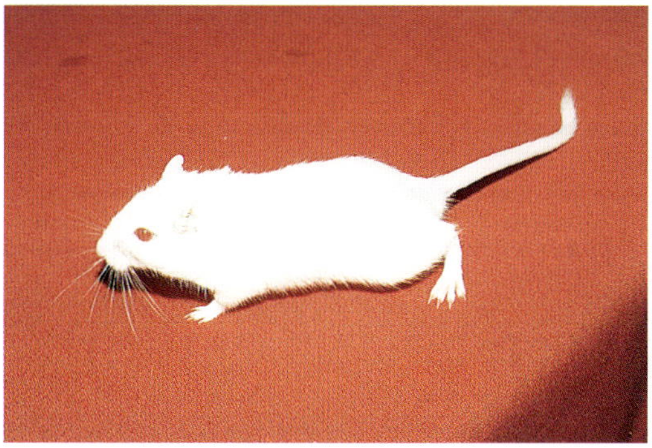

Mongolische Rennmaus mit burmesischer Zeichnung

Praxis kommt diese Farbe einem lichten Blaugrau mit rötlichem Schimmer nahe. Der Bauch ist matter und glänzt kaum. Die Augen sind rot.

TAUBENGRAU (DOVE)
Taubengrau ähnelt auf den ersten Blick dem Lila, ist jedoch heller und wirkt kälter. Die Augen dieser Rennmäuse sind rot.

WEISS MIT ROTEN AUGEN
Diese Rennmäuse sind schneeweiß. Sie haben zwar rote Augen wie die Albinorennmäuse, zählen aber nicht zu diesen, da sie hin und wieder einen schwarzen Schleier auf ihrem Schwanz haben, was bei Albinorennmäusen nicht der Fall ist.

Mongolische Rennmaus mit Siamzeichnung

Weitere Fellfarben

SIAMRENNMÄUSE
Die Siamzeichnung der Mongolischen Rennmäuse ist mit der Zeichnung von Siamkatzen vergleichbar. Genau wie bei der Katze sind Pfoten, Ohren, Schnäuzchen und Schwanz dunkel, der übrige Körper ist hell gefärbt.

BURMESEN UND TONKINESEN
Auch Burmesen und Tonkinesen haben ihren

Mongolische Rennmaus, „Canadian white spot"

Mongolische Rennmaus, smoke

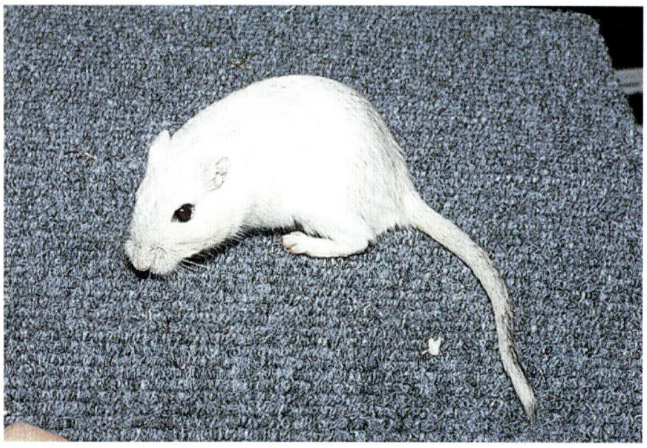

Mongolische Rennmaus, smoke

Namen zwei Katzenrassen mit der entsprechenden Zeichnung zu verdanken. Die Fellfarben von Burmesen und Tonkinesen ähneln ein wenig der Fellfarbe der Siamrennmäuse, sind aber etwas dunkler, sodass der Kontrast zwischen Körperfarbe und Abzeichen nicht so groß ist. Burmesen sind dunkler gefärbt als Tonkinesen.

CANADIAN WHITE SPOT

Canadian-white-spot-Rennmäuse kommen in verschiedenen Farben vor. Diese Tiere haben im Nacken und auf dem Kopf einen weißen Fleck. Es gibt auch Exemplare, die zusätzlich noch weiße Pfoten und eine weiße Schwanzspitze haben. Bei einfarbigen Canadian-white-spot-Rennmäusen (ohne Bänderung) gibt es manchmal auch einen weißen Fleck auf dem Bauch.

Tiere, die auf Ausstellungen gezeigt werden, sollten möglichst symmetrisch gefleckt sein. Das Züchten perfekt gescheckter Tiere ist nicht leicht, denn die Flecken variieren in Größe, Form und Lage. Auch zwei perfekt gezeichnete Elterntiere sind keine Garantie für ebensolche Nachkommen. Wenn zwei Rennmäuse in diesem Farbenschlag miteinander gepaart werden, gibt es oft kleine Würfe, denn reinerbige Junge werden häufig tot geboren.

BUNT

Eine Mongolische Rennmaus, die mehr weiße Flecken als die Canadian-white-spot-Rennmaus hat, wird als bunt bezeichnet.

Mongolische Rennmaus, lila

Mongolische Rennmäuse sind sehr neugierige und aufmerksame Tiere.

Besonderheiten

Inzwischen sind viele neue Farben entstanden, die bisher noch nicht international anerkannt sind. Das Ende des Farbspektrums ist bei den Mongolischen Rennmäusen noch lange nicht in Sicht. So gibt es seit kurzem weiße Dunkelschwanzrennmäuse, Himalaja-Rennmäuse, sepiafarbene, elfenbeinfarbene und anthrazitfarbene Rennmäuse sowie Schimmel-Rennmäuse.

Weitere Rennmäuse

Die Mongolische Rennmaus ist nicht die einzige Rennmaus, die als Heimtier gehalten wird, aber die beliebteste und die einzige mit so vielen verschiedenen Fellfarben. Insgesamt kennt man mehr als zehn Gattungen mit über 100 Arten.
Bei Tierfreunden begegnet man unter anderem oft der Bleichen Rennmaus *(Gerbillus perpallidus),* der großen und kleinen Ägyptischen Rennmaus *(Gerbillus pyramidum* und *Gerbillus gerbillus),* der Sundevall- und der Negev-Rennmaus, von der es noch diverse Unterarten gibt, etwa die Dickschwanzmaus *(Pachyuromys duprasi)* und die Shawi-Rennmaus *(Meriones shawi).*
All diese Rennmäuse haben ihren Ursprung in den (Halb)Wüstengebieten Nordafrikas und des Mittleren Ostens. Außerdem gibt es bei all diesen Arten bis heute noch keine augenfälligen Farbmutationen und sie sind alle beinahe gleich groß.
Die meisten Rennmausarten sind erst in diesem Jahrhundert an Universitäten und in Labors aufgetaucht und dadurch von Liebhabern entdeckt worden. In letzter Zeit nimmt durch den Erfolg der Mongolischen Rennmäuse auch das Interesse an anderen Rennmäusen stark zu. Da die Tiere noch nicht lange als Heimtiere gehalten werden, gibt es über sie zur Zeit nur wenig Literatur.

Bleiche Rennmaus

Negev-Rennmaus

Negev-Rennmaus

In wissenschaftlichen Kreisen wird noch immer debattiert, ob die einzelnen Arten richtig klassifiziert worden sind, denn die Tiere stiften durch ihre große Ähnlichkeit viel Verwirrung. Manche Arten ähneln einander so sehr, dass nur eine Chromosomenanalyse Aufschluss darüber geben kann, ob sie zur selben Art gehören oder nicht.
Trotzdem sind Rennmäuse interessante Heimtiere. Man geht davon aus, dass in ein paar Jahrzehnten, vielleicht auch früher, neben der Mongolischen Rennmaus andere Arten beliebte Heimtiere sein werden. Aus diesem Grund werden hier einige Arten kurz beschrieben.

Dickschwanzmaus *(Pachyuromys duprasi)*

Herkunft

Die Dickschwanzmaus, auch Duprasi-Rennmaus genannt, stammt aus Nordafrika und kommt dort von der algerischen Sahara bis zum südwestlichen Ägypten vor.

Eigenschaften

Dickschwanzmäuse sind ruhige, oft sogar etwas faule Tiere. Ohne weiteres verschlafen sie den ganzen Tag und gehen nachts auf Futtersuche. Sie sind wesentlich weniger agil als andere Rennmäuse und beschränken ihre gesamten Aktivitäten auf das Nötigste.

Von ihren Zähnchen macht eine Dickschwanzmaus nur Gebrauch, wenn sie beim Schlafen gestört wird oder sich bedrängt fühlt.

Die Fortpflanzung ist bei diesen Tieren in Gefangenschaft bisher noch nicht besonders erfolgreich. Das hängt damit zusammen, dass Dickschwanzmäuse nicht besonders gesellig sind, sondern lieber alleine leben. Nur wenigen Züchtern ist es bisher gelungen, kleine Gruppen von zwei oder drei Tieren in sehr großen Käfigen zu halten.

Männchen und Weibchen müssen einander auf ähnliche Weise wie Syrische Goldhamster vorgestellt werden. Die Tragzeit dauert ungefähr 19 Tage. Die Jungen kommen nackt und blind auf die Welt. Ein Wurf besteht im Durchschnitt aus vier Jungen. Nach vier Wochen sind die kleinen Rennmäuse selbstständig.

Im Großen und Ganzen ähneln Dickschwanzmäuse hinsichtlich Verhalten und Fortpflanzung sehr den Syrischen Goldhamstern. Wenn es aber um Unterbringung, Pflege und Futter geht, sollte man sich am besten an die Beschreibungen für Mongolische Rennmäuse halten.

Dickschwanzmaus

Dickschwanzmaus

In ihrem Schwanz kann die Dickschwanzmaus Futter sammeln.

Dickschwanzmaus

Körperliche Merkmale

Die Dickschwanzmaus ist eine der niedlichsten Rennmäuse. Der rundliche Körper geht fast unbemerkt in den breiten Kopf über. Mit ihren ovalen dunklen Augen schauen Dickschwanzmäuse freundlich in die Welt. Ihre Pfötchen sind relativ kurz. Dickschwanzmäuse werden 10 bis 13 Zentimeter lang und wiegen etwa 40 bis 50 Gramm.

Shawi-Rennmaus

Das Fell der Tiere ist weich, etwas länger als bei den meisten anderen Rennmäusen, außerdem leicht fettig und ein wenig abstehend. Dickschwanzmäuse haben ein gelblich sandfarbenes Fell, der Bauch ist zart dunkel schattiert. Die Farbe ist eine ausgezeichnete Tarnfarbe auf den sandigen Böden, auf denen die Tiere in freier Natur leben.
Der Name bezieht sich auf den haarlosen, hautfarbenen, dicken Schwanz, der eine wichtige Funktion hat: Die Tiere haben die Möglichkeit, darin Futter und Wasser zu verstauen, um bei Nahrungsmangel überleben zu können.

Shawi-Rennmaus *(Meriones shawi)*

Herkunft

Wüstengebiete in den nördlichsten Ländern Afrikas, wie zum Beispiel Ägypten, bilden den natürlichen Lebensraum der Shawi-Rennmaus.

Eigenschaften

Die Shawi-Rennmaus ist im Gegensatz zu vielen anderen Rennmäusen nicht gerade gesellig. Die Tiere können Artgenossen gegenüber ziemlich intolerant sein, sodass von der Haltung gemischter Gruppen abzuraten ist. Besonders die Weibchen sind für ihre Aggressivität beim Anblick eines Männchens bekannt und gehen auch mit anderen Weibchen wenig freundschaftlich um.
Wenn Sie Shawi-Rennmäuse nur halten möchten, ohne mit ihnen zu züchten, sollten Sie sich für zwei Männchen entscheiden. Wenn diese in jungen Jahren aneinander gewöhnt werden, dürften sie keine Probleme bereiten. Ihrem

Shawi-Rennmaus

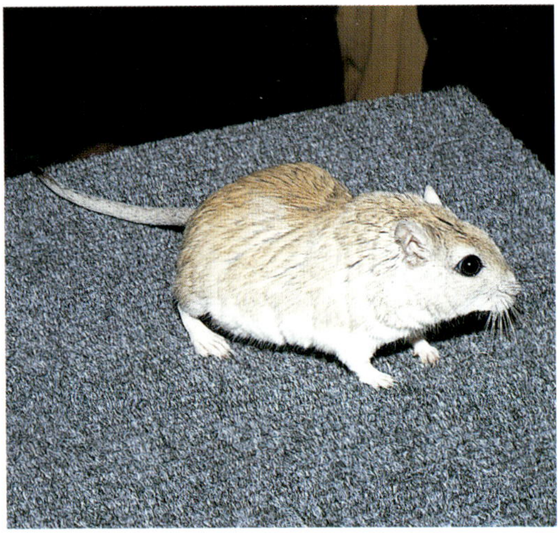

Shawi-Rennmaus

Besitzer gegenüber sind Shawi-Rennmäuse friedlich. Sie beißen nur, wenn sie sich gestört fühlen. Die Tragzeit dauert bei dieser Rennmausart etwa 25 Tage und die Wurfgröße variiert zwischen zwei und fünf Jungen. Die Pflege entspricht der der Mongolischen Rennmaus.

Körperliche Merkmale

Eine Shawi-Rennmaus wird – gemessen von der Nasenspitze bis zum Schwanzansatz – 12 bis 14 Zentimeter lang. Das kurze, glänzende Fell liegt dicht am Körper an. Shawi-Rennmäuse sind sandfarben mit schwarzer Schattierung und haben einen weißen Bauch.
Augen, Sohlen und Krallen sind dunkel. Der behaarte Schwanz trägt am Ende ein schwarzes Haarbüschel.

Bleiche Rennmaus
(Gerbillus perpallidus)

Herkunft

Die Bleiche Rennmaus ist vor allem in der Ägyptischen Wüste heimisch, man findet sie aber auch in anderen sandigen Gegenden Nordafrikas.

Eigenschaften

Bleiche Rennmäuse ähneln stark den Mongolischen Rennmäusen und können genauso untergebracht und gefüttert werden wie diese. Sie sind agil, neugierig und faszinierend. Wenn man sie schon früh in einer Gruppe zusammensetzt, vertragen sie sich durchaus gut.
Bleiche Rennmäuse benötigen im Allgemeinen mehr Wärme als Mongolische Rennmäuse.

Bleiche Rennmaus

Bleiche Rennmäuse werden in den letzten Jahren immer häufiger als Heimtiere gehalten.

Man sollte sie deshalb ausschließlich in Innenräumen halten.

Körperliche Merkmale

Die Bleiche Rennmaus wird oftmals mit der Ägyptischen Rennmaus verwechselt. Die beiden Arten ähneln sich wirklich sehr. Allerdings wird die Bleiche Rennmaus öfter als Heimtier gehalten.
Sie ist schlanker als die Mongolische Rennmaus und misst von der Nasenspitze bis zum Schwanzansatz ungefähr 10 Zentimeter. Der Kopf ist relativ spitz und schmal, wodurch die aufmerksam blickenden, großen, runden und dunklen Augen sowie die relativ großen Ohren besonders auffallen. Das Fell der Bleichen Rennmäuse ist am Bauch, an den Pfoten und an der Schwanzunterseite weiß, am übrigen Körper sandfarben mit schwarzer Schattierung. Auf einem sandigen Untergrund ist das Tier somit ausgezeichnet getarnt. Das Fell ist kurz und auch die Haare auf dem relativ langen Schwanz sind kürzer und stehen weniger dicht als bei Mongolischen Rennmäusen.

Bleiche Rennmaus

Bleiche Rennmaus

5. Hamster

Syrischer Goldhamster *(Mesocricetus auratus)*

Herkunft

Zur Gattungsgruppe Hamster *(Cricetini)* zählen sieben Gattungen, die in der Alten Welt von Mitteleuropa bis Asien vorkommen. Eine dieser Gattungen sind die Mittelhamster *(Mesocricetus)*, zu denen auch der als Heim- und Labortier äußerst beliebte Syrische Goldhamster *(Mesocricetus auratus)* gehört.
Die Heimat des Syrischen Goldhamsters sind die Steppen der Gebirge und Ebenen Kleinasiens, des Kaukasus und des unteren Teils der Donautiefebene.
Ende des 18. Jahrhunderts wird diese Hamsterart erstmals erwähnt, stichhaltige Beweise für die Existenz der Syrischen Goldhamster lieferte jedoch erst der Zoologe George Waterhouse. Von einer Reise nach Syrien schickte er 1839 ein Hamsterskelett und ein Fell an ein Londoner Museum. So weit bekannt ist, brachte der britische Konsul von Skene (Syrien) die ersten lebenden Hamster nach Großbritannien, allerdings sind von diesen Tieren keine Nachkommen beschrieben.
Die Goldhamster, die man heute kennt, stammen ohne Ausnahme von den Tieren ab, die Professor Aharoni von der Universität Jerusalem im Jahr 1930 während einer Expedition durch Nordsyrien bei Aleppo gefangen hat.

Links: *Ein Syrischer Goldhamster in der ursprünglichen Fellfarbe Gold*

Von Jerusalem aus verschickte er diese Tiere an Labors, Zoos und Universitäten in Großbritannien und den USA. Auch später noch sind Liebhaber nach Syrien gefahren, haben Hamster eingefangen und dann erfolgreich gezüchtet.
Über die Universitäten gelangte der Goldhamster schließlich in Privatbesitz und wurde in beachtlich kurzer Zeit äußerst populär. Der erste Hamsterklub der Welt wurde 1945 in England gegründet.
Über den Namen des Tiers besteht noch etwas Unklarheit. Die ursprünglich goldfarbenen Exemplare führten zu der gängigen Bezeichnung Goldhamster, die heute noch weit verbreitet ist. Tatsächlich sind die Goldhamster aber nur eine kleine Gruppe von Syrischen Hamstern, sodass Experten, wenn sie von der Art *Mesocricetus auratus* sprechen generell die Bezeichnung Syrischer Goldhamster verwenden.

Verhalten

Syrische Goldhamster leben solitär. Nur wenn es nicht anders geht, das heißt, wenn ein Weibchen gedeckt werden soll oder Junge hat, lassen sie ihr Einzelgängertum ein wenig außen vor. Aber unmittelbar nach dem Deckakt oder sobald die Jungen alt genug sind, um auf eigenen „Pfoten" zu stehen, ist es mit der Harmonie vorbei. Geschwister, die wochenlang friedlich zusammen gelebt haben, beginnen mit einem Mal, beim Anblick des anderen aggressiv zu werden.

Zwei Syrische Goldhamster schließen Bekanntschaft.

Nur junge Syrische Goldhamster vertragen sich in Gesellschaft.

Goldhamster können sich, unabhängig davon, ob es sich um Männchen oder Weibchen handelt, übel zurichten, wenn sie keine Fluchtmöglichkeiten haben. Halten Sie die Tiere deshalb immer einzeln im Käfig.
Goldhamster haben auf beiden Körperseiten Duftdrüsen, mit denen sie ihr Revier markieren. Die Duftdrüsen erkennt man leicht durch die Verfärbung des Fells an diesen Stellen. Die Tiere können sich über diesen Duft identifizieren. Sie erkennen einander nicht optisch – Goldhamster haben schlechte Augen – oder anhand von Geräuschen.
Goldhamster sind ausgesprochen dämmerungs- und nachtaktiv. Tagsüber schlafen sie viel und lassen sich selten blicken. Sie rollen sich in einem geschützten Eckchen ein und verbringen den ganzen Tag mit Schlafen. Gegen Nachmittag, aber auch am frühen Abend und nachts gehen sie auf Nahrungssuche. Alles Essbare wird dann in die Backen gestopft und in die gemütliche Ecke geschafft. Diese Ecke fungiert also nicht nur als Schlafplatz, sondern dient auch als Vorratskammer.
Wenn die Umgebungstemperatur längere Zeit unter 10 °C fällt und/oder die Tage kürzer werden, können Syrische Goldhamster in einen Winterschlaf fallen. Sie brauchen diesen Winterschlaf nicht unbedingt, um gesund zu bleiben, in manchen Fällen kann er sogar schädlich sein. Goldhamster, die in Zimmern mit Zentralheizung gehalten werden, halten nur äußerst selten einen Winterschlaf.

Laufrad aus Metall

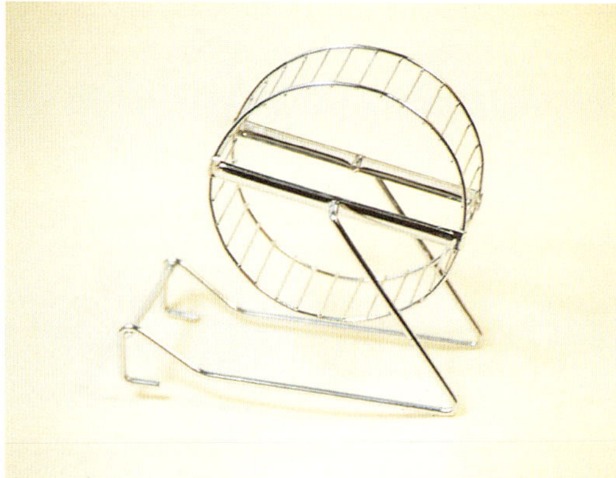

Gescheckter Goldhamster, taubengrau

Unterbringung

Goldhamster können sowohl in Gitterkäfigen als auch in Glasbehältnissen untergebracht werden. Ein geeigneter Hamsterkäfig hat horizontale Streben, sodass die Tiere Gelegenheit zum Klettern haben. Solche Käfige sind auch sehr gut belüftet, haben allerdings den Nachteil, dass ständig etwas daneben fällt, sodass die Umgebung des Käfigs permanent verschmutzt wird.
Dieses Problem hat man nicht, wenn man ein Glasbehältnis verwendet. Allerdings muss man hier für ausreichende Belüftung sorgen. An heißen Tagen kann die Temperatur hinter Glas so stark ansteigen, dass es für das Tier unerträglich wird. Achten Sie deshalb auch darauf, dass der Glasbehälter niemals in der prallen Sonne steht.
Goldhamster schlafen am Tag und verkriechen sich hierzu in eine geschützte dunkle Ecke. Es gibt schon fertige Hamsterhäuschen zu kaufen, die diesem Verhalten gerecht werden. Aber ein Vogelnistkasten aus Holz oder ein Pappkarton, den man in den Hamsterkäfig stellt, erfüllt diesen Zweck genauso. Auch ganz ohne Hilfe weiß ein Hamster, was zu tun ist. Wenn man für ausreichend Nistmaterial, wie Heu, Sägespäne und unbedruckte Papierschnipsel sorgt,

Der Vorteil von Plastik- oder Glaskäfigen ist, dass die Umgebung nicht verschmutzt wird.

Syrische Goldhamster schlafen in selbst gebauten Nestern.

stopft er sich seinen Unterschlupf selbst aus. Als Einstreu sind Sägespäne am besten geeignet. Allerdings sind nicht alle Arten für Hamster geeignet. Untersuchungen haben ergeben, dass kleine Nagetiere allergisch auf Tannenholz reagieren. Seien Sie auch mit Zeitungspapier vorsichtig, es kann sein, dass die Druckerschwärze den Tiere schadet.
Goldhamster sind sehr reinliche Tiere, die meist ein oder zwei Eckchen in ihrer Behausung zur Toilette erklären, in der sie ihr Geschäft verrichten. In diese Ecken kann man etwas Katzenstreu geben, sodass der Urin nicht bis zum Käfigboden durchdringt oder den Kitt des Glaskastens angreift.
Goldhamster brauchen viel Bewegung. Stellen Sie deshalb ein Laufrad in den Käfig, die meisten Hamster werden es Ihnen danken. Da Goldhamster gerne alles anknabbern, sind Metallräder den Plastikrädern vorzuziehen. Achten Sie beim Kauf darauf, dass das Laufrad groß genug ist und stellen Sie niemals ein Laufrad in einen Käfig, in dem mehrere Jungtiere leben. Die Tiere drängeln sich sonst im Rad und können sich verletzen. Es gibt Goldhamster, die so versessen auf das Laufrad sind, dass sie eine Art Zwangsneurose entwickeln. In jeder wachen Minute findet man sie dann im Laufrad. Sie verausgaben sich dabei völlig. Solche Hamster muss man vor sich selbst schützen, indem man das Rad nur für ein paar Stunden am Tag in den Käfig stellt.
Goldhamster sind neugierig und finden alles interessant, was man ihnen in den Käfig legt. Mit leeren Küchenpapierrollen oder Pappkartons können sie sich stundenlang beschäftigen. Man kann auch einen Baumstumpf, Zweige

Auf dem Speiseplan des Syrischen Goldhamsters findet sich sowohl pflanzliche als auch tierische Nahrung.

oder Steine in die Behausung legen. Ein straff gespanntes Seil ist den meisten Goldhamstern ein willkommenes Spiel- und Klettergerät.

Ernährung

Für Goldhamster gibt es verschiedenes Fertigfutter zu kaufen. Ein gutes Futter enthält wenig Sonnenblumenkerne, Pellets und Erdnüsse. Pellets fressen Hamster nicht gerne, deshalb bleiben sie meist übrig. Sonnenblumenkerne und Erdnüsse lieben sie, allerdings sollte man ihnen davon nicht zu viel geben, da diese Nahrungsmittel zu fetthaltig sind.
Neben qualitativ hochwertigem Nagetierfutter braucht ein Goldhamster auch ein wenig Grünfutter in Form von Obst und Gemüse, wie Brokkoli, Möhren und Äpfel.
Goldhamster können zwar gut ohne tierisches Eiweiß auskommen, fressen es aber hin und wieder gerne. Ein- bis zweimal die Woche kann man ihnen Hunde- oder Katzenfutter oder ein paar Mehlwürmer geben. Vergessen Sie nicht, dass Hamster gerne knabbern. Ein Nagestein oder ein Weidenast kommt den Tieren sehr gelegen. Trockenes Heu und frisches Wasser müssen immer vorhanden sein. Am besten bringen Sie eine Nippeltränke am Käfig an, sodass die Tiere bei Bedarf trinken können.

Pflege

Goldhamster sind reinliche Tiere, die ihr Fell selbst sauber halten. Sie müssen also nicht gewaschen oder gebadet werden. Die Krallen werden gelegentlich zu lang; mit einer kleinen Nagelzange kann man sie abknipsen. Lassen Sie sich dies von einem Tierarzt oder erfahrenen Goldhamsterbesitzer die ersten Male zeigen, damit Sie Ihrem Tier keine Verletzungen zufügen.
Mindestens einmal die Woche sollten Sie den Käfig reinigen, auch sollten Sie ihn regelmäßig auswaschen. Die Ecken im Käfig, die als Toilette dienen, müssen öfter gereinigt werden. Da Goldhamster in ihrer Behausung Futter horten, muss man den Käfig ab und zu nach Essensresten durchsuchen, damit diese nicht verderben oder schimmlig werden. Das Trinkwasser muss täglich erneuert werden, auch wenn das Tier kaum etwas davon getrunken hat.

Syrischer Goldhamster, dreifarbig schwarz

Umgang

Beim Hochnehmen hält man die freie Hand schützend über den Hamster (vgl. Foto unten rechts). Man muss sich dem Tier behutsam nähern, sonst könnte der Hamster erschrecken und beißen. Nähern Sie sich ihrem Goldhamster nie von oben, sondern immer auf Augenhöhe.

Ein Käfig mit horizontalen Streben bietet dem Goldhamster gute Klettermöglichkeiten.

So nimmt man einen Goldhamster hoch.

Weibchen

Männchen

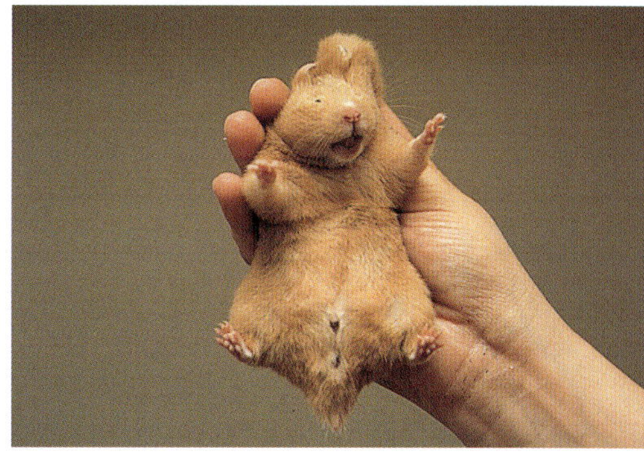

Diese Goldhamster sind einen Tag alt.

Einen schlafenden Goldhamster darf man keinesfalls stören ebenso wie säugende Hamsterweibchen. Wenn sie ein solches Tier aus dem Käfig nehmen müssen, stellen Sie am besten ein kleines Kästchen in den Käfig und legen einige leckere Häppchen hinein, die das Tier normalerweise nicht bekommt. Diese Gelegenheit lässt sich kein Hamster entgehen. Das Tier wird in das Kästchen schlüpfen und seine Backentaschen mit den Leckerbissen vollstopfen. Während der Hamster damit beschäftigt ist, können Sie das Kästchen mit dem Tier aus dem Käfig nehmen und die nötigen Arbeiten im Käfig erledigen.
Ein Goldhamster kann richtig zahm werden und wird nicht beißen, solange man ihn gut behandelt. Ausnahmen bilden ältere Tiere, die Berührungen nicht gewohnt sind. Nicht immer ist es möglich, das Vertrauen dieser Tiere zu gewinnen. Die beste Art, einen Hamster an seinen Besitzer zu gewöhnen, ist, ihm möglichst oft die Hand mit Futter hinzustrecken und sich ihm ruhig zu nähern.

Geschlechtsunterschiede

Der Unterschied zwischen Männchen und Weibchen ist bei jungen Tieren mit einem Blick unter den Schwanz leicht zu erkennen. Der Abstand zwischen Geschlechtsöffnung und Anus ist bei Weibchen viel kleiner als bei Männchen. Dazwischen sind die Männchen behaart, die Weibchen sind kahl.
Bei erwachsenen Goldhamstern sieht man den Unterschied schon von oben. Weibchen haben einen abgerundeten Hinterleib, Männchen dagegen einen spitz zulaufenden.

Fortpflanzung

Syrische Goldhamster sind oft schon mit vier bis fünf Wochen geschlechtsreif. Doch sind die Weibchen in diesem Alter noch nicht imstande, einen ganzen Wurf zu säugen und großzuziehen. Mit dem Züchten sollte man deshalb besser warten, bis das Weibchen vier Monate alt ist.
Alle vier Tage ist ein Hamsterweibchen paarungsbereit. Man kann dies prüfen, indem man dem Weibchen über den Rücken streicht. Bleibt es mit leicht angehobenem Schwanz stehen, kann es abends mit einem Männchen zusammengebracht werden. Man darf das Männchen niemals in den Käfig des Weibchens setzen. Am besten bringt man beide Tiere in einen neutralen Käfig.
Die Tragzeit dauert 16 Tagen. Die Jungen kommen nackt und blind zur Welt und haben eine Körperlänge von etwa 2 Zentimetern. Ein Wurf besteht im Durchschnitt aus sechs bis 12 Jungen.
Ein säugendes Hamsterweibchen braucht so viel Ruhe wie möglich. Zuviel Stress kann zu Kannibalismus führen. Beschränken Sie deshalb in dieser Zeit das Säubern des Käfigs

Zwei Wochen alter Syrischer Goldhamster

Goldhamstermütter können, wenn sie ständig gestört werden, in Panik geraten. Sie beginnen dann, ihre Jungen im Käfig herumzutragen.

und der Toilettenecken sowie den Austausch des Trinkwassers und das Füttern auf das Nötigste.

Wenn Sie den Wurf anschauen möchten, sorgen Sie dafür, dass das Weibchen nicht im Käfig ist. Nehmen Sie es aber nicht mit der Hand heraus. Wenn das Weibchen bei der Rückkehr zu seinen Jungen einen fremden Geruch an sich hat, können diese panisch reagieren.

Goldhamster entwickeln sich schnell; im Alter von zwei Wochen findet man die Jungen schon außerhalb des Nests. Wenn sie vier Wochen alt sind, sind sie nicht mehr von ihrer Mutter abhänging und können in einen eigenen Käfig gesetzt werden.

Lebenserwartung

Die durchschnittliche Lebenserwartung beträgt bei Goldhamstern zwei bis drei Jahre.

Besonderheiten

Der Name „Hamster“ ist international. Diese Bezeichnung leitet sich von dem deutschen Wort „hamstern“ bzw. von dem holländischen Wort „hamsteren“ (horten) ab. Beide Bezeichnungen beziehen sich auf die Angewohnheit der Tiere, Nahrung in ihre Backen zu stopfen.

Die Fellfarben des Syrischen Goldhamsters

GOLD

Der goldfarbene Syrische Goldhamster ist der ursprünglichste dieser Art. Nach dieser Fellfarbe werden die Tiere im Allgemeinen nur als Goldhamster bezeichnet.

Die Tiere haben ein goldbraunes Fell mit braunschwarzer Schattierung. Bauch und Pfoteninnenseite sind weiß, Augen und Ohren sind stets dunkel. Die direkt über der Haut ansetzende Unterwolle ist durchgehend grau gefärbt. Ein schwarzbrauner Backenstreifen markiert die Grenze zwischen goldbraunem und weißem Fell.

Syrischer Goldhamster mit zimtfarbenem Fell

Syrischer Goldhamster, grau

Syrischer Goldhamster, cremefarben mit dunklen Augen

GOLD MIT WEISSEM BAUCH
Diese Farbe ähnelt stark der Fellfarbe des gewöhnlichen Goldhamsters, doch die Farbe der Unterwolle ist hier nicht grau, sondern weiß. Tiere mit diesem Farbenschlag sollte man nicht untereinander paaren, da ein Teil der Jungen nicht lebensfähig ist.

GELB
Das Fell dieser Goldamster hat einen warmen Gelbton, ist schwarz schattiert und zeigt einen schwarzen Backenstreifen. Die Farbe der Unterwolle ist Creme, der Bauch ist elfenbeinfarben, die Ohren sind dunkelgrau, die Augen schwarz.

Syrischer Goldhamster, dunkelsepia

SEPIAFARBEN
Sepiafarbene Goldhamster haben ein braungelbes bis beigefarbenes Fell mit dunkelgrauer Schattierung. Der Bauch ist elfenbeinfarben, die Ohren sind dunkelgrau, die Augen dunkelbraun.

GRAU
Graue Goldhamster haben entweder ein hellgraues oder ein dunkelgraues Fell mit schwarzem Ticking. Ihr Bauch ist lichtgrau, die Ohren sind dunkelgrau, die Augen sind dunkelbraun. Der Backenstreifen ist dunkelgrau bis schwarz.

ZIMTFARBEN
Das Fell dieser Goldhamster ist zimtfarben mit zart brauner Schattierung. Der Bauch der Tiere ist heller gefärbt und sie haben braune Ohren sowie dunkelrote Augen. Der Backenstreifen ist braun. In englischsprachigen Ländern nennt man diesen Farbenschlag „cinnamon“.

LILA
Goldhamster in diesem Farbenschlag haben ein zartgraues Fell mit einer leicht lilafarbenen Schattierung. Der Bauch ist heller gefärbt, die Ohren sind lichtbraun, die Augen dunkelrot. Der Backenstreifen ist bei diesen Tieren dunkellila.

GUINEAGOLD
Goldhamster mit guineagold gefärbtem Fell haben eine hellbraune Schattierung über ihrem orangebraunen Fell. Die Backenstreifen sind dunkelrostbraun, die Augen sind dunkelbraun, die Ohren dunkelgrau.

Einfarbige Syrische Goldhamster

ALBINO
Das Fell der Albinos ist vollkommen weiß. Die Tiere haben fleischfarbene Ohren und rote Augen.

WEISS MIT ROTEN AUGEN
Diese Goldhamster haben ein strahlend weißes Fell, rote Augen und im Gegensatz zu den Albinos dunkelgraue Ohren.

WEISS MIT DUNKLEN AUGEN
Auch dieser Farbenschlag erinnert an Albinos. Abweichend haben diese Hamster jedoch schwarze Augen. Ihre Ohren sind fleischfarben.

DUNKELSEPIAFARBEN
Die Haarspitzen dieser Goldhamster sind tief dunkelbraun, fast schwarz. Darunter ist das Haar, genau wie Pfoten und Augenringe, beigefarben. Der Bauch ist genauso gefärbt wie der Rest des Körpers, die Ohren sind dunkel, die Augen schwarz. In englischsprachigen Ländern wird dieser Farbschlag „sable" oder „charcoal" genannt.

Einfarbig schwarzer Syrischer Goldhamster

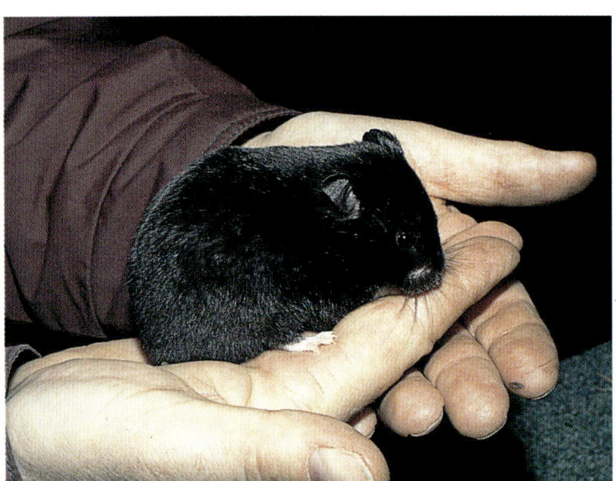

Syrischer Weißbandgoldhamster, cremefarben

SILBERSEPIAFARBEN
Silbersepiafarbene Goldhamster sind den dunkelsepiafarbenen sehr ähnlich, aber alle Körperpartien, die bei den dunkelsepiafarbenen Goldhamstern beigefarben sind, sind hier silberweiß. Die Augen sind dunkelbraun.

CREMEFARBEN MIT ROTEN AUGEN
Das Fell dieser Goldhamster hat einen warmen Elfenbeinton. Der Bauch ist etwas blasser gefärbt. Die Ohren sind leberfarben, die Augen immer rot.

CREMEFARBEN MIT DUNKLEN AUGEN
Die Fellfarbe dieser Goldhamster hat einen warmen Aprikosenfarbton. Die Tiere haben dunkle Augen und dunkelgraue Ohren.

SCHWARZ
Schwarze Goldhamster sollten immer pechschwarz sein, ohne ein einziges andersfarbiges Haar im Fell. Aber in der Praxis haben Tiere von diesem Farbenschlag relativ oft weiße Pfötchen und kleine weiße Flecken an Bauch und Hals. Die Ohren sind oft etwas heller gefärbt, die Augen sind schwarz.

SCHOKOLADENFARBEN
Schokoladenfarbene Goldhamster haben am ganzen Körper ein schokoladenbraunes Fell. Die Ohren sind braun gefärbt, die Augen sind schwarz.

CHAMPAGNER
Champagner ist eine zu Lila tendierende, zartgraue Färbung. Tiere in diesem Farbenschlag haben immer rote Augen.

KUPFERFARBEN

Das Fell dieser Goldhamster ist orangebraun gefärbt, wobei der Bauch oft eine etwas hellere Färbung aufweist. Die Ohren sind braungrau, die Augen dunkelrot.

TAUBENGRAU (DOVE)

Das Fell der taubengrauen Goldhamster hat einen zarten Blaustich. Die Tiere haben rote Augen.

Mehrfarbige Syrische Goldhamster

WEISSBAND

Das Fell der Syrischen Weißbandgoldhamster weist verschiedene Farben auf. Die Tiere tragen um die Mitte des Körpers ein weißes Band. Dieses Band sollte so gerade und scharf abgegrenzt wie möglich verlaufen. Im Idealfall macht das weiße Band ungefähr ein Drittel der gesamten Körperlänge des Goldhamsters aus. Diese Hamster können die verschiedensten Farben haben, einschließlich Schildpatt.
Weißbandgoldhamster werden nur geboren, wenn mindestens ein Elternteil auch ein weißes Band besitzt.

Schwarz gescheckter Goldhamster

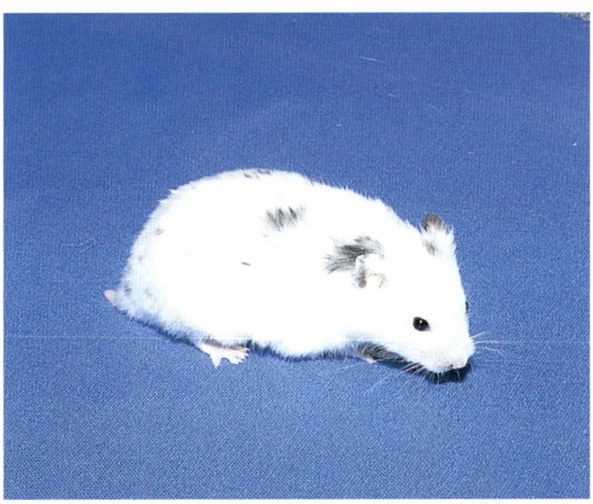

Syrischer Goldhamster, schwarzschildpatt

Schwarzweiß gescheckter Syrischer Goldhamster

Dieser Syrische Goldhamster wurde in einem speziellen Ausstellungskäfig fotografiert.

GESCHECKT

Die ersten gescheckten Goldhamster traten 1947 auf. Es gibt sie in vielen Farben. Von gefärbten Goldhamstern mit spärlichen weißen Flecken bis zu eigentlich weißen Goldhamstern mit bunten Abzeichen sind alle Abstufungen möglich.
Auf Ausstellungen haben Goldhamster mit möglichst vielen Flecken am ganzen Körper die besten Chancen. Bei gescheckten Goldhamstern können die Augen verschiedenfarbig sein.

SCHILDPATT

Schildpatt ist eine Farbe, die man auch von Katzen kennt. Wie bei diesen kommt Schildpatt auch bei Goldhamstern nur bei Weibchen vor. Schildpatthamster haben immer zwei Fellfarben, die in kleinen Flecken über den Körper verteilt sind. Je mehr Flecken ein Tier aufweist und je schärfer diese voneinander abgegrenzt sind, desto besser erfüllt es den Rassestandard. Eine der beiden Farben ist stets gelblich, die andere kann schwarz oder bräunlich sein. Ist diese Zeichnung mit Weiß kombiniert, bezeichnet man sie als dreifarbig.

Besonderheiten

Die genannten Farben gibt es bei Syrischen Goldhamstern sehr oft, es existieren aber noch wesentlich mehr Farbvarianten. Durch Mutationen, Kreuzungen zwischen Goldhamstern mit verschiedenen Fellfarben und durch Zuchtwahl kommen immer wieder neue Farben und Zeichnungen hinzu.

Normalhaarhamster

Herkunft

Der Syrische Goldhamster mit normalem Haar ist der ursprünglichste und kommt am häufigsten vor. Von ihm stammen alle Fellvarianten ab.

Körperliche Merkmale

Syrische Goldhamster haben einen breiten und stumpfen Kopf mit relativ großen Augen. Die

Normalhaariger Syrischer Goldhamster, gelbbunt

Syrischer Goldhamster, schildpatttaubengrau

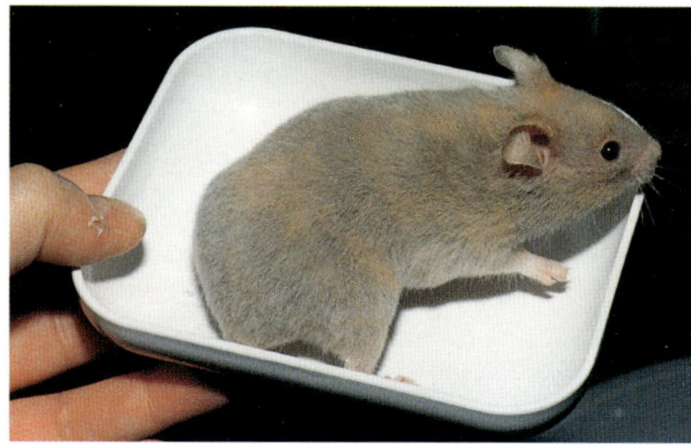

Ohren stehen aufrecht. Typisch sind die relativ großen Backentaschen, in denen die Hamster Futter sammeln können.
Der Körper dieser Tiere ist gedrungen, breit und kurz. Die Vorderpfoten haben vier Zehen, die Hinterpfoten fünf. Die Körperlänge beträgt 12 bis 18 Zentimeter und der Schwanz misst ein bis zwei Zentimeter. Syrische Goldhamster wiegen durchschnittlich zwischen 120 und 180 Gramm. Die Weibchen sind stets größer und schwerer als die Männchen.

Fell

Normalhaarige Syrische Goldhamster haben ein kurzes, wolliges und dichtes Fell, das sich weich anfühlt.

Farben

Diese Syrischen Goldhamster werden in allen üblichen Farben gezüchtet. Das kurzhaarige glatt anliegende Fell eignet sich ausgezeichnet für den Farbenschlag Schildpatt sowie für die Zucht von dreifarbigen, gescheckten und gebänderten Tieren.

Langhaarhamster

Herkunft

Der erste langhaarige Syrische Goldhamster wurde 1972 in den USA geboren. Der Langhaar-Faktor vererbt sich rezessiv. Das bedeutet, dass bei der Kreuzung von zwei Langhaarhamstern keine Normalhaarhamster geboren werden. Wenn jedoch zwei Normalhaarhamster, die Träger des Langhaar-Faktors sind, untereinander gepaart werden, können ein oder mehrere langhaarige Hamster in diesem Wurf auftauchen.

Körperliche Merkmale

Für langhaarige Syrische Goldhamster gilt – abgesehen von der Länge des Fells – auf Ausstellungen der gleiche Standard wie für Normalhaarhamster.

Fell

Langhaarige Syrische Goldhamster haben ein sehr weiches Fell, das im Idealfall mehrere Zentimeter lang ist. Das Fell der Männchen wird normalerweise länger als das der Weibchen. Es soll Goldhamster mit einer Haarlänge von 8 Zentimetern geben, was allerdings die Ausnahme ist. Die meisten langhaarigen Goldhamster haben nur an ein paar Stellen, insbesondere am Hinterleib, langes Haar, während der übrige Körper kürzer behaart ist.
Die Fellpflege eines langhaarigen Goldhamsters nimmt natürlich mehr Zeit in Anspruch,

Langhaariger Syrischer Goldhamster in der eigenartigen Farbe „roan" (rötlich grau)

als die eines kurzhaarigen Exemplars. Das Fell verfilzt leicht und wirkt dadurch ungepflegt. Mit einer Zahnbürste und einem feinen Kamm muss man das Fell mindestens einmal pro Woche Lage für Lage entwirren. Man sollte diese Goldhamster nicht auf Sägespänen halten, da sich dieses Material im Fell der Tiere verfängt und nur mühsam entfernt werden kann.

Ein Hamsterwurf kann aus verschiedensten Farbenschlägen und Zeichnungen bestehen.

Die meisten langhaarigen Syrischen Goldhamster haben vor allem am Rücken langes Haar.

Langhaariger Syrischer Goldhamster

Farben

Langhaarige Syrische Goldhamster gibt es in allen Farbvarianten, die bei Goldhamstern mit normaler Haarlänge auftreten können. Das langhaarige Fell eignet sich am besten für einfarbige Varietäten, da Flecken und Zeichnungen bedingt durch die Haarlänge nicht zur Geltung kommen.

Syrische Goldhamster mit Satinfell

Herkunft

Die erste Beschreibung eines Syrischen Goldhamsters mit Satinfell stammt aus dem Jahr 1969. In erstaunlich kurzer Zeit sind diese Tiere äußerst populär geworden und sie werden immer häufiger als Heimtiere gehalten.
Der Satin-Faktor vererbt sich dominant, das bedeutet, dass bei der Kreuzung eines Goldhamsters mit normalem Fell mit einem Goldhamster mit Satinfell die Chance groß ist, dass alle Jungen ein Satinfell haben.

Kupferfarbener Syrischer Goldhamster mit Satinfell

Körperliche Merkmale

Syrische Goldhamster mit Satinfell haben den gleichen Körperbau wie normalhaarige Syrische Goldhamster.

Fell

Das Satinfell ist kurz und darf nicht wollig sein. Es steht dicht und zeigt einen prächtigen Glanz. Satinfell kann sowohl bei normalhaarigen als auch bei langhaarigen Goldhamstern und sogar bei Goldhamstern mit Rexfell vorkommen.

Farben

Syrische Goldhamster mit Satinfell gibt es in allen Farbvarianten, die bei Goldhamstern auftreten können. Die Farbe erscheint durch den

Goldfarbener Syrischer Goldhamster mit Satinfell

Langhaariger Syrischer Goldhamster mit Satinfell

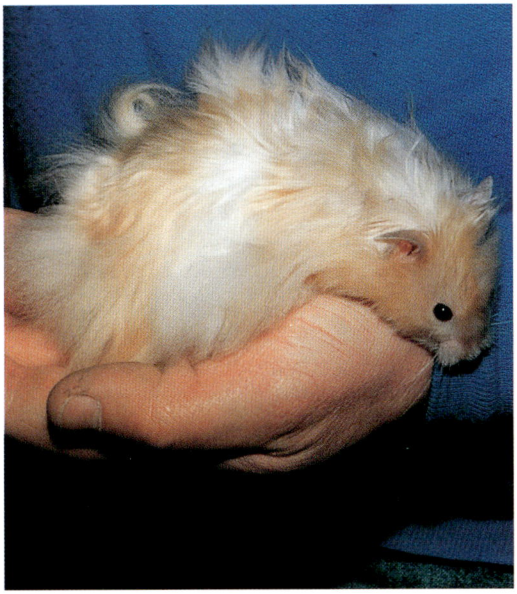

Langhaariger Syrischer Goldhamster mit Rexfell

Normalhaariger Syrischer Goldhamster mit Rexfell

Satineffekt meist intensiver. Vor allem bei rotem und schwarzem Fell erzeugt der Satin-Faktor einen herrlichen Glanz.

Besonderheiten

Die Kreuzung von zwei Syrischen Goldhamstern mit Satinfell führt grundsätzlich zu Nachkommen, die nur spärlich behaart sind. Deshalb werden Goldhamster mit Satinfell in der Regel mit normalhaarigen Goldhamstern gepaart.

Syrische Goldhamster mit Rexfell

Herkunft

Wie das Rexfell bei Syrischen Goldhamstern entstanden ist, lässt sich nicht feststellen. Bekannt ist lediglich, dass die ersten Tiere mit dieser Fellstruktur im Jahr 1970 auf Ausstellungen zu sehen waren.

Körperliche Merkmale

Syrische Goldhamster mit Rexfell sollten den gleichen Körperbau wie normalhaarige Goldhamster haben.

Fell

Goldhamster mit Rexfell kommen in allen Farbvarianten des normalhaarigen Syrischen Goldhamsters vor.

Besonderheiten

Durch die Kreuzung von langhaarigen Goldhamstern mit Goldhamstern, die ein Rexfell haben, gibt es inzwischen auch Goldhamster, die beide Eigenschaften zeigen. Diese Tiere haben ein langes Fell, das ein wenig gekräuselt ist.

Dshungarischer Zwerghamster *(Phodopus sungorus)*

Herkunft

Der Dshungarische Zwerghamster zählt zur Gattung Kurzschwänzige Zwerghamster *(Pho-*

Syrischer Goldhamster mit Rexfell

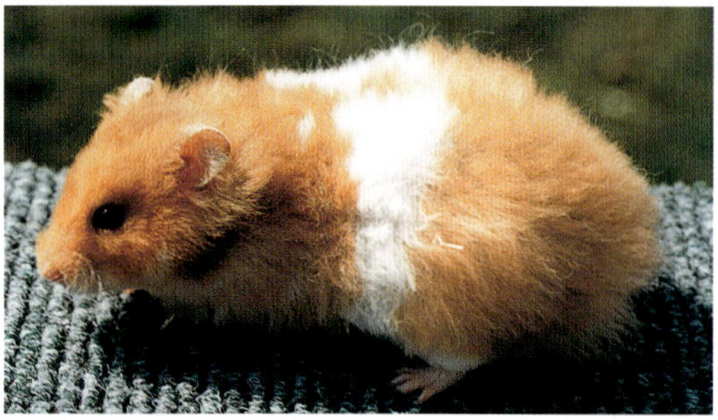

Syrischer Goldhamster, dreifarbig

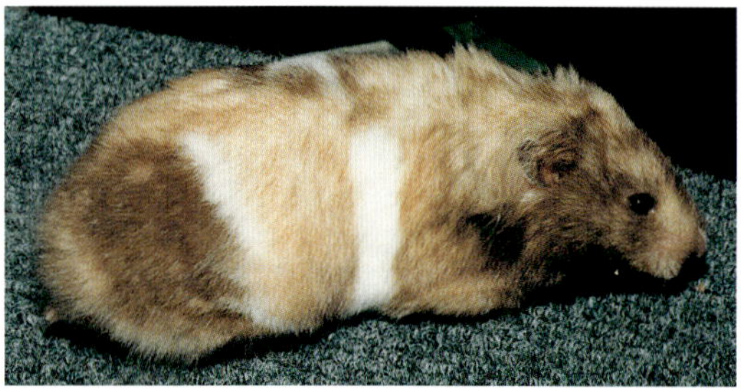

dopus). Bei Angehörigen dieser Gattung ragt das Schwänzchen nicht aus dem Fell heraus.
Der Dshungarische Zwerghamster ist mit Abstand der beliebteste Vertreter der Zwerghamster. Die ersten Exemplare dieser Art wurden schon im Jahr 1770 beschrieben. Sie stammen ursprünglich aus Nord-Kasachstan (Sibirien). Dshungarische Zwerghamster werden international unterschiedlich bezeichnet, zum Beispiel als „Sibirische Hamster" oder „Winter White". Letzteren Namen haben sie der Tatsache zu verdanken, dass ihr Fell im Winter völlig weiß wird.
Das Max Planck Institut spielte eine wichtige Rolle in der erst kurzen Geschichte des Dshungarischen Zwerghamsters als Labor- und Heimtier. Der Wissenschaftler Klaus Hofmann widmete sich gegen Ende der 60er Jahre vornehmlich der Züchtung und Untersuchung dieser Hamsterart. Die meisten Dshungarischen Zwerghamster, die heute von Liebhabern und Züchtern sowohl in Europa als auch in den USA gehalten werden, sind Nachkommen der Dshungarischen Zwerghamster des Max Planck Instituts.

Verhalten

Die meisten Hamsterarten sind abends und nachts aktiv. Die Zeiten hingegen, zu denen sich der Dshungarische Zwerghamster aus seinem Versteck wagt, sind variabel: Manchmal ist er nur nachts aktiv, es kann aber auch sein, dass er sich nur tagsüber zeigt und manchmal sieht man ihn sowohl tagsüber als auch nachts in Aktion.
Dshungarische Zwerghamster sind eher ruhige Tiere. Sie sind aber genauso flink wie Chinesische Zwerghamster oder Roborowski-Zwerghamster, nur erscheinen sie etwas überlegter in ihrem Verhalten. Vielleicht ist dies ein Grund für ihre Beliebtheit.
Gerüche sind ein wichtiger Bestandteil der Kommunikation dieser Tiere untereinander und auch mit ihrem Besitzer. Dshungarische Zwerghamster haben Duftdrüsen am Bauch, mithilfe derer sie ihr Revier markieren. Die Duftdrüsen erkennt man an der Fellverfärbung an diesen Stellen. Anhand dieser Gerüche können die Tiere sich gegenseitig identifizieren. Sie erkennen sich weder optisch noch akustisch.
In freier Wildbahn leben die Dshungarischen Zwerghamster in kleinen Gruppen zusammen und auch als Heimtiere bevorzugen die kleinen Nager die Gesellschaft von Artgenossen. Man kann sie als Pärchen – Weibchen und Männchen – oder in der Gruppe halten. Wenn Sie sich für eine Gruppe entscheiden, sollten Sie sich ein Männchen und mehrere Weibchen anschaffen, da diese Konstellation am ehesten der natürlichen Lebensweise der Tiere entspricht.

Syrischer Goldhamster, cremefarben

Etwas älterer Dshungarische Zwerghamster

Bei diesen Kombinationen ist natürlich regelmäßig mit Jungen zu rechnen. Wenn Sie keine Nachkommen haben möchten, sollten sie lieber zwei Männchen in einem Käfig halten. Solange keine Weibchen auftauchen, kommen die beiden gut miteinander aus.
Genau wie bei den meisten anderen Hamsterarten, haben es Neulinge in einer bestehenden Gruppe nicht leicht. Man sollte also besser keine erwachsenen Tiere in eine Gruppe setzen, denn sie würden sofort als Eindringlinge gejagt werden und besonders ziemperlich geht es dabei nicht zu. Allerdings ist es nicht völlig unmöglich, erwachsene Tiere in die Gruppe einzuführen. Setzen Sie alle Tiere der zukünftigen Gruppe in einen neuen geruchlosen Käfig. In solch einer neuen Umgebung, in der alle Tiere denselben Geruch an sich haben, gibt es meistens keinen Anlass aufeinander loszugehen.
Dshungarische Zwerghamster sind wie alle Hamsterarten äußerst reinliche Tiere. Sie putzen sich regelmäßig und halten ihr Fell stets sauber. Meistens wählen sie eine oder zwei Ecken im Käfig aus, die sie als Toilette benutzen. Urin wird stets in diesen Ecken deponiert, Kot findet man dagegen leider im gesamten Käfig.

Dshungarische Zwerghamster sind sehr gesellig.

Unterbringung

Kurzschwänzige Zwerghamster, zu denen der Dshungarische-Zwerghamster zählt, springen und klettern nicht, sodass man sie gut in einem offenen Glaskasten halten kann. Wenn Sie einen Gitterkäfig benutzen, haben Sie etwas mehr Mühe mit dem Sauberhalten der Umgebung. Sie müssen stets darauf achten, dass der Käfig so steht, dass die Tiere keine Zugluft abbekommen und nicht der prallen Sonne ausgesetzt sind.

Der Käfig muss nicht allzu groß sein, da Dshungarische Zwerghamster keinen besonders aktiven Lebenswandel führen. Damit sie nicht zuviel Fett ansetzen, kann man ein Laufrad im Käfig platzieren.
Dshungarische Zwerghamster verkriechen sich gerne in einer schützenden Schlafhöhle. Man kann in der Zoohandlung unter verschiedenen Hamsterhäuschen wählen, aber ein umgedrehter Blumentopf oder ein kleiner Nistkasten erfüllen den gleichen Zweck.
Den Käfigboden bedeckt man am besten mit Sägespänen. Da Tannenholz bei Nagetieren zu gesundheitlichen Irritationen führen kann, sollte man sich nach Einstreu von anderen Bäumen umsehen. Stellen Sie den Hamstern immer genug Heu zur Verfügung. Sie fressen es nicht nur gern, sondern polstern damit auch ihre Schlafhöhle aus. Als Einstreu ist Heu weniger geeignet, da es kaum saugfähig ist.

Ernährung

In Freiheit ernähren sich die Dshungarischen Zwerghamster vor allem von Körnern und Insekten. Mit Obst und Gemüse kommen sie in ihrer natürlichen Umgebung kaum in Berührung. Grünfutter sollte deshalb nur selten auf dem Speiseplan stehen, da die Tiere davon Durchfall bekommen können. Möhren, Äpfel und Birnen vertragen die Hamster besser als Gurken, die sehr viel Wasser enthalten, und Salat.
Ein Dshungarischer Zwerghamster ist mit einer qualitativ hochwertigen Nagetiermischung zufrieden. Ferner können Sie ihn mit tierischem Eiweiß in Form von Insekten, Mehlwürmern oder Katzenfutter verwöhnen.
Dshungarische Zwerghamster trinken zwar nur wenig, sie brauchen aber stets frisches Wasser. Eine Wasserschüssel, die man in den Käfig stellt, wird schnell umgestoßen oder mit Sägespänen und Kot verdreckt. Verwenden Sie deshalb lieber eine Nippelflasche.

Verschiedenfarbige Dshungarische Zwerghamster

Dshungarische Zwerghamster können problemlos gezähmt werden.

Pflege

Normalerweise müssen Sie den Käfig mindestens einmal pro Woche reinigen. Wenn die Tiere viel Platz zur Verfügung haben, genügt es, den Käfig alle zwei Wochen sauber zu machen. Die Ecken, die als Toiletten benutzt werden, müssen öfter gereinigt werden, am besten alle zwei Tage.
Zur Pflege der Dshungarischen Zwerghamster gehört auch das tägliche Wechseln des Wassers – auch wenn die Tiere kaum davon getrunken haben. Verderbliche Essensreste müssen täglich aus dem Käfig entfernt werden.

Umgang

Dshungarische Zwerghamster sind leicht zu

zähmen. Hierbei ist es wichtig, sich dem Tier nie von oben, sondern immer auf Augenhöhe zu nähern. Ab und zu beißen die Tiere, was aber nicht weiter verwunderlich ist, schließlich haben die kleinen Nager in der Natur viele Feinde und ihre Zähnchen sind ihre einzige Waffe. Ein Dshungarischer Zwerghamster muss deshalb erst lernen, dass sein Besitzer im nichts Böses will. Dies erreicht man am besten, indem man dem Hamster möglichst oft eine Hand mit Futter hinhält und sich ihm ruhig nähert.
Wenn man einen Dsungarischen Zwerghamster hochnehmen möchte, formt man die eine Hand wie eine Schale, setzt den Hamster hinein und hält die andere Hand vorsichtig über das Tier. Dies ist besonders wichtig, damit Ihnen der Hamster nicht aus der Hand springt, denn meistens haben die Tiere kein Gefühl für Höhe.
Auch einen Hamster, der nicht zahm ist, kann man aus dem Käfig nehmen. Man stellt hierzu ein kleines Döschen oder Kästchen mit dazu passendem Deckel in den Käfig und füllt dieses mit einigen Leckerbissen. Nur wenige Hamster können der Verlockung widerstehen, diese Häppchen zu inspizieren, sodass man sie in dem Behältnis problemlos aus dem Käfig nehmen kann.

Geschlechtsunterschiede

Man kann die beiden Geschlechter anhand des Abstands zwischen Geschlechtsöffnung und Anus erkennen. Bei Männchen ist dieser größer. Erwachsene Männchen erkennt man außerdem am Hodensack.

Auch der Vater kümmert sich bei dieser Hamsterart um die Jungen.

Dshungarische Zwerghamster mit Jungen

Wenn man erwachsene Tiere von oben betrachtet, stellt man fest, dass der Hinterleib bei den Weibchen abgerundet ist, während die Männchen einen spitzen Hinterleib haben.

Fortpflanzung

Dshungarische Zwerghamsterweibchen sind zwar bereits ab einem Alter von vier bis fünf Wochen fruchtbar, man sollte jedoch mit der Paarung warten, bis sie drei Monate alt sind, da sie erst ab diesem Zeitpunkt imstande sind, einen ganzen Wurf zu säugen und großzuziehen.
Dshungarische Zwerghamsterweibchen sind alle vier Tage paarungsbereit und können von einem Männchen gedeckt werden. Das Weibchen zeigt seine Paarungsbereitschaft, indem es von Zeit zu Zeit ruhig stehen bleibt und den Schwanz hebt.
Wenn man ein Pärchen hält, wird der Deckakt von ganz alleine ablaufen. Wenn Sie die Geschlechter getrennt voneinander halten, sollten sich die beiden Tiere zunächst auf neutralem Boden, also in einem neuen geruchlosen Käfig, kennen lernen. Im Allgemeinen sind Dshungarische Zwerghamster beim Anblick eines Artgenossen nicht besonders angriffslustig. Meist können Sie das Paar nach dem Deckakt und auch nach der Geburt zusammen lassen, denn normalerweise beteiligen sich auch die Männchen an der Aufzucht der Jungen. Sie sollten jedoch bedenken, dass das Weibchen schon bald nach der Geburt erneut trächtig sein wird, wenn Sie das Männchen bei ihm im Käfig lassen.
Die Tragzeit beläuft sich auf ungefähr 19 Tage. Ein durchschnittlicher Wurf besteht aus vier bis sechs Jungen. Das Weibchen zieht seine Jungen in einem Nest groß. Während es säugt, braucht es so viel Ruhe wie möglich. Stressan-

Dshungarische Zwerghamster sollten einen walzenförmigen Körperbau haben.

fällige Weibchen können sonst in Panik geraten und ihre eigenen Jungen fressen. Beschränken Sie in dieser Zeit alle Arbeiten im und am Käfig, inklusive Säubern und Füttern, auf das Nötigste.
Ab der zweiten Woche erkunden die Jungen bereits ihe Umgebung und knabbern schon ein wenig am Nagetierfutter. Ungefähr ab der dritten Woche trinken die Jungen nicht mehr bei der Mutter, man sollte allerdings noch eine Woche warten, bis man sie von der Mutter trennt.

Lebenserwartung

Dshungarische Zwerghamster werden zwei bis drei Jahre alt.

Körperliche Merkmale

Gemäß dem Rassestandard sollte ein Dshungarischer Zwerghamster einen walzenförmigen Körperbau haben. Der Körper hat einen Durchmesser von ungefähr 7 Zentimetern. Der Kopf ist breit mit kugeligen Augen. Die Ohren sind klein, rund und an den Innenseiten leicht behaart.
Dshungarische Zwerghamster haben kurze Beinchen und an jeder Pfote fünf Zehen. Die Sohlen sind behaart. Die Tiere gehören ebenso wie Roborowski- und Campbelli-Zwerghamster zu den Kurzschwänzigen Zwerghamstern. Ihr nur spärlich behaarter Schwanz misst normalerweise etwa einen halben bis einen Zentimeter. In Ausnahmefällen kann er auch etwas länger sein. Er ist wegen des wolligen Fells am Hinterleib nicht zu erkennen.
Dshungarische Zwerghamster sind sehr leicht. In freier Wildbahn, wo die Tiere bei weitem weniger zu fressen finden und dafür wesentlich mehr laufen müssen als in Gefangenschaft, wiegen sie nur 20 bis 35 Gramm. In Gefangenschaft wiegen die Tiere dagegen oftmals das Doppelte. Wie alle Hamsterarten haben auch die Dshungarischen Zwerghamster Backentaschen, allerdings sind diese weniger ausgeprägt.

Fell

Die Tiere haben ein kurzes, feines, dichtes und wollig aussehendes Fell.

Besonderheiten

Man bezeichnet nicht nur den Dshungarischen Zwerghamster als Sibirischen Hamster oder Winter White, sondern dieser Begriff wird auch für Campbelli-Zwerghamster verwendet. Das kommt daher, dass der Name Dshungarischer Zwerghamster ein Oberbegriff für Russi-

Dshungarischer Zwerghamster

Mischling zwischen einem wildfarbenen Winter White und einem gescheckten Campbelli-Zwerghamster

sche Zwerghamster und Campbelli-Zwerghamster ist.
Beide Rassen können zwar untereinander gekreuzt werden und ein Teil der Nachkommen ist fruchtbar, da dies jedoch nicht auf alle Jungtiere zutrifft, sollte man von solchen Kreuzungen generell Abstand nehmen.

Die Fellfarben der Dshungarischen Zwerghamster

Wildfarbe

Die Wildfarbe ist zugleich Stammform und der am häufigsten vorkommende Farbenschlag bei den Dshungarischen Zwerghamstern. Typisch ist bei diesen Tieren ein graubraunes Fell mit schwarzem Aalstrich sowie ein grauweiß gefärbter Bauch. Augen und Ohren sind dunkel.
Auf beiden Körperseiten verlaufen drei bogenförmige Linien. Sie bilden die Grenze zwischen Bauch- und Rückenfarbe. Diese beiden Farben sollten nicht ineinander laufen. Auf Ausstellungen werden Tiere, bei denen diese Linien scharf gezeichnet sind, besser bewertet.

Blauwildfarben (saphir)

1988 erblickten in Großbritannien die ersten saphirfarbenen Dshungarischen Zwerghamster

Dshungarischer Zwerghamster, blauwildfarben

Dshungarischer Zwerghamster, perlmutt

Dshungarischer Zwerghamster, wildfarben

das Licht der Welt. Dieser Farbenschlag erinnert stark an den wildfarbenen, wobei hier allerdings das Fell blaugrau und nicht graubraun gefärbt ist.
Außerdem sind der Aalstrich sowie andere dunkle Abzeichen nicht schwarz, sondern dunkelblau gefärbt. Die Augen der Tiere sind genau wie die Ohren dunkel.
Dieser Farbenschlag vererbt sich rezessiv gegenüber der Wildfarbe.

Perlmutt (pearl)

Der erste bekannte Vertreter dieser Art kam 1989 in Großbritannien zur Welt. Dieser hübsche Farbenschlag zeichnet sich durch ein weißes Fell mit gleichmäßiger schwarzgrauer Schattierung aus.
Die Ohren der Tiere sind hellgrau gefärbt, die Augen sind schwarz. Aalstrich und Dreibogenlinie sind ebenfalls schwarz, meist aber nicht so deutlich gezeichnet wie bei den anderen Farbenschlägen.

Wildfarbener Dshungarischer Zwerghamster im Winterpelz

Dshungarischer Zwerghamster, perlmutt

Perlmutt vererbt sich dominant gegenüber den Farbenschlägen Blauwildfarben und Wildfarben.

Besonderheiten

Auch während einer länger anhaltenden Kälteperiode halten Dshungarische Zwerghamster keinen Winterschlaf. Wenn die Tage kürzer werden, bekommt das Fell der Tiere weiße Flecken, verblasst oder wird ganz weiß. In der Natur hat dieser Winterpelz einen Tarneffekt. Die Tiere fallen im Schnee dann kaum auf. Allerdings sind männliche Tiere mit Winterfell unfruchtbar. Als Heimtiere gehaltene Dshungarische Zwerghamster zeigen dieses Winterfell nur, wenn man ihre Umgebung künstlich abdunkelt.

Roborowski-Zwerghamster *(Phodopus roborovskii)*

Herkunft

Der Roborowski-Zwerghamster stammt aus den entlegendsten wüstenartigen Gebieten im Süden und Westen der Mongolei. Es gibt dort nur wenig zu fressen und diese Hamsterart kann, wie viele andere Zwerghamsterarten, mit geringsten Futterrationen überleben.
Roborowski-Zwerghamster sind als Heimtiere kaum verbreitet. Erst in den 70er Jahren kamen die Tiere aus den Labors und wurden als Heimtiere verwendet.

Verhalten

Roborowski-Zwerghamster zählen zu den Kurzschwänzigen Zwerghamstern. Wie alle Kurzschwänzigen Zwerghamster leben sie in freier Wildbahn in kleinen Gruppen zusammen. Auch in Gefangenschaft bevorzugen sie die Gesellschaft von Artgenossen. Wenn Sie sich für diese Hamsterart entscheiden, sollten Sie sich überlegen, ob Sie nicht ein Männchen zusammen mit ein oder zwei Weibchen halten können. Die Tiere vermehren sich nicht so schnell wie andere Zwerghamster, sodass Sie keine Überbevölkerung zu befürchten haben.
Roborowski-Zwerghamster sind lebendige Gesellen, die spät abends, nachts und in den frühen Morgenstunden am aktivsten sind. Obwohl sie relativ agil sind, klettern sie nicht

Roborowski-Zwerghamster

Roborowski-Zwerghamster

viel, sondern verbringen die meiste Zeit auf dem Boden.
Roborowski-Zwerghamster sind nicht nur untereinander, sondern auch Menschen gegenüber sehr friedfertig und beißen selten. Natürlich hängt ihr Verhalten auch davon ab, wie man sie behandelt. Wegen ihres ausgeprägten Bewegungdrangs sind sie als Schmusetiere für Kinder nicht geeignet – in einem Käfig mit diesen Hamstern ist ständig Bewegung.
Roborowski-Zwerghamster sind reinliche Tiere. Sie wählen eine Ecke des Käfig als Toilette und urinieren immer an dieser Stelle. Kot findet man dagegen überall im Käfig.

Roborowski-Zwerghamster

Unterbringung

Roborowski-Zwerghamster können zwar gut springen, aber nicht besonders hoch. Deshalb kann man diese kleinen Tiere problemlos in einem Glaskasten ohne Deckel halten. Man kann sie auch in einem Hamsterkäfig halten, doch aufgrund ihrer geringen Größe ist ein Mäusekäfig mit dichter stehenden Gitterstäben sinnvoller. Insbesondere junge Roborowski-Zwerghamster schlüpften spielend zwischen den Gitterstäben eines Hamsterkäfigs hindurch.

Als Einstreu sind Sägespäne sehr gut geeignet. Man sollte jedoch auf Tannenholz verzichten, da die kleinen Nager darauf allergisch reagieren können.
Roborowski-Zwerghamster haben einen ausgeprägten Bewegungsdrang. Deshalb sollte ihre Behausung etwas größer als der übliche Mäuse- bzw. Hamsterkäfig sein. Ein Laufrad ist eine gute Investition. Manche Hamster sind davon allerdings so begeistert, dass sie eine Zwangsneurose entwickeln und stundenlang im Rad laufen, wobei sie sich völlig verausga-

ben. Wenn Sie solch ein Tier haben, sollten Sie das Laufrad nur zeitweise in den Käfig stellen. Sorgen Sie auch für eine kleine Höhle, in die sich die Tiere tagsüber zurückziehen können um auszuruhen und zu schlafen. Sie können ein fertiges Hamsterhäuschen aus der Zoohandlung kaufen oder einen Nistkasten aus Holz verwenden. Auch ein kleiner, ausgehöhlter Baumstumpf tut gute Dienste. Legen Sie etwas Heu in die Schlafhöhle, damit sich die Tiere darin wohl fühlen.

Ernährung

Roborowski-Zwerghamster brauchen nur wenig Futter, aber das gilt eigentlich für alle Zwerghamster. Sie sind einen Lebensraum mit nur kargem Nahrungsangebot gewohnt. In Gefangenschaft werden diese Tiere eher zu fett, als dass sie zu kurz kommen.
Eine ausgewogene Nagetierfuttermischung mit vielen verschiedenen Bestandteilen ist für Roborowski-Zwerghamster eine ideale Nahrungsgrundlage. Ab und zu kann man den Tieren trockenes dunkles Brot geben. Gemüse und Obst, vor allem sehr wasserhaltige Sorten, wie zum Beispiel Gurken, füttert man, ebenso wie

Roborowski-Zwerghamster zählen zu den agilsten Hamsterarten. Sie haben ein ausgeprägtes Bewegungsbedürfnis.

Roborowski-Zwerghamster

Kohl, nur ganz selten, denn die Tiere können davon Durchfall bekommen. Heu hingegen brauchen sie immer in großer Menge in ihrer Behausung.
Ab und zu möchten Roborowski-Zwerghamster ein wenig tierisches Eiweiß. Mehl- und Regenwürmer können Sie einmal pro Woche füttern. Auch Katzen- und Hundetrockenfutter oder Hundekuchen mögen die kleinen Nager gern.

Pflege

Abhängig von der Käfiggröße und der darin lebenden Anzahl der Tiere, sollten Sie den Käfig jede Woche bzw. alle zwei Wochen sauber machen. Die Ecke, die als Toilette benutzt wird, muss öfter gereinigt werden, mindestens zweimal pro Woche.
Da Roborowski-Zwerghamster in ihrem Käfig, insbesondere im Schlafhäuschen, Futtervorräte aufbewahren, muss man den Käfig regelmäßig nach Essenresten, die verderben können, absuchen.

Umgang

Roborowski-Zwerghamster sind flink und lassen sich nicht so gerne hochnehmen. Zum Beobachten sind sie wunderbar, zum Schmusen sind sie jedoch weniger geeignet. Wenn Sie einen Roborowski-Zwerghamster einfangen möchten, können Sie eine mit Leckerbissen gefüllte Dose in die Behausung setzen. Die Neugier wird den Hamster in die Dose locken und sie können das Tier aus dem Käfig nehmen. Decken Sie die Dose immer ab, damit der Hamster nicht über den Rand springt.

Geschlechtsunterschiede

Der Unterschied zwischen den Geschlechtern wird am Abstand von Geschlechtsöffnung und Anus deutlich. Bei Männchen ist dieser größer als bei Weibchen. Erwachsene Männchen erkennt man auch am Hodensack.

Fortpflanzung

Roborowski-Zwerghamster sind unter den Zwerghamstern mit am schwierigsten zu züchten. Dies hat mehrere Gründe. Erstens sind sie bei der Partnersuche sehr wählerisch. Wenn ein Männchen und ein Weibchen sich nicht besonders mögen, werden sie auch nicht für Nachwuchs sorgen. Ein zweites Problem liegt darin, dass diese Tiere generell nicht so produktiv sind, da die Weibchen mit ihrem ersten Wurf bis nach dem Winter warten. Die Jungen sind winzig und müssen mindestens fünf bis sechs Wochen bei der Mutter bleiben. Das sind ein, zwei Wochen mehr als bei anderen Zwerghamsterarten. Hinzu kommt außerdem, dass Roborowski-Zwerghamster höchstens zwei Jahre alt werden.
Das Züchten dieser Hamsterart ist nicht leicht, aber angesichts des noch geringen Bekanntheitsgrades dieser Tiere für Tierfreunde, die nicht so schnell aufgeben, sehr wohl die Mühe wert. Die Zucht dieser Hamster ist der Zucht Dshungarischer Zwerghamster vergleichbar, allerdings mit dem Unterschied, dass die Jungen frühestens nach fünf Wochen selbstständig sind. Die Tragzeit beläuft sich auf 21 Tage.

Lebenserwartung

Die Lebenserwartung von Roborowski-Zwerghamstern liegt bei anderthalb bis zwei Jahren.

Körperliche Merkmale

Roborowski-Zwerghamster sind die kleinste bekannte Zwerghamsterart. Die Tiere erreicht eine Gesamtgröße von 7 bis 9 Zentimetern. Sie haben einen kurzen, breiten Kopf mit großen, runden Augen. Das leicht behaarte Schwänzchen, das nicht oder kaum zu erkennen ist, ist im Durchschnitt einen halben bis einen Zentimeter lang. Die aufrecht stehenden Ohren sind verhältnismäßig groß. Die Sohlen sind behaart. Erwachsene Roborowski-Zwerghamster, die als Heimtiere gehalten werden, wiegen ungefähr 35 Gramm.

Fell

Das Fell der Roborowski-Zwerghamster ist viel weicher und länger als das Fell der meisten anderen Zwerghamster. Es liegt nicht flach an, sondern steht ein wenig ab, was dem Tier ein kuscheliges Aussehen verleiht. Bisher gibt es noch keine Fellvarianten. Vermutlich ist es aber nur eine Frage der Zeit, bis auch bei dieser Hamsterart Tiere mit unterschiedlicher Fellbeschaffenheit gezüchtet werden.

Farbe

Der wildfarbene Roborowski-Zwerghamster ist bis heute der einzige bekannte Farbenschlag. Die Tiere haben eine braungelbe Färbung mit grauer Unterwolle. Der Aalstrich fehlt, ebenso wie die für die meisten Hamsterarten typische Dreibogenlinie. Nette Details sind die kleinen hell gefärbten Abzeichen über den Augen. Die Ohren sind hell und haben einen dunklen Rand. Der Bauch und die Pfoten sind weiß. Im Winter ist das Fell der Roborowski-Zwerghamster etwas grauer als im Sommer.

Campbelli-Zwerghamster
(Phodopus sungorus campbelli)

Herkunft

Campbelli-Zwerghamster sind im Norden der Mongolei, in Nord-China, in der Mandschurei und im Altai beheimatet. Diese Art wurde 1905 von Thomas Campbell entdeckt.
Der Campbelli-Zwerghamster ist nahe verwandt mit dem Dshungarischen Zwerghamster.

Campbelli-Zwerghamster, gelbwildfarben (argent)

Eine Zeit lang hat man sogar angenommen, dass sie zur selben Art gehören, da die Tiere die gleiche Anzahl Chromosomen haben und untereinander bastardieren. In der Natur überschneiden sich ihre Lebensräume aber kaum. Campbelli-Zwerghamster und Dshungarische Zwerghamster werden gegenwärtig beide unter dem Oberbegriff Dshungarischer Zwerghamster zusammengefasst.
Es erging den Campbelli-Zwerghamstern wie den meisten anderen Nagetieren auch. Sie wurden zunächst in Labors für wissenschaftliche Zwecke gezüchtet und fanden erst später Liebhaber, die sie als Heimtiere hielten. Auch heute noch ist der Campbelli-Zwerghamster nicht so bekannt, wie der Dshungarische Zwerghamster.

Verhalten

Campbelli-Zwerghamster sind dämmerungsaktiv. Tagsüber schlafen sie die meiste Zeit oder dösen. Sie sind keine guten Kletterer und bleiben lieber am Boden.
Halten Sie Campbelli-Zwerghamster nicht einzeln, denn die Tiere brauchen Gesellschaft. Sie

Gescheckter Campbelli-Zwerghamster, wildfarben

Wenige Tage alter Campbelli-Zwerghamster

erkennen sich untereinander am Geruch, wohingegen Augen und Gehör weniger gut entwickelt sind. Ein Gefühl für Höhe haben sie, wie die meisten Hamsterarten, nicht.
Campbelli-Zwerghamster gehören zu den wenigen Hamsterarten, die monogam leben. Wenn sich ein Campbelli-Zwerghamsterpärchen einmal gefunden hat, dann zeigt weder das Weibchen noch das Männchen großes Interesse an Artgenossen des anderen Geschlechts. Man sollte diese Tiere deshalb auch am besten als Pärchen halten.
Campbelli-Zwerghamster sind reinliche Tiere, die ein oder zwei bestimmte Ecken ihres Käfigs als Toilette benutzen.

Unterbringung

Campbelli-Zwerghamster können sowohl in Hamsterkäfigen als auch in Glaskästen gehalten werden. Der Vorteil eines Glaskastens liegt darin, dass die Umgebung nicht verschmutzt wird. Den Boden bedeckt man mit einer dicken Lage Sägespäne. Auch Heu muss im Käfig eines Campbelli-Zwerghamsters immer vorhanden sein. Verwenden Sie möglichst keine Sägespäne von Tannenbäumen, da man mittlerweile weiß, dass sich diese Art von Einstreu auf das Wohlbefinden kleiner Nagetiere negativ auswirkt.
Um dem Bewegungsdrang dieser Tiere entgegenzukommen, können Sie ein Laufrad im Käfig platzieren.
Stellen Sie auch ein Hamsterhäuschen in den Käfig, damit sich die Campbelli-Zwerghamster tagsüber zurückziehen können. Im Zoofachhandel erhalten Sie spezielle Hamsterhäuschen. Sie müssen jedoch nicht unbedingt ein fertiges Hamsterhäuschen aus Holz oder Ton kaufen, ein Vogelnistkasten aus Holz oder ein Pappkarton erfüllt den gleichen Zweck.

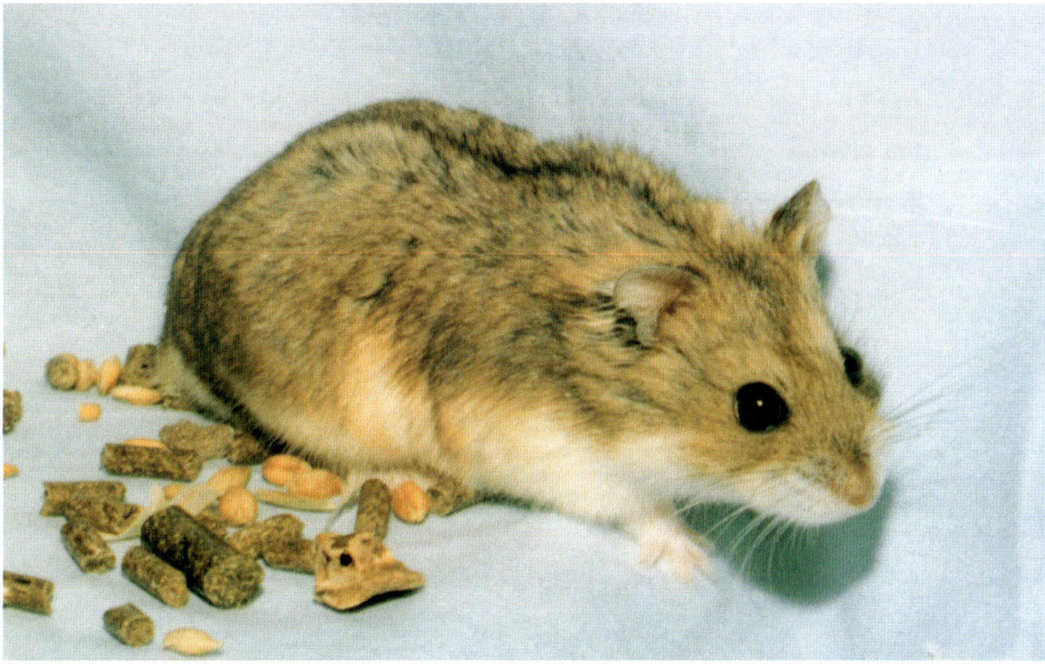

Ernährung

Wie alle Zwerghamster ist auch der Campbelli-Zwerghamster sehr genügsam. Wenn er zuviel Futter bekommt – und das ist schnell der Fall, denn er braucht nur zehn bis 15 Gramm Futter pro Tag – wird er bald zu dick.
Eine ausgewogene Futtermischung für Nagetiere mit verschiedensten Bestandteilen ist für Campbelli-Zwerghamster am besten geeignet. Abgesehen davon können Sie den Tieren ab und zu kleine Portionen Möhren- und Apfelstückchen oder anderes, wenig wasserhaltiges Gemüse und Obst geben.
Stellen Sie den Tieren immer genügend Heu zur Verfügung, denn sie haben einen großen Bedarf an den darin reichlich vorhandenen Ballaststoffen.
Auch der Campbelli-Zwerghamster hat hin und wieder Gelüste nach tierischem Eiweiß, die Sie in Form von Katzentrockenfutter, Mehlwürmern oder fertigem Insektenfutter für Vögel befriedigen können.

Pflege

Normalerweise genügt es, alle zwei bis drei Tage, je nach Käfiggröße und Anzahl der darin lebenden Tiere, die Ecken, die die Tiere als Toilette benutzen, sauber zu machen. Ihren Urin deponieren die meisten Hamster in einer, manchmal auch in zwei Ecken ihrer Behausung, wohingegen sie den Kot leider überall im Käfig verteilen. Mindestens einmal pro Woche sollte die Einstreu erneuert werden.
Achten Sie darauf, dass der Käfig nicht an einem zugigen Platz steht. Auch die Fensterbank ist kein idealer Platz für einen Käfig, da es hier im Winter zu kalt und im Sommer schnell zu warm wird.
Hamster trinken zwar nicht viel, doch sollten Sie das Trinkfläschchen täglich ausspülen und mit frischem Wasser füllen. Da auch Campbelli-Zwerghamster in ihrer Behausung Vorräte horten, sollten Sie den Käfig regelmäßig nach verderblichen Essenresten durchsuchen.

Umgang

Einen Campbelli-Zwerghamster nimmt man genauso hoch wie andere Hamster. Schieben Sie eine Hand unter den Bauch des Tiers und decken Sie die andere Hand darüber, damit der Hamster nicht aus Ihrer Hand springt.
Die meisten Campbelli-Zwerghamster lassen sich nicht gern anfassen und können aggressiv werden, wenn man es doch tut. Wenn Sie einen unwilligen Campbelli-Zwerghamster aus sei-

nem Käfig holen möchten, stellen Sie ihm eine kleine Dose mit Leckereien hin. Er wird die Dose mit Sicherheit inspizieren und Sie können ihn dann mit der Dose aus dem Käfig nehmen.

Geschlechtsunterschiede

Der Unterschied zwischen den Geschlechtern wird am Abstand zwischen Geschlechtsöffnung und Anus deutlich. Bei Weibchen ist er geringer als bei Männchen.

Fortpflanzung

Campbelli-Zwerghamster werden mit etwa anderthalb Monaten geschlechtsreif. Ab einem Alter von drei Monaten sind die Weibchen so weit entwickelt, dass sie einen Wurf Junge austragen, gebären und versorgen können.
Das Weibchen ist alle vier Tage, meist gegen Abend, paarungsbereit. Nach durchschnittlich 18 Tagen Tragzeit kommen die Jungen völlig nackt und blind zur Welt. Sie wiegen bei der Geburt nur etwa 2 Gramm. Ein Wurf besteht im Schnitt aus fünf Jungen.
Nach ungefähr zwei Wochen sind die Jungtiere überall behaart und öffnen die Augen. Dann erkunden sie die Nestumgebung. Ab diesem Zeitpunkt knabbern sie auch schon vom Futter der Eltern. Sobald sie drei Wochen alt sind, werden sie nicht mehr gesäugt, im Alter von vier Wochen können sie ohne Eltern auskommen.
Die Aufzucht der Jungen ist nicht allein Sache des Weibchens. Auch das Männchen spielt eine wichtige Rolle. Es darf deshalb auch nicht von der Mutter und den Jungtieren getrennt werden.

Lebenserwartung

Campbelli-Zwerghamster werden durchschnittlich zwei bis drei Jahre alt.

Besonderheiten

Dshungarische Zwerghamster und Campbelli-Zwerghamster können theoretisch untereinander gekreuzt werden. Ein Teil der Nachkommen ist sogar fruchtbar. Man sollte jedoch auf diese Art von Zucht verzichten, da man nie weiß, ob und wie viele Nachkommen fruchtbar sind.

Die Fellfarben der Campbelli-Zwerghamster

Wildfarben

Ursprünglich war das Fell aller Campbelli-Zwerghamster wildfarben, mit einem fahlweißen Bauch und einem braungelben Rücken.
Der Übergang zwischen Bauch- und Rückenfarbe wird durch die Dreibogenlinie angezeigt. Über den Rücken der Tiere verläuft ein dunkelbrauner Aalstrich und die Augen sind bei diesem Farbenschlag schwarz.

Blau

Blau wird in den USA auch „opal“ genannt. Die blaue Farbmutation ähnelt sehr der Wildfarbe, nur sind bei dieser Farbvariante alle

Campbelli-Zwerghamster, wildfarben

Campbelli-Zwerghamster, wildfarben

Campbelli-Zwerghamster, gelbwildfarben (argent)

schwarzen Farbpigmente zu einem blaugrauen Schimmer verblichen.

Argent (gelbwildfarben)

Das Fell dieser Tiere ist überwiegend beigegelb, der Bauch ist fahlweiß und über den Rücken verläuft ein schokoladenbrauner Aalstrich. Die Augen dieser Tiere sind rot.

Albino

Albinos haben ein vollkommen weißes Fell. Die Augen dieser Tiere sind rot.

Gescheckt

Gescheckte Campbelli-Zwerghamster können

Campbelli-Zwerghamster: links Albino, rechts wildfarbenes Tier

alle Fellfarben haben, zum Beispiel Wildfarbe oder Argent. Die Flecken sind nicht auf bestimmte Körperpartien beschränkt. Ein Tier kann wesentlich mehr Farbflecken aufweisen als ein anderes.
Kreuzungen zwischen gescheckten Tieren können zu Problemen führen, da ein Teil der Nachkommen ohne oder mit extrem kleinen Augen geboren wird. Viele Tiere sterben, bevor sie überhaupt geschlechtsreif sind, man sollte deshalb auf das Kreuzen von gescheckten Tieren verzichten.

Campbelli-Zwerghamster mit normalem Fell

Herkunft

Der normalhaarige Campbelli-Zwerghamster ist die ursprüngliche Form. Aus diesen Tieren wurden die Campbelli-Zwerghamster mit Satinfell gezüchtet.

Körperliche Merkmale

Campbelli-Zwerghamster gehören zu den Kurzschwänzigen Zwerghamstern. Ihr Körper ist bei einem Gewicht von rund 40 Gramm

Campbelli-Zwerghamster mit Satinfell

ungefähr 7 bis 9 Zentimeter lang. Der nur spärlich behaarte Schwanz misst etwa einen Zentimeter, ist aber unter dem Fell kaum zu erkennen.
Die Männchen sind bei dieser Hamsterart in der Regel etwas größer und schwerer als die Weibchen.

Fell

Das Fell der Campbelli-Zwerghamster ist kurz und dicht und liegt am Körper an. Auch die Fußsohlen sind behaart.

Farben

Normalhaarige Campbelli-Zwerghamster gibt es in Wildfarbe, Blau, Argent (gelbwildfarben), Albino und mit verschiedenfarbiger Zeichnung.

Campbelli-Zwerghamster mit Satinfell

Herkunft

Die ersten Campbelli-Zwerghamster mit Satinfell erblickten das Licht der Welt in Großbritannien. Dort wurde 1981 erstmals ein Tier mit dieser Fellstruktur inmitten eines Wurfs normalhaariger Campbelli-Zwerghamster entdeckt.

Campbelli-Zwerghamster mit Satinfell

Körperliche Merkmale

Mit Ausnahme der Fellbeschaffenheit, entspricht das Aussehen der Campbelli-Zwerghamster mit Satinfell dem von normalhaarigen Exemplaren dieser Art.

Fell

Campbelli-Zwerghamster mit Satinfell haben am ganzen Körper einen starken Seidenglanz. Diese Fellvarietät kann in Kombination mit verschiedenen Farben auftreten. Besonders begehrt ist sie allerdings nicht, denn der Satin-Faktor, der bei anderen Hamsterarten einen herrlichen Glanz hervorruft, verursacht bei Campbelli-Zwerghamstern ein fettig und ungepflegt aussehendes Fell.

Farben

Campbelli-Zwerghamster mit Satinfell gibt es in allen Farben, in denen es auch normalhaarige Campbelli-Zwerghamster gibt.

Chinesische Zwerghamster *(Cricetulus griseus)*

Herkunft

Chinesische Zwerghamster sind vor allem in Nord-China beheimatet. Ihr natürlicher Lebensraum ist vielfältig. Man trifft diese Hamsterart sowohl im ausgedehnten kargen Flachland als auch in dicht bewaldeten Gebieten an. Um die Jahrhundertwende wurde der Chinesische Zwerghamster zum ersten Mal beschrieben. Zunächst wurde diese Hamsterart nur an Universitäten und in Labors gehalten. Erst in den 60er Jahren kamen einzelne Tiere in die Obhut von Liebhabern und begannen ihre Karriere als Heimtiere.
Die Daurischen Zwerghamster gleichen den Chinesischen zwar sehr, sind aber im Gegensatz zu diesen als Heimtiere nicht besonders verbreitet. Bis vor wenigen Jahren wurde der Chinesische Zwerghamster sogar als Unterart des Daurischen Zwerghamsters *(Cricetulus barabensis)* betrachtet. Erst anhand von Chromosomenuntersuchungen stellte man fest, dass es sich hierbei um eine eigene Art handelt.
Der Chinesische Zwerghamster gehört, im Gegensatz zu den bereits beschriebenen Zwerg-

Chinesische Zwerghamster sind ausgezeichnete Kletterer.

Chinesischer Zwerghamster

hamsterarten, nicht zu den Kurzschwänzigen sondern zu den Langschwänzigen Zwerghamstern. Ein auffallender Unterschied ist aber nicht nur die Schwanzlänge, auch das Sozialverhalten unterscheidet die beiden Gruppen stark voneinander.

Verhalten

Chinesische Zwerghamster sind ausschließlich in der Dämmerung und nachts aktiv. Tagsüber ziehen sie sich in ihre Schlafhöhle zurück und lassen sich kaum blicken. Chinesische Zwerghamster sind gute Kletterer und relativ lebhafte Gesellen.
Ein Nachteil dieser Tiere ist, dass sie Artgenossen gegenüber nicht sehr freundlich gestimmt sind. Sie sollten aus diesem Grund, genau wie Goldhamster, einzeln gehalten werden.
So feindselig und sogar ausgesprochen aggressiv die Tiere untereinander sein können, so gutmütig sind sie ihrem Besitzer gegenüber. Sie beißen grundsätzlich nur, wenn sie sich bedrängt fühlen, was glücklicherweise nicht oft vorkommt. Chinesische Zwerghamster, denen man sich stets ruhig nähert, beißen praktisch nie.
Ein weiterer Vorteil ist, dass diese Hamster relativ schnell zahm werden. Selbst das Vertrauen erwachsener Tiere kann man in kurzer Zeit gewinnen.

Unterbringung

Chinesische Zwerghamster kann man sowohl in Gitterkäfigen als auch in Glasterrarien unterbringen. Beide Varianten haben Vor- und Nachteile.
Ein Gitterkäfig bietet den Tieren zum Beispiel mehr Klettermöglichkeiten, besonders wenn die Streben waagerecht verlaufen. Ein Vorteil des Glaskastens ist dagegen, dass nichts daneben fallen kann und so die Umgebung nicht verschmutzt wird.

Gescheckter Chinesischer Zwerghamster

Wenn Sie sich für einen Glaskasten entscheiden, sollten Sie auf jeden Fall Klettergeräte hineinstellen, denn die Tiere brauchen viel Bewegung.
Auf den Boden des Hamsterkäfigs legt man eine dicke Lage Sägespäne, wobei von Tannenspänen im Allgemeinen abzuraten ist, da deren aromatisches Holz den Tieren gesundheitliche Probleme bereiten kann. Ein Laufrad ist in jedem Fall eine gute Investition.
Ferner brauchen die Hamster einen Blumentopf, ein Hamsterhäuschen, einen Pappkarton oder einen Nistkasten als Schlafhöhle. Heu darf ebenfalls niemals fehlen. Die Tiere brauchen es sowohl als Futter als auch zum Auspolstern ihres Nestes.

Chinesische Zwerghamster nehmen beim Klettern ihren Schwanz zu Hilfe.

Chinesische Zwerghamster

Chinesische Zwerghamster, Weibchen und Männchen

Ernährung

Chinesische Zwerghamster fressen, wie alle anderen Zwerghamsterarten, nicht besonders viel. Aufgrund ihres lebhaften Wesens werden sie nur selten dick.
Setzen Sie Ihrem Hamster eine ausgewogene Nagetiermischung vor und ergänzen Sie den Speisezettel ab und zu mit kleinen Obst- und Gemüsestückchen. Geben Sie nicht zu viel Grünfutter, denn das kann bei den Tieren zu Durchfall führen.
Die meisten Chinesischen Zwerghamster sind für ein wenig tierisches Eiweiß dankbar, das Sie ihnen gelegentlich in Form von Katzentrockenfutter oder Mehlwürmern geben können. In freier Wildbahn nehmen die Hamster relativ viel tierische Nahrung zu sich und wissen diese Leckerbissen sehr wohl zu schätzen.
Heu liefert viele Ballaststoffe, ein Zwerghamster kann hiervon nicht genug bekommen.
In freier Wildbahn trinken die Tiere nur wenig. Man sollte ihnen aber trotzdem immer etwas Wasser – am besten in einer Nippeltränke – zur Verfügung stellen.

Versorgung

Chinesische Zwerghamster verbreiten keinen unangenehmen Geruch. Sie putzen ihr Fell ausgiebig und brauchen keine zusätzliche Pflege. Den Käfig sollte man einmal pro Woche sauber machen und einmal im Monat gründlich

Chinesischer Zwerghamster mit Jungen

desinfizieren. Chinesische Zwerghamster deponieren ihren Kot wie alle Zwerghamster überall im Käfig, allerdings sind die Köttel so trocken, dass sie keine Krankheitskeime anziehen. Ihren Urin geben die Tiere hingegen immer in derselben Ecke des Käfigs ab. Diese Toilette sollten Sie häufiger sauber machen, mindestens alle zwei bis drei Tage.
Chinesische Zwerghamster horten in ihrer Behausung Futtervorräte. Sie sollten den Käfig deshalb regelmäßig nach verderblichen Essensresten absuchen.

Umgang

Chinesische Zwerghamster sind keine Gruppentiere, sondern leben solitär. Vor allem Weibchen können auf Artgenossen richtig aggressiv reagieren.
So aggressiv die Tiere zueinander auch sein können, dem Menschen gegenüber verhalten sie sich vorbildlich. Eine nette Eigenschaft dieser Tiere ist, dass sie sich an einem ausgestreckten Finger festklammern (siehe Foto Seite 140 oben links). Sie gebrauchen dabei sowohl ihre Pfötchen als auch ihren beweglichen Schwanz.

Geschlechtsunterschiede

Es gibt nur wenige Hamsterarten, bei denen man das Geschlecht so leicht bestimmen kann wie bei den Chinesischen Zwerghamstern. Von oben gesehen läuft der Körper des Männchens spitz zu, der des Weibchens ist abgerundet. Der spitz zulaufende Körper des Männchens ist eine Folge des relativ langen Skrotums (Hodensack).
Junge Tiere kann man am Abstand zwischen Geschlechtsöffnung und Anus erkennen, der bei den Weibchen geringer ist als bei den Männchen.

Fortpflanzung

Chinesische Zwerghamster sind zwar schon im Alter von vier Wochen geschlechtsreif, aber

Chinesische Zwerghamster, wildfarben

erst mit zwei Monaten ist ein Weibchen in der Lage einen Wurf Junge erfolgreich großzuziehen.
Das Weibchen ist etwa alle vier Tage paarungsbereit. Es zeigt dies an, indem es bei Annäherung des Männchens stehen bleibt, versteift und den Schwanz hebt.
Bei dieser Hamsterart darf man das Männchen nie zum Weibchen setzen, da dieses darauf aggressiv reagiert. Man sollte die Tiere, die man miteinander paaren möchte, aus ihrem gewohnten Käfig nehmen und in einen neutralen Käfig setzen. Falls das Weibchen abwehrend auf das Männchen reagiert, müssen die beiden sofort getrennt werden, bevor es zu heftigen Gefechten kommt.
Nach dem Deckakt können Sie das Weibchen in seinen Käfig zurücksetzen. Nach einer Tragzeit von ungefähr 21 Tagen bringt das Weibchen fünf bis sechs winzig kleine, nackte und blinde Jungen zur Welt.
Nach etwa zwei Wochen verlassen die Jungtiere ihr Nest, um die Umgebung zu erkunden. Sobald sie vier Wochen alt sind, kann man sie im Prinzip von der Mutter trennen. Ein paar Wochen später ist jedoch besser.

Obwohl diese Zwerghamster im Allgemeinen schon mit vier Wochen geschlechtsreif sind, werden sie in der Praxis nicht vor ihrem dritten oder vierten Lebensmonat gedeckt. So lange die Mutter ihre Jungen säugt, ist sie äußerst stressanfällig. Sie sollte in dieser Zeit nicht gestört werden.

Lebenserwartung

Die durchschnittliche Lebenserwartung von Chinesischen Zwerghamstern liegt zwischen zwei und vier Jahren. Sie werden also wesentlich älter als Kurzschwänzige Zwerghamster.

Körperliche Merkmale

Der Chinesische Zwerghamster hat einen schlanken Körperbau und misst bei einem Körpergewicht von etwa 40 Gramm von der Nasenspitze bis zum Schwanzansatz ungefähr 10 Zentimeter.
Das Schwänzchen fällt bei diesen Hamstern sofort ins Auge, da sie ein viel kürzeres Fell als

Geschecktér Chinesischer Zwerghamster

alle anderen Zwerghamsterarten haben. Es ist etwa 2 Zentimeter lang. Chinesische Zwerghamster nehmen ihr Schwänzchen beim Klettern zu Hilfe.

Fell

Der Chinesische Zwerghamster ist kurzhaarig und hat ein glänzendes Fell. Die Haare stehen nicht ab, sondern liegen eng am Körper an.

Die Fellfarben der Chinesischen Zwerghamster

Wildfarben

Die Wildfarbe ist der ursprüngliche Farbenschlag: Braungraues Fell mit schwarzen Haarspitzen (Schattierung) und dunkelbraunem Aalstrich. Der Bauch ist fahlweiß mit dunklerer Unterfarbe.

Gescheckt

Die ersten beschriebenen gescheckten Mutanten erblickten 1981 in Großbritannien das Licht der Welt. Dieser Farbenschlag ist unter anderem durch unregelmäßig über den ganzen Körper verteilte Flecken – bei dem einen Tier mehr, beim anderen weniger – gekennzeichnet. Der Bauch ist leuchtend weiß ohne (dunklere) Unterfarbe.
Gescheckt vererbt sich dominant, aber die Züchtung birgt einige Probleme. Die Kreuzung gescheckter Tiere ergibt nur kleine Würfe. Das kommt dadurch, dass viele Jungen noch im Mutterleib absterben und vom Körper resorbiert werden.
Bei Ausstellungen wird großer Wert darauf gelegt, dass die Tiere neben vielen Flecken am Körper auf jeden Fall auch einen Fleck auf dem Kopf tragen.

Weiß

Die ersten weißen Chinesischen Zwerghamster wurden in der Schweiz gezüchtet. Man ging davon aus, dass es sich hierbei um eine dominante Mutation handelte. Da aber hin und wieder auch bei zwei gescheckten Tieren ein vollkommen weißes Junges vorkommt, was darauf hinweist, dass das Gen für die Fellfarbe Weiß hier rezessiv vererbt wird, ist es gut möglich, dass zwei verschiedene Typen weißer Tiere existieren, von denen der eine dominant, der andere rezessiv vererbt wird.
Mit Ausnahme des dunklen Aalstrichs und der dunklen Augen sind diese Tiere völlig weiß. Bis heute hat sich diese Farbe jedoch nicht durchgesetzt. Ein Nachteil ist die Unfruchtbarkeit der Männchen, weshalb man auf das Züchten dieser Farbvariante besser verzichten sollte.

Chinesische Zwerghamster, wildfarben

6. Streifenhörnchen

Sibirisches Streifenhörnchen oder Burunduk *(Eutamias sibiricus)*

Herkunft

Burunduks sind im Norden der Alten und der Neuen Welt verbreitet. Sie leben in den Waldgebieten vom Weißen Meer bis zum Beringmeer, in der Mongolei, der Mandschurei, im mittleren China und im Norden Japans. Das Sibirische Streifenhörnchen bevorzugt Nadel- und Mischwälder mit Unterholz, Gebüsche an Wald- und Feldrändern sowie Flusstäler mit Gebüschen und Weiden.

Verhalten

Sibirische Streifenhörnchen sind tagaktive Tiere. Sie sind lebhaft, neugierig und den ganzen Tag auf der Suche nach Futter, das sie in ihrer Höhle verstauen. Die Höhle befindet sich unter der Erde und kann bis zu 1,5 Meter tief sein.
Sibirische Streifenhörnchen springen viel und gern. In freier Wildbahn halten sie einen Winterschlaf, aber in beheizten Innenräumen besteht hierzu keine Veranlassung. Der Gesundheit wegen ist ein Winterschlaf nicht unbedingt notwendig.
Das Sibirische Streifenhörnchen ist ein emsiges Tierchen, das man weder unbeaufsichtigt in der Wohnung herumlaufen lassen noch ausgiebig streicheln kann. Dafür ist es andererseits sehr interessant, diese Tierchen zu beobachten. Ältere Sibirische Streifenhörnchen, die in ihrem Leben wenig Kontakt zu Menschen hatten, lassen sich selten zähmen.
Sibirische Streifenhörnchen sind Einzelgänger, die nur zur Paarungszeit Gesellschaft suchen. Es ist deshalb nicht leicht, mehrere von diesen außergewöhnlichen Tieren in einem Käfig zu halten. Oft sind sie dermaßen unleidlich, dass sie sich, besonders wenn der Käfig zu klein ist, aggressive Gefechte auf Leben und Tod liefern. In der Natur leben sie zwar stets benachbart zu Artgenossen, jedoch hat jedes Tier sein eigenes Revier, das es heftig gegen Eindringlinge verteidigt.

Links: *Sibirisches Streifenhörnchen*

Sibirisches Streifenhörnchen im Nistkasten

Unterbringung

Sibirische Streifenhörnchen können sowohl im Haus als auch im Freien, beispielsweise in einer speziell für sie eingerichteten Voliere, untergebracht werden. Tiere, die man im Freien untergebracht hat, halten bei niedrigen Temperaturen einen Winterschlaf. Hierauf muss ihre Behausung eingerichtet sein und der Unterschlupf muss unbedingt frostfrei gehalten werden. Bevor das Tier in den Winterschlaf fällt, sammelt es in seiner Höhle allerlei Leckerbissen.
Sibirische Streifenhörnchen graben ihre Höhlen in den Erdboden. Deshalb muss man am Boden der Voliere Schutzvorrichtungen, etwa in Form einer Schicht Beton, anbringen. Obwohl sich die Tiere in freier Wildbahn in ihre unterirdische Höhle zurückziehen, steigen

sie in Gefangenschaft bereitwillig auf einen mit Heu gefüllten und über dem Boden aufgehängten Nistkasten um. Vielfach bezieht ein Tier mehrere Kästen gleichzeitig.
Trotz ihrer geringen Größe brauchen Sibirische Streifenhörnchen viel Platz. Sowohl im Haus als auch im Freien muss die Grundfläche der Behausung bei einer Höhe von 1,5 Metern mindestens einen halben Quadratmeter betragen. Vor allem die Höhe ist wichtig, da die Tiere gerne springen und klettern.
Sibirische Streifenhörnchen, die in einem zu kleinen Käfig leben, in dem sie sich noch dazu langweilen müssen, entwickeln bald chronische Verhaltenstörungen. Dem kann man vorbeugen, indem man im Käfig Äste, Baumstümpfe und andere Klettermöglichkeiten anbringt.
Das Material, aus dem der Käfig gemacht ist, muss nagebeständig sein und darf keine scharfen Kanten oder Gitterstäbe haben, an denen sich die kleinen Nager ihre Pfoten einklemmen könnten. Für den Boden des Käfigs ist Flusssand am besten geeignet, auch wenn die Tierchen im Haus leben. Katzenstreu und Sägespäne sind weniger geeignet, da diese Materialien oft gefressen werden, was für die Gesundheit der Tiere nicht unbedingt förderlich ist.

Wenn Sie mehrere Sibirische Streifenhörnchen zusammen halten möchten, sollte die Behausung mindestens zwei- bis dreimal so groß sein. Stellen Sie dann auch mehrere Nistkästen in den Käfig. Gelegentlich vertragen sich die Tiere zwar auch in Gesellschaft, meist geht es aber schief. Bleiben Sie zu Anfang in jedem Fall in der Nähe, um bei Bedarf schnell eingreifen zu können.

Ernährung

Sibirische Streifenhörnchen hamstern ihr Futter. Wenn das Schüsselchen leer ist, muss das nicht unbedingt bedeuten, dass das Tier alles aufgefressen hat. Oft hat es lediglich das Futter in seine Höhle geschleppt. Geben Sie deshalb nur selten leicht verderbliches Futter und das auch nur in kleinen Portionen.
Für Sibirische Streifenhörnchen gibt es kein Fertigfutter zu kaufen, das heißt, man muss die Nahrung selbst zusammenstellen. Sie können den Tieren eine Mischung aus Vogelkörnern und Nagetierfutter geben. Das Futter muss abwechslungsreich sein und darf nicht zu fetthaltig sein. Sonnenblumenkerne knabbern die Tiere beispielsweise zwar gern, aber wenn sie hiervon zu viel erhalten, führt dies zu Übergewicht.
Sibirische Streifenhörnchen fressen nicht nur pflanzliche Mischungen, sondern brauchen auch tierisches Eiweiß. Mehlwürmer sind, genau wie Grillen oder abgepacktes Insektenfutter für Vögel, als Beifutter gut geeignet. Auch trockenes Katzenfutter kann man ihnen ab und zu geben.
Sibirische Streifenhörnchen benutzen gerne ihre Zähnchen und müssen immer die Möglichkeit haben, diese zu wetzen. Hierfür eignen sich Weiden- oder Obstbaumzweige, aber auch spezielle Nagesteine erfüllen diesen Zweck. Ein Leckstein für kleine Nagetier kann gute Dienste tun, wenn Sie sich nicht sicher sind, ob ihr Sibirisches Streifenhörnchen ausreichend mit Mineralstoffen versorgt ist. Außerdem gehört stets frisches Wasser in den Käfig, am besten in einer Nippelflasche, da die kleinen Nager Schüsseln leicht umstoßen oder beschmutzen.

Pflege

Sibirische Streifenhörnchen sind reinliche Tiere, die ihr Geschäft immer am selben Platz verrichten. Dieser Platz muss regelmäßig gereinigt und desinfiziert werden. Durchsuchen Sie den

Käfig außerdem regelmäßig nach verderblichen Futterresten. Vor allem der Nistkasten dient den Burunduks als Vorratskammer. Sibirische Streifenhörnchen brauchen keine zusätzliche Körperpflege, da sie ihr Fell selbst putzen.

Umgang

Sibirische Streifenhörnchen dürfen keinesfalls am Schwanz hochgenommen werden, da dieser leicht brechen kann und dann nicht mehr nachwächst.

Geschlechtsunterschiede

Auffallende äußerliche Unterschiede zwischen den beiden Geschlechtern gibt es nicht. Bei den Männchen ist jedoch der Abstand zwischen Anus und Geschlechtsöffnung größer als bei den Weibchen. Männchen und Weibchen sind weitgehend geruchlos.

Prevost-Hörnchen

Fortpflanzung

Sibirische Streifenhörnchen werden im Alter von ungefähr zehn Monaten geschlechtsreif. Die Weibchen geben durch einen typischen Pfeifton zu verstehen, dass sie gedeckt werden wollen. Dies passiert in der Regel alle ein bis zwei Wochen und dauert ungefähr zwei oder drei Tage an. Ein Weibchen, das diesen Pfeifton von sich gibt, wird ein zu ihm in den Käfig gesetztes Männchen normalerweise nicht anfallen. Wenn die Paarung allerdings vorüber ist, duldet das Weibchen kein Männchen mehr in seiner Nähe und es sollte zu seiner eigenen Sicherheit aus dem Käfig genommen werden. Anders verhält es sich, wenn ein Pärchen ständig zusammenlebt. Dann wird sich das Männchen nach der Paarung von selbst in sein Revier zurückziehen. Die Tragzeit dauert in der Regel 30 bis 31 Tage. Es werden im Durchschnitt drei bis fünf Junge geboren, die nackt und blind sind. Wenn die Jungtiere ungefähr einen Monat alt sind, verlassen sie das Nest, um die Umgebung zu erkunden. Im Alter von zwei Monaten sind sie selbstständig und können von der Mutter getrennt werden.

Lebenserwartung

Die durchschnittliche Lebenserwartung beträgt bei Sibirische Streifenhörnchen sechs bis sieben Jahre. In Ausnahmefällen können die Tiere sogar zehn Jahre alt werden.

Körperliche Merkmale

Sibirische Streifenhörnchen erreichen eine durchschnittliche Körperlänge von 13 bis 15 Zentimetern. Der behaarte, buschige Schwanz wird 8 bis 10 Zentimeter lang. Die Tiere wiegen im Durchschnitt 100 Gramm. Typisch sind unter anderem die Backentaschen, in denen sie Futter hamstern.

Fell

Der Körper der Sibirischen Streifenhörnchen ist von kurzen, glänzenden, weichen Haaren bedeckt, die eng am Körper anliegen.

Farbe

Sibirische Streifenhörnchen haben ein grau- bis goldbraunes Fell, auf dem fünf auffallend dunkle Streifen vom Nacken bis zur Schwanzwurzel den Rücken herablaufen. Der Bauch ist immer weiß gefärbt.

Andere Streifenhörnchen

Weltweit sind viele Hörnchenartige bekannt, die sich auf ungefähr 40 verschiedene Gattungen verteilen. Die Repräsentanten dieser großen Familie haben sehr unterschiedliche Lebensstile. Die meisten sind tagsüber aktiv und schlafen nachts.

Die größten sind die Murmeltiere (Gattung *Marmota*), die leicht 7 Kilogramm wiegen können. Die kleinsten sind die Zwerghörnchen mit einem Gewicht von durchschnittlich 10 Gramm.

Charakteristisch für fast alle Hörnchen ist der buschige Schwanz, den die Tiere beim Springen von Ast zu Ast als „Ruder" gebrauchen und auch als Schutz über ihren Körper winden können.

Man kann die Hörnchen in zwei Typen unterteilen: Die überwiegend auf Bäumen lebenden Tiere (Baumhörnchen) und die, die man zumeist am Boden antrifft (Erdhörnchen). Zu den Erdhörnchen gehören unter anderem die beliebten Sibirische Streifenhörnchen, die aus Amerika stammenden Streifen- oder Leopardenziesel *(Citellus tridecemlineatus)*, die Präriehunde (Gattung *Cynomis*) und die Chipmunks (Gattung *Tamias*) mit nur einer Art, dem Streifenbackenhörnchen *(Tamias striatus)*, auch Hackee oder Östlicher Chipmunk genannt.

Echte Baumhörnchen sind unter anderem die zutraulichen und farbenprächtigen Prevost-Hörnchen *(Prevost borneo)* und die verschiedenen Gleithörnchen (Gattung *Petaurista*). Gleithörnchen sind im Gegensatz zu den meisten anderen Hörnchen Dämmerungstiere. Ihren Namen verdanken sie den Hautlappen zwischen Hinter- und Vorderpfoten, mithilfe derer sie von Baum zu Baum gleiten.

Manche Hörnchen sind strikte Einzelgänger, die nur zur Paarungszeit Gesellschaft suchen. Andere leben monogam als Pärchen, wieder andere tun sich zu Gruppen zusammen. Ihre Nahrung besteht zum Großteil aus Körnern, Früchten, Nüssen und anderen pflanzlichen Bestandteilen. Die meisten Hörnchen holen sich ab und zu auch etwas tierisches Eiweiß in Form von Vogeleiern, Insekten oder kleinen Jungvögeln.

Prevost-Hörnchen

7. Degus

Degu *(Octodon degus)*

Herkunft

Degus stammen ursprünglich aus den chilenischen Anden (Südamerika). Dort leben diese gutmütigen Gesellen in großen Gruppen in den Felsen. Mitte des 18. Jahrhunderts wurden die ersten Degus von Europäern entdeckt. Man hielt sie damals für Hörnchenartige und wies ihnen einen dementsprechenden Platz in der Nomenklatur zu. Später kam man zu der Erkenntnis, dass es sich bei diesen Tieren nicht um Hörnchen handelt, sondern um Tiere, die eng mit anderen friedfertigen, in Gruppen lebenden kleinen Südamerikanern verwandt sind: den Meerschweinchen.
Bald nach ihrer Entdeckung wurden Degus in europäische Tiergärten gebracht. Mitte des 20. Jahrhunderts fanden die meisten Degus ihren Weg in die Labors, wo sie zur Untersuchung ihres Sozialverhaltens, aber auch zu medizinischen Zwecken gehalten werden. Erst vor kurzem ist der Degu als interessantes und vor allem geselliges Heimtier entdeckt worden. Aber durch seine neugierige, friedfertige und oft genug lustige Art ist er stark auf dem Vormarsch.

Degus gewöhnen sich schnell an ihren Besitzer.

Verhalten

Degus sind keine Einzelgänger. In Freiheit leben sie in großen Gruppen in den Felsen, wo sie gerne herumklettern. Hierfür sind sie bestens ausgerüstet.
Genau wie Meerschweinchen kommunizieren Degus über pfeifende und brummende Geräusche. Im Gegensatz zu vielen anderen Nagetieren sind Degus tagsüber äußerst aktiv. Abends ziehen sie sich in ihr Höhlensystem zurück, um bei den ersten Sonnenstrahlen wieder aus dem Boden hervorzukommen und auf Nahrungssuche zu gehen. Gegen Mittag werden sie meistens etwas ruhiger, nachmittags sind sie dann wieder aktiver.
Leider werden Degus oft einzeln gehalten. Für einen Degu ist es wesentlich besser in der Gruppe oder wenigstens in Gesellschaft eines Artgenossen zu leben. Falls Sie doch nur einen Degu halten möchten, sollten Sie sich dem Tier zumindest eine Stunde täglich widmen, um Verhaltensstörungen vorzubeugen.
Beim Zusammenstellen einer Gruppe von Degus muss man überlegt vorgehen. Es stimmt zwar, dass sie in freier Wildbahn nicht raufen, dort haben sie aber auch genügend Ausweichmöglichkeiten, die man ihnen in einem Käfig nicht bieten kann. Weibchen gehen, auch wenn sie sich nicht kennen, meistens freundschaftlich miteinander um. Das Problem sind vornehmlich die geschlechtsreifen männlichen Exemplare. Erwachsene Männchen, die nicht zusammen aufgewachsen sind, können in der Regel nicht zusammenleben – schon gar nicht, wenn Weibchen anwesend sind. Wenn jedoch für jedes Männchen genug Weibchen vorhanden sind und der Käfig recht groß ist, dann kann es gut gehen. Probleme entstehen normalerweise durch Weibchenmangel in Kombination mit einer zu kleinen Behausung.

Degus sind strikte Pflanzenfresser.

Degus sind äußerst aktiv. Sie klettern gerne und sind ausgesprochen neugierig bei allem, was um sie herum vor sich geht. Sie beißen nur selten und fassen rasch Vertrauen zu ihrem Besitzer.

Unterbringung

Degus hält man am besten in einem großen Glasterrarium, das oben mit stabilem Maschendraht abgedeckt ist. Manche Degus sind solch leidenschaftliche Nager, dass sie selbst das harte Plastik der extra für Nagetiere konstruierten Käfige durchnagen.
Den Boden des Käfigs oder Terrariums bedeckt man mit Sägespänen. Diese müssen absolut trocken sein, da Degus bei zu hoher Bodenfeuchtigkeit leicht eine Lungenentzündung bekommen. Auf Sägespäne aus Tannenholz sollte man jedoch verzichten, da sich diese negativ auf die Gesundheit der kleinen Nager auswirken können.
Degus klettern gerne. Sie sollten ihnen hierzu Gelegenheit geben, indem Sie Äste und andere interessante Klettergerät im Käfig unterbringen. Der Käfig darf nicht zu niedrig sein. Er sollte eine Höhe von 40 bis 50 Zentimetern haben. Davon abgesehen müssen Degus, wie alle anderen Nagetiere auch, oft und intensiv von ihrem Gebiss Gebrauch machen, um einem Durchwachsen der Schneidezähne entgegenzuwirken. Weiden- und Obstbaumzweige sind hierfür gut geeignet. Degus probieren ihre Zähne allerdings gerne an allem aus, was in ihrem Käfig herumliegt.
Setzen Sie einen dicken, schweren Tonkasten auf den Käfigboden und füllen Sie ihn mit Chinchilla-Sand. Die Tiere baden sehr gerne darin und durch das Bad wird das Fell glänzend.
Schließlich gehört in jede Degu-Behausung ein Nistkasten, in den sich die Tiere bei Bedarf zum Schlafen oder Ausruhen zurückziehen können.

Ernährung

Degus leben in freier Wildbahn auf felsigem Untergrund mit strauchartigem Bewuchs. Sie ernähren sich von Getreide, Gras und Samen und allem Essbaren, das sie finden. Es gibt spezielles Degufutter, das aber leider noch nicht überall erhältlich ist. Wenn Sie keine Möglichkeit haben dieses Futter zu beschaffen, nehmen Sie Meerschweinchen- oder Nagetierfutter.
Außerdem fressen Degus gerne kleine Portionen Obst und Gemüse. Geben Sie ihnen aber nicht zuviel Frischfutter, da die Tiere davon Darmprobleme bekommen können.
Als Heimtiere gehaltene Degus bekommen oft zu viel kalorienreiches und ballaststoffarmes Futter, was zu Übergewicht führt. Dieses Übergewicht zieht oft eine Zuckererkrankung nach sich, eine nicht heilbare Krankheit, für die

Degu

Degu

Degus leider sehr anfällig sind. Verwöhnen Sie Ihre Degus also nicht zu sehr mit Leckerbissen, da sich dies negativ auf die Gesundheit der Tiere auswirkt.
Heu ist als Futter gut geeignet, da es viele Ballaststoffe enthält. Sorgen Sie dafür, dass es immer in ausreichender Menge im Käfig vorhanden ist, achten Sie aber gleichzeitig darauf, dass es absolut trocken ist.
Wasser füllt man am besten in eine Trinkflasche aus Glas. Plastikflaschen zerreißen die Tiere nämlich oft.

Degus waschen sich regelmäßig, indem sie sich in einer Tonschale mit sauberem weißen Sand (kein Muschelsand) wälzen. Am besten verwenden Sie hierfür Chinchilla-Sand, den Sie in Zoofachgeschäften erhalten.

Pflege

Degus sind sehr reinliche Tiere, die auffallend wenig Pflege brauchen. Insbesondere wenn sie ein Sandbad zur Verfügung haben und ausreichende Möglichkeiten zum Nagen, halten sie sich selbst in Form.
Den Käfig säubert man nur, wenn es notwendig wird. Natürlich wird dies in einer kleineren Behausung, in der mehrere Tiere leben, etwas öfter der Fall sein, als wenn man nur einen oder zwei Degus hält, die viel Platz zur Verfügung haben.

Umgang

Degus zu zähmen ist nicht besonders schwer. Die Tiere sind von Natur aus neugierig und die Neugier gewinnt in der Regel über die Vorsicht. Wenn Sie Ihren Degu regelmäßig aus der

Hand füttern, wird er sich schon bald an Sie gewöhnen. Degus sind allerdings keine ausgemachten Schmusetiere. Man kann sie zwar meisten gut anfassen und streicheln, aber so zahm und anhänglich wie Meerschweinchen werden Degus niemals. Dafür sind sie viel zu lebhaft.
Nehmen Sie einen Degu nie am Schwanz hoch, da dieser sonst abfällt und nicht wieder nachwächst.

Geschlechtsunterschiede

Der Unterschied zwischen den beiden Geschlechtern ist leicht am Abstand von Anus und Geschlechtsöffnung zu erkennen. Dieser ist bei Männchen wesentlich größer als bei Weibchen. Zudem ist bei geschlechtsreifen Männchen das Skrotum (Hodensack) deutlich sichtbar.

Fortpflanzung

Deguweibchen sind zwar bereits mit ungefähr drei Monaten geschlechtsreif, aber zu diesem Zeitpunkt noch nicht imstande, Junge auszutra-

Degu

Degu

Degus, Mutter mit Jungen

gen, zu säugen und großzuziehen. Es ist besser mit dem Decken zu warten, bis die Tiere fünf Monate alt sind.
Wie oft ein Weibchen paarungswillig ist, ist von Tier zu Tier verschieden. Meistens ist es alle zwei bis drei Wochen so weit. Wenn man ein geschlechtsreifes Männchen und Weibchen zusammen hält, werden die beiden den richtigen Paarungszeitpunkt selbst finden. Für gewöhnlich kann das Männchen nach dem Deckakt beim Weibchen bleiben. Auch nach der Geburt muss man es nicht in einen anderen Käfig setzen.
Die Tragzeit dauert ungefähr 19 Tage. Ein Wurf besteht im Durchschnitt aus fünf Jungen, es können aber auch mal drei oder gar zehn sein. Bei der Geburt sind die Jungen bereits weit entwickelt. Sie haben ein Fell, öffnen die Augen kurz nach der Geburt und sie können sofort laufen.
Nach wenigen Wochen knabbern die Jungen schon am Futter der Eltern, brauchen aber noch Muttermilch. Sobald die Jungen ungefähr fünf bis sechs Wochen alt sind, trinken sie nicht mehr bei der Mutter, sind aber noch zu klein, um sich selbst zu versorgen. Am besten ist es,

sie bis zur achten Woche bei der Mutter zu lassen.

Lebenserwartung

Degus erreichen normalerweise ein Alter von fünf bis acht Jahren.

Körperliche Merkmale

Degus, die in der chilenischen Wildnis leben, sind oft wesentlich größer als die Tiere, die als Heimtiere gehalten werden. Das erscheint seltsam, zumal es in der Regel, unter anderem bei Hamstern, genau umgekehrt ist. Die Tatsache, dass fast alle Tiere als Heimtiere größer und auch schwerer sind, liegt am guten Futter und dem Mangel an Bewegung. Die Ausnahme, die der Degu hier bildet, hängt vermutlich mit dem hohen Maß an Inzucht zusammen. Die Stämme, die heute als Heimtiere gehalten werden, sind alle miteinander verwandt.
In freier Natur lebende Degus können bei einem Gewicht von 200 bis 300 Gramm einschließlich Schwanz über 40 Zentimeter groß werden. Degus, die als Heimtier gehalten werden, sind meist kleiner und wiegen weniger.

Fell

Das Fell der Degus ist kurz. Die Dicke passt sich den jeweiligen äußeren Umständen an. Ein Degu, der in kälterer Umgebung lebt, wird ein dickeres Fell haben als ein Degu, der in einem warmen Klima beheimatet ist oder in beheizten Innenräumen gehalten wird.

Farben

Degus kennt man bis heute nur in der so genannten „Wildfarbe". Allerdings gibt es auch Exemplare mit weißem Fleck, was eine typische Domestikationserscheinung ist. Die Unterfarbe des Fells ist braungrau und die Haarspitzen sind schwarz schattiert. Die Augen sind dunkelbraun.
Der Schwanz, der ein paar Zentimeter kürzer ist als der Körper, ist mit Haaren bedeckt.

Degus sind sehr neugierig.

8. Chinchillas

Langschwanz-Chinchilla *(Chinchilla laniger)*

Herkunft

Die Chinchilla gehört zu den Meerschweinchenartigen und kommt wie sie ursprünglich aus Südamerika. Schon lang besteht ein großes Interesse an diesem Tier. Es wurde schon im 16. Jahrhundert von den Spaniern entdeckt, die zu dieser Zeit Amerika eroberten.
Ende des 18. Jahrhunderts wurden die Chinchillas von dem gelehrten Jesuitenpater Juan Ignazio Molina beschrieben. Er gab den Tieren 1782 ihren wissenschaftlichen Namen.
In ihrer Heimat wurden die Chinchillas sowohl von den Eingeborenen als auch von den Spaniern intensiv bejagt. Dabei hatten es alle auf das unvorstellbar weiche Fell dieser Tiere abgesehen, das sich mit keiner anderen, damals üblichen Pelzart auch nur annähernd vergleichen ließ.
Ein paar Jahrhunderte später entdeckten auch die anderen Europäer das herrlich weiche Fell der Chinchillas und machten es zu einem begehrten Artikel der Pelzindustrie. Die Nachfrage war bald so groß, dass die natürlichen Chinchillapopulationen in ihrer Existenz bedroht waren. Anfang des 20. Jahrhunderts war die Befürchtung groß, dass es mit dem Chinchilla-Boom (und damit auch mit den Einkünften aus dem Pelzhandel) bald vorbei sein könnte. Also beschloss man, einige Chinchillas einzufangen, um mit ihnen Zuchtversuche zu unternehmen. Da Chinchillas ganz spezielle Ansprüche haben, mussten in der Anfangsphase einige Hindernisse überwunden werden, aber schon nach kurzer Zeit wurde sowohl in Nordamerika als auch in Europa eine große Anzahl Chinchillas gezüchtet.
Glücklicherweise haben sich, was Chinchillas und andere Pelztiere betrifft, die Zeiten mittlerweile geändert. In den westlichen Ländern entwickelten die Menschen allmählich eine Abneigung gegen das Züchten von Pelztieren. Unter dem starken Druck der Öffentlichkeit sank die Nachfrage nach Pelzmänteln, sodass die Chinchillafarmen ihre Umsätze beständig schwinden sahen. Immer mehr Chinchillafarmen züchten Chinchillas heute als interessante Heimtiere.
Die ersten Chinchillas, die als Heimtiere gehalten wurden, waren noch äußerst stressanfällig. Sie brauchten viel Ruhe und ertrugen weder Trubel noch Lärm. Inzwischen haben sich die Tiere angepasst und können ganz gut in der Wohnung gehalten werden.

Verhalten

Chinchillas sind dämmerungsaktiv. Tagsüber ziehen sie sich meist in ihr Schlafhäuschen zurück und leben erst gegen Abend auf. Manche Tiere lassen sich auch am Tag kurz blicken. Insbesondere wenn sie unbekannte Geräusche oder andere Dinge wahrnehmen, die

Links: *Chinchilla, weißsilber*

Chinchillas sind sehr neugierig.

Chinchilla, wildfarben

Chinchillas lieben Nistkästen.

ihr Interesse wecken, kommen sie heraus um sich umzusehen.
Chinchillas sind für (kleine) Kinder nicht geeignet. Zum einen, da ihr Lebensrhythmus zu dem der Kinder entgegengesetzt verläuft, sie also immer dann aktiv sind, wenn die Kinder schlafen gehen und umgekehrt, zum anderen, da die Pflege der Chinchillas und der Umgang mit den Tieren eben kein Kinderspiel ist. Chinchillas sind bei weitem nicht so unkompliziert zu halten wie beispielsweise ihre nahen Verwandten, die Meerschweinchen.
Chinchillas sind überwiegend ruhig und zudem sehr schlau. Haben sie einmal Vertrauen zu ihrem Besitzer gefasst, dann lassen sie sich gern auf den Arm nehmen und streicheln, dass sie aggressiv werden und beißen, kommt selten vor und entspricht nicht ihrem Wesen. Chinchillas sind sehr gesellige Tiere. Eine einzeln gehaltene Chinchilla fühlt sich unwohl, wird faul und träge oder entwickelt schwere Verhaltensstörungen.
Chinchillas, die sich schon in jungen Jahren einen Käfig geteilt haben, können ihr Leben lang ohne Rangeleien harmonisch zusammenbleiben. Erwachsene Chinchillas sind weniger tolerant, allerdings ist es nicht völlig unmöglich, ältere Tiere langsam aneinander zu gewöhnen.

Unterbringung

Die Behausung eines Chinchillapärchens muss vor allem ausreichend Platz bieten. Im Allgemeinen ist ein Käfig von ungefähr einem Meter Höhe mit mindestens 50 Quadratzentimetern Grundfläche ausreichend. Eine Zimmervoliere, die es in fast allen Tierhandlungen zu kaufen gibt, ist besonders gut geeignet. Ein zusätzlicher Vorteil dieser Volieren ist, dass sie komplett aus Metall sind und somit auch den scharfen Chinchillazähnchen trotzen.
Ein Papageienkäfig ist ungeeignet, da er zwischen den Gitterstäben zu große Abstände hat. Außerdem haben diese Käfige Bodenwannen aus Plastik. Chinchillas vertragen kein Plastik. Sie werden krank und sterben binnen kürzester Zeit.
In jedem Chinchillakäfig müssen unbedingt dickere Äste sein, an denen die Tiere klettern können. Birken-, Weiden- oder Obstbaumholz ist gut geeignet. Zudem braucht eine Chinchilla einige, in verschiedenen Höhen angebrachte Sitzbretter.
Ein Nistkasten oder Schlafhaus, in das sich die Tiere tagsüber zurückziehen können, ist nicht unbedingt notwendig, viele Chinchillas nehmen eine solche Möglichkeit aber gerne an.
Wie für alle Nager gilt auch für Chinchillas: Stellen Sie den Käfig weder an einen zugigen Platz noch in die pralle Sonne. Auch zu kalte Räume oder Plätze in der Wohnung, an denen viel Trubel ist, sind ungeeignet. Chinchillas müssen sich mindestens einmal täglich in einer geräumigen Sandkiste waschen können. Dadurch halten sie ihr Fell sauber. Es gibt hierfür speziellen Chinchilla-Sand zu kaufen, der besonders fein ist. Füllen Sie den Sand in einen schwere Tonschale und platzieren Sie diese im Käfig.
Als Einstreu und Füllung für das Schlafhäuschen eignen sich Sägespäne. Wasser gibt man am besten in Trinkfläschchen aus Glas, da Schüsseln umgestoßen werden und Plastikflaschen gegen die scharfen Zähnchen der Chinchillas keine Chance haben.

Ernährung

Chinchillas haben einen empfindlichen Ver-

Chinchillafutter ist nährstoffarm und ballaststoffreich.

Chinchilla, „ebony"

Chinchilla

dauungstrakt, der auf ballaststoffreiche und ansonsten karge Ernährung eingerichtet ist. Zuviel Fett, Eiweiß und andere Nährstoffe, aber auch verschimmeltes Futter führen unweigerlich zu Durchfall, in vielen Fällen sogar zum Tod.

Gemüse und Obst sollten nur sehr sparsam gegeben werden, nicht mehr als eine kleine Portion pro Woche. Auf jeden Fall muss man Sorten wählen, die wenig Wasser enthalten, wie Äpfel oder Brombeeren. Füttern Sie niemals Sonnenblumenkerne, Erdnüsse und Salatbzw. Kohlsorten!

Chinchillas stellen völlig andere Ansprüche an ihr Futter als Kaninchen und Meerschweinchen, deshalb ist Meerschweinchen- oder Kaninchenfutter für Chinchillas nicht geeignet. In Zoohandlungen erhalten Sie eine spezielle Futtermischung für Ihre Chinchillas. Kaufen Sie immer das gleiche Futter, da sogar ein Wechsel der Futtermarke zu Durchfall führen kann! Chinchillas brauchen außerdem viel hochwertiges Heu und einen Nagestein.

Pflege

Chinchillas halten sich ohne fremde Hilfe tadellos sauber und brauchen dazu täglich ein Sandbad. Eigentlich kann man das Sandbad gut im Käfig stehen lassen. Aber angesichts der Verschmutzungsgefahr und des relativ hohen Preises für den speziellen Chinchilla-Sand ist es besser, das Bad jeden Tag nur etwa eine Stunde in den Käfig zu stellen.

Zur Pflege einer Chinchilla gehört auch die tägliche Käfiginspektion. Chinchillas produzieren normalerweise harte Köttel. Sind diese

weich oder haben eine ungewöhnliche Form, dann ist das ein Zeichen dafür, dass mit dem Tier etwas nicht stimmt.
Wie oft man den Käfig sauber macht, hängt von der Größe des Käfigs und von der Anzahl der darin lebenden Chinchillas ab. Normalerweise ist ein wöchentlicher Austausch der Einstreu ausreichend.

Umgang

Eine zahme Chinchilla lässt sich promblemlos anfassen. Wenn man sie jedoch hochnehmen möchte, greift man sie am besten am Schwanzansatz und fasst mit der anderen Hand unter den Körper.

Geschlechtsunterschiede

Der Unterschied zwischen beiden Geschlechtern ist leicht am Abstand von Anus und Geschlechtsöffnung zu erkennen, der bei Männchen größer ist.

Fortpflanzung

Ein Chinchillaweibchen wird mit vier bis sechs Monaten fruchtbar. Man sollte es aber erst decken lassen, wenn es acht oder neun Monate alt ist.
Alle 30 Tage, hierbei sind Schwankungen von mehreren Tagen möglich, ist das Weibchen paarungsbereit, was stets einige Tage andauert. Wenn Sie ein Pärchen halten, so wird dieses den richtigen Zeitpunkt für den Deckakt ganz von selbst finden. Wenn Sie aber mehrere Weibchen halten, müssen Sie ihnen über einen längeren Zeitraum ein Männchen in den Käfig setzen. Nicht immer wird ein Partner akzeptiert. Am besten setzt man das Männchen in einen eigenen Käfig dicht neben das Weibchen, damit die beiden sich ein paar Tage aneinander gewöhnen können. Sobald sie positiv reagieren, kann das Männchen zum Weibchen in den Käfig gesetzt werden. Es kann auch nach der Geburt problemlos beim Weibchen bleiben.

Chinchilla

Chinchilla, blausilber

Junge Chinchilla

Chinchilla

Chinchilla, bunt

Chinchilla, bunt

Die Tragzeit beträgt 108 bis 111 Tage. Jährlich sind zwei bis drei Würfe mit ein bis sechs Jungen möglich. Die Jungen kommen schon voll entwickelt zur Welt, behaart und mit offenen Augen. Auch laufen können sie sofort. Bei der Geburt wiegen die Jungen zwischen 40 und 55 Gramm. Nach etwa acht Wochen sind sie selbstständig.

Lebenserwartung

Eine gut gepflegte Chinchilla kann relativ alt werden. Die durchschnittliche Lebenserwartung liegt bei 15 bis 18 Jahren.

Körperliche Merkmale

Chinchillas messen von der Nasenspitze bis zum Schwanzansatz ungefähr 30 Zentimeter. Ihr völlig behaarter Schwanz ist etwa 15 Zenti-

Chinchilla, „mosaic"

meter lang. Erwachsene Tiere wiegen zwischen 450 und 700 Gramm, wobei die Männchen stets schwerer sind als die Weibchen. Der Kopf hat im Verhältnis zum Körper eine normale Größe, die Ohren sind dagegen relativ groß und oval. Sie stehen aufrecht.

Die Tiere haben mandelförmige bis runde Augen sowie einen freundlichen und intelligenten Gesichtsausdruck. Auffallend sind ihre oftmals 10, manchmal auch 15 Zentimeter langen Barthaare.

Fell

Chinchillas haben ein seidenweiches, extrem dichtes Fell. Die Haare liegen nicht am Körper an, sondern stehen ein wenig ab.

Farben

Chinchillas gab es früher nur in einer Farbe, der so genannten „Wildfarbe", die vergleichbar ist mit der Farbe des Chinchilla-Kaninchens. In kurzer Zeit ist eine ganze Anzahl weiterer Farben hinzugekommen. Heute gibt es schwarze, braune, beigefarbene und blaue Chinchillas, ebenso diverse Weißabstufungen (Augen- und Ohrenfarbe können variieren) und mehrfarbige Chinchillas.

Auffallenderweise bleibt die Paarung von weißen mit farbigen Chinchillas in der Regel erfolglos oder die Nachkommen haben irgendeinen Defekt. Tiere mit diesen Farben sollten deshalb nicht untereinander gepaart werden.

9. Meerschweinchen

Hausmeerschweinchen
(Cavia aperea porcellus)

Herkunft

Meerschweinchen stammen ursprünglich aus Südamerika, wo sie, schon lange bevor die Europäer den Kontinent betraten, von den Inkas als Haustiere gehalten wurden. Als die Spanier im 16. Jahrhundert den Kontinent erkundeten, trafen sie diese kleinen Nager in fast jedem Wohnhaus an. Sie waren mehr oder weniger bereits domestiziert. Neben der ursprünglichen Fellfarbe Goldagouti gab es auch schon andere Farben. Die Tiere waren weitgehend zahm. Vermutlich haben die Inkas ihre Meerschweinchen auch gehalten, um sie zu verzehren. Noch heute gilt Meerschweinchenfleisch in Südamerika als Delikatesse. Man findet es in einigen Ländern Südamerikas auf so mancher Speisekarte.
Außerdem hielten sich einige Hochland-Indianerstämme Meerschweinchen, um sie ihren Göttern zu opfern. Man weiß allerdings nicht, ob Meerschweinchen bei diesen Stämmen auch rein als Heimtiere gehalten wurden. Bedenkt man jedoch, dass Kinder überall auf der Welt großes Interesse an diesen Tieren haben und hatten, werden wohl auch diese Stämme Meerschweinchen als Heimtiere gehalten haben.
Wann genau die Meerschweinchen nach Europa kamen, ist ungewiss. Hierüber gibt es widersprüchliche Berichte. Die einen behaupten, die ersten Meerschweinchen seien zu Beginn des 16. Jahrhunderts von den Spaniern mitgebracht worden, andere gehen davon aus, dass englische Seefahrer sie erst wesentlich später nach Europa eingeführt haben. Sicher ist lediglich, dass Meerschweinchen zu Beginn des 18. Jahrhunderts in mehreren europäischen Ländern gehalten wurden.
Das Fleisch der Meerschweinchen sagte den Europäern wenig zu; sie deckten ihren Bedarf durch größere Fleischlieferanten, wie Rinder und Schweine. Die meisten Meerschweinchen verschwanden zunächst in Labors, wurden aber binnen kürzester Zeit auch als Heimtiere bei Kindern sehr beliebt. Aufgrund ihres Herkunftslandes galten Meerschweinchen als exotische Tiere und waren nur für die reiche Gesellschaft erschwinglich. Außerdem ist bekannt, dass Meerschweinchen als Kuriositäten auf Jahrmärkten ausgestellt wurden.
Vor allem die Briten beschäftigten sich früh mit der Zucht dieser Tiere. Man weiß, dass schon im 19. Jahrhundert in Großbritannien Ausstellungen organisiert wurden, auf denen man Meerschweinchen nach ihrem Äußeren bewerten lassen konnte. Damals nannte man diese Tiere auch außerhalb Englands „guinea pigs“. Dieser Name ist in englischsprachigen Ländern noch heute gebräuchlich, in der letzten Zeit wird jedoch immer mehr die Bezeichnung „cavy“ – in Bezug auf den lateinischen Namen – verwendet.
Mittlerweile zählen Meerschweinchen zu den beliebtesten Heimtieren. Ihr schon von Anfang

Links: *Dreifarbiges Meerschweinchen*

Meerschweinchen mit zwei Tage alten Jungen

Die ursprüngliche Meerschweinchenfarbe ist Goldagouti.

Meerschweinchen sind gesellige Tiere.

Texel-Meerschweinchen

an vielfältiges Farbspektrum hat sich inzwischen noch ausgeweitet. Heute gibt es Meerschweinchen auch mit diversen Fellstrukturen und -längen.

Verhalten

Das Meerschweinchen ist ein tagaktives, gesellig lebendes Tier, das sich ausgezeichnet zur Gruppenhaltung eignet. In freier Wildbahn leben diese Tiere in Kolonien und schätzen auch als Heimtiere die Gesellschaft von Artgenossen oder zumindest die intensive Zuwendung seitens ihres Besitzers.
Wenn Sie mehrere Meerschweinchen halten möchten, sollten Sie lieber auf Säue (Weibchen) als auf Böcke (Männchen) zurückgreifen. Erwachsene Böcke können untereinander ziemlich intolerant sein. Vor allem, wenn Weibchen in der Nähe sind, gehen sie aufeinander los.
Meerschweinchen machen die unterschiedlichsten Geräusche, um sich zu verständigen. Sie geben auf diese Weise zum Beispiel deutlich zu verstehen, ob sie Aufmerksamkeit brauchen, Angst oder Hunger haben. Meerschweinchen sind dafür bekannt, dass sie nicht beißen. Wenn sie vor irgendetwas erschrecken, beißen sie nicht zu, sondern erstarren augenblicklich. Meerschweinchen sind reinliche Tiere, die mehrmals täglich gründlich ihr Fell putzen.
Im Freien lebende Meerschweinchen sind nicht so zahm wie Tiere, die ständig Kontakt zu Familienmitgliedern haben.

Unterbringung

Im Sommer können Meerschweinchen im Freien gehalten werden. Hierzu brauchen sie ein Gehege, das stabil gebaut ist. Solche Gehege sind im Zoofachhandel erhältlich. Das Freigehege sollte abgedeckt werden, damit die Tiere sicher vor ihren natürlichen Feinden wie Katzen, Greifvögeln, Füchsen und Mardern sind. Sie können als Abdeckung ein Netz oder einen Maschendraht über das Gehege spannen.
Meerschweinchen sind empfindlich gegen Kälte, Hitze, Wind und Regen und brauchen deshalb einen Schutz. Ein gutes Freigehege ist mit einem kleinen Hüttchen ausgestattet, in dem die Tiere ausreichend geschützt sind. Dieser Unterschlupf wird auch als Schlafhäuschen genutzt und darf nicht zugig oder in der prallen Sonne stehen. Das Häuschen sollte einen festen Boden und ein aufklappbares bzw. abnehmbares Dach haben, damit man alte Einstreu problemlos einfernen kann.
Allzu hohe Temperaturen sowie Temperaturschwankungen ertragen Meerschweinchen nicht. Stellen Sie das Gehege bzw. den Käfig im Haus nicht in die pralle Sonne oder direkt neben die Heizung. Die optimale Umgebungstemperatur liegt für Meerschweinchen zwischen 17 und 24 °C.
Ein guter Meerschweinchenkäfig fürs Zimmer hat mindestens eine Grundfläche von 40 x 80 Zentimetern. Wenn die Tiere nicht die Möglichkeit haben, regelmäßig außerhalb des Käfigs die Pfoten auszustrecken, sollte die Behausung noch geräumiger sein. Wenn ein Meerschweinchen zu wenig Bewegung hat, dann bekommt es Übergewicht und wird früh sterben.
Meerschweinchen möchten immer einen Unterschlupf, auch in der Wohnung. Ein entsprechendes Häuschen können Sie in jeder Zoohandlung kaufen oder aus stabilem Holz selbst bauen. Den Boden legen Sie mit Sägespänen aus. Achten Sie darauf, dass diese nicht zu

scharfkantig sind. Aus demselben Grund ist auch von (hartem) Stroh als Einstreu abzuraten. Außerdem ist solches Material kaum saugfähig. Futternäpfe müssen schwer und aus stabilem Material sein, weil die Tiere sie sonst umstoßen oder anknabbern. Wasser füllt man am besten in eine Trinkflasche, die außen am Käfig befestigt wird.

Ernährung

Zwei wichtige Futterbestandteile brauchen Meerschweinchen unbedingt, damit sie gesund bleiben. Erstens haben sie einen großen Bedarf an groben Ballaststoffen. Der beste Ballaststofflieferant für Meerschweinchen ist Heu, an dem es im Käfig nicht mangeln darf. Legen Sie das Heu immer in eine Raufe und nicht auf den Käfigboden, da es dort schnell fault.
Außerdem brauchen Meerschweinchen täglich eine Portion Vitamin C. Dieses Vitamin können die kleinen Nager nicht selbst aufbauen. Ein Meerschweinchen, das zu wenig Vitamin C bekommt, wird binnen kürzester Zeit krank und stirbt. Sie können den Tieren Vitamin C in Tablettenform geben oder als Tropfen ins Trinkwasser mischen oder ihnen jeden Tag etwas Gemüse und Obst geben. Es gibt im Zoofachhandel auch Fertigfutter für Meerschweinchen, dem ausreichend Vitamine beigemengt sind.
Im Durchschnitt nehmen Meerschweinchen täglich etwa 60 Gramm Futter zu sich. Geeignete Obst- und Gemüsesorten sind Äpfel, Chicorée, Möhren, Grünkohl und Endivien. Andere Kohlsorten und Salat sollten Sie nur sehr sparsam und nur an erwachsene Tiere verfüttern, denn Meerschweinchen haben einen sehr empfindlichen Verdauungstrakt und zuviel Kohl und Salat führen zu Durchfall. Achten

Frisches Gemüse ist eine gute Vitaminquelle.

Glatthaariges weißes Meerschweinchen mit roten Augen

Texel- Meerschweinchen, lilaagouti

Sie vor allem darauf, dass Ihre Meerschweinchen kein Grünfutter bekommen, das angeschimmelt oder faulig ist.
Als Basisfutter können Sie fertiges Meerschweinchenfutter verwenden. Kaufen Sie kein Futter, das viele Sonnenblumenkerne und Erdnüsse, zu viele Pellets, Silage oder gefärbte Bröckchen enthält. Geben Sie den Tieren auch kein Kaninchenfutter, da solche Mischungen zu wenig nahrhaft sind. Außerdem sollten Sie Ihren Meerschweinchen ab und zu einen sauberen Weidenzweig zum Knabbern zur Verfügung stellen; auch ein an die Gitterstäbe gehängter Leckstein wird auf Zustimmung treffen.

Pflege

Meerschweinchen sind problemlose Heimtiere, die keine besondere Pflege benötigen. Eine Ausnahme bilden die langhaarigen Meerschweinchen, deren Fell man jeden Tag bürsten und kämmen muss. Außerdem müssen die Krallen ab und zu mit einer Spezialzange einkürzen werden. Lassen Sie sich dies von einem

Die meisten cremefarbenen Meerschweinchen sind für Ausstellungen zu dunkel gefärbt.

Tierarzt oder einem erfahrenen Meerschweinchenbesitzer zeigen.
„Stoßzähne" kommen auch bei Meerschweinchen vor. Sobald Ihnen auffällt, dass Ihr Meerschweinchen Probleme beim Fressen hat oder nicht mehr fressen kann, bringen Sie es sofort zum Tierarzt oder zu einem erfahrenen Meerschweinchenzüchter. Er kann die Stoßzähne stutzen. Wenn ein Meerschweinchen einmal Probleme mit Stoßzähnen gehabt hat, dann wird es diese sein ganzes Leben lang immer wieder haben. Sie sollten sein Gebiss regelmäßig kontrollieren und falls nötig eingreifen.
Wie oft man den Käfig reinigen muss, hängt von dessen Größe und der Anzahl der darin lebenden Tiere ab. Wenn Sie in einem geräumigen Käfig nur ein Tier halten, genügt einmal pro Woche. Wenn Sie jedoch mehrere Tiere oder einen relativ kleinen Käfig haben, müssen Sie diesen öfter reinigen. Es schadet außerdem nicht, die Behausung jeden Monat einmal zu desinfizieren. Das Trinkfläschchen sollte täglich mit frischem Wasser gefüllt werden.

Umgang

Meerschweinchen werden problemlos zahm, wenn sie von klein auf regelmäßig auf die Hand genommen werden. Tiere hingegen, die in einem abgelegenen Schuppen und ohne Kontakt zu Menschen aufwachsen, werden selten zahm.
Nähern sie sich dem Tier immer ruhig und auf Augenhöhe. Ihr Meerschweinchen fasst schneller Vertrauen, wenn Sie ihm regelmäßig mit der Hand einen Leckerbissen hinreichen. Beim Hochnehmen sollten Sie das Tier immer unter dem Bauch fassen. Passen Sie dabei auf, dass es nicht herunterfällt, da es sich leicht etwas brechen kann.

Geschlechtsunterschiede

Bei Meerschweinchen kann man den Unterschied zwischen den Geschlechtern deutlich sehen, indem man vorsichtig rechts und links der Geschlechtsöffnung leichten Druck ausübt. Hierzu drehen Sie das Tier am besten auf den Rücken. Durch den Druck tritt beim Männchen das Geschlechtsteil hervor. Da erwachsene Böcke wesentlich größer sind als Säue, kann man das Geschlecht meist schon mit einem Blick bestimmen.

Fortpflanzung

Meerschweinchenweibchen sind im Durchschnitt alle 16 Tage paarungsbereit. Viele Weibchen geben während oder kurz vor ihren fruchtbaren Stunden typische „Purrlaute" von sich, die man schnell wiedererkennt, da sie ganz anders als alle Geräusche klingen, die sie sonst von sich geben. Setzen Sie immer das Weibchen zum Männchen in den Käfig, nicht umgekehrt. Aus der Reaktion der Tiere kann man leicht ablesen, ob das Weibchen gerade brünstig ist oder nicht. Die Tragzeit beläuft sich auf ungefähr 65 bis 70 Tage. Man kann zwar den Bock beim Weibchen lassen, doch ziehen viele Züchter es vor, trächtige Weibchen kurz vor dem Geburtstermin vom Bock zu trennen, da die Säue schon 12 Stunden nach der Geburt wieder gedeckt werden können.
Schwangerschaft, Geburt und Aufzucht der Jungen kosten die Sau einiges an Kraft, sodass man sie zwei oder höchstens drei Würfe im Jahr großziehen lassen sollte. Nach dem Deckakt setzen Sie sie am besten in einen eigenen Käfig, wo sie sich in aller Ruhe auf das große Ereignis vorbereiten kann. Gönnen Sie ihr in der Tragzeit so viel Ruhe wie möglich. Ver-

Einen Tag alte dreifarbige Meerschweinchen

suchen Sie Stress zu vermeiden, da Stress zu Abgängen oder Totgeburten führen kann. Nehmen Sie das trächtige Weibchen möglichst selten hoch und wenn, dann ganz vorsichtig ohne Druck auf ihren Bauch.
Das Weibchen sollte mindestens sechs Monate alt sein, wenn es zum ersten Mal gedeckt wird. Wenn ein Weibchen mit elf Monaten erstmals trächtig wird, können Probleme bei der Geburt auftreten, da bei Meerschweinchensäuen ab diesem Alter die Beckenknochen nicht mehr so biegsam sind wie bei jüngeren Tieren. Hierdurch wird der Durchgang der großen Babys erschwert – Meerschweinchen sind bei der Geburt relativ groß und wiegen durchschnittlich 70 Gramm. Das beste Alter für den ersten Wurf liegt bei acht bis neun Monaten.
Ein Wurf besteht durchschnittlich aus zwei bis vier Jungen. Diese sind bei der Geburt eine Miniaturausgabe ihrer Eltern: Sie sind vollständig entwickelt und können sofort laufen. Sie sind behaart, die Augen sind geöffnet und das Gebiss ist voll ausgebildet. Nach ein paar Tagen knabbern die Jungen schon ein wenig am Futter, aber Muttermilch brauchen sie dennoch, bis sie etwa vier Wochen alt sind. Sie können nach etwa fünf Wochen von der Mutter getrennt werden. Setzen Sie dann auch Säue und Böcke auseinander, damit die jungen Weibchen, die bereits mit fünf Wochen geschlechtsreif sind, nicht unverhofft gedeckt werden. Die Böcke werden mit acht bis neun Wochen geschlechtsreif und müssen ab diesem Zeitpunkt getrennt voneinander gehalten werden, da es sonst zu Rangordnungskämpfen kommt.

Lebenserwartung

Je nachdem wie fit ein Meerschweinchen ist und wie gut es gepflegt wird, kann es bis zu

Meerschweinchen, goldagouti

Meerschweinchen, silberagouti

sechs oder acht Jahre alt werden. Zwar sind auch ältere Meerschweinchen beschrieben, doch die meisten, vor allem, wenn mit ihnen intensiv gezüchtet wird, leben nur ein bis fünf Jahre.

Die Fellfarben der Meerschweinchen

Agouti

Agouti, auch „Wildfarbe" genannt, ist die ursprüngliche Farbe der Meerschweinchen. Jedes einzelne Haar dieser Meerschweinchen hat eine bestimmte Anzahl dunklerer und hellerer Bänder. Die Haarspitzen sind stets dunkel. Manchmal kommt es auch vor, dass ein Teil der Haare komplett dunkel pigmentiert ist oder dass nur die Haarspitzen dunkel sind.
Am schönsten ist es, wenn ein Agouti-Meerschweinchen ein so gleichmäßig wie möglich ausgebildetes Ticking (Schattierung) hat, was bedeutet, dass die dunklen Bänder möglichst gleichmäßig über den ganzen Körper verteilt sind.
Es gilt auf Ausstellungen als Fehler, wenn ein Agouti-Meerschweinchen helle Augenringe hat; auch weiße Härchen oder Flecken sieht man auf Ausstellungen nicht gern. Der Bauch zeigt nie Schattierungen. Agouti-Meerschweinchen kommen in verschiedenen Farbenschlägen vor. Die häufigsten werden im Folgenden beschrieben.

GOLDAGOUTI
Die ursprünglichste Farbe ist bei den Meerschweinchen golagouti. Bei Tieren mit diesem Farbenschlag liegt die schwarze Schattierung über einer warmen rotbraunen Deckfarbe.

Goldagouti-Meerschweinchen haben schwarze Ohren, Sohlen und Krallen sowie dunkelbraune Augen.

GRAUAGOUTI

Grauagouti ähnelt stark dem Goldagouti, aber die Deckfarbe ist bei diesen Meerschweinchen blasser, eher zu Gelb als zu Rot tendierend. Auch bei diesem Farbenschlag sind Ohren, Sohlen und Krallen schwarz und die Augen dunkelbraun.

SILBERAGOUTI

Silberagouti-Meerschweinchen haben eine schwarze Schattierung. Diese Tiere besitzen ein Gen, das die Ausbildung von rötlichen Pigmenten im Fell verhindert. Alle Partien, die bei Grauagouti- und Goldagouti-Meerschweinchen im Fell rötlich oder gelblich erscheinen, sind bei diesen Tieren weiß. Auch Silberagouti-Meerschweinchen haben dunkelbraune Augen und schwarze Ohren, Sohlen und Krallen.

CINNAMONAGOUTI (ZIMTAGOUTI)

Das englische Wort „cinnamon" bedeutet „Zimt". Bei diesem Farbenschlag ist das schwarze Pigment unter Einfluss einer Farbmutation zu einer zimtartigen Farbe verändert. Die Schattierung (Ticking) ist deshalb zimtfarben. Die Deckfarbe ist, genau wie der Bauch, silberweiß. Fußsohlen, Krallen, Ohren und Augen sind braun.
Meerschweinchen mit dieser Fellfarbe werden dunkel geboren und hellen erst später auf. Mit fünf Monaten, wenn sie normalerweise ihr erstes Fell verlieren, haben sie die eigentliche Farbe schon entwickelt.

SALMAGOUTI (LACHSAGOUTI)

Lachsagouti-Meerschweinchen haben eine silberweiße Deckfarbe mit einer lila Schattierung. Ohren und Sohlen sind meist pigmentfrei, also fleischfarben. Die Krallen sind hornfarben, die Augen rot.
Auffallend ist bei diesem Farbenschlag, dass die Jungen relativ dunkel geboren werden und sich erst später die bleibende Lachsfarbe durchsetzt.

Lachsagouti-Meerschweinchen werden dunkel geboren; erst im Alter von fünf Monaten ist ihre eigentliche Fellfarbe ausgebildet.

Glatthaariges Meerschweinchen, schokoladenbraun

Einfarbige Meerschweinchen

Einfarbige Meerschweinchen sind besonders beliebt. Diese Tiere zeigen keinen Schimmer einer anderen Farbe und haben im Idealfall am ganzen Körper dieselbe Farbe. Die Farbe sollte sich von der Haarspitze so weit wie möglich bis zur Haarwurzel erstrecken. Einzelne weiße Härchen oder gar ein weißer Fleck sind auf Ausstellungen nicht zugelassen.

SCHWARZ

Ein schwarzes Meerschweinchen ist lackschwarz. Jedes Haar ist von der Spitze bis zur Wurzel schwarz durchgefärbt. Pfoten und Krallen sind ebenfalls schwarz, die Augen sind dunkelbraun.

SCHOKOLADENFARBEN

Schokoladenfarbene Meerschweinchen sollten eine möglichst dunkle Schokoladenfarbe haben. Fußsohlen, Krallen und Ohren sind braun. Die Augen sind dunkelbraun und zeigen bei einem bestimmten Lichteinfall einen roten Schimmer, der als „rotes Feuer" bezeichnet wird.

LILA

Lilafarbene Meerschweinchen haben ein lila schimmerndes Fell. Hierbei ist es wichtig, dass die Farbe nicht zu Braun tendiert. Meerschweinchen in diesem Farbenschlag sollten

Beigefarbenes Meerschweinchen

Glatthaariges Meerschweinchen, rot

Glatthaariges Meerschweinchen, cremefarben

ein möglichst helles Fell haben. Im Idealfall sind Fußsohlen und Füße, genau wie die Ohren, völlig pigmentfrei. Die Augen sind rot. Zudem sind auch bei dieser Farbe anders gefärbte Haare im Fell äußerst verpönt.
Lilafarbene Tiere kommen relativ dunkel zur Welt und hellen mit der Zeit auf. Im Alter von fünf bis sechs Monaten haben sie ihre eigentliche Fellfarbe entwickelt.

BEIGE

Beigefarbene Meerschweinchen haben ein dunkelelfenbeinfarbenes Fell, das zwar einen Stich ins Graue, aber nicht ins Braune haben darf. Die Sohlen sind, ebenso wie die Ohren, fleischfarben, also frei von Pigmenten. Die Augen sind rot. Außerdem gilt auch hier: Keine anders gefärbten Haare im Fell!
Die Tiere sind bei der Geburt wesentlich dunkler als im Erwachsenenalter. Wenn sie fünf bis sechs Monate alt sind, haben sie ihre eigentliche Fellfarbe entwickelt.

ROT

Rote Meerschweinchen haben eine warme kastanienrote Färbung. Auf Ausstellungen sind dunklere Nuancen dieses Farbenschlags wesentlich beliebter als hellere. Das Fell darf keine anders gefärbten Haare aufweisen.
Rote Meerschweinchen haben dunkle Augen und Ohren, Sohlen und Krallen sind schwarz.

GOLD

Das Fell von Meerschweinchen im Farbenschlag Gold ist eigentlich orangefarben. Ohren und Sohlen sind fleischfarben, also pigmentfrei. Die Farbe muss möglichst am ganzen Körper gleich sein, ohne Abstufungen.
Goldfarbene Meerschweinchen sind bei der Geburt viel dunkler als ihre Eltern. Es kann vier bis sechs Monate dauern, bis sie ihre eigentliche Fellfarbe entwickelt haben. Die Augen der Tiere sind rot.

BUFF (OCKERFARBEN)

Zum Farbenschlag Buff zählt man Meerschweinchen, die ein ockergelbes Fell ohne den geringsten Rotstich haben. Auf Ausstellungen werden Tiere mit völlig pigmentfreien Ohren und Sohlen bevorzugt.
Wie bei allen einfarbigen Meerschweinchen dürfen im Fell keine andersfarbigen Haare oder

Glatthaariges Meerschweinchen, Albino

Texel-Meerschweinchen mit Russenabzeichen

gar Flecken sein. Die Augen dieser Meerschweinchen sind dunkelbraun.

CREMEFARBEN
Cremefarbene Meerschweinchen sollten ein möglichst helles Fell haben. Im Idealfall ist es lichtelfenbeinfarben, aber in der Praxis ist das Fell vieler cremefarbenen Tiere zu dunkel. Die Augen sind braun, Ohren und Sohlen sollten fleischfarben sein.

WEISS MIT ROTEN AUGEN
Weiße Meerschweinchen mit roten Augen, auch Albinos genannt, haben ein rein weißes Fell ohne jeglichen Gelbschimmer. Ohren, Sohlen und Krallen sind vollkommen frei von Pigmenten.

WEISS MIT DUNKLEN AUGEN
Weiße Meerschweinchen mit dunklen Augen sind vollkommen weiß und abgesehen von der Augenfarbe, die blau oder braun sein kann, ist der gesamte Körper pigmentfrei.

Zeichnungs-Meerschweinchen

Meerschweinchen werden in verschiedenen Farbmustern (Zeichnungen und Scheckungen) gezüchtet. Das Züchten von Zeichnungstieren ist für erfahrene Züchter eine Herausforderung, da die Muster nicht reinerbig sind. Zwei perfekt gezeichnete Elterntiere können einen Wurf mit schlecht gezeichneten Jungen haben und umgekehrt. Im Folgenden werden die Zeichnungsarten Brindle, Schildpatt, Dreifarbig, Holländer, Schimmel, Dalmatiner und Russe (Himalaja) näher beschrieben.

BRINDLE
Brindle ist die Bezeichnung für Meerschweinchen, die sowohl schwarze als auch rote Haare haben. Bei dieser Farbschattierung sehen es die Preisrichter gern, wenn beide Farbtöne möglichst gleichmäßig vermischt sind. Stellen, an denen zu viele schwarze oder rote Haare nebeneinander stehen, ergeben schwarze oder rote Flecken und das ist auf Ausstellungen nicht gefragt. Auch weiße Härchen oder gar weiße Flecken im Fell sind nicht erwünscht. Im Idealfall sind die Haare so gleichmäßig verteilt, dass es nirgendwo am Körper dunklere (mit vielen schwarzen Haaren) oder hellere (mit vielen roten Haaren) Stellen gibt. In der Praxis ist dies allerdings nicht zu verwirklichen. Ohren und Sohlen der Tiere sollten schwarz sein, die Augen dunkel.

SCHILDPATT
Meerschweinchen mit diesem Farbmuster haben zwei Farben: Rot und Schwarz. Die Zeichnung muss gleichmäßige Flecken bilden. Die nahezu quadratischen Flächen müssen scharf begrenzt sein, als ob man die Trennlinien zwischen den Farben mit dem Lineal gezogen hätte. Von der Seite gesehen haben diese Tiere drei bis fünf Farbflecken. Über den Rücken verläuft eine möglichst gerade Linie, die die beiden Seiten trennt.
Gegenüberliegende Farben müssen stets einen Kontrast bilden, sodass sich um den Körper keine Bänder ergeben. Augen, Ohren und Sohlen dieser Meerschweinchen sind dunkel gefärbt.
Dieser hübsche Farbenschlag ist für viele Züchter eine Herausforderung, denn die vorgeschriebene Farbverteilung ist nicht leicht zu erzielen. Die Kreuzung von zwei perfekt gezeichneten Tieren ist keine Garantie für ebenso gezeichnete Jungen.

DREIFARBIG
Dreifarbige Meerschweinchen sind Meerschweinchen mit Schildpattfärbung und der zu-

sätzlichen Farbe Weiß. Die Tiere sollten an beiden Seiten jeweils drei Farbfelder zeigen, die kontrastierende Farben aufweisen. Die Trennlinie verläuft im Idealfall möglichst gerade über den Rücken.

Tiere mit diesem Farbenschlag können verschiedenfarbige Augen haben. Dreifarbige Meerschweinchen gibt es nicht nur in der Kombination Schwarz-rot-weiß, sondern auch in schokoladenbraun mit Rot und Weiß.

HOLLÄNDER

Holländermeerschweinchen haben die gleiche Zeichnung wie Holländerkaninchen. Das bedeutet, dass der vordere Teil des Körpers weiß und der Hinterleib gefärbt ist. Über Ohren und Augen liegen zwei gefärbte Kopfflecken, die auch die Wangen bedecken. Diese Flecken sollten möglichst symmtrisch gezeichnet sein, also auf jeder Seite gleich groß und gleich geformt. Die Trennung zwischen Farbe und Weiß in der Körpermitte muss genau wie bei der gleich lautenden Kaninchenrasse scharf und gerade sein.

Die Hinterpfoten sind weiß. Die gefärbten Teile können verschiedene Farben haben, Schwarz kommt allerdings am häufigsten vor.

SCHIMMEL

Schimmel-Meerschweinchen kommen in verschiedenen Farben vor, zum Beispiel Schwarz, Rot und gemischte Farben, womit eine Kombination von Schwarz und Rot gemeint ist.

Bei Schimmel-Meerschweinchen sieht man vor allem am Körper, viele weiße Härchen im Fell. Das Weiß darf zwar nicht überwiegen, aber es darf auch nicht nur hier und da ein weißes Härchen zu sehen sein. Die weiß gefärbten Härchen müssen möglichst gleichmäßig über den Körper verteilt sein.

DALMATINER

Dalmatiner-Meerschweinchen haben ein weißes Fell mit dunklen Flecken, ähnlich der Zeichnung, die man von den gleichnamigen Hunden kennt. Diese Flecken müssen so gleichmäßig wie möglich über den Körper verteilt und scharf begrenzt sein. Sie dürfen nicht ineinander laufen. Dieser Farbenschlag ist bis heute nur in wenigen Ländern bekannt.

RUSSE

Meerschweinchen mit Russenabzeichen sind, im Gegensatz zu den bereits beschriebenen Tieren, keine Zeichnungstiere, denn Zeichnungen sind normalerweise nicht reinerbig. Das bedeutet, dass aus der Kreuzung von zwei Russenmeerschweinchen nur Nachkommen, die genau das gleiche Farbmuster wie die Elterntiere aufweisen, hervorgehen.

Das Russenmeerschweinchen ist ein beliebter Farbenschlag. Die Farbverteilung erinnert an Siamkatzen mit dem Unterschied, dass der Körper weiß statt beigefarben ist. Die Abzeichen sind in etwa die gleichen wie bei der gleichnamigen Kaninchenrasse. Russenmeerschweinchen haben ebenfalls rote Augen. Schnauze (Maske), Füße und Ohren können schwarz oder schokoladenbraun sein. Die Maske ist rund und darf nicht zu klein sein. Die Grenze zwischen hellen und dunklen Bereichen muss scharf gezeichnet sein.

Schokoladenbraun vererbt sich rezessiv, schwarz hingegen dominant. Das bedeutet, dass zwei Tiere mit schwarzen Abzeichen durchaus Nachkommen mit schokoladenbraunen Zeichnungen haben können, nicht jedoch umgekehrt.

Diese Varietät vererbt sich rezessiv gegenüber allen anderen Zeichnungs-Meerschweinchen. Krallen und Sohlen der Russenmeerschweinchen sind stets dunkel.

Prächtiger Wurf glatthaariger Russenmeerschweinchen

Dreifarbiges Meerschweinchen

Glatthaar-Meerschweinchen, lachsagouti

Schwarze Meerschweinchen müssen lackschwarz sein.

Junge Russenmeerschweinchen

Es ist nicht leicht, ein älteres Tier in ausstellungsfähigem Zustand zu erhalten, da die weiße Farbe unter Sonnen- und Feuchtigkeitseinfluss nachdunkelt. Diese dunklen Schatten sind auf Ausstellungen nicht gern gesehen.
Russenmeerschweinchen werden weiß geboren. Die dunklen Abzeichen brauchen etwa fünf Monate Entwicklungszeit.

Auf Ausstellungen achten die Preisrichter vor allem auf die Form des Hinterleibs, welcher schön abgerundet und fleischig sein sollte, sodass keine Knochen herausstehen. Glatthaar-Meerschweinchen haben einen kräftigen, kurzen Nacken und einen stumpfen, breiten Kopf. Es kommen auch regelmäßig Tiere mit spitzem oder schmalem Kopf vor, sie werden auf Ausstellungen aber keines Blickes gewürdigt.
Von der Seite gesehen hat das Meerschweinchen eine gebogene Nase, ein „römisches Profil". Augen und Ohren stehen relativ weit auseinander. Die Backen sind gut entwickelt. Die unbehaarten Ohren sind schräg angesetzt und weisen nach unten; in der Mitte zeigen sie eine kleine Falte. Die Augen sind rot und kugelig mit einem klaren Ausdruck. Ein gut entwickeltes, ausgewachsenes Exemplar wiegt zwischen 900 und 1200 Gramm.
Wenn Sie Ihr Meerschweinchen auf einer Ausstellung bewerten lassen wollen, dürfen die Krallen nicht zu lang sind. Notfalls knipsen Sie diese vorsichtig mit einer Spezialzange parallel zum Nagelbett ab. Meerschweinchen haben keinen erkennbaren Schwanz.

Glatthaar-Meerschweinchen

Körperliche Merkmale

Glatthaar-Meerschweinchen müssen kräftig und muskulös sein. Der Körper wirkt leicht gedrungen und ist schön abgerundet. Auffallend sind die hohen, breiten und gut ausgeprägten Schultern, die sanft in den kurzen, breiten und geraden Rücken übergehen. Die Brust ist tief, breit und voll. Die Pfoten sind kurz, gerade und stabil. An den Vorderpfoten hat das Glatthaar-Meerschweinchen vier, an den Hinterpfoten drei Zehen.

Fell

Glatthaar-Meerschweinchen werden auch Normalhaar-Meerschweinchen genannt, da sie die ursprüngliche Fellstruktur aufweisen. Das Fell ist etwa 3 Zentimeter lang und liegt flach am Körper an. Die Tiere haben wenig Unterwolle, die sich im Gegensatz zu den derben Deckhaaren weich anfühlt. Das Fell muss glänzen.

Farben

Glatthaar-Meerschweinchen werden in vielen Farben gezüchtet und sind in den meisten auch

Glatthaar-Meerschweinchen, satinbeige

Dieses Glatthaar-Meerschweinchen mit Satinfell wurde im Farbenschlag Gold gezüchtet.

Glatthaar-Meerschweinchen mit Satinfell in der Farbe Buff (Ockergelb)

Rex-Meerschweinchen mit Satinfell, dreifarbig-schokoladenbraun

Glatthaar-Meerschweinchen mit Satinfell, silberagouti

bereits anerkannt. Diese Varietät eignet sich hervorragend für die Züchtung spezieller Farbmuster und Scheckungen, denn auf dem kurzen, glänzenden und glatt anliegenden Fell kommt eine Zeichnung immer bestens zur Geltung.

Pflege

Glatthaar-Meerschweinchen sind in Bezug auf ihr Fell absolut pflegeleicht. Lediglich während des Fellwechsels – im Frühjahr und Herbst – muss das Fell zweimal pro Woche gebürstet werden.

Sie sollten die Ohren Ihrer Tiere regelmäßig kontrollieren. Falls nötig, reinigen Sie die Ohrmuscheln vorsichtig mit einem Papiertaschentuch, damit sie schmutz- und staubfrei bleiben. Verwenden Sie niemals Wattestäbchen. Wenn die Ohren einen unangenehmen Geruch verbreiten, können die Tiere von Ohrmilben befallen sein. Suchen Sie dann sofort einen Arzt auf. Wenn Sie leichte Verkrustungen in den Augenwinkeln entfernen möchten, verwenden Sie ein weiches, angefeuchtetes Papiertaschentuch und wischen Sie stets von außen nach innen. Hin und wieder müssen Sie die Krallen Ihrer Tiere kürzen. Lassen Sie sich diesen Vorgang von einem Tierarzt oder einem erfahrenen Züchter zeigen. Verwenden Sie eine Spezialzange, die im Zoofachhandel erhältlich ist.

Glatthaar-Meerschweinchen mit Satinfell, rot

Meerschweinchen mit Satinfell

Eigenschaften

Meerschweinchen mit Satinfell sind bekannt für den tiefen Glanz ihres Fells. Das kurze Fell braucht nicht mehr Pflege als das eines Glatthaar-Meerschweinchens.

English Crested, cremefarben

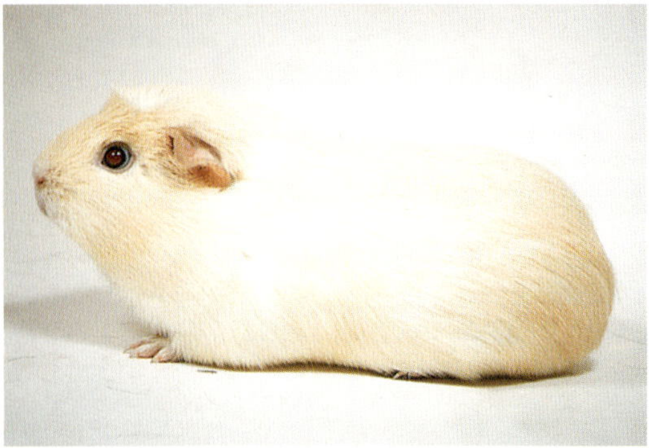

English Crested mit Satinfell

English Crested, schildpatt-lilagold

Körperliche Merkmale

Der Körperbau von Meerschweinchen mit Satinfell entspricht in allen Bereichen exakt dem Körperbau der Glatthaar-Meerschweinchen.

Fell

Meerschweinchen mit Satinfell stammen aus den USA und wurden ursprünglich nur mit glattem Haar gezüchtet. Mittlerweile gibt es auch andere Varietäten mit Satinfell, zum Beispiel Schopf-Meerschweinchen (English Crested), Rosetten-Meerschweinchen und Peruaner. Das Fell dieser Tiere ist weicher als das von Normalhaar-Meerschweinchen. Es weist einen tiefen Glanz auf. Ein feines, dichtes und bis zur Haarwurzel glänzendes Fell wird erwünscht. Das Fell ist ungefähr 3 Zentimeter lang und liegt flach am Körper an. Meerschweinchen mit Satinfell haben ebenso wie Glatthaar-Meerschweinchen relativ wenig Unterwolle.

Farben

Meerschweinchen mit Satinfell kommen in verschiedenen Farben vor. Man kann jede gewünschte Farbe mit dieser Fellstruktur erhalten, aber viele Farben sind bei Meerschweinchen mit Satinfell noch nicht anerkannt.
Beliebte Farben sind Rot, Gold, Creme, Buff und Weiß. Daneben gibt es auch Agouti-Meerschweinchen mit Satinfell.

Besonderheiten

Durch Kreuzungen zwischen Meerschweinchen mit Satinfell, Rex- und Langhaar-Meer-

schweinchen sind neue Varietäten entstanden, wie das Rexmeerschweinchen mit Satinfell und das Langhaar-Meerschweinchen mit Satinglanz.
Diese Varietäten werden derzeit nur in einer kleinen Anzahl gezüchtet und sind in den meisten Ländern noch nicht anerkannt. Dies gilt auch für die Schopf-Meerschweinchen mit Satinfell.

English Crested (Schopf-Meerschweinchen)

Eigenschaften

English Crested nennt man in Deutschland auch „Schopf-Meerschweinchen", wobei die englische Bezeichnung „crested" („gekrönt") treffender ist.
Die Schwierigkeit beim Züchten von English Crested liegt darin, dass die Krone am richtigen Platz – mitten auf der Stirn – sitzen und möglichst groß sein muss. Oft ist sie zu klein

English Crested, schwarz

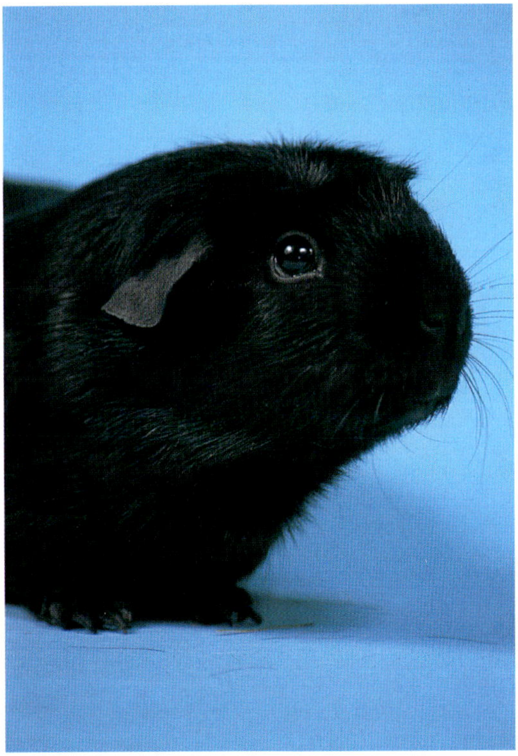

English Crested, goldagouti

oder besteht aus mehreren Wirbeln, an denen das Haar auseinander fällt.
Die Krone wird dominant vererbt, sodass die Kreuzung zwischen einem Glatthaar-Meerschweinchen und einem English Crested ebenfalls gekrönte Nachkommen ergibt.
Das Fell der English Crested benötigt mehr Pflege als das von Glatthaar-Meerschweinchen und Meerschweinchen mit Satinfell. Charakterlich unterscheiden sie sich nicht von den übrigen Varietäten.

Körperliche Merkmale

English Crested haben den gleichen Körperbau wie Glatthaar-Meerschweinchen.

Fell

Das Fell der English Crested ist glatt mit wenig Unterwolle. Die Haare sind etwa 3 Zentimeter lang und liegen am Körper an. Charakteristisch für diese Meerschweinchen ist ihre Krone, die sich auf der Stirn befindet. Sie muss rund und

Junge American Crested

American Crested, rot

American Crested, gold

möglichst groß sein. An dieser Stelle fallen die Haare wie an einem Wirbel nach allen Seiten auseinander.
Bei den English Crested hat die Krone dieselbe Farbe wie das übrige Fell, ohne ein einziges anders gefärbtes Haar.

American Crested, schwarz

Farben

English Crested können in vielen verschiedenen Farben gezüchtet werden. Die häufigsten Farben sind jedoch Agouti und einfarbig Schwarz, Rot, Weiß und Creme.

American Crested (Schopf-Meerschweinchen)

Eigenschaften

American Crested sind in vielen Ländern äußerst beliebt. Das Züchten dieser Tiere ist nicht leicht, da ein gutes Ausstellungstier eine perfekt geformte und platzierte, rein weiße Krone mitten auf der Stirn haben muss. Das Weiß der Krone muss scharf begrenzt und darf nicht zu umfassend sein, da der äußere Bereich der Krone der Fellfarbe des Körpers entsprechen muss.
American Crested haben den gleichen Charakter wie die anderen Meerschweinchen und ihr kurzhaariges Fell ist leicht zu pflegen. Die Krone vererbt sich dominant, das bedeutet, dass die Paarung zwischen einem Glatthaar-Meerschweinchen und einem American Crested nur gekrönte Junge liefert.

Körperliche Merkmale

American Crested unterscheiden sich in Charakter und Körperbau nicht von anderen Meerschweinchenrassen. Ihr Körper ist leicht gedrungen, fleischig, muskulös und abgerundet. Die Pfötchen sind kurz, fleischig und gerade.

Rosetten-Meerschweinchen, rot

Fell

American Crested unterscheiden sich dadurch von English Crested, dass ihre Krone weiß ist und zum übrigen Körper einen starken Kontrast bildet. Auf Ausstellungen wird vor allem Wert darauf gelegt, dass die ganze Krone weiß ist.
Ansonsten hat das Fell die gleichen Eigenschaften wie das der Glatthaar-Meerschweinchen und der English Crested, es hat also wenig Unterwolle, liegt glatt an, glänzt und ist ungefähr 3 Zentimeter lang.

Farben

American Crested werden in verschiedenen Farben gezüchtet, unter anderem einfarbig Rot und Schwarz, aber auch Gold und Buff, wobei die Krone stets weiß ist. Am häufigsten sind bei den American Crested Tiere mit einem rotem Fell.

Rosetten-Meerschweinchen (Abessinier, Wirbelhaar)

Eigenschaften

Rosetten-Meerschweinchen kommen ursprünglich aus Großbritannien. Man nennt sie auch Abessinier oder Wirbelhaar. Sie sind neben den Glatthaar-Meerschweinchen am populärsten. Vor allem als Heimtiere sind sie sehr beliebt, aber auch auf Ausstellungen sieht man sie regelmäßig. Dabei ist das Züchten von guten Ausstellungstieren nicht leicht, denn es

Rosetten-Meerschweinchen, brindle

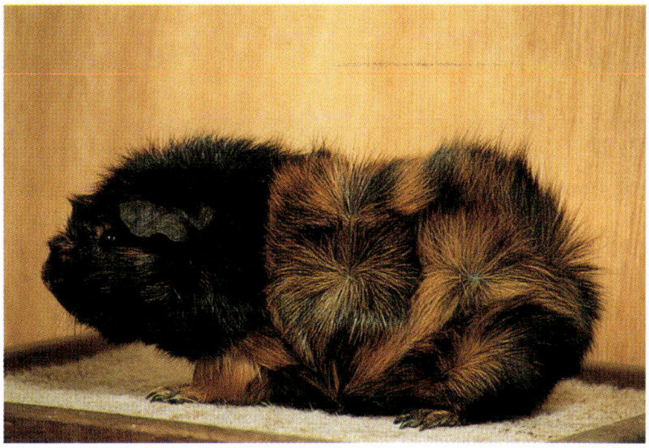

Dreifarbiges Rosetten-Meerschweinchen

Rosetten-Meerschweinchen, gemischter Schimmel

wird viel Wert auf die richtige Anzahl, Form und Platzierung der Rosetten gelegt. Zwei Tiere mit perfekten Rosetten bekommen nicht automatisch qualitativ gute Nachkommen, sodass bei der Zucht dieser Tiere neben genauen Kenntnissen auch Glück eine Rolle spielt.
Hinzu kommt, dass diese Fellvariation ganz spezielle Eigenschaften hat: Die Ohren, die bei einem guten Ausstellungsexemplar nach unten hängen müssen, bleiben beim Jungtier lange

Richtig ausgebildete Rosette

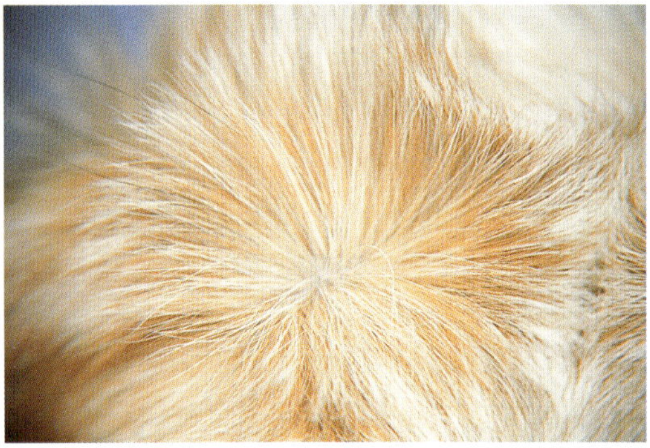

Rosetten auf der Nase

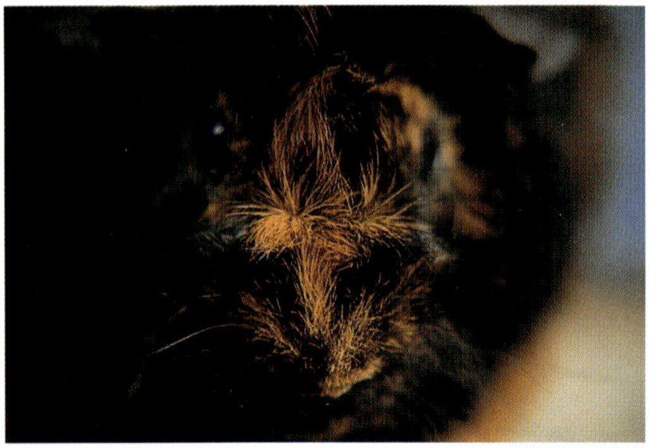

Rosetten-Meerschweinchen

aufrecht stehen. Ausgewachsene Tiere sollten dann die gewünschten Hängeohren haben.
Rosetten-Meerschweinchen sind genauso problemlos zu pflegen wie andere Meerschweinchen. Das Fell dieser Tiere ist zwar etwas länger, verklebt aber aufgrund der mangelnden Unterwolle kaum.
Rosetten-Meerschweinchen vererben sich dominant. Das bedeutet, dass die Kreuzung von einem Abessinier mit einem Glatthaar-Meer-

Falsch ausgebildete Rosette

schweinchen immer Junge mit Rosetten ergibt. Allerdings sind bei den Jungen aus solchen Kreuzungen die Rosetten meistens nicht so korrekt platziert.

Körperliche Merkmale

Rosetten-Meerschweinchen haben den gleichen Körperbau wie die anderen Meerschweinchenrassen. Durch die Platzierung der Rosetten, unter anderem auf dem Hinterleib, kommen die hohen Schultern weniger zur Geltung, sodass Vorder- und Hinterpartie gleich hoch wirken.

Fell

Rosetten-Meerschweinchen haben ein etwas längeres Fell als Glatthaar-Meerschweinchen. Die Haare sind ungefähr 3,5 Zentimeter lang und fühlen sich spröde an. Die Rosetten sind über den ganzen Körper verteilt.
Ein gutes Ausstellungstier hat auf jeder Körperseite – möglichst symmetrisch angeordnet –

Rex-Meerschweinchen, schwarz

Dreifarbiges Rex-Meerschweinchen

Rex-Meerschweinchen, rotbunt

Weißes Rex-Meerschweinchen mit roten Augen

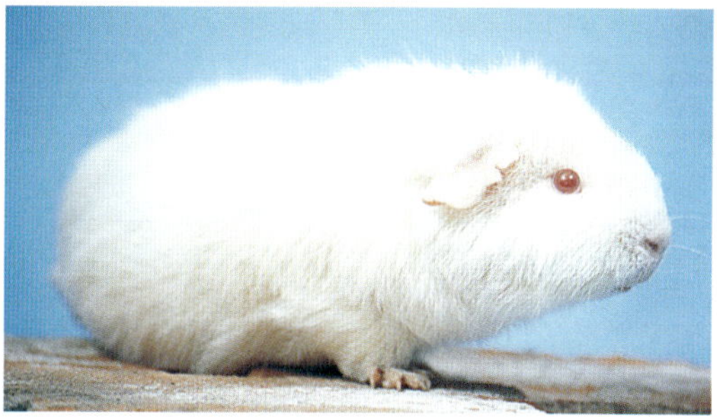

vier Rosetten. Auch auf dem Hinterleib hat ein gutes Meerschweinchen vier Rosetten.
Form und Größe der Rosetten spielen auf Ausstellungen eine entscheidende Rolle. Die Rosetten sollen möglichst groß und rund und auch in der Mitte gut behaart sein. Die Haare wachsen von einem Punkt in der Mitte der Rosette nach außen. Oft befinden sich auch auf der Nase kleine Rosetten.
Über den Rücken verläuft als Folge der Rosetten auf beiden Körperseiten ein Kamm abstehender Haare. Dadurch dass das Haar spröde und halblang ist, bleibt der Kamm beständig aufrecht stehen.
Es kann anderthalb Jahre dauern, bis ein Abessinier seine volle Schönheit entfaltet hat. Jüngere Tiere sind deshalb auf Ausstellungen kaum zu finden.

Farben

Rosetten-Meerschweinchen können in vielen verschiedenen Farben gezüchtet werden. Bis heute gibt es sie meist einfarbig in Schwarz, Rot und Weiß. Auch dreifarbige und gestreifte (brindle) Abessinier sowie Abessinier mit Schildpattzeichnung kommen häufig vor. Daneben werden diese Tiere in Agouti und Schimmel (roan) gezüchtet.

Rex-Meerschweinchen

Eigenschaften

Rex-Meerschweinchen gibt es noch nicht so lange. Sie haben sich in Liebhaberkreisen aber schon einen festen Platz erobert.
Die Mutation, die das krause Haar verursacht, vererbt sich rezessiv. Eine Kreuzung zwischen

Junges dreifarbiges Rex-Meerschweinchen

Bunte Rex-Meerschweinchen, gelbbunt und silberagouti

Rex- und Normalhaar-Meerschweinchen ergibt also stets normalhaarige Nachkommen. Wenn man aber Tiere paart, die beide Träger des Kraushaar-Faktors sind, wird ein bestimmter Prozentsatz der Jungen (reinerbig) ein Rex-Fell haben. Die Kreuzung von zwei Rex-Meerschweinchen ergibt nur Rex-Nachkommen. In den USA laufen Rex-Meerschweinchen unter dem Namen „Teddy“.

Körperliche Merkmale

Rex-Meerschweinchen sollten den gleichen Körperbau haben wie Glatthaar-Meerschweinchen.

Fell

Ein schönes Rex-Meerschweinchen hat krauses, sehr raues Haar, das vom Körper absteht. Ganz oder teilweise glatt anliegendes Fell wird auf Ausstellungen nicht gern gesehen. Das Fell muss schön dicht sein. Die Haare sind relativ kurz und federn nach. Normalerweise ist das Fell an Kopf und Bauch etwas kürzer als am übrigen Körper.

Farben

Rex-Meerschweinchen kommen in vielen verschiedenen Farben vor, aber nicht alle sind offiziell anerkannt. Dreifarbige Rex-Meerschweinchen sind derzeit besonders gefragt, aber auch einfarbig schwarze, weiße oder rote Rex-Meerschweinchen sind sehr beliebt.

Besonderheiten

In den USA und einigen europäischen Ländern haben Züchter Rex-Meerschweinchen mit dem Satin-Faktor kombiniert, sodass es diese Rasse heute auch mit glänzendem Fell gibt.

Langhaar-Meerschweinchen (Peruaner)

Eigenschaften

Langhaarige Meerschweinchen, auch Peruaner genannt, sind beliebte Heimtiere. Eine opti-

Langhaar-Meerschweinchen (Peruaner), schwarzbunt

Besonders hübsches Langhaar-Meerschweinchen

Buntes Langhaar-Meerschweinchen (Peruaner)

Sheltie, schildpatt

Dreifarbiges Sheltie

male Fellpflege verlangt bei diesen Tieren vom Besitzer viel Aufmerksamkeit und Zeit. Wegen der langen Haare sollte man Peruaner nicht auf Sägespänen, sondern auf Heu halten. Jeden Tag muss das Fell nach Heu und Fusseln abgesucht werden. Kämmen Sie Ihre Langhaar-Meerschweinchen täglich, damit das Fell nicht verklebt. Wer seine Peruaner auf Ausstellungen präsentiert, dreht die Haare der Tiere zum Schutz vor Spliss meist auf Papier-Papilotten.

Sheltie mit Satinfell, rotbunt

Wenn man das nicht tut, können die Haare abbrechen und verzotteln, was für die Tiere sehr unangenehm ist. Wenn Sie ein Langhaar-Meerschweinchen als Heimtier halten, ist es ratsam, die Haare ab und zu ein wenig zu schneiden. Die Schönheit des Meerschweinchens wird dadurch nicht beeinträchtigt und die Fellpflege ist weniger intensiv. Auch Tieren, mit denen gezüchtet wird, wird das Fell gestutzt.
Langes Haar vererbt sich rezessiv. Das bedeutet, dass langhaarige Junge zum einen aus der Kreuzung eines langhaarigen mit einem normalhaarigen Tier, das Träger des Langhaar-Faktors ist, entstehen können, zum anderen aber auch aus der Kreuzung zweier nicht langhaariger Meerschweinchen, die dann beide Träger des Langhaar-Faktors sein müssen.

Körperliche Merkmale

Peruaner sollten den gleichen Körperbau haben wie alle anderen Meerschweinchenrassen. Durch das lange Haar ist der Körperbau allerdings oft nicht so genau zu beurteilen wie beispielsweise bei Glatthaar-Meerschweinchen.

Fell

Das Fell der Langhaar-Meerschweinchen glänzt und fühlt sich weich an. Nur vorne an der Schnauze ist es kurz. Da Peruaner auf dem Kopf eine Rosette haben, fällt das lange Haar zu einer Art Pony. Wenn das Tier älter wird, wird der Pony immer länger, sodass die Schnauze nicht mehr zu sehen ist. Der Scheitel verläuft in der Mitte des Rückens. Peruaner haben auf jeder Hüfte eine Rosette, die unter dem langen Haar nur schwer oder gar nicht erkennbar ist. Außerdem haben die Tiere am Hinterleib einige besonders lange Haare, für die es keine maximale Länge gibt.

Farben

Peruaner werden in vielen verschiedenen Farben gezüchtet, darunter einfarbig Rot, Schwarz und Weiß. Aber auch dreifarbige und bunte sowie Peruaner mit Schildpattfärbung kommen vor.

Besonderheiten

In jungen Jahren zeigt das Langhaar-Meerschweinchen sein schönstes Fell. Bei älteren Tieren ist das Fell oft etwas rauer und hat weniger Glanz. Inzwischen gibt es auch Peruaner mit Seidenglanz. Diesen Tieren bleibt unter Einfluss des Satin-Faktors der Glanz des Fells das ganze Leben lang erhalten.

Shelties (Peruanische Seidentiere)

Eigenschaften

Shelties sind den Langhaar-Meerschweinchen sehr ähnlich. Einen Unterschied gibt es aber:

Shelties

Sheltie, rotbunt

Texel-Meerschweinchen, rot

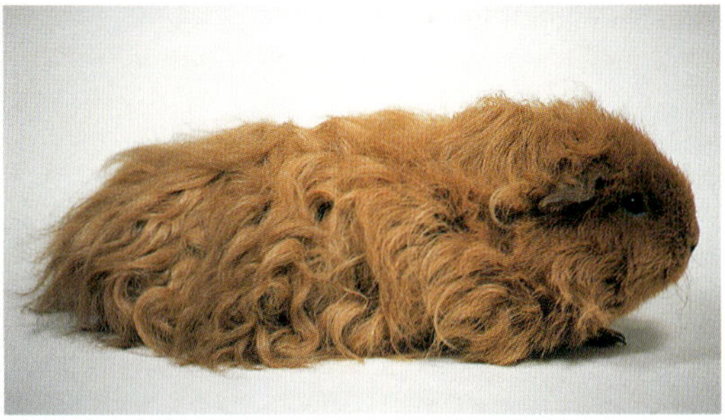

Besonders schönes rotbuntes Texel-Meerschweinchen

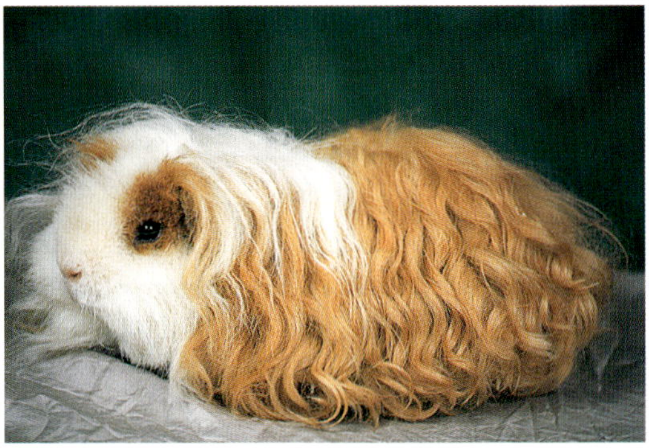

Es fehlt die Rosette auf dem Kopf. Dadurch wächst das lange Haar mehr nach hinten, anstatt als Pony in die Stirn zu fallen.
Genau wie die Peruaner benötigen auch die Shelties eine intensive Fellpflege. Aus diesem Grund sind diese Meerschweinchen für Menschen, die keine Zeit für das tägliche Kämmen, Bürsten und Entwirren der Haare haben, als Heimtiere nicht geeignet.
Auf Ausstellungen wird viel Wert auf ein möglichst langes Fell gelegt. Es ist nicht leicht, die gewünschte Länge zu erreichen. Indem Sie die Haare auf Papilotten drehen, können Sie sie vor Beschädigung und vor Verfilzung schützen. Wie alle Meerschweinchen sind auch die Shelties freundliche, gutmütige Tiere.

Körperliche Merkmale

Shelties sollten den gleichen Körperbau haben wie alle anderen Meerschweinchenrassen.

Fell

Shelties haben lange Haare. Von den zuvor beschriebenen Peruanern unterscheiden sie sich

durch die fehlende Rosette auf dem Kopf, wodurch das lange Kopfhaar nicht nach vorne, sondern nach hinten wächst.
Shelties haben auch keine Rosetten auf dem Hinterleib. Das Haar fällt auf dem Rücken kaum zum Scheitel. An den Backen haben Shelties einen kleinen Bart, der in die Körperbehaarung übergeht. Auf Ausstellungen erzielen Tiere mit dicken Büscheln langer Haare am Hinterleib gute Bewertungen.

Farben

Shelties kommen in verschiedenen Farben vor. Häufig sieht man dreifarbige Shelties (eine Kombination von Schwarz, Rot und Weiß), schwarz- und rotbunte, schildpattfarbene (schwarz und rot) sowie einfarbig rote, weiße und schwarze Tiere.

Besonderheiten

Bis zu einem Alter von zwei Jahren sieht das Sheltie am vorteilhaftesten aus. Danach fühlt sich das Fell nicht mehr so weich an und verliert immer mehr an Glanz.
Shelties werden inzwischen auch mit Satinfell gezüchtet. Unter Einfluss des Satin-Faktors behalten die Tiere das ganze Leben lang ihren Glanz.

Texel-Meerschweinchen

Eigenschaften

Texel-Meerschweinchen sind Kreuzungen aus

Texel-Meerschweinchen, schildpatt

Texel-Meerschweinchen, dreifarbig

Shelties und Rex-Meerschweinchen. Sie sind noch nicht so weit verbreitet wie die Langhaar-Meerschweinchen, konnten aber in kürzester Zeit unter Liebhabern schon eine große Fangemeinde aufbauen. Die Fellpflege der Texel-Meerschweinchen ist zeitraubend, denn das Fell ist nicht nur lang – und verfilzt deshalb leicht –, sondern auch gelockt, was es noch schwieriger macht, die Haare in einem guten Zustand zu erhalten.
Wenn ein Texel-Meerschweinchen auf eine Ausstellung soll, muss sein Fell zuvor gebürstet, gekämmt und nach verklebten und losen Haaren abgesucht werden. Da das Fell hierbei glatt gezogen wird, ist es ratsam, es hinterher mit ein wenig Wasser aus der Pflanzenspritze einzusprühen und die Locken mit der Hand wieder einzukneten. Natürlich darf man diese Tiere auf keinen Fall auf Sägespänen halten, da diese die Haare verkleben. Als Einstreu geeignet ist Heu oder langes Stroh.

Körperliche Merkmale

Texel-Meerschweinchen haben, abgesehen vom Fell, die gleichen Merkmale wie die anderen Meerschweinchenrassen.

Fell

Texel-Meerschweinchen sind zum ersten Mal in Großbritannien gezüchtet worden. Sie haben gewelltes, langes Haar, das sich ganz weich anfühlt.
Das Haar muss glänzen und darf keine lichten Stellen zeigen. Es muss außerdem möglichst dicht stehen.
Das Kopfhaar wächst über den Rücken nach hinten. An der Schnauze ist das Haar kürzer als am übrigen Körper. In der Mitte des Rückens verläuft beim Texel-Meerschweinchen ein Scheitel. Auf dem Bauch bilden die Haare kleinere Locken. Ein längeres Haarbüschel am Hinterleib ist auf Ausstellungen besonders gefragt.
Das Haar des Texel-Meerschweinchens muss ungefähr 12 Zentimeter lang sein.

Farben

Texel-Meerschweinchen kommen in vielen verschiedenen Farben vor. Rote, weiße und rotbunte Tiere sind derzeit am häufigsten zu finden, aber auch Texel-Meerschweinchen mit Russenabzeichen sowie agoutifarbene und dreifarbige Texel-Meerschweinchen kommen vor, sie sind allerdings nicht in allen Ländern anerkannt.

Besonderheiten

Inzwischen wird auch der Satin-Faktor bei den Texel-Meerschweinchen gezüchtet, sodass es diese Rasse jetzt auch mit einem seidig glänzenden Fell gibt. Bis heute sind diese Tiere allerdings noch nicht anerkannt und eher selten anzutreffen.

Merino-Meerschweinchen

Merino-Meerschweinchen

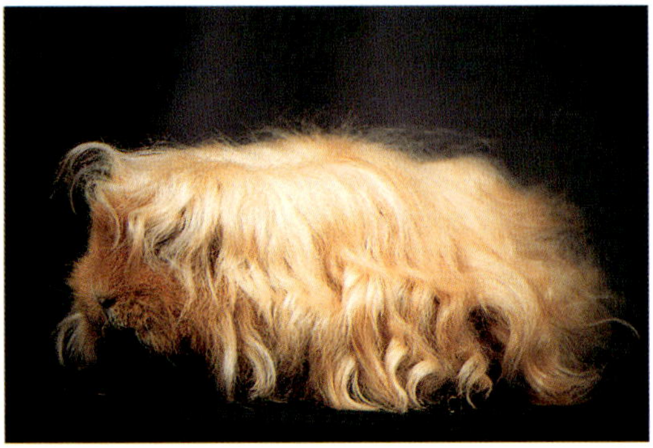

Merino-Meerschweinchen

Eigenschaften

Merino-Meerschweinchen brauchen die gleiche Pflege wie Texel-Meerschweinchen. Das macht sie für Tierfreunde, die wenig Zeit haben oder nicht viel Zeit mit der Fellpflege zubringen möchten, zu ungeeigneten Heimtieren. Die Einstreu für Merino-Meerschweinchen sollte nicht aus Sägespänen bestehen, da diese sich im Fell verfangen. Besser geeignet ist Stroh oder Heu.

Körperliche Merkmale

Merino-Meerschweinchen haben den gleichen Körperbau wie die anderen Meerschweinchenrassen.

Fell

Diese langhaarigen Meerschweinchen haben ein gelocktes Fell mit zwei Rosetten. Sie sind eine gelungene Kombination aus Peruanern und Texel-Meerschweinchen.

Farben

Merino-Meerschweinchen werden in verschiedenen Farben gezüchtet, unter anderem einfarbig rot, schwarz, creme und weiß. Auch bunte und dreifarbige Tiere dieser Rasse gibt es.

Besonderheiten

Merino-Meerschweinchen sind beim breiten

Publikum noch nicht so bekannt. Auch auf Ausstellungen sind sie wenig zu sehen, da sie noch nicht offiziell anerkannt sind.
Inzwischen gibt es auch Merino-Meerschweinchen mit Satinfell.

Coronet-Meerschweinchen

Eigenschaften

Coronet-Meerschweinchen brauchen die gleiche Pflege wie Texel-Meerschweinchen. Auch diese Rasse ist nicht für Menschen geeignet, die wenig Zeit oder keinen Sinn für tägliches Kämmen und Bürsten haben. Eintreu aus Sägespänen ist für diese Rasse ebenfalls ungeeignet, da sich die Späne im Fell festsetzen. Stroh oder Heu ist besser geeignet.

Körperliche Merkmale

Coronet-Meerschweinchen haben den gleichen Körperbau wie Normalhaar-Meerschweinchen.

Fell

Das Coronet-Meerschweinchen ist ein Sheltie mit Rosette auf der Stirnmitte. Sein Kopfhaar ist kurz.

Farben

Coronet-Meerschweinchen werden in verschiedenen Farben gezüchtet, unter anderem in Rot, Weiß, Schwarz und Creme. Es gibt auch bunte und dreifarbige Tiere.

Alpaka-Meerschweinchen

Besonderheiten

Inzwischen ist auch bei Coronet-Meerschweinchen der Satin-Faktor gezüchtet, sodass es sie ebenfalls mit einem glänzenden Satinfell gibt. Beide Varietäten sind noch nicht anerkannt und recht selten.

Alpaka-Meerschweinchen

Eigenschaften

Alpaka-Meerschweinchen brauchen die gleiche Pflege wie Texel-Meerschweinchen. Sie sind nicht für Menschen geeignet, die nur wenig Zeit für das tägliche Kämmen und die Fellinspektion auf verfilzte Stellen und andere Unregelmäßigkeiten haben. Da Sägespäne im Fell hängen bleiben, sollte man ein Alpaka-Meerschweinchen besser auf Stroh halten.

Körperliche Merkmale

Alpaka-Meerschweinchen haben den gleichen Körperbau wie Normalhaar-Meerschweinchen.

Fell

Das Fell der Alpaka-Meerschweinchen ist lang und ebenso lockig wie das der Texel-Meerschweinchen. Alpaka-Meerschweinchen unterscheiden sich von diesen jedoch durch die typische Stirnrosette.

Farben

Alpaka-Meerschweinchen werden in verschiedenen Farben gezüchtet, zum Beispiel einfarbig Rot, Creme, Schwarz und Weiß.

Besonderheiten

Inzwischen gibt es auch Alpaka-Meerschweinchen mit glänzendem Satinfell. Bis heute sind sie jedoch nicht offiziell anerkannt und relativ selten.

10. Kaninchenrassen

Große Rassen

Drei Wochen alter Deutscher Riese, hasengrau

Deutsche Riesen

Herkunft

Die Deutschen Riesen sind mit einer Körperlänge von ungefähr 72 Zentimetern und einem Normalgewicht von 7 Kilogramm die größte Kaninchenrasse der Welt. Die Deutschen Riesen sind aus den Belgischen Riesen, auch Flanderische Riesen genannt, hervorgegangen, die in Belgien bereits im frühen 19. Jahrhundert mehr oder weniger reinrassig gezüchtet wurden.

Man nimmt an, dass die Belgischen Riesen von anderen großen Kaninchen, den Patagoniern, abstammen, die inzwischen jedoch ausgestorben sind. Patagonier gab es häufig in Belgien, aber auch in Frankreich.

Mehrere Quellen belegen, dass die Flanderischen Riesen bereits im 16. Jahrhundert in der Gegend um Gent nahezu reinrassig gezüchtet wurden und damals unter dem Namen „Genter Riesen“ bekannt waren. Es soll zu dieser Zeit schon diverse Klubs gegeben haben, die sich mit dieser Rasse beschäftigten. Leider ist aus dieser Zeit so wenig schriftlich belegt, dass man über die Entwicklung der Rasse in der Zeit vor dem 19. Jahrhundert kaum etwas weiß.

Mitte des 19. Jahrhunderts taucht in der Literatur erstmals der Name Flanderischer Riese auf. Die Tiere wurden in großem Stil gezüchtet, wobei sich die Zuchtstationen vor allem auf den Raum Gent konzentrierten. 1880 scheinen auch Kaninchenzüchter aus anderen Ländern Interesse an dieser Rasse bekundet zu haben, denn die ersten registrierten Kaninchenexporte nach Deutschland datieren aus diesem Jahr.

Anfangs wurden die Deutschen Riesen nur in der Hasenfarbe und in Eisengrau gezüchtet, später auch in Weiß. Da diese Tiere schlanker gebaut sind, sah man sie eine Zeit lang als eigenständige Rasse auf Ausstellungen. Auch heute noch werden weiße Exemplare in einigen Ländern gesondert von den gefärbten Deutschen Riesen bewertet, nur das Gewicht ist weitgehend standardisiert.

Durch Kreuzungen mit anderen Rassen, wie zum Beispiel mit Riesenschecken und Von-Beveren-Kaninchen, sind weitere Farben ent-

Links: *Junger Deutscher Riese, hasengrau*

Deutscher Riese, hasengrau (Weibchen)

Deutscher Riese, hasengrau

Deutscher Riese, eisengrau

Deutsche Riesen können mehr als 7 Kilogramm wiegen.

standen. Inzwischen gibt es bei den Deutschen Riesen viele Fellfarben und die Rasse hat auf der ganzen Welt Liebhaber gefunden.

Eigenschaften

Obwohl Deutsche Riesen überaus beliebt bei Züchtern sind und meist in großer Zahl auf Ausstellungen in aller Welt vertreten sind, sind diese Tiere als Heimtiere für Kinder nicht besonders begehrt. Der Nachteil bei der Haltung von Deutschen Riesen liegt darin, dass der Unterhalt wesentlich teurer ist als bei anderen Kaninchenrassen. Die Tiere brauchen einen geräumigen Stall und fressen viel. Da sie sehr schwer werden, können sie von Kindern nicht allein versorgt werden. Die meisten Deutschen Riesen zeichnen sich durch ein gutmütiges, verlässliches und ruhiges Wesen aus.

Körperliche Merkmale

Die Deutschen Riesen sind die größte Kaninchenrasse der Welt. Ausgewachsene Tiere müssen ein Mindestgewicht von 5,5 Kilogramm haben. Das Normalgewicht liegt bei etwa 7 Kilogramm, dem Höchstgewicht sind keine Grenzen gesetzt. Man sollte jedoch darauf achten, dass das hohe Gewicht nicht nur die Folge einer fettreichen und unsinnigen Ernährungsweise ist.
In manchen Ländern wird der weiße Farbenschlag auch heute noch als eigenständige Rasse

Junger Deutscher Riese, schwarz

Besonders schöner weißer Deutscher Riese

Deutscher Riese, eisengrau

geführt und die Tiere dürfen leichter sein als ihre gefärbten Gegenstücke.
Deutsche Riesen haben einen großen, gestreckten Körper und einen breiten Rücken. Die Körperlänge beträgt mindestens 65 Zentimeter. Die Läufe sind mittellang, gerade, muskulös und kräftig. Die Rückenlinie muss gerade, das Hinterteil fleischig und schön abgerundet sein. Der Kopf ist kräftig und breit, die Backen sind voll. Ein deutlicher Unterschied besteht zwischen dem Kopf des Rammlers und dem der Häsin, die einen weniger imposanten Kopf hat. Die gut behaarten Ohren sind groß und dick. Sie werden in V-Form aufrecht getragen und sind ungefähr 18 Zentimeter lang.

Fell

Das Fell des Deutschen Riesen ist etwa 4 Zentimeter lang, griffig und hat eine dichte Unterwolle. Der Standard verlangt ein anliegendes Fell mit herrlichem Glanz.

Farben

Deutsche Riesen werden in vielen Farben gezüchtet, sowohl in wildfarben (agouti) als auch einfarbig. Geschecktes Fell gibt es bei dieser Rasse nicht.

WILDFARBEN

Bei den wildfarbenen Deutschen Riesen ist jedes Haar in verschiedenen Farben gebändert. Die Farbe direkt über der Haut wird Unterfarbe genannt. Bei vielen Deutschen Riesen ist diese grau. Die Farbe an den Haarspitzen nennt man Schattierung (Ticking). Meist handelt es sich um Schwarz oder Blau. Die Farbe dazwischen ist die Deck- oder Zwischenfarbe. Diese ist meistens lichtbraun oder grau in verschiedenen Abstufungen. Man kann diese drei Farben gut sehen, wenn man in das Fell bläst.
Weitere Merkmale der Wildfarbe sind der hellere Farbton an Bauch, Rück- und Innenseiten der Läufe, die helle Unterseite der Blume und

die hellen Ränder rund um die Augen. Am dunkelsten sind die Spitzen der Ohren.
Wildfarbene Deutsche Riesen werden unterteilt in hasenfarben (rötliche Deckfarbe, schwarze Schattierung, braune Augen), hasengrau (helle braungraue Deckfarbe, schwarze Schattierung, braune Augen), blaugrau (hellbraune Deckfarbe, blaugraue Schattierung, blaue Augen), eisengrau (hellgraue Deckfarbe, schwarze Schattierung, braune Augen) und blaubraungrau (hellgraue Deckfarbe, blaue Schattierung, blaue Augen).
Die Farbe Gelb liegt zwischen wildfarben und einfarbig. Tiere mit dieser Farbe sind eigentlich wildfarben, jedoch ohne Schattierung. Auch sie haben einen hell gefärbten Bauch und helle Ränder um die Augen. Gelbe Deutsche Riesen lassen hin und wieder eine zarte Schattierung erahnen, die jedoch nicht erwünscht ist.

Einfarbig

Einfarbige Deutsche Riesen haben keine Schattierung oder andere Kennzeichen der Wild-

Deutscher Riese im Farbenschlag Gelb

Deutscher Riese, hasengrau

Deutscher Riese, hasengrau (Weibchen)

Deutscher Riese, blau

farbe. Das Fell ist vollkommen einfarbig, ohne anders gefärbte Haare. Bauch und Augenringe haben dieselbe Farbe wie der übrige Körper. Der Bauch und die Unterseite der Blume sind manchmal ein wenig matter gefärbt, aber nie heller.
Einfarbige Deutsche Riesen gibt es unter anderem in Blau mit blauen Augen, in Schwarz mit braunen Augen und in Weiß mit roten Augen.

Besonderheiten

In Großbritannien gezüchtete Deutsche Riesen weichen in verschiedener Hinsicht von den auf dem europäischen Festland gezüchteten Tieren ab. So sind sie dort meist etwas leichter (Mindestgewicht 5 Kilogramm) und außerdem nur in der Farbe Eisengrau mit einer Schattierung am gesamten Körper anerkannt.

British Giant (Englische Riesen)

Herkunft

In Großbritannien sind nur eisengraue Flanderische Riesen anerkannt. Es gab schon Züchter, die auch andere Farben einführen wollten, nicht zuletzt, da sie den eisengrauen Flanderischen Riesen in ihrem Land zu klein fanden, und dachten, das hinge mit der Fellfarbe zusammen. Sie beschlossen deshalb, Flanderische Riesen mit anderen Fellfarben aus den USA zu importieren und diese als eigenständige Rasse zu züchten. Der Name dieser Rasse ist: British Giant.
Die ersten amerikanischen Exporte erreichten Großbritannien Ende der 40er Jahre. Gleichzeitig wurde der *British Giant Club* gegründet.

British Giant, weiß

Dieser löste sich jedoch wieder auf, was den Aufstieg der Rasse bremste. Erst viel später, im Jahr 1981, formierte sich ein neuer Klub, der sich für die Zucht von British Giants einsetzte. Da überall in der Welt Flanderische Riesen in diversen Farbenschlägen gezüchtet werden, besteht kein Bedarf, die englische Variante zu importieren. Der British Giant kommt als Folge davon außerhalb Großbritanniens nicht vor.

Eigenschaften

British Giants zeichnen sich ebenso wie Flanderische Riesen durch ein gutmütiges, verlässliches und ruhiges Wesen aus. Als Heimtier für Kinder ist diese Rasse jedoch nicht geeignet, da die Tiere zu groß und zu schwer werden.

Körperliche Merkmale

Für Häsinnen gilt ein Mindestgewicht von 6 Kilogramm, für Rammler liegt die Untergrenze bei 5,5 Kilogramm.

Fell

Das Fell der Englischen Riesen hat eine normale Länge und eine durchschnittliche Menge Unterwolle.

Farben

British Giants sind in den Fellfarben Schwarz, Blau, Hasengrau (helle, braungraue Deckfarbe, schwarze Schattierung, braune Augen) und

Eisengrau (lichtgraue Deckfarbe, schwarze Schattierung, braune Augen) bekannt. Daneben gibt es weiße Tiere mit roten Augen (Albinos) und mit blauen Augen.

Blanc de Bouscat (Weiße von Bouscat)

Herkunft

Die Blanc de Bouscat (Weiße von Bouscat) sind eine französische Rasse, die von Paul Dulon erstmals gezüchtet wurde. Angeblich ist sie durch Kreuzungen zwischen weißen Flanderischen Riesen, Angorakaninchen und Argenté de Champagne entstanden.
Durch das ausschließliche Weiterzüchten mit den Albinos aus diesen Kreuzungen ist schließlich eine weiße Rasse mit roten Augen entstanden. Seit 1910 wird sie regelmäßig auf Ausstellungen gezeigt. Aber erst 1924 wurde sie von der französischen Kaninchenzüchtervereinigung anerkannt.
Außerhalb Frankreichs und der benachbarten Länder hat die Rasse bis heute nur wenige Liebhaber gefunden. In Großbritannien kommt sie selten vor, in den USA ist diese Rasse vollkommen unbekannt.

Polenkaninchen und British Giant: die kleinste und die größte britische Kaninchenrasse

Eigenschaften

Blanc de Bouscats sind generell ruhige Tiere mit einem ausgeglichenen Charakter. Sie werden ausschließlich von Kaninchenzüchtern gehalten.

Körperliche Merkmale

Blanc de Bouscats ähneln stark dem Flanderischen Riesen, haben jedoch eine elegantere Figur. Der Körper ist lang gestreckt, der Rücken gewölbt. Der Kopf ist gut geformt und zeigt im Profil eine gewölbts Nase. Die Ohren sind behaart, durchschnittlich 15 bis 18 Zentimeter lang und stehen v-förmig aufrecht.
Es wird ein Mindestgewicht von 5 Kilogramm erwartet, die meisten Tiere sind allerdings schwerer. Nach oben sind dem Gewicht keine Grenzen gesetzt.

Fell

Vorgeschrieben ist eine Mindesthaarlänge von 3 Zentimetern.

Riesenschecke, havannabraun

Riesenschecke, schwarz

Junger Riesenschecke

Riesenschecke, blau

Schwarzer Riesenschecke, Häsin

Farben

Kaninchen dieser Rasse gibt es nur in einer Farbe: reines Weiß. Die Augen der Blanc de Bouscats sind stets rot.

Riesenschecken

Herkunft

Die größte Kaninchenrasse nach den Deutschen Riesen sind die Riesenschecken. Diese Rasse ist Ende des 19. Jahrhunderts in Lothringen durch die Kreuzung von Flanderischen Riesen mit kräftigen französischen Widderkaninchen und gescheckten Schlachtkaninchen, die damals in Frankreich viel gehalten wurden, entstanden.
Die Kreuzungen hatten zunächst keine neue hübsche Kaninchenrasse zum Ziel, sondern eine neue Fleischrasse: Groß wie Flanderische Riesen, kompakt wie kleine französische Widder und robust wie Schlachtkaninchen. Die Züchter hatten Erfolg, wenn man bedenkt, dass die Vorläufer der heutigen Riesenschecken ein Gewicht zwischen 6 und 7 Kilogramm erreichen konnten.
Von der typischen Zeichnung, die so charakteristisch für die Riesenschecken ist, konnte damals noch keine Rede sein, denn die Tiere waren überwiegend bunt oder wildfarben. Es wurden Tiere nach Deutschland exportiert und

Riesenschecke, Rammler

Das ist ein „Charlie".

In einem Wurf Riesenschecken können auch einfarbig schwarze und fast völlig weiße Tiere vorkommen.

weiterentwickelt. Schließlich wurden diese Kaninchen unter dem Namen „Deutsche Riesenschecken" als Rasse anerkannt. Seit den 20er Jahren wird diese Rasse in vielen Ländern Europas gehalten.
Anfang des Jahrhunderts wurden die ersten Tiere als „Lothringer" nach Amerika exportiert. Sie wurden „American Checkered Giants" genannt und sind an der schwarzen und blauen Fellfarbe zu erkennen.

Auch Großbritannien hat seinen Lothringer: den „Giant Papillon" oder „French Butterfly". Dort wurde die Rasse erst 1994 anerkannt und darf in jeder Farbe gezüchtet werden.

Eigenschaften

Riesenschecken sind relativ ruhige Tiere, die mit ihrer herrlichen Schmetterlingszeichnung auf jeder Ausstellung bewundernde Blicke einheimsen. Diese Rasse gehört zu den Zeichnungsrassen, was bedeutet, dass die Qualität der Abzeichen streng bewertet wird. Als Heimtier für Kinder ist der kleinere handzahme Bruder des Riesenschecken, der Klein-Schecke, beliebter.

Körperliche Merkmale

Riesenschecken sind große Kaninchen, die im Körperbau sehr den Flanderischen Riesen ähneln, aber eleganter sind. Genau wie die Flanderischen Riesen hat diese Rasse einen langen und vor allem kräftigen Körper mit

Riesenschecke, eisengrau

Riesenschecke, schwarzer Rammler mit besonders schöner Zeichnung

einem geraden Rücken. Auf Ausstellungen wird unter anderem auf die Länge der kräftigen und voll behaarten Ohren geachtet. Sie müssen mindestens 16 Zentimeter lang sein und aufrecht stehen.
Für diese Rasse wird ein Mindestgewicht von 5 Kilogramm gefordert. Das Normalgewicht beträgt 6 Kilogramm. Bei diesem Gewicht sollte die Körperlänge bei etwa 68 Zentimetern liegen. Ein Höchstgewicht bzw. eine maximale Größe gibt es nicht.

Fell

Das Fell dieser Tiere ist mittellang und dicht, mit viel Unterwolle. Die Haare liegen an, was einen schönen Glanz ergibt.

Zeichnung

Charakteristisch für diese Rasse ist die besonders schöne Zeichnung auf dem strahlend weißen Fell. Man unterscheidet Kopf- und Körperzeichnung.

Die Kopfzeichnung besteht aus Schmetterling, Augenringen, Dorn, Backenpunkten und gefärbten Ohren.
Der Schmetterling ist ein dunkler Fleck in Schmetterlingsform über der Schnauze. Er muss scharf gezeichnet sein und läuft bis zu den Mundwinkeln. Der Dorn des Schmetterlings ist ein Fleck genau auf der Mitte des Nasenrückens. Er muss leicht abgerundet sein.
Die Augenringe müssen rund, geschlossen und überall gleichmäßg breit sein.
Die Backenpunkte stehen frei unterhalb der Augenringe. Sie sind rund oder oval. Die dunkel gefärbten Ohren sind an der Wurzel scharf abgegrenzt.
Am Rücken hat der Riesenschecke einen Aalstrich, der hinter den Ohren beginnt und bis zur Blume verläuft. Preisrichter sehen gern einen etwa 3 Zentimeter gleichmäßig breiten und deutlich abgegrenzten Aalstrich.
Schließlich haben diese Kaninchen an den Seiten diverse Flecken. Es sollten mindestens drei auf jeder Seite sein, die im Idealfall rund sind, einen Durchmesser von etwa 3 Zentimetern haben und nicht ineinander laufen.
Weiße Haare auf den dunklen Abzeichen werden bei Ausstellungen als Fehler gewertet. Flecken auf Beinen oder Bauch werden nicht berücksichtigt.

Farben

Riesenschecken kommen in verschiedenen Farben vor. Die häufigste Farbe ist allerdings Schwarz.
Daneben sind die Wildfarben Hasengrau (helle braungraue Deckfarbe, schwarze Schattierung, braune Augen), Blaugrau (helle braungraue Deckfarbe, blaugraue Schattierung, blaue Augen), Eisengrau (hellgraue Deckfarbe, schwar-

ze Schattierung, braune Augen) und Blaubraungrau (hellgraue Deckfarbe, blaue Schattierung, blaue Augen) bekannt.
Schließlich kommen Riesenschecken auch in Havanna (mit braunen Augen), Madagaskar (mit braunen Augen), Isabella (mit graublauen Augen) und Dreifarbig vor.

Besonderheiten

Es ist nicht leicht, gut gezeichnete Riesenschecken zu züchten, da die Paarung zweier perfekt gezeichneter Elterntiere keine Garantie für ebensolche Nachkommen ist. In beinahe jedem Wurf finden sich neben gut gezeichneten auch mangelhaft gezeichnete und vollkommen weiße Tiere. Ein geteilter Schmetterling zählt hierbei noch zu den leichten Fehlern. Da er wie ein Schnurrbart aussieht, haben solche Kaninchen den Beinamen „Charlie", nach Charlie Chaplin, erhalten.
Wenn man jedoch zwei Tiere miteinander paart, die nicht für Ausstellungszwecke geeignet sind, ist die Chance, mehr ideal gezeichnete Tiere zu erhalten, größer.

Blauer von Sint Niklaas

Blaue von Sint Niklaas

Herkunft

Die Blauen von Sint Niklaas sind eine alte belgische Rasse. Ihr Ursprung liegt in der belgischen Ortschaft Sint Niklaas, wo sie bereits gegen Ende des 19. Jahrhunderts gezüchtet wurden.
Mithilfe welcher Rassen oder auch Rasselosen diese Kaninchen entstanden sind, weiß man nicht genau. Es ist jedoch denkbar, dass der blaue Flanderische Riese an der Entstehung der Rasse beteiligt war. Aber auch der Einfluss des blauen Von-Beveren-Kaninchens wird für wahrscheinlich erachtet. Die Blauen von Sint Niklaas kommen außerhalb von Belgien und Frankreich kaum vor.

Blauer von Sint Niklaas, Jungtier

Eigenschaften

Die Blauen von Sint Niklaas sind Kaninchen mit einem ruhigen, gutmütigen und freundlichen Charakter. Die Rasse ist aufgrund ihrer Größe und ihres Gewichts als Heimtier nicht so gut geeignet. Man findet sie deshalb fast ausschließlich in Händen von Züchtern.

Körperliche Merkmale

Die Blauen von Sint Niklaas haben einen lang gestreckten Körper, eine möglichst gerade verlaufende Rückenlinie und kräftige, gerade Läufe. Der Kopf ist lang gezogen und die Ohren haben eine durchschnittliche Länge von 13 Zentimetern. Kaninchen dieser Rasse wiegen zwischen 4,5 und 6 Kilogramm.

Fell

Das mittellange Fell der Blauen von Sint Niklaas hat eine dichte Unterwolle. Es liegt flach am Körper an.

Farbe

Die Fellfarbe der Blauen von Sint Niklaas ist immer lichtblau. Das Blau muß sich so gleichmäßig wie möglich bis zu den Haarwurzeln erstrecken. Die Augen der Tiere sind graublau.

Französische Widder sind ruhige Tiere.

Französisches Widderkaninchen, eisengraubunt (Jungtier)

Buntes Französisches Widderkaninchen, Jungtier

Widderkaninchen

Französische Widder

Herkunft

Die Französischen Widderkaninchen sind eine alte französische Fleischrasse, die Mitte des 19. Jahrhunderts entstanden ist. Zu jener Zeit nahm man es mit der Hygiene weniger genau als heute und vielfach sah man die Krätze an Kaninchenohren. Den Züchtern von Schlachtkaninchen fiel irgendwann auf, dass Englische Widder, die es bereits seit Anfang des 19. Jahrhunderts in Frankreich gab, selten Probleme mit dieser lästigen Krankheit hatten. Sie dachten deshalb – wie sich jedoch zeigte zu Unrecht –, dass Kaninchen mit Hängeohren für diese Krankheit weniger anfällig seien.
Die Züchter beschlossen, Englische Widder mit ihren eigenen Landkaninchen und den Vorläufern des Deutschen Riesen zu kreuzen, um so eine gute und robuste Fleischrasse mit den gewünschten Hängeohren zu kreieren. Die Kaninchen aus diesen Kreuzungsversuchen waren etwas schlanker als die massigen Französischen Widder, die man heute auf Ausstellungen sieht. Außerdem hatten sie vermutlich noch keine weißen Flecken. Sie waren überwiegend wildfarben. Da wildfarbene Kaninchen damals als die besten Fleischproduzenten galten, war die Nachfrage nach Tieren mit dieser Fellfarbe wesentlich größer als nach anderen Fellfarben.
Die gescheckten Französischen Widder sind ein Produkt deutscher Züchter, die seit 1860 Französische Widder hielten und mit gescheckten Mischlingen kreuzten. Die Französischen Widder entwickelten sich in Deutschland zu einer beliebten und gängigen Nutzrasse, wurden also vornehmlich ihres Fleisches und Fells wegen gezüchtet.
Um die Jahrhundertwende gab es in ganz Europa, mit Ausnahme von Großbritannien Züchter, die sich mit dieser Rasse beschäftigten. Es dauerte bis 1938, bis die Tiere in Großbritannien auftauchten. Im selben Jahr wurden sie erstmals im Londoner Crystal Palace ausgestellt. Das Interesse an Kaninchen, die zu Ausstellungszwecken gezüchtet wurden, war jedoch in Großbritannien zu jener Zeit eher gering, deshalb wurde diese Rasse in erster Linie wegen ihres Fleisches gezüchtet. Daneben verwendete man Französische Widder, um die Qualität von Englischen Widderkaninchen zu verbessern.

Französisches Widderkaninchen, hasengraubunt

Französisches Widderkaninchen, schwarzbunt

Französisches Widderkaninchen, weiß (Albino)

Französisches Widderkaninchen, blau

1965 sorgte die Kaninchenzüchterin Meg Brown dafür, dass die Tiere öfter ausgestellt wurden. Sie hat sich intensiv für die Anerkennung der Französischen Widder als Ausstellungsrasse eingesetzt. Heute ist diese Kaninchenrasse auf Ausstellungen in der ganzen Welt zu bewundern.

Eigenschaften

Französische Widder sind überwiegend ruhige, gutartige Tiere mit einem ausgeglichenen Temperament. Sie wurden ursprünglich wegen ihres Fleisches gezüchtet, denn die jungen Tiere entwickeln sich sehr schnell und sind in relativ kurzer Zeit ausgewachsen.

Diese auffällige Rasse, wird von Liebhabern auch „Bulldozer“ oder „Bulldog“ genannt. Sie wird zwar noch immer häufig wegen ihres Fleisches gezüchtet, daneben ist sie heute jedoch als anerkannte Rasse in der ganzen Welt auf Ausstellungen zu bewundern.

Als Heimtier für Kinder ist diese Rasse aufgrund ihrer Größe und ihres Gewichts weniger geeignet.

Körperliche Merkmale

Mit einem durchschnittlichen Körpergewicht von 4,5 bis 6 Kilogramm gehört das Französische Widderkaninchen zu den großen Rassen. Die Tiere haben einen robusten, gedrungenen und muskulösen Körper mit breiter Brust. Der Hinterleib ist breit und abgerundet. Diese Rasse hat kurze und kräftige Läufe. Das Französische Widderkaninchen hat einen dicken, breiten und massigen Kopf mit stark ausgeprägten Backen. Die Augen liegen aufgrund des massigen Kopfes weit auseinander. Der gebogene Nasenrücken ist ein wichtiges Rassemerkmal. Bei Rammlern ist der Kopf in der Regel noch stärker ausgeprägt als bei Häsinnen.

Nicht nur Körperbau und Kopfform sind wichtig, es wird auch viel Wert auf Länge, Form und Größe der Ohren gelegt. Diese müssen neben dem Kopf herunterhängen und dürfen nicht geknickt sein. Die Innenseite der Ohren darf sich nicht nach Außen drehen, sondern muss seitlich am Kopf anliegen. Die gut behaarten Ohren sind dick und fleischig und an den Enden abgerundet. Am Ohransatz sind dicke Knubbel erkennbar. Sie werden als „Kro-

Französisches Widderkaninchen, blaugrau

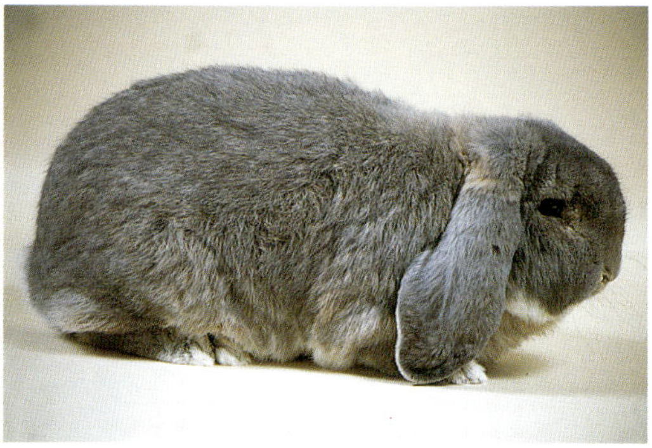

Französisches Widderkaninchen, hasengrau

Ein wichtiges Rassemerkmal von Französischen Widdern ist das „römische" Profil.

Französisches Widderkaninchen, madagaskarfarben

nen" bezeichnet und gehören zum Rassestandard. Die durchschnittliche Ohrlänge beträgt – von Spitze zu Spitze gemessen – 42 Zentimeter.

Fell

Französische Widder haben ein glänzendes, dickes Fell mit viel Unterwolle. Es muss sich weich anfühlen und ist etwas länger als bei normalhaarigen Rassen.

Farben

Das Französische Widderkaninchen kommt in verschiedenen Farben vor, beispielsweise in Hasengrau (helle braungraue Deckfarbe, schwarze Schattierung, braune Augen), Blaugrau (helle braungraue Deckfarbe, blaugraue Schattierung, blaue Augen), Eisengrau (hellgraue Deckfarbe, schwarze Schattierung, braune Augen), Chinchilla (silberweiße Deckfarbe, schwarze Schattierung, braune Augen) und Blaubraungrau (hellgraue Deckfarbe, blaue Schattierung, blaue Augen). Daneben gibt es diese Rasse auch oft einfarbig schwarz und blau sowie in Madagaskar und Isabella.
Bunte Französische Widder kommen in allen genannten Farben vor, am häufigsten jedoch in Schwarz und Hasengrau.
Auf Ausstellungen sind Tiere mit weißer Brust, weißen Vorder- und Hinterläufen und weißem Bauch gern gesehen. Es wird jedoch mehr Wert auf die Symmetrie der weißen Abzeichen und ihre Anzahl gelegt.
Es gibt auch vollkommen weiße Exemplare, die sowohl rote als auch blaue Augen haben können.

Besonderheiten

Die Jungtiere haben bei dieser Rasse zunächst abstehende Ohren. Nach ein bis vier Wochen beginnen die Ohren, herabzuhängen. Dieser Vorgang vollzieht sich nicht immer gleichmäßig. Meist hängt erst das eine und dann das andere Ohr nach unten.

Meißner Widder

Herkunft

Das Meißner Widderkaninchen ist eine deutsche Kaninchenrasse, die ihr Bestehen dem deutschen Kaninchenzüchter R. Reck aus Meißen zu verdanken hat. Ende des 19. Jahrhunderts kreuzte er, wie man annimmt, Widderkaninchen mit Klein- und Großsilber, um Widder mit Silber-Faktor zu kreieren. Mit Sicherheit kann man jedoch nicht sagen, wie diese Rasse entstand, da Reck sein „Rezept" für den Meißner Widder weder schriftlich festgehalten noch jemandem mitgeteilt hat.
Das erste Exemplar dieser Rasse, ein silberschwarzes Tier, wurde 1906 unter dem Namen „Meißner Widder" auf einer Ausstellung zur Schau gestellt. Anfangs kannte man die Meißner Widder nur in dieser Farbe. Weitere Farben, wie Braun, Blau und Gelb, wurden erst später durch Kreuzungen mit anderen Rassen entwickelt.

Eigenschaften

Meißner Widder sind meist ruhig und anhänglich. Diese Rasse ist in der breiten Öffentlichkeit nahezu unbekannt, hat unter Züchtern jedoch eine kleine treue Anhängerschaft. Sie kommt in Deutschland und den Nachbarländern vor, ist auf Ausstellungen aber kaum zu sehen.

Körperliche Merkmale

Meißner Widder sind nur mäßig gestreckt und haben kurze, dicke Läufe. Der Körper ist breit und stämmig. Der Hals ist kurz, sehr muskulös und breit. Die Rückenlinie ist leicht gewölbt und der breite, volle Hinterleib ist abgerundet. Der robuste, breite Kopf hat dicke Backen. Der Abstand zwischen den Augen ist aufgrund des massigen Kopfes groß. Die Schnauze ist breit, der Nasenrücken gebogen. Rammler haben in der Regel einen markanteren Kopf als Häsinnen.
Die gut behaarten Ohren, die dick sein müssen und keinesfalls schlabbrig sein dürfen, hängen an beiden Seiten des Kopfes gerade nach unten. Sie dürfen weder Knicke noch Falten haben. Am Ohransatz sind dicke Knubbel zu sehen. Sie werden als „Kronen" bezeichnet und gehören zum Rassestandard. Die Enden der Ohren sind abgerundet. Die Länge der Ohren

Meißner Widder

Meißner Widder

Dieser Meißner Widder haart stark.

wird von Ohrspitze zu Ohrspitze gemessen und beträgt bei diesen Tieren 38 bis 42 Zentimeter.
Das Mindestgewicht der Meißner Widder liegt bei 3,5 Kilogramm, das Normalgewicht bei

Englischer Widder

4,5 Kilogramm und das Höchstgewicht bei 5,5 Kilogramm.

Fell

Auf Ausstellungen wird vor allem Wert auf die Fellqualität gelegt. Das Fell muss dicht und weich sein und glänzen. Die Haare stehen nicht vom Körper ab, sondern liegen gut daran an. Die Haarlänge liegt bei ungefähr 3 Zentimetern.

Farben

Meißner Widder kommen in denselben Farben wie Kleinsilber vor: Hasengrau, Schwarz, Gelb, Blau, Braun und Havanna. Unterschiedliche Silberungen (hell, mittel, dunkel) gibt es bei dieser Rasse nicht. Es wird eine möglichst gleichmäßige Silberung mit viel Glanz angestrebt. Meist weisen Meißner Widder allerdings wenig Silber an Kopf, Pfoten und Ohren auf. Die Augenfarbe entspricht stets der Fellfarbe.

Der Englische Widder hat von allen Kaninchenrassen die längsten Ohren.

Besonderheiten

Junge Meißner Widderkaninchen haben zunächst ein einfarbiges Fell. Die Silberung entwickelt sich erst im Alter von vier bis sechs Wochen.

Englische Widder

Herkunft

Die Englischen Widder sind die älteste Widderrasse. Aus dieser Rasse sind fast alle anderen Widderrassen entstanden. Wie der Name schon verrät, liegt die Kinderstube dieser Rasse in Großbritannien. Dort kamen Kaninchen, die den Englischen Widdern ähnlich waren, schon im 18. Jahrhundert vor. In Briefwechseln und Büchern wurde damals von Kaninchen mit extrem langen Ohren berichtet. Diese Tiere, überwiegend mit weißem oder buntem Fell, wurden unter dem Namen „Lop“ (Widder) gezüchtet.
Die Rasse ist in Großbritannien äußerst populär und man hat Jahre damit zugebracht, die Länge der Ohren immer weiter auszubauen. Hierzu wurde nicht allein selektiv mit den jeweils langohrigsten Elterntieren gezüchtet, sondern man hielt die Kaninchen vor allem in beheizten Verschlägen, da man davon ausging, dass die Ohrlänge durch höhere Temperaturen beeinflussbar sei. Heute findet diese Methode keine Anwendung mehr, da Kaninchen, die über mehrere Generationen in beheizten Verschlägen untergebracht sind, oft schwächer und anfälliger für Krankheiten sind, als Kaninchen, die die Chance bekommen, sich ein wenig abzuhärten.

Englisches Widderkaninchen in der populärsten Farbe: Madagaskar

Englischer Widder, schwarz

1884 stellte Julius Lohr aus Chemnitz den ersten deutschen Standard auf. Darin sind bereits die Englischen Widder aufgeführt.

Eigenschaften

Der Englische Widder ist die einzige Widderrasse, die überlange Ohren hat. Da die Ohren die Tiere bei der Fortbewegung behindern, bewegen sie sich nur schleichend und bevorzugt rückwärts.
Perfekte Ausstellungstiere zu züchten ist nicht einfach, da der Standard für diese Rasse sehr hoch angesetzt ist. Es ist von Vorteil, wenn die Tiere ihre Jungen im Sommer zur Welt bringen, da sich die warme Jahreszeit auf das Wachstum der Ohren positiv auswirkt.
Als Heimtier wird diese Rasse kaum gehalten, denn nicht jeder ist vom Äußeren dieser Rasse begeistert. Außerdem ist die Pflege der Ohren sehr mühevoll und zeitaufwändig. Wer Englischer Widder hält, sollte wissen, dass die Krallen der Tiere regelmäßig an den Vorderpfoten gekürzt werden müssen, damit sich die Tiere mit ihren Nägeln nicht an den Ohren verletzen.

Körperliche Merkmale

Es gibt zwei Dinge, in denen sich die Englischen Widder von allen anderen Kaninchenrassen unterscheiden: Länge und Breite der Ohren sind bei keiner anderen Rasse so extrem entwickelt. Außerdem springt einem die herablaufende Rückenlinie bei diesem schlank gebauten Kaninchen sofort ins Auge.
Englische Widder haben einen schlanken, aber kräftig gebauten Körper. Die Vorderläufe sind kürzer als die Hinterläufe. Alle vier Läufe müssen gerade sein. Der Kopf wird stets abwärts gehalten und sollte insbesondere bei den Rammlern breit sein. Die Tiere haben einen relativ langen Kopf mit breiter Stirn und Schnauze sowie eine gebogene Nasenlinie.
Die Ohren werden mit der Innenseite nach vorn getragen, sind in der Mitte am breitesten und an den Enden schön abgerundet. Sie sollen fleischig, frei von Wucherungen, Knoten und Rissen sein und am Kopf schlaff herabhängen. Auf Ausstellungen wird zwar großer Wert auf Ohrlänge und -breite gelegt, doch die Preisrichter untersuchen auch kritisch, ob die Ohren Verletzungen zeigen oder Spuren von früheren Verletzungen aufweisen.
Man misst bei Widderkaninchen die Länge der Ohren stets von Ohrspitze zu Ohrspitze. Die durchschnittliche Ohrlänge liegt bei Englischen Widdern zwischen 58 und 70 Zentimetern. Die Mindestbreite wird an der breitesten Stelle in der Mitte gemessen und beträgt 12 Zentimeter. Je breiter das Ohr ist, desto besser. Eine Höchstbreite ist nicht vorgeschrieben. Die größte Ohrlänge und -breite erreicht der Englische Widder mit ungefähr fünf Monaten.
Das Mindestgewicht der Tiere liegt bei 3,25 Kilogramm, das Normalgewicht beträgt 4,25 Kilogramm und das Höchstgewicht 5,25 Kilogramm.

Fell

Englische Widder haben ein relativ kurzes Fell mit reichlich Unterwolle. Es ist weich, glänzt und liegt flach am Körper an.

Farben

Englische Widder werden in vielen Farben gezüchtet. Die häufigste Farbe ist Madagaskar. Außerdem sieht man diese Tiere in Hasengrau (helle braungraue Deckfarbe, schwarze Schattierung, braune Augen), Eisengrau (hellgraue Deckfarbe, schwarze Schattierung, braune

Deutscher Widder im Farbenschlag Chinchilla

Deutscher Widder, hasengrau

Augen), Rehbraun (madagaskar mit braunen Augen) und Schwarz mit braunen Augen. Die relativ häufigen bunten Englischen Widder sind an Brust, Bauch und Hinterläufen weiß gefärbt und haben mindestens einen Fleck auf dem Kopf. Albinos, weiße Tiere mit roten Augen, kommen nur vereinzelt vor.

Besonderheiten

Ein schwarzer Englischer Widder, ein Weibchen namens „Sweet Majestic Star", kam 1994 mit den längsten Ohren in der Geschichte der Kaninchenzucht ins Guinessbuch der Rekorde: Die Ohren hatten eine Länge von 72,4 Zentimetern.

Deutsche Widder

Herkunft

Der Deutsche Widder ist eine deutsche Rasse, die erst vor kurzem entstanden ist. Für die Züchtung nahmen die deutschen Züchter unter anderem Holländische Widderzwerge und Französische Widder. Bereits gegen Ende der 60er Jahre des letzten Jahrhunderts kamen die ersten Französischen Widder von Südfrankreich nach Deutschland, und zwar nach Tübingen. Nach dem Krieg von 1870/71 brachten deutsche Soldaten viele Französische Widder nach Deutschland, sodass diese Rasse hier stark verbreitet wurde.
Ziel der Kreuzung aus Holländischem Widderzwerg und Französischem Widderwar ein Widderkaninchen vom Typ des Französischen Widders, das aber hinsichtlich Gewicht und Größe zwischen diesem und den Holländischen Widderzwergen liegen sollte. Insgesamt ähneln Deutsche Widder stärker den Französischen Widderkaninchen als den Holländischen Zwergwiddern.
1970 wurde diese Rasse in Deutschland offiziell anerkannt und erhielt den Namen „Deutsches Widderkaninchen". In beachtlich kurzer Zeit war sie in Deutschland weit verbreitet.
Die ersten Exporte in die Niederlande fanden 1972 statt. Die Niederländer F. Ladenstein und W. Pijl stelleten diese Tiere noch im selben Jahr auf verschiedenen Ausstellungen vor. Die Rasse wurde 1976 von der niederländischen Kaninchenzüchtervereinigung anerkannt. Seitdem ist sie auch in den Niederlanden auf jeder Ausstellung ein vertrauter Anblick.
Auch in Großbritannien hat die Rasse treue Anhänger gefunden. Dort wurden die Deutschen Widderkaninchen in den 80er Jahren von der niederländischen Kaninchenzüchterin E. van Vliet eingeführt. Sie nahm ihre Zuchttiere aus den Niederlanden mit, als sie nach England übersiedelte. Zusammen mit ihrem englischen Kollegen David Cannon, der einige Tiere übernahm, hat sie viel zur Anerkennung dieser Rasse in Großbritannien beigetragen.

Deutscher Widder, eisengrau

Besonders schöner bunter Deutscher Widder im Farbenschlag Hasengrau

Ihre Bemühungen führten letztendlich im Januar 1990 zur offiziellen Anerkennung der Deutschen Widderkaninchen auch in Großbritannien.
Anfangs waren gescheckte Deutsche Widderkaninchen noch sehr selten. Seit 1996 werden sie aus den Niederlanden importiert. Trotz ihres hohen Beliebtheitsgrades in Deutschland und vielen anderen europäischen Ländern ist die Rasse in anderen Teilen der Welt kaum bekannt.

Junger Deutscher Widder, schwarzbunt

Eigenschaften

Deutsche Widder sind ruhig und gutmütig. Sie werden überwiegend von Liebhabern gezüchtet, die sie auf Ausstellungen zeigen.
Das liebenswerte Wesen und das hübsche Äußere machen diese Kaninchen auch zum geeigneten Heimtier für Kinder und Erwachsene.

Körperliche Merkmale

Der Deutsche Widder ähnelt sehr dem Französischen Widder, ist aber kleiner. Sein Mindestgewicht liegt bei 4,5 Kilogramm, das Normalgewicht bei 5,5 Kilogramm. Nach oben gibt es für Größe und Gewicht keine Grenzen.
Die Rasse zeichnet sich durch einen gedrungenen, kompakten und kräftigen Körperbau aus. Der Hinterleib ist voll und schön abgerundet, der Nacken ist kräftig und dem kurzen Hals folgen breite Schultern. Die Läufe sind kurz, gerade und muskulös.
Deutsche Widder haben einen breiten, kurzen Kopf mit ausgeprägten Backen, breiter Stirn und Schnauze sowie einem gebogenen Nasenrücken. Die fleischigen Ohren sind voll behaart und erreichen – von Ohrspitze zu Ohrspitze gemessen – eine Länge von 38 bis 45 Zentimetern. Sie dürfen keine Falten haben, sind am Ende abgerundet und sollen neben dem Kopf gerade herunterhängen. Die am Ohransatz sitzenden, so genannten „Kronen“ sind bei dieser Rasse stark ausgeprägt.

Fell

Das weiche, griffige Fell ist genau wie beim Französischen Widder etwas länger als bei den meisten Kaninchen (etwa 4 Zentimeter), hat viel Unterwolle und ist äußerst dicht.

Gescheckter Deutscher Widder, hasengrau

Farben

Der Deutsche Widder wird in vielen Farben gezüchtet, zum Beispiel in Hasengrau (helle braungraue Deckfarbe, schwarze Schattierung, braune Augen), Blaugrau (helle braungraue Deckfarbe, blaugraue Schattierung, blaue Augen), Eisengrau (hellgraue Deckfarbe, schwarze Schattierung, braune Augen), Blaubraungrau (hellgraue Deckfarbe, blaue Schattierung, blaue Augen) und Chinchilla (silberweiße Deckfarbe, schwarze Schattierung, braune Augen). Auch einfarbige Deutsche Widder kommen vor, beispielsweise in Schwarz und Blau. Außerdem kennt man bunte, madagaskar- oder isabellfarbene Tiere. Schließlich gibt es auch weiße Deutsche Widder mit blauen oder roten Augen. Am häufigsten sieht man jedoch Tiere in Grau mit den verschiedenen Abstufungen.
Auch gescheckte Deutsche Widder sind in allen Farben anerkannt. Als Zeichnung wird die so genannte „Mantelzeichnung“ bevorzugt, wobei Schultern, Rücken und Hinterpartie bis zur Blumenwurzel mit der dunklen Zeichnungsfarbe bedeckt sein müssen. Außerdem soll die Zeichnung regelmäßig und frei von weißen Haaren sein. Der Kopf ist ebenfalls überwiegend dunkel gefärbt.

Besonderheiten

Da die Ohren bei dieser Kaninchenrasse relativ schwer sind, hängen sie schon, sobald die Jungen das Nest verlassen. Es kommt kaum vor, dass die Ohren, wie bei den Holländischen Widderzwergen stehen bleiben.

Holländische Widderzwerge

Herkunft

Die Holländischen Widderzwerge sind eine niederländische Rasse, die gleichzeitig, aber unabhängig voneinander, durch den bekannten niederländischen Preisrichter und Lohkaninchenzüchter A. de Cock aus Tilburg und E. J.

Holländischer Widderzwerg, eisengrau

Besonders schöner madagaskarfarbener Holländischer Widderzwerg

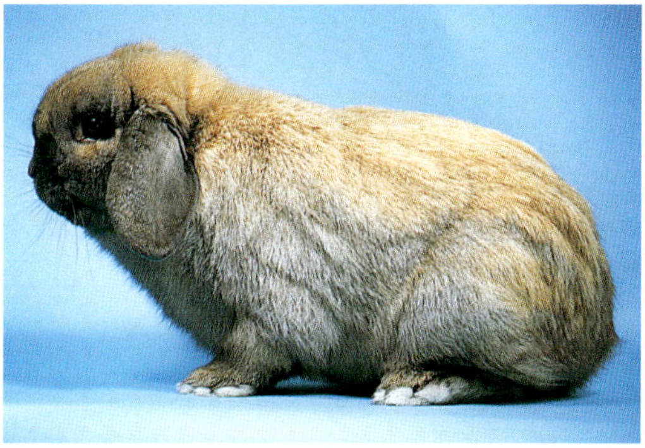

Holländischer Widderzwerg, madagaskarbunt

Holländischer Widderzwerg, blau

Holländischer Widderzwerg, hasengrau

Holländischer Widderzwerg, schwarz

Schrey aus Heerlen gezüchtet wurde. Ersterer wird in der Literatur als wichtigste Person bei der Entstehung dieser Rasse bezeichnet.
1952 fasste de Cock den Plan, eine Miniaturausgabe des Französischen Widderkaninchen zu züchten. Er kreuzte ein Französisches Widderweibchen mit einem Farbenzwerg-Rammler im Farbenschlag Blaumarder. Von den jungen Kaninchen hatte jedoch kein einziges Hängeohren. Auch eine Rückkreuzung eines Jungen mit einem Französischen Widder brachte nicht den gewünschten Erfolg. Unter Hinzunahme eines Englischen Widders hatte de Cock mehr Erfolg, obwohl es auch hier einige Jungtiere mit einem stehenden und einem hängenden Ohr sowie einige Tiere mit zwei stehende Ohren gab.
Insgesamt benötigte de Cock 12 Jahre Zuchtwahl, um zu dieser kleinen Widderrasse zu kommen. 1964 präsentierte er seine neue Rasse

Holländischer Widderzwerg, schwarzbunt

Holländischer Widderzwerg, Albino

Holländischer Widderzwerg, isabellfarben

Junge Holländische Widderzwerge

Holländischer Widderzwerg, blaugrau

erstmals dem breiten Publikum. Im selben Jahr wurde die Rasse von der Niederländischen Kaninchenzüchtervereinigung anerkannt.
E. J. Schrey begann mit der Zucht einer Miniturausgabe des Französischen Widders um 1962. Er entwickelte seine Rasse aus Schecken, Farbenzwergen und Französischen Widderkaninchen. Vier Jahre später präsentierte er seine Tiere auf der renommierten Ornithophilia-Ausstellung in Utrecht. Zu Anfang waren vor allem hasen- und eisengraue sowie madagaskarfarbene Tiere auf Ausstellungen zu bewundern. Die übrigen Farben wurden erst später entwickelt.
In Großbritannien wurde die Rasse 1968 eingeführt und 1976 offiziell anerkannt. 1969 exportierte man die ersten Exemplare in die USA. Dort wurden vor allem Albinos und marderfarbene Tiere binnen kürzester Zeit äußerst beliebt und sind es bis heute geblieben.

Eigenschaften

Holländische Widderzwerge sind freundliche, gutartige und nur mäßig lebhafte Kaninchen. Sie sind regelmäßig auf internationalen Ausstellungen im In- und Ausland zu bewundern.

Ein Wurf bunter Holländischer Widderzwerge

Inzwischen findet man diese Rasse in allen Ländern, in denen man sich mit der Kaninchenzucht befasst. In den meisten Ländern gehört diese Rasse sogar zu den „Topten" der beliebtesten Kaninchenrassen. Aufgrund ihrer handlichen Größe, ihres freundlichen, lebhaften Wesens und ihres niedlichen Äußeren sind diese Kaninchen als Heimtier für Kinder sehr gut geeignet.

Die Zucht von Holländischen Widderzwergen, die dem Rassestandard entsprechen, ist keine leichte Aufgabe. Noch immer werden viele Tiere geboren, die zu groß sind oder zumindest so groß, dass man sie nicht mehr zu den Zwergen rechnen kann.

Auch die Ohren bleiben problematisch. Sie hängen bei jungen Tieren nicht sofort, dies kann vier bis 12 Wochen dauern. Wenn die Ohren zu kurz oder nicht richtig angesetzt sind, bleiben sie unter Umständen aufrecht oder stehen zur Seite ab. Es kann auch vorkommen, dass ein Ohr hängt und das andere steht. Im Allgemeinen ist es ein gutes Zeichen, wenn die Ohren eines Kaninchens schon recht früh hängen. Möglicherweise entwickelt es sich dann zu einem guten Ausstellungstier.

Körperliche Merkmale

Holländische Widderzwerge sollten in jeder Hinsicht eine Miniaturausgabe des Französischen Widderkaninchens sein. Das Mindestgewicht für diese Rasse liegt bei einem Kilogramm, das Normalgewicht bei 1,5 Kilogramm und das Höchstgewicht bei 2 Kilogramm.

Die Tiere haben einen kurzen, gedrungenen, kräftigen Körper mit schöner Rückenlinie und einem breiten, abgerundeten Becken. Der kräftige Nacken ohne sichtbaren Hals ist kurz, ebenso wie die kräftigen und dicken Läufe. Holländische Widderzwerge müssen einen

Der Holländische Widderzwerg wird meist madagaskarfarben gezüchtet.

dicken, breiten und kurzen Kopf mit einer breiten Schnauze, breiten Kinnbacken, breiter Stirn und einem gebogenen Nasenbein haben.

Der Ohransatz wird durch die so genannten „Kronen" gebildet, das sind Knubbelchen, die durch das Umknicken der Ohren entstehen. Die Ohren sind fleischig und voll behaart, die Ohrlänge beträgt 24 bis 28 Zentimeter. Die Ohren sollten mit der behaarten Seite nach Außen ohne Drehungen gerade neben dem Kopf herabhängen. Sie sind kräftig und an den Enden abgerundet.

Fell

Holländische Widderzwerge haben ein dichtes Fell, wobei vor allem die Unterwolle sehr dicht ist und sich weich anfühlt.

Farben

Holländische Widderzwerge kommen in vielen verschiedenen Farben vor, beispielsweise in

Großchinchilla

Hasengrau (helle braungraue Deckfarbe, schwarze Schattierung, braune Augen), Blaugrau (helle braungraue Deckfarbe, blaugraue Schattierung, blaue Augen), Eisengrau (hellgraue Deckfarbe, schwarze Schattierung, braune Augen) und Blaubraungrau (hellgraue Deckfarbe, blaue Schattierung, blaue Augen). Daneben gibt es auch einfarbige Holländische Widderzwerge in Schwarz und Blau sowie in Weiß mit roten oder blauen Augen. Außerdem gibt es sie in Isabellfarben, diversen Mardervarietäten, Silberfuchs und Sallanderfarben. Madagaskarfarbene Tiere sind am beliebtesten. Schließlich gibt es Holländische Widderzwerge auch oft bunt gescheckt.
Auf Ausstellungen werden gern Tiere mit „Mantelzeichnung" gesehen. Bei diesen sind Brust, Bauch und Läufe weiß. In den gefärbten Fellbereichen sollten möglichst keine weißen Haare zu sehen sein.

Besonderheiten

In Großbritannien kennt man von dieser Kaninchenrasse zwei Versionen: „Dwarf Lop" mit einem Gewicht zwischen 1,8 und 2,5 Kilogramm und „Miniatur Lop" mit 1,5 bis 1,7 Kilogramm.

Kaschmir-Widder

Herkunft

Kaschmir-Widder sind eine englische Rasse, die aus Angorakaninchen und Holländischen Widderzwergen entstanden ist. Langhaarige Holländische Widderzwerge tauchten Anfang der 80er Jahre erstmals in Großbritannien auf

Großchinchillas haben ein ruhiges und ausgeglichenes Temperament.

Das Fell des Großchinchillas ist etwas länger als das des Kleinchinchillas.

und wurden ein paar Jahre später als eigenständige Rasse anerkannt. Außerhalb Großbritanniens kommen die Kaschmir-Widder kaum vor. Aufgrund der unwiderstehlichen Kombination aus geringer Größe, Hängeohren und halblangem, weichem Fell ist es vermutlich nur eine Frage der Zeit, bis diese Rasse auch andere Länder erobert.

Körperliche Merkmale

Das Kaschmir-Widderkaninchen hat, abgesehen von seinem halblangen weichen Fell, die gleichen Merkmale wie der Holländische Widderzwerg. Die Tiere wiegen durchschnittlich 1,5 Kilogramm.
Kaschmir-Widder kommen in verschiedenen Farben vor, zum Beispiel einfarbig Schwarz und Weiß, Madagaskar, Chinchilla (weiße Deckfarbe, schwarze Schattierung, braune Augen) und in diversen Marderfarben.

Mittelgroße Rassen

Großchinchillas

Herkunft

Schon um die Jahrhundertwende gab es in Frankreich Kaninchen, die unter dem Namen „Chinchilla“ bekannt waren. Diese Tiere hatten ein Gewicht von ungefähr 3 Kilogramm. Sie wurden in erster Linie wegen ihres Fells gezüchtet.
Das Großchinchilla wurde gleichzeitig in zwei Ländern gezüchtet. Sowohl in England als auch in Deutschland haben Züchter jeweils auf ihre Weise versucht, eine große Variante des französischen Chinchillas zu entwickeln. In Deutschland schafften es Offenbach, Grüny und Geyer aus Ilmenau durch Kreuzen von Albinos mit wildfarbenen Kaninchen. In England war es Chris Wren, der in der ersten Hälfte der 20er Jahre das Kleinchinchilla aus Frankreich mit seinen eigenen Flanderischen Riesen kreuzte.

Eigenschaften

Das Großchinchilla ist eine überwiegend ruhige, ausgeglichene Kaninchenrasse. Die Tiere haben relativ große Würfe und entwickeln sich schnell. Früher waren sie beliebte Fleisch- und Pelzlieferanten. Das Großchinchilla wird heute meist von Hobbyzüchtern gehalten, die die Rasse verbessern und ihre Tiere auf Ausstellungen präsentieren wollen.

Körperliche Merkmale

Das Großchinchilla gehört zu den mittelgroßen Kaninchenrassen. Es hat ein Mindestgewicht von 3,5 Kilogramm, ein Normalgewicht von 4,5 Kilogramm und ein Höchstgewicht von 5,5 Kilogramm.
Der kräftige, breite Körper hat eine gestreckte Form, ist walzenförmig, vorne und hinten gleich breit mit einer geraden Rückenlinie und abgerundeter Hinterpartie. Läufe und Nacken sind relativ kurz und muskulös. Die Kopfform ist vor allem bei den männlichen Tieren stark ausgeprägt. Von der Seite sieht man den gebogenen Nasenrücken. Die Backen sind dick, die Augen dunkelbraun. Das Großchinchilla hat fleischige, robuste und gut behaarte Ohren mit einer durchschnittlichen Länge von 15 Zentimetern.

Fell

Der Rassestandard für die ideale Felllänge ist von Land zu Land verschieden. In Deutschland haben Großchinchillas eine Felllänge von etwa 3 Zentimetern, in Großbritannien ist das Fell um einiges länger, die Niederländer liegen dazwischen. Die Unterwolle der Tiere ist dicht und nicht zu hart.

Farbe

Diese Kaninchenrasse hat ihren Namen ihrer Fellfarbe zu verdanken, die den wilden Chinchillas, die in den Anden (Südamerika) leben, sehr ähnlich ist.
Die Farbe des Deckhaars, das aus weißschwarzen Haaren besteht, erscheint als helles Aschgrau mit bläulicher Tönung. Es zeigt eine kräftige, flockig schwarze Schattierung, die auf dem Rücken am stärksten ausgeprägt ist. Die

Großchinchilla

flockige Schattierung entsteht durch das unregelmäßige, büschelweise Zusammenstehen der schwarzen Haare.
Der Bauch ist stets weiß. Die Haarbereiche, die direkt über der Haut liegen, werden Unterfarbe genannt. Diese ist bei den Großchinchillas dunkelblau, auch am Bauch.
Die Ränder der Ohren sind bei dieser Rasse schwarz gesäumt und die Läufe tragen schwarzbraune Krallen.

Besonderheiten

Die Standardisierung der Großchinchillas wurde auf internationaler Ebene nie richtig vereinheitlicht. So kennt man in der Schweiz keine Klein- oder Großchinchillas. Dort gibt es nur eine Rasse: Chinchillas, die hinsichlich Körperbau und Gewicht zwischen den beiden anderen Varietäten liegen.
In den USA kennt man neben den europäischen Chinchillas auch amerikanische Versionen dieser Rassen: American Chinchillas und American Giant Chinchillas. Letztere Rasse wurde von Ed Stahl aus Missouri entwickelt, der für seine Kreation Großchinchillas mit Flanderischen Riesen kreuzte.

Das Weiße Neuseeländerkaninchen ist eine amerikanische Rasse.

Weiße, Blaue und Schwarze Neuseeländer

Herkunft

Der Name Neuseeländer gibt Anlass zu Verwirrung, denn diese Rasse stammt nicht etwa aus Neuseeland, sondern wurde ursprünglich in den USA gezüchtet. Sie hat auch nichts zu tun mit den Roten Neuseeländern, obwohl sie den gleichen Namen trägt. Die Bezeichnung Neuseeländer ist vermutlich der Tatsache zu verdanken, dass diese Rasse mithilfe von Wildkaninchen, die aus Neuseeland kamen, entwickelt wurde.
W. S. Preshaw züchtete 1916 die ersten Weißen Neuseeländer. Er lebte in der Ortschaft Rippon in Kalifornien. Preshaw war kein Kaninchenzüchter, der jedes Wochenende auf Ausstellungen zu finden ist. Er hatte kein anderes Ziel, als eine Kaninchenrasse zu züchten, die sowohl für die Fleisch- als auch für die Pelzindustrie wertvoll sein sollte. Dafür mussten die Tiere nicht nur kräftig gebaut sein, sondern auch Qualität und Struktur ihres Fells waren von größter Bedeutung. Außerdem mussten die Vertreter seiner neuen Rasse sich schnell zu schlachtreifen Tieren entwickeln und von den Häsinnen wurde sowohl eine ausgeprägte Fruchtbarkeit und als auch eine problemlose Aufzucht der Jungen erwartet. Welche Tiere Preshaw genau für die Züchtung benutzt hat, ist nicht mehr festzustellen, man geht jedoch davon aus, dass Angorakaninchen beteiligt waren.
Preshaws Anstrengungen waren nicht umsonst. Binnen kürzester Zeit war das Weiße Neuseeländerkaninchen zur beliebten Pelz- und Fleischrasse geworden. Die Tiere wurden in

Weißes Neuseeländerkaninchen

Rote Neuseeländer werden vorwiegend außerhalb Europas gezüchtet.

Rotes Neuseeländerkaninchen. Dieser Rammler hat eine herrliche tiefrote Farbe.

Weißes Neuseeländerkaninchen

großer Stückzahl in kommerziellen amerikanischen Züchtereien gezüchtet. Da diese Zuchtbetriebe nur wenig mit Menschen zu tun hatten, die aus purer Freude an Kaninchen diese Tiere für Ausstellungen züchteten, hat es relativ lange gedauert, bis Liebhaber diese Rasse entdeckten. In Deutschland wurde sie erst 1963 vom Zentralverband Deutscher Kaninchenzüchter anerkannt.
In Großbritannien wurde sie, sowohl in Züchterkreisen als auch in Labors, ebenfalls erst nach dem Zweiten Weltkrieg eingeführt. Anfangs waren nur die weißen Exemplare be- und anerkannt. Die schwarze Variante dieser Rasse ist erst später in Großbritannien entwickelt worden. Die Briten erheben auch Anspruch auf die Entwicklung der Blauen Neuseeländer, die außerhalb Großbritanniens bis heute kaum zu finden sind.

Eigenschaften

Neuseeländer sind zutrauliche, ruhige, bisweilen fast phlegmatische Kaninchen. Die Weibchen sind gute Mütter und können teilweise große Würfe bringen. Die Kaninchen entwickeln sich relativ schnell, was ein Merkmal aller ursprünglichen Fleischrassen ist. Insbesondere die weißen Tiere sind bei Hobbyzüchtern sehr beliebt.
Als Heimtiere werden Weiße, Blaue und Schwarze Neuseeländer nicht gehalten.

Körperliche Merkmale

Das Neuseeländerkaninchen erreicht ein Mindestgewicht von 3 Kilogramm, ein Normalgewicht von 4 Kilogramm und ein Höchstgewicht von 5 Kilogramm.
Der Körper der Tiere ist länglich, breit und muskulös. Der Hinterleib ist einschließlich der Schenkel besonders stark ausgeprägt und abgerundet. Die Blume liegt straff an. Die Läufe sind kurz und kräftig, ebenso wie der Nacken.

Roter Neuseeländer, Rammler

Weiße und Schwarze Neuseeländer haben einen kräftig entwickelten Kopf mit einer breiter Stirn und Schnauze sowie mit dicken Backen, die bei den Rammlern stärker zur Geltung kommen als bei den Häsinnen.
Die dicken Ohren erreichen eine durchschnittliche Länge von 11 Zentimetern, sind gut behaart und abgerundet.

Fell

Neuseeländer haben ein etwa 3 Zentimeter langes Fell. Es ist dicht und hat reichlich Unterwolle. Das Deckhaar fühlt sich rauer an als bei anderen Rassen.

Farben

Neuseeländer mit weißem Fell sind die beliebtesten Vertreter dieser Rasse. Das Fell muss rein weiß sein und darf keinen Gelbstich aufweisen. Die Unterfarbe, die direkt über der Haut ansetzt, ist genau wie die Deckfarbe rein weiß. Die Augen sind rot und die Krallen farblos.
Schwarze Tiere dieser Rasse haben dunkelbraune Augen, eine glänzende tiefschwarze Deck- und eine dunkelblaue Unterfarbe.
Blaue Neuseeländer haben ein blaues Fell und blaue Augen.

Besonderheiten

Neuseeländer mit blauem Fell kommen außerhalb Großbritanniens kaum vor, auch die schwarze Variante ist international kaum vertreten.

Rote Neuseeländer

Herkunft

Auch das Rote Neuseeländerkaninchen stammt ursprünglich aus Kalifornien und wird ebenfalls überwiegend als Fleisch- und Pelzlieferant in riesigen kommerziellen Zuchtbetrieben gehalten. Trotz dieser Übereinstimmungen, und obwohl das Rote Neuseeländerkaninchen den gleichen Namen trägt wie das Weiße, Schwarze und Blaue Neuseeländerkaninchen, ist hier doch von zwei Rassen die Rede.
Welche Rassen genau dazu dienten, das unvergleichliche rote Fell herauszuzüchten, ist nicht bekannt. Man geht davon aus, dass in jedem Fall das Hasenkaninchen und der Flanderische Riese an der Selektion beteiligt waren. Ihren Namen haben die Tiere der Tatsache zu verdanken, dass unter anderem auch das Blut aus Neuseeland importierter Wildkaninchen in ihren Adern fließt.
1910 war das Rote Neuseeländerkaninchen erstmals auf einer amerikanischen Ausstellung zu sehen. 1919 wurde von ersten Importen nach Europa berichtet. In der Anfangsphase hatte die Rasse eher ein gelbes als ein rotes Fell. Die auffallende Farbe hat sich durch Kombinationszüchtung mit Gelbverstärkern entwickelt.

Eigenschaften

Rote Neuseeländer sind relativ ruhige Tiere. Verglichen mit den Schwarzen, Blauen und Weißen Neuseeländer sind sie jedoch lebhafter als diese.
Das Rote Neuseeländerkaninchen wurde jahrelang nur wegen seines Fleisches und seines herrlichen Fells gezüchtet. Heute sieht man diese Kaninchen vor allem auf Ausstellungen. Mit ihrem schönen Körperbau stehen sie hoch im Kurs.

Rotes Neuseeländerkaninchen, Rammler

Rotes Neuseeländerkaninchen, Weibchen

Körperliche Merkmale

Rote Neuseeländer erreichen ein Mindestgewicht von 3 Kilogramm, ein Normalgewicht von 4 Kilogramm und ein Höchstgewicht von 5 Kilogramm.

Der Körper des Roten Neuseländerkaninchens ist leicht gestreckt, sowohl Vorder- als auch Hinterleib sind breit, mit gerade verlaufender Rückenlinie, und muskulös. Der Hinterleib ist rundlich, die Läufe sind kurz und kräftig. Der Kopf ist kräftig mit breiter Stirn und Schnauze und sitzt ohne Hals dicht am Körper. Insbesondere Rammler haben einen ausgesprochen breiten Kopf mit dicken Backen.

Die fleischigen Ohren sind behaart und haben eine durchschnittliche Länge von 12 Zentimetern.

Fell

Das Fell des Roten Neuseeländerkaninchens ist dicht und mittellang. Durch die reichlich vorhandene Unterwolle fühlt es sich weich und füllig an.

Farbe

Das Rote Neuseeländerkaninchen hat ein tiefrotes Fell, das weder schattiert sein noch anders gefärbte (weiße) Haare aufweisen darf. Die Unterfarbe – die Farbe direkt an der Haarwurzel – hat im Idealfall denselben Ton wie die Deckfarbe, ist aber in der Praxis oft etwas heller.

Augenringe und Kinnbacken sind etwas heller gefärbt. Die Augen sind braun und die Krallen dunkelhornfarbig.

Besonderheiten

Der gedrungene, kräftige Typ des Roten Neuseeländers, der auf dem europäischen Festland gezüchtet wird, weicht stark von dem Typ ab, dem man in Großbritannien und den USA begegnet. Dort sind Rote Neuseeländer wesentlich lang gestreckter, haben ein kürzeres Fell und einen längeren Kopf. An ihrem Körperbau und ihrer Kopfform ist die Abstammung vom Hasenkaninchen noch gut zu erkennen.

Rotes Neuseeländerkaninchen, Rammler

Burgunder, Weibchen

Burgunder

Herkunft

Der Ursprung dieser französischen Rasse liegt im südöstlichen Teil Frankreichs. Die Rasse ist seit 1914 in Frankreich als „Fauve de Bourgogne" anerkannt. „Fauve" (die Rothaarige) charakterisiert sehr treffend das Aussehen dieser Rasse.

Die Franzosen hielten diese Rasse mit ihrem typisch gelbroten Fell damals vornehmlich wegen ihres Fleisches. Das Fell stand erst an zweiter Stelle. Später begann man in der Pelzindustrie, die Rasse nach Fellqualität und -farbe selektiv zu züchten.

Ab den 20er Jahren bekundeten auch Züchter außerhalb Frankreichs Interesse an den Burgundern und importierten sie. Es ist erstaunlich, dass eine Rasse mit einem solch alten Stammbaum wie das Burgunderkaninchen bis heute noch nicht in allen Ländern anerkannt ist. Auch die Standardisierung der Rasse will auf internationaler Ebene nicht so recht vorankommen. In den verschiedenen Ländern gelten unterschiedliche Standards, die vor allem hinsichtlich der vorgeschriebenen Fellfarbe divergieren. In den Niederlanden bleiben die Züchter bei der ursprünglichen Fellfarbe. In allen anderen Ländern ist das Fell mit der Zeit als Folge von Kreuzungen immer rötlicher geworden.

In Deutschland wurde diese Rasse im April 1986 zugelassen.

Eigenschaften

Das Burgunderkaninchen wird wegen seiner Größe und seines Gewichts selten als Heimtier gehalten. Unter den passionierten Hobbyzüchtern haben die Burgunder zwar nur eine kleine, aber dafür treue Anhängerschaft. Auch als Fleischlieferanten werden die Tiere noch immer geschätzt. Außerhalb Frankreichs und der Nachbarländer ist die Rasse kaum zu finden.

Körperliche Merkmale

Das Mindestgewicht liegt bei Burgundern bei

Burgunder, Rammler

Burgunder stehen als Fleischlieferanten schon immer hoch im Kurs.

Burgunder, Rammler

3,25 Kilogramm, das Normalgewicht bei 4,25 Kilogramm und das Höchstgewicht bei 5,25 Kilogramm.

Kaninchen dieser Rasse sind stämmig gebaute Tiere. Der walzenförmige Körper ist leicht gestreckt, mit breiter Brust, kräftigem Nacken und einem gut abgerundeten Hinterleib.

Burgunder haben einen dicken Kopf, mit breiter Stirn und Schnauze. Vor allem bei den Rammlern fallen die dicken Backen sofort ins Auge.

Die Läufe sind mittellang, gerade und muskulös, wodurch dem Tier eine hohe Stellung verliehen wird.

Die fleischigen, voll behaarten Ohren sind v-förmig angeordnet und haben im Durchschnitt eine Länge von 14 Zentimetern. Die Augen sind braun und die Krallen dunkelhornfarbig.

Fell

Das Fell des Burgunderkaninchens ist mittellang. Durch die üppige Unterwolle fühlt es sich sehr weich an. Auf Ausstellungen legen die Preisrichter vor allem Wert auf die Fellstruktur.

Farbe

In fast allen Ländern kommen diese Kaninchen mit gelbrotem Fell, ähnlich der Fellfarbe von Löwen vor. Nur in den Niederlanden gezüchtete Burgunder sind gelb.
Das Fell sollte so gut wie möglich durchgefärbt sein, die Deckfarbe also möglichst weit von den Haarspitzen bis zu den -wurzeln dieselbe sein. Ein überragendes Ausstellungstier hat ein absolut ebenmäßiges Fell ohne kleinste Farbnuancen.
Auffällig sind die weißlichen Ringe rund um die Augen sowie die weiße Einfassung von Kinnbacken und Nase. Auch die Unterseite der Blume und die Innenseite der Hinterläufe sind weiß. Der Bauch ist cremefarben, im Schoßbereich heller gefärbt und zeigt zwei fahlrote Schoßflecken.

Großsilber

Herkunft

Große Kaninchen mit den typischen gesilberten Haarspitzen kommen schon seit Jahrhunderten in der französischen Region Champagne vor. Mit Sicherheit kann man sagen, dass diese Tiere, „Argenté de Champagne" genannt, bereits im 18. Jahrhundert in großem Stil gezüchtet wurden. Tiere mit gesilberten Haarspitzen sollen allerdings schon Anfang des 17. Jahrhunderts in Frankreich aufgetaucht sein. Portugiesische Seefahrer hatten sie aus Indochina mitgebracht.
Zu Beginn des 19. Jahrhunderts fand die Rasse ihren Weg in andere Länder, nach Deutschland kam sie erstmals im Jahr 1910. Diese Vorfahren des Großsilbers waren ein gutes Stück größer und schwerer als die heutigen Tiere. Die Stammbäume der heutigen Großsilber sind nahezu alle nach Deutschland zurückzuverfolgen, wo sich Anfang der 20er Jahre verschiedene Züchter für die Verbreitung der französischen Rasse eingesetzt haben. Damals wurde unterschieden zwischen zwei Typen von deutschen Großsilbern, gezüchtet in heller, mittlerer und dunkler Silberung, und den französischen Argenté de Champagne, die nur in der hellen Variante vorkamen. 1927 wurde ein einheitlicher Rassestandard aufgestellt, in dem die verschiedenen Varianten der beiden Typen von Großsilbern zusammengefasst wurden.
Zunächst waren die Züchter vornehmlich an den Pelzen der Kaninchen interessiert. Hierbei

Großsilber, lichtschwarz

war von großem Vorteil, dass sich der Silberungs-Faktor dominant vererbt, was bedeutet, das bei der Kreuzung eines gesilberten Kaninchens mit einem nicht gesilberten Kaninchen stets Tiere mit Silberung hervorgehen.
Die ursprüngliche Farbe des Großsilbers ist Schwarz, aber durch Kreuzungen mit Blauen Wienern, Hasenkaninchen, Burgundern und einigen anderen Rassen wurde die Farbpalette um Blau, Gelb, Hasengrau und Braun erweitert. Schwarz ist jedoch immer noch die beliebteste Farbe.

Eigenschaften

Großsilber sind im Gegensatz zu Kleinsilbern relativ ruhige und ausgeglichene Tiere. Sie zählen seit jeher zu den echten Nutzrassen, die ihres Fleisches und ihres Fells wegen gezüchtet werden.
Gegenwärtig findet man diese Tiere vor allem bei Hobbyzüchtern, die weder Mühe noch Kosten scheuen, um ein schönes Exemplar in der vorgeschriebenen Farbe und Silberung zu züchten.

Lichtschwarzer Großsilber, Weibchen

Großsilber sind nicht in allen Ländern auf Ausstellungen vertreten. Die Begeisterung für diese Rasse ist je nach Land unterschiedlich.

Körperliche Merkmale

Das Mindestgewicht eines Großsilbers liegt bei 3,5 Kilogramm, das Normalgewicht bei 4,5 Kilogramm und das Höchstgewicht bei 5,5 Kilogramm.
Der Körper ist gedrungen, walzenförmig mit breiter Brust und vollem Becken. Der Hals ist kurz, die Schultern sind breit und muskulös. Der leicht gewölbte Rücken ist hinten gut abgerundet. Der Kopf ist stark ausgeprägt.
Die fleischigen Ohren stehen aufrecht und sind behaart. Sie haben eine durchschnittliche Länge von 14 Zentimetern. Die Läufe sind mittellang, kräftig und breit gestellt.

Fell

Das Fell des Großsilbers ist halblang mit einer dichten Unterwolle, die es schön weich macht.

Varietäten

Großsilber verdanken ihren Namen der sich im Verlauf ihres Lebens einstellenden Silberung des Fells. Die Tiere kommen gänzlich durchgefärbt auf die Welt. Mit fünf bis sechs Wochen setzt die Silberung des Fells ein. Die Haare, die nach der Geburt ausfallen, machen Platz für gesilberte Haare. Der Silberungseffekt wird dadurch hervorgerufen, dass die Spitze jedes einzelnen Haares pigmentfrei (gesilbert) ist. Wie lange diese Verwandlung dauert, hängt davon ab, wie stark das Kaninchen haart. Meistens ist ein Großsilber mit sechs Monaten über diese Phase hinweg.
Silberung gibt es in drei Abstufungen. Die helle Silberung, bei der der überwiegende Teil des Fells gesilbert ist und nur wenig normal gefärbte Haare am Körper zu entdecken sind, die dunkle Silberung, bei der ein kleiner Teil des Fells gesilbert ist und das Tier ansonsten einen gefärbten Eindruck macht, und die mittlere Silberung, die dazwischen liegt.
Für Ausstellungen sollte die Silberung so gleichmäßig wie möglich sein, also keine auffallenden helleren oder dunkleren Flecken zeigen.

Farben

Unabhängig vom Silberungsgrad kann die Fellfarbe Hasengrau, Schwarz, Blau, Braun oder Gelb sein. Die Augenfarbe ist auf die Fellfarbe abgestimmt. Schwarze, gelbe und hasengraue Tiere haben braune Augen, blaue Tiere haben blaue Augen. Havannafarbene Tiere haben rote Augen.

Besonderheiten

Die verschiedenen Silberungsgrade sind nicht in allen Ländern anerkannt. Dies gilt nicht nur für Schwarz, sondern auch für andere Farben. Neben dem Großsilber ist der Argenté de Champagne eine eigene Rasse geblieben, die auf dem europäischen Festland durch ihren eleganteren Körperbau vom Großsilber unterschieden wird. Der Argenté de Champagne wird vor allem in Frankreich und Belgien gezüchtet und kommt nur in lichtschwarz vor.
Eine seltsame, vom Argenté de Champagne abgeleitete Rasse, bilden die nur mittel gesilberten Belgischen Silber, die von den belgischen Züchtern R. Leys und P. van Lancker kreiert wurden. Diese Rasse wiegt 4 bis 5,5 Kilogramm.

Hasenkaninchen

Herkunft

Obwohl das Hasenkaninchen nichts mit dem Feldhasen zu tun hat, halten viele Menschen diese elegante Kaninchenrasse in irgendeiner Weise für eine Kreuzung zwischen Hasen und Kaninchen. Doch jeder, der sich mit dem Fortpflanzungsverhalten und der Entwicklung der Jungen bei Hasen und Kaninchen auskennt, weiß, dass die Unterschiede zu groß sind, als dass sich eine Kreuzung zwischen beiden Tiergattungen durchführen ließe.
Den vorderen Teil seines Namens hat das Kaninchen also nicht einer etwaigen Abstammung vom Hasen, sondern viel mehr seinem edlen Äußeren, das tatsächlich an Hasen erinnert, zu verdanken.
Die Rasse hat ihren Ursprung in Großbritannien. Ihre Vorfahren stammen jedoch aus Belgien. Aus diesem Grund wird das Hasenkaninchen in manchen Ländern auch unter dem Namen „Belgischer Hase“ geführt.

Hasenkaninchen, hasenfarben

Kopfstudie Großsilber

Die Belgier exportierten regelmäßig Schlachtkaninchen nach Großbritannien. Diese Kaninchen waren eine bunte Mischung. So kam es vermutlich, dass eine kleine Anzahl Tiere mit schwarz schattiertem, auffällig rotem Fell (hasenfarben) von Tierfreunden aus einer Ladung Schlachtkaninchen herausgenommen und zum Züchten verwendet wurde. In der englischsprachigen Literatur finden sich Hinweise darauf, dass diese Tiere die Vorfahren der Flanderischen Riesen waren, die so genannten „Patagonier“, die mittlerweile ausgestorben sind. Diese Tieren bildeten den Grundstock für eine Rasse, die von Insidern zur elegantesten und perfektioniertesten Kaninchenrasse der Welt ernannt wurde.
Der englische Kaninchenzüchter Lumb zeigte 1874 als Erster auf einer Ausstellung seine Hasenkaninchen. Nachdem 1927 in England der *Belgian Hare Club* gegründet wurde, war das Hasenkaninchen Dauergast auf allen Ausstellungen des Landes. Es wurde als gute Fleischrasse und zugleich als attraktives Ausstellungstier angepriesen.
Zehn Jahre später fand diese Rasse ihren Weg in die Herzen der Liebhaber in aller Welt, so auch nach Belgien, Deutschland und Amerika.

Junge Hasenkaninchen, schwarzlohfarben

Hasenkaninchen, hasenfarben

Das Hasenkaninchen wurde zum populären Modekaninchen, für das Liebhaber Unmengen von Geld ausgaben.
Anfangs wiesen alle Tiere dieser Rasse das hasenfarbene Fell auf. Später sind in Europa durch Kreuzungen weitere Farben hinzugekommen.

Eigenschaften

Hasenkaninchen sind lebhafte, anhängliche und gutartige Tiere. Sie lassen sich, sofern sie eingehend darauf trainiert werden, gut „in Stellung bringen", das heißt, dass sich die Tiere in vorteilhafter Haltung auf dem Tisch des Preisrichters in Positur setzen. Dieses Verhalten wird auf Ausstellungen positiv bewertet, da man davon ausgeht, dass der Züchter für das gute Benehmen seines Tiers verantwortlich ist. Außerdem erleichtert dieses Verhalten dem Preisrichter die Arbeit.
Hasenkaninchen werden in allen Ländern gehalten, in denen Kaninchen gezüchtet werden. Sie sind auf Ausstellungen in der ganzen Welt zu bewundern.

Das Hasenkaninchen ist allerdings nicht nur bei Hobbyzüchter gefragt, sondern auch als Heimtier äußerst beliebt.
Oft wird zu Unrecht angenommen, diese Rasse sei durch Kreuzung zwischen Kaninchen und Feldhasen zustande gekommen.

Körperliche Merkmale

Viele sehen in den Hasenkaninchen die markanteste kurzhaarige Kaninchenrasse. Der Körper dieser Tiere ist in jeder Hinsicht schlank und elegant, ohne den geringsten Fettansatz. Das Mindestgewicht des Hasenkaninchens liegt bei 2,5 Kilogramm, das Normalgewicht beträgt 3,5 Kilogramm und das Höchstgewicht 4,25 Kilogramm.
Auffallend ist bei dieser Rasse die parallel zur Rückenlinie verlaufende Bauchlinie. Die Läufe sind lang, schlank und gerade. Dem etwas stärkeren Körperbau entsprechend, sind die Läufe beim Rammler kräftiger als bei der Häsin. Die Pfoten sind rund und werden deshalb „Katzenpfötchen" genannt. Hasenkaninchen haben einen relativ langen Körper mit langem, schmalem Hals und Kopf. Die dünnfleischigen aufrecht stehenden Ohren sind sehr beweglich,

Hasenkaninchen, weiß

Hasenkaninchen, schwarzlohfarben

gut behaart und erreichen im Durchschnitt eine Länge von 13 Zentimetern.

Fell

Das Fell des Hasenkaninchens ist kurz und glänzend. Es liegt glatt am Körper an und hat kaum Unterwolle.

Fellfarben

HASENFARBEN
Hasenfarben ist die ursprüngliche und die beliebteste Fellfarbe des Hasenkaninchens. Die rote bis mahagonifarbene Deckfarbe muss im Ton so warm und tief wie möglich sein. Das Ticking, die dunklen Haarspitzen, zeigt sich am stärksten auf dem Rücken, weniger an den Läufen und am Bauch. Die Ohren haben schwarze Spitzen, die Augen sind dunkelbraun. Dieser Farbenschlag ist in allen Ländern anerkannt.

SCHWARZLOHFARBEN
Hasenkaninchen mit Lohzeichnung sind in den Niederlanden und in Belgien entstanden. Hier versuchte man durch Kreuzungen mit Kaninchen mit Loh-Faktor die rote Deckfarbe zu vertiefen. Kaninchen mit Lohzeichnung haben einen schwarzen Rücken mit rostbrauner bis roter Zeichnung. Sie werden vor allem in den Niederlanden und Belgien gezüchtet. In anderen Ländern kommt dieser Farbenschlag kaum vor.

WEISS
Weiße Hasenkaninchen haben rote Augen und farblose Krallen. Ihr Körperbau gleicht dem der hasenfarbenen Kaninchen. Dieser Farbenschlag ist nicht weit verbreitet. Weiße Hasenkaninchen werden nahezu ausschließlich in ihrem Ursprungsland gezüchtet.

Stolze Hasenkaninchen, (Pflege-)Mutter mit Jungen

Ein Wurf hasenfarbener Hasenkaninchen

Kalifornier

Herkunft

Diese Rasse ist ein Produkt der Amerikaner. 1923 begann der Kaninchenzüchter George S. West aus dem südlichen Kalifornien mit der Zucht dieser Kaninchen. Sein Ziel war es, eine für die Fleischindustrie interessante Rasse zu züchten, die gleichzeitig eine gute Fellqualität aufwies. Er kreuzte hierfür anfangs Chinchillarammler mit Russenhäsinnen. Von letzteren hat der Kalifornier seine besondere Zeichnung. Danach beschloss West diese Kreuzungen mit Weißen Neuseeländerhäsinnen zu paaren, einer Rasse, mit der damals in den USA als Fleischrasse enorme Umsätze erzielt wurden.
Die Tiere wurden 1929 erstmals auf einer Ausstellung gezeigt, doch es dauerte weitere zehn

Jahre, bis die Rasse von der *American Rabbit Breeders Association* offiziell anerkannt wurde.
1958 kamen die ersten Kalifornier nach Großbritannien, 1966 waren sie auf holländischen Ausstellungen vertreten und im Anschluss daran kamen sie nach Deutschland.
In den ersten Jahren bestand vornehmlich von Seiten der kommerziellen Großzüchtereien Interesse an dieser neuen Rasse, das heißt an deren Fleisch. Später war sie auch bei Hobbyzüchtern gefragt.
Die Kalifornier hatten zwar einen langsamen Start, sind inzwischen jedoch in jedem Land, in dem Kaninchen gezüchtet werden, auf Ausstellungen zu sehen. Von diesen Tieren sagt man, dass sie zu den „Topfive" der Fleischrassen gehören.
Die ursprüngliche Farbe an Schnauze, Pfoten, Blume und Ohren war Schwarz. In Großbritannien hat man mithilfe anderer Rassen Kalifornier entwickelt, die an diesen Körperstellen blau, schokoladenbraun oder lila gefärbt sind. Diese Farben kommen außerhalb von Großbritannien nur selten vor.

Eigenschaften

Kalifornier sind friedliche, zutrauliche Tiere mit einem auffallend ruhigem Wesen. Aufgrund ihrer Größe sind sie als Heimtiere weniger beliebt. Das Russenkaninchen hat hierfür ein wesentlich handlicheres Format.
Das Interesse am Kalifornier ist von Land zu Land verschieden. Auf internationalen Ausstellungen wird die Rasse trotzdem regelmäßig gezeigt. Daneben sind Kalifornier als Fleischlieferanten noch immer beliebt.

Kalifornier

Körperliche Merkmale

Kalifornier sind gut bemuskelte Kaninchen mit einem gedrungenen Körperbau. Sie haben einen breiten, abgerundeten Hinterleib, eine volle, tiefe Brust und einen breiten Rücken. In

Kalifornier sind für ihr ausgeglichenes Wesen bekannt.

Kalifornier sind nur an den Ohren, der Schnauze, den Läufen und der Blume gefärbt.

Kalifornier

den meisten Ländern, so auch im Ursprungsland Amerika, ist ein mäßig gestreckter Körper vorgeschrieben. In anderen Ländern darf der Körper kürzer und blockig sein. Vorder- und Hinterpartie sind ungefähr gleich breit. Der Kopf ist gut entwickelt, der Nacken relativ kurz. Die durchschnittliche Länge der Ohren liegt bei 12 Zentimetern, das Gewicht variiert je nach Land zwischen 3 und 5 Kilogramm.

Fell

Das glänzende Fell der Kalifornier hat eine normale Länge und wenig Unterwolle. Es ist dicht und kräftig und liegt flach am Körper an.

Farbe

Die eigentliche Farbe dieser Kaninchen äußert sich nur an einigen Körperstellen: den Pfoten, der Schnauze, den Ohren und der Blume. Der übrige Körper ist rein weiß ohne jeglichen Gelbschimmer.

Junge Blaue Wiener

Die häufigste Farbe ist Schwarz. Kalifornier werden weiß geboren. Erst später entwickelt sich die Farbe. Die Augen sind bei dieser Rasse pigmentfrei, also rot.
In Großbritannien hat man durch Kreuzungen mit anderen Rassen weitere Farben eingeführt, zum Beispiel Blau, Schokoladenbraun und Lila. Diese Farben sind außerhalb Großbritanniens nicht anerkannt.

Abzeichen

Die Abzeichen sind eine auffallende rassetypische Eigenschaft der Kalifornier. Der Körper ist weiß und nur an Ohren, Schnauze, Pfoten und Blume gefärbt.
Im Gegensatz zum Russenkaninchen, der Rasse, die für die Abzeichen des Kaliforniers verantwortlich ist, werden Form und Begrenzung der Abzeichen bei den Kaliforniern weniger streng bewertet.

Blaue Wiener

Herkunft

Das Blaue Wienerkaninchen hat seinen Ursprung in Österreich. Diese Rasse haben wir dem Eisenbahnbeamten Johann Konstantin Schulz aus Wien-Hetzendorf, dem Vorsitzenden der ersten Wiener Kaninchenzüchtervereinigung, zu verdanken. Bei seiner Kreation hatte Schulz ein deutliche Ziel vor Augen: Er wollte eine Kaninchenrasse züchten, die sowohl ein schönes Fell hatte – blaues Fell wurde damals besonders bewundert – als auch reichlich Fleisch lieferte.
Um sein Ziel zu erreichen, verwendete Schulz verschiedene große Kaninchenrassen. Er begann mit einem blauen Weibchen, einem Tier, das der Literatur zufolge von undefinierbarer Rasse war und teilweise Hängeohren hatte, einem gelben Weibchen von stattlichem Wuchs aus der französischen Normandie – mit einem hängenden und einem stehende Ohr – und einem aus Belgien importierten schwarzen Rammler der Rasse Flanderischer Riese.
1895 zeigte Schulz seine Kaninchenrasse erstmals auf einer Ausstellung im Prater in Wien unter der Bezeichnung „Blaue Wiener Riesenkaninchen". Im Jahr 1897 wurde die Rasse in Österreich offiziell anerkannt.
Die ersten Tiere waren um einiges schwerer als die heutigen Blauen Wiener. Sie wogen durch-

Besonders hübscher Blauer Wiener, Rammler

Hasengrauer Wiener, Rammler

schnittlich 6,5 Kilogramm und auch die Fellfarbe war noch nicht so gut entwickelt.
Die ersten Blauen Wiener wurden 1903 sowohl nach Deutschland als auch in die Niederlande und die Schweiz exportiert und konnten in kürzester Zeit viele Liebhaber für sich gewinnen. Vor allem in Deutschland fand die Rasse viele Anhänger. 1959 waren auf einer großen Ausstellung in Hamburg 30 Blaue Wiener angemeldet. Sie hatten ein durchschnittliches Gewicht von 6 Kilogramm. Im selben Jahr wurde in Deutschland der *Blaue-Wiener-Club* gegründet.
In den Niederlanden wurde die Rasse 1907 offiziell von der Kaninchenzüchtervereinigung anerkannt.
Obwohl Blau die ursprüngliche und bis heute auch beliebteste und häufigste Fellfarbe der gefärbten Wiener ist, sind im Lauf der Zeit, durch Kreuzungen von diversen Rassen mit der gewünschten Farbe auch andersfarbige Wiener entstanden. Die erste Farbe nach Blau war Weiß (vgl. auch Weiße Wiener, Seite 223). Danach kam Schwarz, das 1931 erstmals auf einer großen Kaninchenausstellung in Leipzig dem breiten Publikum vorgestellt wurde.

Eigenschaften

Blaue Wiener sind anhängliche und relativ lebhafte Tiere. Die Rasse wird zu den so genannten „Nutzrassen“ gerechnet, was bedeutet, dass die Tiere früher vornehmlich ihres Fleisches oder Fells wegen gezüchtet wurden. Inzwischen sind die meisten Tiere aus dieser Rasse in Händen von Hobbyzüchtern, Menschen also, die sich für die Verbesserung der Rasse einsetzen und ihre Fortschritte auf Ausstellungen bewerten lassen.
In allen Ländern, in denen Kaninchen gezüchtet werden, kommen Blaue Wiener vor, aber nirgends ist diese Rasse so beliebt wie in Deutschland, Österreich, der Schweiz, Belgien und den Niederlanden. In diesen Ländern sind auf allen Ausstellungen große Zuchtklassen von Blauen Wienern, aber auch von anders gefärbten Wienern zu finden.
Nicht nur Hobbyzüchter haben diese Rasse in ihr Herz geschlossen. Auch als Heimtier für Kinder sind die Blauen Wiener, trotz ihres Gewichts, aber dank ihres ausgezeichneten Charakters und ihres hübschen Körperbaus sehr beliebt.

Schwarzer Wiener

Körperliche Merkmale

Das Blaue Wienerkaninchen hat einen kräftigen, leicht gestreckten Körper und ist an Schultern, Rücken und Hinterpartie breit und voll. Der Rücken zeichnet eine geschmeidig rund verlaufende Linie. Die Pfoten sind durchschnittlich lang, kräftig und stark.
Der kräftige Kopf der Blauen Wiener hat eine breite Stirn und Schnauze und sitzt ohne Hals dicht am Körper. Die Backen sind gut ausgeprägt. Vor allem Rammler haben ausgesprochen breite Backen.
Die Ohren sind fleischig, gut behaart und an den Spitzen abgerundet. Ihre Länge muss ins Gesamtbild passen, was in der Praxis heißt, dass sie ungefähr 13 Zentimeter lang sind. Blaue Wiener haben ein Mindestgewicht von 3,25 Kilogramm, ein Normalgewicht von 4,25 Kilogramm und ein Höchstgewicht von 5,25 Kilogramm.

Fell

Das Fell der Blauen Wiener fühlt sich weich an, ist mittellang und hat viel Unterwolle sowie eine gleichmäßige Begrannung.

Farben

Die ursprüngliche Farbe der Wiener ist einfarbig Blau mit blauen Augen. Erst später sind weitere Farben hinzugekommen, wie zum Beispiel Schwarz mit braunen Augen, Hasenfarben (rötliche Deckfarbe, schwarze Schattierung, braune Augen), Hasengrau (licht braungraue Deckfarbe, schwarze Schattierung, braune Augen), Blaugrau (licht braungraue Deckfarbe, blaugraue Schattierung, blaue Augen), Eisengrau (lichtgraue Deckfarbe, schwarze Schattierung, braune Augen), Blaubraungrau (lichtgraue Deckfarbe, blaue Schattierung, blaue Augen).

Besonderheiten

Die Standardisierung von Typ und Farbe ist beim Blauen Wienerkaninchen auf internationaler Ebene nicht einheitlich. Als Folge daraus werden in einem Land Blaue Wiener mit elegantem Körperbau und langen Ohren gezüchtet, während auf einer Ausstellung in einem anderen Land gerade entgegengesetzte Anforderungen gestellt werden.
Auch was die Fellfarben angeht, laufen die Standards auseinander: In Großbritannien ist beispielsweise nur die ursprüngliche blaue Fellfarbe anerkannt und auch in den USA züchtet man Wiener nur in einigen wenigen Farben.
Auf dem europäischen Festland wurden eine Zeit lang auch schokoladenbraune Wiener gezüchtet, die heute jedoch nicht mehr vorkommen.

Weiße Wiener

Herkunft

Wenngleich das Weiße Wienerkaninchen, abgesehen von der Farbbezeichnung, denselben Namen trägt wie das Blaue Wienerkaninchen, so handelt es sich hier doch um zwei verschiedene Rassen. Weiße Wiener stammen aus Österreich, wo sie Anfang dieses Jahrhunderts von Wilhelm Mucke gezüchtet wurden. Er kreuzte hierbei Blaue Wiener mit überwiegend weißen Holländern mit blauen Augen. 1907 zeigte er seine Zuchtprodukte erstmals auf einer großen Ausstellung in Wien. Die Tiere waren damals noch relativ klein und der Einfluss des Holländerkaninchens war deutlich zu erkennen.
In den folgenden Jahren stieg in anderen Ländern das Interesse an der weißen Variante des Wieners. Die Tiere wurden 1909 offiziell durch die Niederländische Kaninchenzüchtervereinigung anerkannt. 1910 kam die Rasse nach Deutschland.
Das Weiße und das Blaue Wienerkaninchen waren jahrelang als eine Rasse auf Ausstellun-

Weiße Wiener haben immer blaue Augen.

gen zu bewundern. Seit Ende der 70er Jahre unterscheiden jedoch verschiedene Länder zwischen weißen und gefärbten Tieren. Dadurch wurde es für Züchter, die die Farbe Weiß bevorzugen, leichter, dem Standard entsprechende Tiere zu züchten, denn bei weißen Tieren muss der Züchter nicht auf Farbschattierungen achten, die auf Ausstellungen bei anders gefärbten Wienern relativ wichtig sind.

Eigenschaften

Dank ihrer strahlend weißen Farbe, der blauen Augen und des friedlichen Wesens werden Weiße Wiener nicht nur von Hobbyzüchtern gehalten, sondern sind auch als Heimtiere für Kinder sehr beliebt.
Das Weiße Wienerkaninchen ist vor allem auf dem europäischen Festland äußerst populär; es ist auf jeder Ausstellung zu bewundern. Vor allem in Deutschland erfreut sich die Rasse größter Beliebtheit. Seltsamerweise kommt diese Rasse außerhalb Europas nur sehr selten vor.

Körperliche Merkmale

Weiße Wiener erreichen ein Mindestgewicht von 3 Kilogramm, das Normalgewicht liegt bei 4 Kilogramm und das Höchstgewicht beträgt 5 Kilogramm. Die Rasse gehört somit zu den mittelgroßen Kaninchenrassen.
Tiere dieser Rasse sind stämmig gebaut. Sie haben einen breiten Rücken und Hinterleib sowie breite Schultern. Der Körper darf nicht blockig sein, sondern sollte etwas gestreckt sein.
Weiße Wiener haben mittellange, nicht zu kräftige Läufe, die zum übrigen Körper passen müssen. Der kurze Kopf hat eine breite Stirn und Schnauze, was insbesondere bei männlichen Tieren gut zum Ausdruck kommt. Der Kopf sitzt dicht am Körper auf. Die Tiere haben dicke Backen und die Augen stehen aufgrund des massigen Kopfes weit auseinander.
Die aufrecht stehenden Ohren sind gut behaart und haben eine durchschnittlichliche Länge von 13 Zentimetern.

Fell

Das Fell des Weißen Wienerkaninchen fühlt sich weich an, ist mittellang und hat eine dichte Unterwolle mit feiner, gleichmäßiger Begrannung.

Farbe

Das Weiße Wienerkaninchen hat ein strahlend weißes Fell, ohne farbliche Abweichungen. Die Augen sind stes hellblau und die Krallen sind farblos.

Von Beveren, blau

Von Beveren

Herkunft

Das Von Beveren ist eine relativ alte, belgische Rasse. Ihren Namen verdankendie Tiere der Stadt, aus der sie ursprünglich stammen: Beveren.
Wie diese Rasse entstanden ist, kann nicht genau belegt werden. Man kann nur vermuten, dass die Blauen von Sint Niklaas und Holländerkaninchen ihren Teil zur Entstehung beigetragen haben. Sicher ist jedoch, dass die Rasse bereits um 1900 in großer Stückzahl in Beveren und Umgebung gezüchtet wurde. Schon im Jahr 1902 wurde in Beveren-Waas die erste Ausstellung für diese Rasse abgehalten.
Während des Ersten Weltkriegs (1915) kamen die ersten Von-Beveren-Kaninchen nach Großbritannien. Dort wurde die Rasse von begeisterten Kaninchenzüchtern in einigen Punkten noch verbessert. Ungefähr zur selben Zeit importierten auch niederländische und französische Züchter diese Rasse, erst später erreichte sie auch die USA.
Am stärksten sind allerdings die Briten für das Aussehen der Von-Beveren-Kaninchen, wie man sie heute kennt, verantwortlich. Sie waren es auch, die die verschiedenen Fellfarben entwickelten. Schwarz beispielsweise ist durch die Kreuzung von blauen Von-Beveren-Kaninchen mit rasselosen schwarzen Kaninchen entstanden. Diese Tiere wurden in Großbritannien „Sikas" genannt und 1919 erstmals der Öffentlichkeit vorgestellt. Schon bald folgten Albinos (weiße Tiere mit roten Augen) und weiße Von-Beveren-Kaninchen mit blauen Augen. Die ersten schokoladenbraunen Tiere wurden 1929

Dieses Von Beveren zeigt den rassetypischen Körperbau, den so genannten „Mandolinentyp".

Von-Beveren-Kaninchen sind aufmerksame Tiere.

in Großbritannien ausgestellt. Von-Beveren-Kaninchen mit lilafarbenem Fell, auch eine Kreation der Briten, stammen aus dem Jahr 1980.
„Pointed Beverens" werden auf Ausstellungen als eigene Rasse bewertet, die jedoch mit Ausnahme der Fellfarbe nicht von den anderen Varietäten abweicht. Diese Rasse kommt in denselben Farben vor wie das Von Beveren, hat jedoch gesilberte Haarspitzen. Die Tiere wurden in Großbritannien bereits 1928 anerkannt, starben wenige Jahre später aufgrund mangelnden Interesses jedoch aus. Ende der 80er Jahre haben britische Züchter die Rasse neu aufgebaut.

Eigenschaften

Vertreter dieser Rasse sind normalerweise aufgeweckte Tiere. Sie sind von Anfang an sowohl ihres Fleisches als auch ihres Fells wegen gezüchtet worden. Heute wird die Rasse überwiegend von Hobbyzüchtern gehalten, kommt aber nicht in allen Ländern gleich häufig vor.

In England gezüchtetes Von Beveren

Körperliche Merkmale

Was bei diesen Kaninchen sofort auffällt, ist ihre typische Körperform, die man bei keiner andere Rasse findet. Die Hinterpartie ist deutlich höher und breiter als die Vorderpartie. In Fachkreisen spricht man vom „Mandolinen" oder „Birnentyp".
Der Kopf des Von Beveren ist relativ breit, sodass die Augen weit auseinander liegen. Die Ohren sind fleischig, behaart und haben abgerundete Enden. Die durchschnittliche Ohrlänge beträgt 13 Zentimeter. Das Körpergewicht liegt im Durchschnitt bei 4 Kilogramm.

Fell

Das Fell des Von Beveren fühlt sich weich an, ist voll und hat auffallend viel Unterwolle. Es ist durchschnittlich 3 bis 4 Zentimeter lang.

Farbe

Die Farbe des blauen Von Beveren ist tatsächlich sehr auffallend. Sie ist mit keiner anderen Farbe zu vergleichen, höchstens mit der Farbe von Vergissmeinnicht.
Die Augen der Tiere sind graublau. Beim weißen Von Beveren werden ein strahlend weißes Fell und hellblaue Augen verlangt. Albinos, die Anfang der 20er Jahre in Großbritannien gezüchtet wurden, kommen heute nicht mehr vor.
Abgesehen von den blauen und weißen Von-Beveren-Kaninchen gibt es auch noch braune, lilafarbene und schwarze. Diese sind jedoch nur in Großbritannien anerkannt und kommen im übrigen Europa und in den USA kaum oder gar nicht vor.

Weiße Hotot (Blanc d'Hotot)

Herkunft

Das Weiße Hotot (Blanc d'Hotot) ist eine Züchtung der Französin Eugenie Bernard. Sie ist hiermit eine der wenigen Frauen in der Geschichte, die eine wichtige Rolle bei der Kaninchenzucht gespielt haben. Den Rassenamen haben die Kaninchen dem Dorf zu verdanken, aus dem Madame Bernard stammte: Hotot (Nordfrankreich).
Obwohl Madame Bernard stets beteuerte, sie habe ihre Kaninchen aus gewöhnlichen gescheckten Tieren gezüchtet, sind viele Experten der Ansicht, dass dies nicht stimmen kann. Man geht davon aus, das in jedem Fall Zeich-

Farbenzwerg mit Hototabzeichen

Der schwarze Augenring des Weißen Hotot muss rundum gleich breit sein.

Weißes Hotot

nungskaninchen, wie zum Beispiel Schecken, Anteil am ungewissen Stammbaum des Weißen Hotot haben. Ab und zu zeigen sich in Würfen des Weißen Hotot auch Junge, die ansatzweise einen Aalstrich oder schwarze Flecken auf Ohren und Nase haben, was diese Theorie glaubwürdig erscheinen lässt.
Die ersten Vertreter dieser Rasse aus der Zucht von Madame Bernard wurden bereits 1912 ausgestellt und zu dieser Zeit auch in den Standard von Frankreich aufgenommen.
Es hat allerdings lange gedauert, bis Züchter in anderen Ländern auf diese Rasse aufmerksam wurden. 1927 kam das Weiße Hotot in die Schweiz. Dort wurde es kurz nach seiner Einführung zu einer beliebten Rasse. Der bekannte deutsche Kaninchenzüchter Friedrich Joppich importierte 1930 die ersten Tiere. Er war mehr als 30 Jahre lang der einzige deutsche Kaninchenzüchter, der sich mit dieser Rasse beschäftigte. Im deutschen Standard wurde das Weiße Hotot erst 1961 anerkannt.
In den Niederlanden wurde die Rasse 1940 offiziell anerkannt. In Großbritannien entdeckte man sie noch später und nahm sie erst 1960 in den Standard auf.
Im Verlauf der Zeit wurde das Weiße Hotot nicht nur aus den Stämmen von Eugenie Bernard gezüchtet. Es gab Züchter, die aus anderen Kaninchenrassen Weiße Hotots hervorgebracht haben, und es ist bekannt, dass durch die Adern des heutigen Weißen Hotot auch Blut des Weißen Wieners und des Großsilbers fließt.
Obwohl die Rasse auf der ganzen Welt bekannt ist, hat sie in Europa und hier vor allem in den Niederlanden und der Schweiz die meisten Freunde gefunden.

Eigenschaften

Das Weiße Hotot ist vor allem unter Liebhabern, die regelmäßig Ausstellungen besuchen, bekannt. Die Rasse wird als eine der problematischsten Zuchtrassen angesehen, da die vorgeschriebenen schwarzen Augenringe nur schwer zu züchten sind.
Die Rasse ist als Heimtier nicht sehr begehrt. Diese Rolle übernehmen eher die Farbenzwerge, die die gleichen Abzeichen wie das Weiße Hotot tragen. Vertreter dieser Rasse sind stets friedfertige Tiere.

Körperliche Merkmale

Diese äußerst attraktiven Kaninchen sind durch einen leicht gestreckten, walzenförmigen Körperbau sowie eine breite Vorder- und Hinterpartie und einen ebenfalls breiten Rücken gekennzeichnet. Der Kopf sollte möglichst kurz sein. Er hat eine breite Stirn und Schnauze. Die Läufe sind relativ kurz. Die Ohren stehen aufrecht, sind fleischig und gut behaart. Sie haben eine durchschnittliche Länge von 13 Zentimetern.
Das Weiße Hotot erreicht ein Mindestgewicht von 3 Kilogramm, ein Normalgewicht von 4 Kilogramm und ein Höchstgewicht von 5 Kilogramm.

Fell

Das Fell hat eine normale Länge, ist dicht, voll und elastisch. Es hat einen starken Glanz und viel Unterwolle.

Farbe

Vertreter dieser Rasse haben ein rein weißes Fell, dunkelbraune Augen und schwarze Augenringe. Auch die Augenlider müssen dunkel pigmentiert sein, um den richtigen Eindruck zu vermitteln. Die Krallen sind farblos (weiß).

Weißgranne, blau

Weißgranne, schwarz

Besonderheiten

Das augenfälligste und zugleich für diese Rasse typische Merkmal ist der schwarze Augenring. Dieser muss 3 bis 5 Millimeter breit sein und möglichst gleichmäßig dick um die Augen liegen.
Auffallend beim Weißen Hotot sind außerdem die besonders hohe Fruchtbarkeit und die Lebenskraft.

Weißgrannen

Herkunft

Weißgrannen sind in den 20er Jahren in etwa zur selben Zeit in Großbritannien, den USA und Deutschland erstmals aufgetaucht. Großbritannien gilt jedoch als das für die Entstehung der Rasse wichtigste Land. Dort wurde 1924 erstmals von Weißgrannen berichtet, Kaninchen mit etwas längerem Fell und einer Zeichnung, die den Lohkaninchen ähnelt, wobei jedoch bei diesen Kaninchen die roten Partien durch weiße ersetzt sind. Auch das Fell ist bei den Weißgrannen länger als bei den Lohkaninchen. Es lässt sich am besten mit der Felllänge von Chinchillakaninchen vergleichen. Dies ist allerdings nicht verwunderlich, schließlich sind die Weißgrannen aus der Kreuzung von Lohkaninchen mit Chinchillas entstanden. Durch den dominant vererbten Faktor, der die Ausbildung des gelblichen Pigments verhindert, entstanden aus diesen Kreuzungen Lohkaninchen, bei denen alle gelb pigmentierten Haare durch silberweiße ersetzt sind. Der Einfluss des Chinchillas hat auch das längere Fell der Weißgrannen verursacht.
1926 wurde die Rasse der Öffentlichkeit erstmals auf einer Ausstellung in Großbritannien vorgestellt. Nach dieser Einführung fanden die Weißgrannen ihren Weg zu den Liebhabern in anderen Ländern. Später hat man auch Angorakaninchen in die Stämme von Weißgrannen eingekreuzt, um deren Fell zu verbessern. Hierdurch bekamen die Tiere ein dickeres Fell mit der gewünschten üppigen Schicht Unterwolle. Ein weiteres Ergebnis der Kreuzung mit Angorakaninchen ist, dass auch heute aus der Paarung von zwei Weißgrannen langhaarige Kaninchen hervorgehen können.
Schon von Anfang an gab es bei den Weißgrannen verschiedene Farben. Die ersten Tiere waren schwarz, bald folgten braune (havanna), blaue und lilafarbene. Schwarze Weißgrannensind, vielleicht wegen des schönen Farbkontrasts, die beliebtesten Vertreter dieser Rasse.

Eigenschaften

Weißgrannen sind mäßig lebhafte Tiere. Sie

Weißgranne, schwarz

Ein Rassemerkmal der Weißgrannen sind die weißen Grannen an Brust, Hinterleib und Flanken.

sind zwar nahezu auf der ganzen Welt auf Ausstellungen zu finden, bei der breiten Öffentlichkeit sind sie jedoch bis heute noch nicht so bekannt. Weißgrannen werden vor allem nach ihrem vollen, weichen und elastischen Fell bewertet.

Körperliche Merkmale

Weißgrannen erreichen ein Mindestgewicht von 2,5 Kilogramm, ein Normalgewicht von 3,5 Kilogramm und ein Höchstgewicht von 4,25 Kilogramm.
Die Tiere haben einen gedrungenen, walzenförmigen Körper, der vorne und hinten gleich breit und gut abgerundet ist. Weißgrannen haben kurze, muskulöse Läufe. Vor allem bei den Männchen ist der breite Kopf mit den dicken Backen gut ausgeprägt.
Die Ohren des Weißgrannen-Kaninchens sind gut behaart und stehen aufrecht. Sie erreichen eine durchschnittliche Länge von 12 Zentimetern.

Fell

Das glänzende Fell der Weißgrannen erreicht ungefähr eine Länge von 3 bis 4 Zentimetern. Es hat eine dichte Unterwolle. Die am ganzen Körper ausgeprägte Begrannung ist relativ lang und voll.

Zeichnung

Die silberweißen Bereiche der Weißgrannen zeigen sich an Bauch und Zehen, als Ring um den Hals und als weiße Einfassung der Nasenlöcher und Kinnbacken. Auch die Augenringe, Ohrinnenseiten sowie das Fell am Ohransatz und unterhalb der Blume sind silberweiß. Im Nacken hinter den Ohren schließt sich als silbergraues bis weißes Dreieck die Triangel an, die nicht zu groß sein darf. Ins Auge springen die Grannen: dicke, auffallend lange an den Spitzen gesilberte Haare. Diese zieren Brust, Schultern, Flanken, Läufe und die Oberseite der Blume.

Farben

Weißgrannen kommen in verschiedenen Farben vor. Schwarze Weißgrannen sind am häufigsten und haben, genau wie die braunen Tiere, immer braune Augen. Die blaue Variante hat blaugraue Augen. Die Augen der braunen Weißgrannen zeigen bei einem bestimmten Lichteinfall ein rötliches Feuer.
Die Unterfarbe des Fells ist bei allen Farbenschlägen am ganzen Körper dunkelblau.

Japaner (Harlequin)

Herkunft

Obwohl sein Rassename es nahelegt, stammt das Japanerkaninchen nicht aus Japan. Es handelt sich bei dieser Rasse vielmehr um eine französische Züchtung. Die Vorläufer der Japaner wurden zufällig von einem Tierfreund in einem Park entdeckt, in dem verschiedene halb verwilderte rasselose Kaninchen und dreifarbige Holländer mehr schlecht als recht gehalten wurden. Die Farbzusammenstellung der Tiere war so ungewöhnlich, dass ihr „Entdecker“ beschloss, diese zu züchten.
Die ersten Japaner wurden 1887 und 1889 auf der Pariser Weltausstellung unter dem Namen

Japanerkaninchen

Japanerkaninchen

Typische Zebrazeichnung des Japanerkaninchens

„Lapin Japonais" (Japanisches Kaninchen) präsentiert. Innerhalb weniger Jahre wurden auch Kaninchenzüchter aus anderen Ländern auf diese ausgefallene Rasse aufmerksam. Die Tiere wurden in großer Zahl exportiert, unter anderem nach Großbritannien und Deutschland, wo man den Namen übernahm. In Großbritannien und den USA hingegen wurde die Rassebezeichnung in „Harlequin" umgewandelt.

Die meisten Japaner weisen nicht die gewünschte Farbverteilung auf.

Viele der ersten Tiere wiesen noch deutlich den Wildfarbe-Faktor auf zum Beispiel einen hellen Bauch und helle Augenringe.
Auf Ausstellungen waren anfangs sowohl Tiere mit als auch ohne Wildfarbe-Faktor zugelassen, später nur noch ohne. Die Rasse war von Anfang an in Händen der Hobbyzüchter. Als Fleischkaninchen oder Pelztier war sie nie beliebt. Obwohl die Wurzeln der heutigen Japaner-Stämme vermutlich alle auf französische Kaninchen zurückzuführen sind, gab es auch in anderen Ländern, in den Niederlanden beispielsweise, Tiere mit vergleichbaren Abzeichen. Diese Tiere haben jedoch nie den Rassestatus erreicht.

Eigenschaften

Japaner haben ein mäßig lebhaftes Wesen und einen überwiegend gutmütigen Charakter. Je nach Land sind sie unterschiedlich populär. Als Heimtier für Kinder sind Japaner, vermutlich wegen ihres geringen Bekanntheitsgrads bei der breiten Öffentlichkeit, aber auch wegen ihres Gewichts, kaum zu finden.

Aufgrund der enormen Bandbreite der Zuchtergebnisse von akzeptablen bis hin zu exzellent gezeichneten Tieren stellen Japaner für viele Züchter eine große Herausforderung dar. Die Kreuzung zweier besonders hübscher Tiere ergibt nicht automatisch auch perfekt gezeichnete Jungtiere. Andererseits können aus nicht so schön gezeichneten Eltern perfekte Ausstellungstiere entstehen. Leider hat diese Eigenschaft dafür gesorgt, dass nur wenige Liebhaber mit Begeisterung die Zucht von Japanern betreiben.

Körperliche Merkmale

Japaner gehören zu den mittelgroßen Kaninchenrassen. Sie erreichen ein Mindestgewicht von 2,75 Kilogramm, ein Normalgewicht von 3,75 Kilogramm und ein Höchstgewicht von 4,5 Kilogramm.
Es handelt sich bei dieser Rasse um kräftig gebaute Tiere mit einem gedrungenen, walzenförmigen Körper, der vorne und hinten gleich breit ist. Die Läufe sind gut bemuskelt. Der Kopf ist relativ breit, was insbesondere bei Rammlern gut zur Geltung kommt. Die Ohren haben abgerundete Spitzen und eine durchschnittliche Länge von 12 Zentimetern.

Fell

Japaner haben ein etwa 3 Zentimeter langes, glänzendes und am Körper anliegendes Fell. Die Unterwolle ist dicht, mit feiner gleichmäßiger Begrannung.

Farbe

Japaner sind zweifarbige Kaninchen, die in vier verschiedenen Farbkombinationen vorkommen. Eine Farbe ist immer Gelb bis Rotgelb, die kontrastierende Farbe kann Schwarz, Braun (Havanna), Blau oder Lila sein.
Schwarzbraune Tiere haben braune Augen, lilafarbene und blaue Tiere haben blaugraue Augen. Lilafarbene und braune Tiere zeigen bei einem bestimmten Lichteinfall einen rötlichen Schimmer in ihren Augen. Dieses Phänomen nennt man „rotes Feuer".
Schwarze Tiere sind noch immer am häufigsten, zumal in den meisten Ländern die übrigen Farben nicht bekannt sind. Bauch, Blumenunterseite und Pfoten sind meist etwas heller gefärbt. Die Augen sind dunkelbraun. Japaner haben gelegentlich weiße Härchen am Bauch, unter der Blume und an der Innenseite der Läufe, was auf Ausstellungen kaum als Fehler bewertet wird.

Zeichnung

Der Rassestandard verlangt eine möglichst scharf begrenzte Farbverteilung ohne gelbe oder gelbrötliche Haare innerhalb der schwarzen Bereiche und umgekehrt. Im Idealfall ist der Kopf zweifarbig, wobei die Trennlinie genau in der Mitte verläuft. Unterhalb der schwarzen Kopfhälfte müssen die Brust rotgelb und die Läufe schwarz sein, während unter der rotgelben Kopfseite die Brust schwarz ist und die Läufe rotgelb sind. Sonst sollten zumindest Brusthälfte und Pfoten dieselbe Farbe haben, damit sie einen schönen Kontrast zur Kopfhälfte bilden. Außerdem muss das Ohr an der rotgelben Kopfseite schwarz sein und umgekehrt. Der Körper muss schwarze und rotgelbe Flecken zeigen, die so genannte „Zebrazeichnung". Die Anzahl dieser Flecken ist weniger wichtig, solange sie möglichst scharf begrenzt sind und die Trennlinien quer über den Rücken verlaufen.
Es muss an dieser Stelle darauf aufmerksam gemacht werden, dass hier der Idealfall beschrieben wurde, der in der Praxis nicht zu erreichen ist. Auf Ausstellungen wird dem natürlich Rechnung getragen.

Elsterkaninchen

Herkunft

Diese Kaninchen sind vom Typ her eigentlich Japaner mit weißen anstelle von rotgelben Flecken. Der Wegfall des gelben Farbpigments wurde durch die Kreuzung mit Weißgrannen und Chinchillas, die den Chinchilla-Faktor tragen, erreicht.
Der dominant vererbte Chinchilla-Faktor verhindert die Ausbildung des gelben Pigments. Alle Körperpartien, die bei einem Kaninchen ohne Chinchilla-Faktor gelb pigmentiert sind, sind bei einem Kaninchen mit diesem Faktor (silber)weiß.
Das Elsterkaninchen besteht als Rasse noch nicht sehr lange. Es stammt aus Großbritannien, wo es den Namen „Magpie" trägt. Die Bezeichnung „Elster" bezieht sich auf die farbliche Ähnlichkeit dieses Kaninchens mit dem gleichnamigen Vogel.

Elsterkaninchen mit typischer Fleckenverteilung am Rücken.

Elsterkaninchen

Junges Elsterkaninchen

Eigenschaften

Elsterkaninchen sind relativ ruhige und ausgeglichene Tiere. Da ihre Zucht sehr frustrierend sein kann, wagen sich nur wenige Züchter daran. Die Kreuzung gut gezeichneter Tiere ist keine Garantie für ebenso perfekt gezeichnete Nachkommen. Glück spielt bei der Elsterzucht eine wichtige Rolle.
Als Heimtier für Kinder oder Erwachsene ist diese Rasse nicht besonders beliebt. Sicher hängt das mit ihrer Größe und dem geringen Bekanntheitsgrad außerhalb von Züchterkreisen zusammen.

Körperliche Merkmale

Elsterkaninchen erreichen ein Gewicht von 2,5 bis 4 Kilogramm. Der Körper ist leicht gestreckt, der Nacken kurz, die Backen sind dick. Die Tiere haben einen vollen, breiten Körper mit kurzen, muskulösen Läufen. Der Kopf ist vor allem bei den Rammlern gut entwickelt. Die aufrecht stehenden Ohren sind behaart, werden durchschnittlich 12 Zentimeter lang und haben abgerundete Spitzen.

Fell

Das Fell der Elsterkaninchen ist kurz, liegt am Körper an und glänzt. Die Tiere haben eine durchschnittliche Menge Unterwolle.

Farbe

Elsterkaninchen sind zweifarbig. Genau wie die Japaner gibt es auch sie in vier Farbkombinationen. Eine Farbe ist immer Silberweiß, die kontrastierende Farbe kann Schwarz, Braun (Havanna), Blau oder Lila sein. Schwarze und braune Tiere haben braune Augen, lilafarbene und blaue Tiere haben blaugraue Augen.
Lilafarbene und braune Elsterkaninchen haben bei einem bestimmten Lichteinfall einen roten Schimmer in den Augen. Dieses Phänomen wird „rotes Feuer“ genannt.
Schwarzweiße Elsterkaninchen sind bis heute am beliebtesten, vermutlich weil bei dieser Kombination der Farbkontrast am größten ist.
Die Tatsache, dass andere Farben in den meisten Ländern nicht anerkannt sind, deutet darauf hin, dass allgemein das Interesse an dieser Rasse gering ist.

Kopfstudie Elsterkaninchen, Weibchen

Zeichnung

Was die Zeichnung des Elsterkaninchens betrifft, sind auf Ausstellungen die Ansprüche ähnlich wie für Japaner. Auch für Elsterkaninchen gilt, dass die im Rassestandard vorgegebene, ideale Zeichnung nicht erreicht werden kann. In der Praxis haben die Tiere oft viele weiße Haare in den schwarzen Bereichen und umgekehrt. Die Farbflecken sind nicht immer scharf begrenzt.

Besonderheiten

Deutschland hat sein eigenes Elsterkaninchen: das Rhönkaninchen. Im Gegensatz zum Elster- sind beim Rhönkaninchen örtlich vorgegebene Zeichnungen nicht üblich. Dem Rassestandard folgend sollte die Farbverteilung der eines Birkenstamms ähneln.
Rhönkaninchen sind kleiner als Elsterkaninchen und nicht so schwer wie diese: Sie erreichen ein Mindestgewicht von 2,5 Kilogramm, ein Normalgewicht von 2,75 Kilogramm und ein Höchstgewicht von 3,25 Kilogramm.

Englisches Elsterkaninchen

Rheinische Schecken (Dreifarbenschecken)

Herkunft

Rheinische Schecken sind eine deutsche Rasse. Sie zählen neben den (Riesen-)Schecken zu den Kaninchen mit dem auffallendsten Farbmuster. Der Körper dieser Kaninchen ist überwiegend weiß gefärbt mit bunten Flecken am Kopf und an den Seiten sowie einem gefärbten Aalstrich.
Die Rasse wurde im Jahr 1902 von dem deutschen Briefträger und Kaninchenliebhaber J. Heintz aus Grevenbroich im Rheinland hervorgebracht. Für seine Kreation kreuzte Heintz unter anderem wildfarben gescheckte, rasselose Häsinnen mit Japanerrammlern.
Die ersten Tiere, die in etwa das Aussehen der heutigen Rheinischen Schecken hatten, hatten ein wildfarbenes Fell mit gelben Flecken. Später wurden Scheckenhäsinnen eingekreuzt, um die Abzeichen des Rheinischen Schecken, der auch „Dreifarbenschecke" genannt wird, zu verbessern und kontrastreichere, rein schwarze Flecken zu erhalten. Vor allem dieser Kontrast machte die Rasse bei Kaninchenfreunden sehr beliebt.
1905 wurden die Rheinischen Schecken in Deutschland erstmals gezeigt und in diesem Jahr auch offiziell anerkannt. Damit begannen sie ihren Siegeszug in andere Länder. Zunächst wurde die Rasse nur von Tierfreunden importiert. Erst viele Jahre später wurden Rheinische Schecken in anderen Ländern auch von Kaninchenzüchtern entdeckt. Die Rasse kam bei-

Blaue und schwarze Rheinische Schecken, Weibchen

Rheinische Schecken, Jungtiere

Rheinische Schecken, Jungtiere

spielsweise erst in den 50er Jahren nach Großbritannien und in die USA. Dort konnte sie jedoch nie die Popularität erreichen, die sie auf dem europäischen Festland hat.
Der weiße Rheinische Schecke mit schwarzen und gelben Flecken war lange Zeit der einzige Farbenschlag, in dem die Rasse gezüchtet und ausgestellt wurde. Die heute ebenfalls auf Ausstellungen zu sehende blaue Variante wurde erst in den 80er Jahren anerkannt.

Blauer Rheinischer Schecke, Rammler

Eigenschaften

Rheinische Schecken sind in der Regel angenehme Kaninchen mit einem mäßig lebhaften Wesen. Die Rasse wird nicht nur von Hobbyzüchtern gehalten, sondern ist auch als Heimtier sehr beliebt.

Körperliche Merkmale

Rheinische Schecken erreichen ein Mindestgewicht von 2,75 Kilogramm, ein Normalgewicht von 3,75 Kilogramm und ein Höchstgewicht von 4,5 Kilogramm.
Vertreter dieser Rasse haben einen mäßig gestreckten Körper und einen kurzen Nacken. Die Länge der muskulösen Läufe passt zum Körperbau der Tiere. Der Kopf ist gut ausgeprägt, rundlich und breit und kommt vor allem bei Rammlern gut zur Geltung.
Die behaarten Ohren stehen aufrecht und haben eine durchschnittliche Länge von 12 Zentimetern.

Fell

Rheinische Schecken haben ein etwa 3 Zentimeter langes Fell, das glatt am Körper anliegt, einen schönen Glanz zeigt und sich weich anfühlt fühlt.

Farbe

Die Grundfarbe dieser Rasse ist reines Weiß in Deck- und Unterfarbe. Bei den Rheinischen Schecken gibt es Farbvarietäten: Schwarze und rotgelbe Abzeichen bei dunkelbraunen Augen sowie blaue und gelbe Abzeichen bei blauen Augen.

Dieser schwarze Rheinische Schecke zeigt sich von seiner besten Seite: in der Haltung, in der sich die Tiere auf dem Tisch des Preisrichters präsentieren sollten.

Zeichnung

Kennzeichnend für diese Rasse ist die ausgefallene Zeichnung auf einem strahlend weißen Fell. Man unterscheidet bei den Rheinischen Schecken zwischen Kopf- und Körperzeichnung. Die Kopfzeichnung besteht aus Schmetterling, Dorn, Augenringen, Backenpunkten und gefärbten Ohren.

Der Schmetterling ist eine dunkle Zeichnung um die Schnauze und den Unterkiefer in Form eines Schmetterlings. Diese Zeichnung muss scharf abgegrenzt sein und bis zu beiden Mundwinkel reichen. Der Dorn ist ein genau auf der Mitte des Nasenrückens sitzender Fleck, der leicht abgerundetet ist.

Die Augenringe sollten rund um die Augen gleich breit und geschlossen sein. Außerdem sind ovale oder runde freistehende Backenpunkte und durchgefärbte Ohren vorgeschrieben.

Am Rücken hat der Rheinische Schecke einen vom Nacken bis zur Blumenspitze reichenden Aalstrich, der etwa 2 Zentimeter breit und glatt durchlaufend ist.

Schließlich haben diese Kaninchen auf den Flanken und Schenkeln beiderseits sechs bis acht Flecken (mindestens jedoch drei). Diese sollten rund sein und sich nicht berühren. Sie sind wie alle anderen Zeichnungsbilder – bis auf die Backenpunkte – zweifarbig, schwarz und gelb. Die Krallen sind farblos.

Besonderheiten

Das Züchten von Rheinischen Schecken hat seine Tücken. Bei jedem Wurf muss man mit Tieren rechnen, die aussehen wie (schlecht gezeichnete) Japaner. Auch vollkommen weiße Tiere kommen vor. Oft haben diese Tiere einen dunklen (blauen oder schwarzen) Schnurrbart, was ihnen in Anlehnung an den berühmten Komiker Charlie Chaplin den Beinamen „Charlie“ eingebracht hat.

Thüringer

Herkunft

Das Thüringerkaninchen ist – wie der Name bereits vermuten lässt – eine deutsche Kaninchenrasse. Sie stammt aus Waltershausen im Thüringerwald. Die Rasse wurde dort Ende des 19. Jahrhunderts von einem Lehrer namens David Gärtner entwickelt, der sich hauptsächlich mit der Zucht kleiner Rasse, wie Kleinsilber und Russenkaninchen beschäftigte. Durch das Einkreuzen zeichnungsfreier (einfarbiger) Riesenschecken versuchte er, große Varianten seiner Russenkaninchen und Kleinsilber zu züchten.

Seine Zuchtprodukte erlangten zunächst kaum Bedeutung und wurden auch nicht anerkannt. Der begeisterte Züchter gab jedoch nicht auf. Er züchtete mit den bei den genannten Kreuzungen entstandenen madagaskarfarbenen Tieren weiter und konnte diese damals seltene Farbe festlegen. Seine neue Rasse nannte er „Chamois“ (gemsfarbig). Mit diesen Kaninchen hatte er schließlich mehr Erfolg. Die Rasse wurde 1908 unter dem Namen „Gemsfarbige Thüringer“ in Deutschland anerkannt. Später wurde der Name in „Thüringer“ umgewandelt.

Die ersten Chamois-Kaninchen entsprachen, was Aussehen und Gewicht betrifft, nicht dem heute bekannten Thüringerkaninchen. Die Tie-

Thüringer

Dieses Thüringerkaninchen hat einen ausgesprochen gut entwickelten Kopf.

re erreichten ein durchschnittliches Gewicht von 2,5 Kilogramm.
Durch Kreuzungen mit Deutschen Riesen und durch strenge Zuchtwahl ist schließlich das Thüringerkaninchen entstanden, wie man es heute kennt.

Eigenschaften

Thüringer sind friedliche Tiere von mäßig lebhaftem Wesen. In Europa, vor allem in der Schweiz, ist die Rasse bei Hobbyzüchtern sehr beliebt. Sie ist auf jeder Ausstellung anzutreffen.
In Großbritannien und den USA gibt es die Thüringer ebenfalls, allerdings nur in begrenzter Anzahl.

Körperliche Merkmale

Thüringer haben einen gedrungenen Körperbau mit einer breiten Brust- und Hinterpartie Die Rückenlinie ist hinten gut abgerundet. Die geraden Läufe sind mittellang und kräftig. Der Kopf ist breit und kurz und liegt ohne erkennbaren Hals dicht am Körper an. Bei dieser Rasse sind die fleischigen Ohren gut behaart und erreichen im Durchschnitt eine Länge von 12 Zentimetern.
Thüringer erreichen ein Mindestgewicht von 2,5 Kilogramm, ein Normalgewicht von 3,5 Kilogramm und ein Höchstgewicht von 4,25 Kilogramm.

Junge Thüringer sind noch nicht richtig gefärbt.

Fell

Das Fell des Thüringerkaninchens ist ungefähr 3 Zentimeter lang. Es ist sehr fein und sollte flach am Körper anliegen, wodurch ein schöner Glanz entsteht. Die Unterwolle ist äußerst dicht.

Farbe und Abzeichen

Das Thüringerkaninchen wird nur in einer einzigen Farbe gezüchtet. Auf die korrekte Farbe und perfekte Abzeichen wird auf Ausstellungen besonders viel Wert gelegt.
Das Fell der Thüringer ist gelbbraun, jedes einzelne Haar ist an der Spitze dunkler gefärbt, wodurch sich ein besonders zarter Schleier ergibt, der nicht zu stark sein darf.
Die Abzeichen werden um so höher bewertet, je stärker sie sich von der Deckfarbe abheben, wobei sie sich gleichzeitig von dieser jedoch nicht scharf abgrenzen dürfen.
An Ohren, Brust, Schnauze, Hinterläufen, Pfoten, Bauch, unterem Schulterbereich und an den Seiten sind die Haare der Thüringer dunkler gefärbt. Vor allem an Schnauze, Ohren, Bauch und Läufen ist der dunkle Schleier stärker ausgeprägt.
Wenn man in das Fell bläst, kann man deutlich erkennen, dass das Haar zur Wurzel hin heller wird.

Sallander interessieren sich für alles, was um sie herum geschieht. Sie beobachten aufmerksam ihre Umgebung.

Thüringer haben dunkelbraune Augen und dunkelhornfarbige Krallen.

Sallander

Herkunft

Sallander haben die gleichen Abzeichen wie die Thüringer, sind im Ganzen jedoch blasser gefärbt. Die Rasse kommt aus den Niederlanden und wurde nach dem Ort benannt, in dem ihr Schöpfer zu Hause war: Salland.
Die ersten Tiere züchtete der bekannte niederländische Preisrichter und Kaninchenzüchter D. J. Kuiper aus Olst in der Provinz Overijsel. Er kreuzte Thüringer mit Chinchillakaninchen. Seine neue Rasse wurde 1975 von der Niederländischen Kaninchenzüchtervereinigung anerkannt.
In den Niederlanden ist diese Rasse auf Ausstellungen ein gewohnter Anblick, in anderen Ländern kommt sie dagegen eher selten vor.

Sallander, Weibchen

Nur englische Kaninchenfreunde haben ein intensives Interesse an dieser Rasse bekundet. Sie führten die Sallander zu Beginn der 90er Jahre ein. 1994 wurde die Rasse in Großbritannien anerkannt.

Eigenschaften

Sallander sind aufgeweckte, lebhafte Tiere. Als Spielkameraden für Kinder und Erwachsene sind sie nicht besonders begehrt. Als Zuchttiere haben sie in ihrer Heimat eine relativ große Fangemeinde.

Körperliche Merkmale

Sallander haben einen leicht gedrungenen, gut gefüllten Körper. Die Läufe haben eine normale Länge, sind robust und kräftig. Der breite Kopf ist bei den Sallander-Kaninchen gut entwickelt. Er sitzt auf einem kurzen Hals. Die kräftigen Ohren sind behaart, im Durchschnitt 12 Zentimeter lang und werden aufrecht getragen.
Das Gewicht der Tiere liegt durchschnittlich bei 3 bis 4 Kilogramm.

Fell

Das Fell der Sallander hat eine normale Länge, ist voll und hat reichlich Unterwolle. Es sollte sich weich anfühlen und dicht am Körper anliegen.

Farbe

Die Farbe der Sallander ist bei keiner anderen Rasse zu finden. Es handelt sich hierbei um

Kopfstudie Sallander, Rammler

Kleine Rassen

Englische Schecken

Herkunft

Die Englischen Schecken zählen zu den beliebtesten und auffallendsten Kaninchenrassen. Sie stammen, wie viele andere Kaninchenrassen, aus Großbritannien. Dort wurde die Rasse Mitte des 19. Jahrhunderts aus einer Gruppe rasseloser, gescheckter, den Riesenschecken ähnlichen Kaninchen gezüchtet. 1849 wurden die Englischen Schecken erstmals beschrieben.
Von Anfang an hatten die Züchter hier weniger Interesse daran, Fleisch- und Felllieferanten zu produzieren – was damals normalerweise das Hauptziel beim Züchten war – als vielmehr ein schönes Kaninchen mit besonderen Abzeichen zu züchten: ein richtiges „Luxuskaninchen“. Zwischen 1850 und 1860 war diese Rasse in Großbritannien äußerst populär, geriet dann aber wieder in Vergessenheit. 20 Jahre später tauchten die Tiere plötzlich wieder auf und wurden diesmal zu Dauergästen.

Junger Englischer Schecke im Farbton Schwarz

eine blasse Version der typischen Thüringerfarbe. Auch hier wird auf Ausstellungen größter Wert auf korrekte Farben und Abzeichen gelegt. Sallander haben ein milchkaffefarbenes Fell und braune Augen.
Jede einzelne Haarspitze hat einen hellen Braunschwarzton, was einen zarten Farbschimmer ergibt. Schnauze, Ohren, Brust, Bauch, Hinterleib, Blume und Pfoten sind dunkler gefärbt. Auch im unteren Schulterbereich und an den Flanken ist das Fell dunkler. Die dunkle Farbe zeigt sich am deutlichsten an Schnauze, Ohren und Bauch.

Hasengrauer Englischer Schecke, Rammler

Die ersten Tiere trugen nur schwarze Flecken. Erst später wurden dreifarbige, hasengraue, blaue und schokoladenbraune Tiere eingeführt. Die ersten reinrassigen Englischen Schecken erreichten 1889 das europäische Festland, wo sie zunächst vornehmlich bei deutschen Kaninchenfreunden auf großes Interesse stießen. Ein Problem ergab sich allerdings daraus, dass damals in Deutschland auf Ausstellungen nur Kaninchenrassen bewertet wurden, die zu den so genannten „Nutzrassen" zählten – Rassen,

Englischer Schecke wie er in England unter dem Namen „English Rabbit" gezüchtet wird.

Englischer Schecke, blau

Englischer Schecke, madagaskarfarben

die dem Menschen Fleisch oder Fell lieferten. Die Englischen Schecken waren dafür nicht vorgesehen, sodass die Züchter große Schwierigkeiten mit der Erhaltung dieser Rassse hatten. Zum Glück galt diese Regelung damals nicht auch in den benachbarten Ländern des Kontinents, wo die Englischen Schecken langsam aber sicher immer häufiger auf Ausstellungen zu sehen waren. Es wurden viele neue Farben entwickelt. Die Folge hiervon ist, dass die Englischen Schecken auf dem europäischen Festland in wesentlich mehr Farben anerkannt sind, als in Großbritannien und den USA. Dort hält man an der ursprünglichen Farbpalette fest, die Schwarz, Hasengrau, Dreifarbig, Blau und Schokoladenbraun umfasst.
Ein einheitlicher Standard für diese außergewöhnliche Rasse ist auf internationaler Ebene bisher nicht zustande gekommen, das heißt, dass Körperbau, Farbe und die Art der Zeichnung, je nach Land variieren können.
In vielen Ländern wird der Englische Schecke „Papillon" (Schmetterling) genannt. Der Name bezieht sich auf die Schnauzenzeichnung, die auch bei anderen Rassen vorkommt. Der Englische Schecke ist von großer Bedeutung für die Entwicklung anderer Rassen.

Eigenschaften

Englische Schecken sind eine gängige Rasse, die nicht nur in Züchterkreisen sehr beliebt ist,

Die Abzeichen der Englischen Schecken sind schon früh zu erkennen. Dieses Tier ist erst wenige Tage alt.

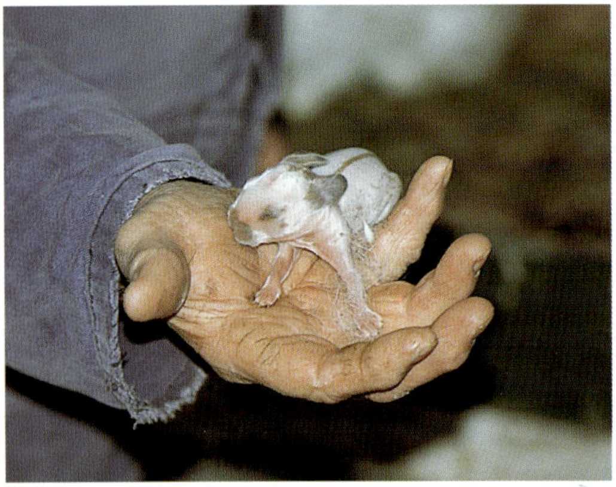

sondern wegen ihres netten Äußeren und ihrer handlichen Größe auch als Heimtier für Kinder geeignet ist.
Die Tiere sind freundlich, aufmerksam und lebhaft.
Englische Schecken zu züchten, ist nicht leicht, denn die Paarung zweier Englischer Schecken führt zu einem Wurf, der zur Hälfte aus gezeichneten Englischen Schecken, zu einem Viertel aus einfarbigen und einem Viertel aus weißen Tieren besteht (vgl. *Besonderheiten,* Seite 241).

Körperliche Merkmale

Englische Schecken sind schlanke Kaninchen mit leicht gestrecktem Körper, auf dem die vorgeschriebenen Abzeichen sehr schön zur Geltung kommen. Der längliche Kopf sitzt auf einem normal langen Hals, der deutlich sichtbar ist. Die Rückenlinie verläuft ebenmäßig und die Hinterpartie ist gut abgerundet. Die kräftigen Läufe sind gerade und stehen hinsichtlich der Länge im Verhältnis zum Körper. Die Ohren sind nicht zu fleischig, gut behaart und im Durchschnitt 11 Zentimeter lang.
Die Tiere haben ein Mindestgewicht von 2 Kilogramm, ein Normalgewicht von 2,5 Kilogramm und ein Höchstgewicht von 3,25 Kilogramm.

Fell

Englische Schecken haben ein kurzes (etwa 2,5 Zentimeter), dichtes und glänzendes Fell, das am Körper anliegt. Es fühlt sich weich an. Die Unterwolle ist ebenfalls dicht.

Farben

Englische Schecken werden in vielen Farben gezüchtet, die aber nicht überall anerkannt sind. Die Grundfarbe ist ein reines Weiß in Deck- und Unterfarbe. Die häufigsten Zeichnungsfarben sind Schwarz und Blau. Aber auch Hasengrau (licht braungraue Deckfarbe, schwarze Schattierung), Eisengrau (lichtgraue Deckfarbe, schwarze Schattierung), Blaugrau (licht braungraue Deckfarbe, blaugraue Schattierung), Havannabraun, Madagaskar- und Isabellfarben kommen vor.
Daneben sieht man diese Rasse auch dreifarbig, das heißt, die Abzeichen auf dem weißen Fell haben – wie beim Rheinischen Schecken – zwei verschiedene Farben. In manchen Ländern werden diese dreifarbigen Tiere auf Ausstellungen als eigenständige Rasse bewertet.
Die Augenfarbe passt zum Fell. Schwarze, hasen- und eisengraue sowie madagaskarfarbene Englische Schecken haben braune Augen, blaue, blaugraue und isabellfarbene Tiere haben blaue oder graublaue Augen. Die Krallen sind farblos.

Zeichnung

Körper und Kopfzeichnung sind bei dieser Rasse sehr wichtig. Die Bewertung dieser Abzeichen erfolgt in den verschiedenen Ländern nach unterschiedlichen Kriterien. In fast allen Ländern müssen die Tiere einen durchgehenden, geraden und scharf begrenzten Aalstrich

Blaugrauer Englischer Schecke, Rammler

Junger schwarzer Englischer Schecke

mit einer Breite von etwa 2 Zentimetern aufweisen, der direkt hinter den Ohren beginnt und bis zur Blumenspitze reicht.
Über die Verteilung der Seitenpunkte, insbesondere der größeren, sind die Meinungen auf internationaler Ebene geteilt. In den Niederlanden sind Flecken in Erbsengröße gefragt, während sie in den meisten anderen Ländern viel größer sein sollten. Ein wichtiges Rassemerkmal der Englischen Schecken ist die „Kette". Hiermit ist eine Doppelreihe kleiner Punkte gemeint, die vom Hals aus nach unten zu immer breiter wird und in den gefleckten Hinterleib übergeht.
Obschon über die Körperzeichnungen unterschiedliche Meinungen bestehen, ist man sich auf internationaler Ebene über die Kopfzeichnung vollkommen einig. Diese besteht aus Schmetterling, Dorn, Augenringen, Backenpunkten und gefärbten Ohren. Der Schmetterling umgibt die Schnauze. Er muss scharf begrenzt sein und bis zu beiden Mundwinkeln reichen. Der Dorn sitzt in der Mitte des Nasenrückens und ist leicht abgerundet. Die Augenringe sollen rund um die Augen gleich breit sein. Die Backenpunkte sollen oval oder rund und nicht zu groß sein und müssen freistehen. Die Ohren sollen vollständig gefärbt sein.

Besonderheiten

Die Zucht der Englischen Schecken ist relativ schwierig, da sich die ausgefallene Zeichnung dieser Tiere, die auf Ausstellungen vorgeschrieben ist, nicht reinerbig festlegen lässt. Das bedeutet in der Praxis, dass bei einem Wurf Englischer Schecken neben gut gezeichneten Tieren auch immer einfarbige und sogar ganz weiße Junge vorkommen. Letztere haben nur eine kärgliche Zeichnung und hin und wieder einen zarten „Schnurrbart" um die Nase, der ihnen den Beinamen „Charlie" (in Anlehnung an den berühmten Charlie Chaplin) einbrachte. In deutschsprachigen Ländern nennt man diese Tiere oft „Weißlinge".

Havanna

Herkunft

Ende des 19. Jahrhunderts erhielt der niederländische Kaninchenfreund Honders aus der Paarung zweier rasseloser Kaninchen zwei weiß gefleckte Tiere mit einer für die damalige Zeit außergewöhnlichen Fellfarbe: Dunkel-

Junges Havanna-Kaninchen

braun. Es ist dem Eifer begeisterter Züchter (van der Horst, J. Muysert und G. Jacobs) zu verdanken, dass diese besondere Farbe erhalten geblieben ist. Mithilfe von Kreuzungen mit Russen und Rückkreuzungen mit dem braunen Stammtier haben sie versucht, die ausgefallene Farbe festzulegen, was ihnen letztendlich auch geglückt ist. Die Tiere wurden 1902 auf einer großen, internationlen Ausstellung in Paris zum ersten Mal der Öffentlichkeit vorgestellt.
Zunächst lief diese Rasse unter einem Namen, der ihren rötlich glänzenden Augen Rechnung trug: „Feueraugenkaninchen". Nach einer Umbenennung in „Bever-Kaninchen" erhielt sie schließlich den Rassenamen „Havanna".
Die Niederländer waren nicht die einzigen, die eine kastanienbraune Rasse entwickelten. Auch in Frankreich sind durch Kreuzungen von Russenkaninchen mit rasselosen Kaninchen Havanna-Kaninchen entstanden.
Viele Havanna-Kaninchen aus den Anfangsjahren hatten unerwünschte weiße Flecken – ein Erbe ihrer Stammeltern. Aber durch geschickte Zuchtwahl konnte man dies weitgehend zurückdrängen.
Nachdem die Tiere auf mehreren Ausstellungen zu sehen waren, wurden auch Züchter außerhalb der Niederlande auf diese Rasse mit dem ausgefallenen braunen Fell aufmerksam. Man weiß, dass bereits im Jahr 1903 in Zürich der erste Schweizerische Havannaklub gegründet wurde. In Deutschland wurden die Tiere 1907 erstmals auf einer Ausstellung in Leipzig gezeigt. 1908 war es die Engländerin Illingworth, die die ersten Havanna-Kaninchen nach Großbritannien brachte. 1916 schließlich hatte diese Rasse ihren ersten Auftritt in den USA.
Von Anfang an waren die Havanna-Kaninchen mit ihrem gleichmäßigen kastanienbraunen Fell vornehmlich ein begehrtes Objekt für die Pelzindustrie, aber auch unter den Hobbyzüchtern fanden die Tiere viele Liebhaber. Heute ist die Rasse in nahezu allen Ländern der Welt vertreten.
Mithilfe dieser Rasse sind zahlreiche andere Kaninchenrassen entstanden, wie zum Beispiel Perlfeh, Alaska, Marburger Feh und Thrianta.

Eigenschaften

Havanna-Kaninchen sind lebhafte und aufmerksame Tiere. Sie werden hauptsächlich von Hobbyzüchtern gehalten, die Form, Fell und Farbe festlegen und verbessern. Als Heimtier kommen Havanna-Kaninchen nur vereinzelt vor, sie wären hierfür jedoch ganz gut geeignet.

Körperliche Merkmale

Havanna-Kaninchen haben einen gedrungenen und kurzen Körper. Die Brust ist breit und die ebenmäßig verlaufende Rückenlinie ist hinten schön abgerundet. Die Läufe sind mittellang. Der Kopf liegt dicht am Körper an, ist relativ kurz und insbesondere bei Rammlern breit und augeprägt. Die fleischigen Ohren sind gut behaart, an den Spitzen abgerundet und im Durchschnitt 11 Zentimeter lang.
Havanna-Kaninchen erreichen ein Mindestgewicht von 2,5 Kilogramm, ein Normalgewicht von 3,5 Kilogramm und ein Höchstgewicht von 4,25 Kilogramm.

Fell

Das Fell der Havanna-Kaninchen hat mäßig viel Unterwolle, ist fein strukturiert, dicht und glänzend und muss am Körper anliegen.

Farbe

Die Farbe ist bei den Havanna-Kaninchen ein wichtiges Rassemerkmal. Sie sollte gleich-

Havanna

Zwei Wochen alte Alaskajunge

mäßig tiefkastanienbraun sein, ohne die geringste Nuancierung. Der Vorzug gilt den Tieren, bei denen die Farbe möglichst bis zur Haarwurzel durchgängig ist.
Die Unterfarbe ist rein Blau und sollte so dunkelblau wie möglich sein. Natürlich werden Kaninchen mit einzelnen weißen Haaren auf Ausstellungen nicht gern gesehen. Auch ein Rot- oder Graustich im Fell wird als Fehler gewertet. Das gleiche gilt für Tiere, die so dunkel sind, dass man die Farbe des Fells auf den ersten Blick für Schwarz hält.
Charakteristisch für die Havanna-Kaninchen ist außerdem die braune Augenfarbe, die bei einem bestimmten Lichteinfall einen rötlichen Glanz annimmt. Dieses Phänomen bezeichnet man als „rotes Feuer“. Die Krallen der Tiere sind dunkelhornfarbig.

Alaska, Rammler

Alaska

Herkunft

Das Alaskakaninchen zählt zu den jüngeren Rassen, die erst nach 1900 durch eine Mutation entstanden sind. Die Rasse stammt aus Deutschland, wo sie durch den Preisrichter Max Fischer aus Gotha und den Kaninchenzüchter Schmidt aus Bad Langensalza entwickelt wurde. Alaska scheint als Name für ein schwarzes Kaninchen etwas unglücklich gewählt, da diese Bezeichnung doch eher Assoziationen mit der Winterlandschaft Alaskas und somit die Vorstellung eines weißen Tiers hervorruft. Die Motivation zu diesem Namen hängt mit dem Ziel zusammen, das die Züchter dieser Rasse einst vor Augen hatten: ein schwarzes Kaninchen mit weißen Haarspitzen, ähnlich dem schwarzen Alaskafuchs.
Man verwendete für die Zucht Kleinsilber, Holländer, Havanna-Kaninchen und Russenkaninchen. Es ergaben sich zwei Varianten: Einfarbig schwarze Kaninchen und Tiere mit schwarzem Fell und einzelnen dicken, langen weißen Haaren (Grannen). Trotz aller Anstrengungen seitens der Züchter, die sich mit den Tieren mit weißen Grannen beschäftigten, schien es nicht möglich, ein Kaninchen mit einem fuchsähnlichen Fell zu züchten. Man beschloss, sich auf ein pechschwarzes Fell zu verlegen und kreuzte später einfarbig schwarze Riesenschecken mit ein.
1907 wurde die Rasse erstmals auf eine Ausstellung gebracht, 1908 stellte der bekannte deutsche Kaninchenzüchter Friedrich Joppich bereits Alaskakaninchen in der Schweiz aus und einige Jahre später wurde die Rasse auch in andere Länder exportiert. Inzwischen gibt es Alaskakaninchen auf der ganzen Welt.

Alaska

Kopfstudie Alaska

Eigenschaften

Alaskakaninchen sind lebhafte Tiere, die vor allem unter Hobbyzüchtern bekannt sind. Diese Züchter haben sich zum Ziel gesetzt, die Rasse zu erhalten und zu verbessern. Als Heimtier begegnet man dem Alaskakaninchen nur selten.

Körperliche Merkmale

Der Körperbau der Alaskakaninchen ist mit dem der Havanna-Kaninchen vergleichbar. Auch der Körper der Alaskakaninchen ist gedrungen, die Tiere habennur einen kurzen Hals, eine breite Brust und eine ebenmäßige, hinten gut abgerundete Rückenlinie.
Der Kopf ist gut entwickelt, breit und vor allem kurz. Die fleischigen Ohren sind gut behaart, haben abgerundete Spitzen und sind im Durchschnitt 11 Zentimeter lang. Diese Rasse gehört zu den mittelgroßen Kaninchenrassen.
Die Tiere erreichen ein Mindestgewicht von 2,5 Kilogramm, ein Normalgewicht von 3,5 Kilogramm und ein Höchstgewicht von 4,25 Kilogramm.

Fell

Das Fell der Alaskakaninchen hat eine feine Struktur, fühlt sich weich an und besitzt mäßig viel Unterwolle. Das Haar liegt gut am Körper an.

Farbe

Das Fell der Alaskakaninchen ist am ganzen Körper pechschwarz gefärbt. An Bauch und Brust kann die Farbe etwas weniger intensiv sein.
Alaskakaninchen haben dunkelbraune Augen und schwarzbraune Krallen.

Marburger Feh

Herkunft

Das Marburger Feh ist stammverwandt mit dem Havanna-Kaninchen. Bereits vor dem Ersten Weltkrieg tauchten in Havannawürfen hellblaue Tiere auf, denen man jedoch keine Aufmerksamkeit schenkte.
Der Name „Feh“ leitet sich vom Sibirischen Eichhörnchen ab, dem das Marburger Feh in der Fellfarbe jedoch nicht entspricht.
Der englische Genetiker H. Ohslow stellte diese Rasse bereits 1913 unter dem Namen „Lilac“ in London aus.
Unabhängig davon wurde diese Rasse in Deutschland von der Kaninchenzüchterin Sandemann entwickelt. 1916 begann sie mit ihrem Zuchtprogramm. Sie kreuzte Blaue Wiener mit Havanna-Kaninchen; die aus dieser Kreuzung entstandenen Tiere kreuzte sie wiederum mit (lichtschwarzen) Silberkaninchen. 1920 wurde die Rasse in Deutschland anerkannt. Der Rassename leitet sich von Frau Sandemanns Wohnort Marburg, an dem diese Rasse entstand, ab.
Mit dem Marburger Feh sind ihm ähnliche Rassen verwandt, zum Beispiel das Perlfeh- und das Luxkaninchen.
Die Farbe des Marburger Feh ist genetisch betrachtet die gleiche wie die der Englischen Lila oder des Niederländischen Gouwenaarkaninchens. Da aber Marburger-Feh-Züchter ihre Tiere stets nach dunkler Fellfarbe selektiert haben, weicht die deutsche Rasse ein wenig ab.

Dieses hübsche Marburger Feh entspricht perfekt dem Zuchtstandard.

Eigenschaften

Das Marburger Feh ist vom Wesen her lebhaft und zutraulich. Die Rasse hat auf dem europäischen Festland eine treue Anhängerschaft, ist in anderen Ländern jedoch kaum bekannt.

Körperliche Merkmale

Der Körperbau des Marburger Feh ist mit dem des Havanna-Kaninchens vergleichbar. Der Körper ist leicht gedrungen mit ebenmäßiger Rückenlinie und sanft gerundeter Hinterpartie. Der Nacken ist kurz und muskulös, der Kopf nicht zu dick und ebenfalls kurz. Die Läufe stehen hinsichlich Länge und Dicke in gutem Verhältnis zum Körper. Die aufrecht stehenden Ohren sind fleischig, gut behaart, haben abgerundete Spitzen und sind ungefähr 11 Zentimeter lang. Das Gewicht des Marburger Feh liegt zwischen 2 und 2,5 Kilogramm.

Fell

Das weiche Fell ist kurz, elastisch und glänzend. Es liegt dicht an und hat viel Unterwolle.

Farbe

Das Marburger Feh ist lichtblau (hellgraublau) mit einem zartem braunen Schimmer. Die Körperstellen mit kurzer Behaarung wie Kopf, Ohren und Läufe zeigen eine intensivere Braunfärbung. Der Bauch ist etwas matter gefärbt. Die Unterfarbe ist der Deckfarbe ähnlich und darf sich von dieser nicht scharf abzeichnen.
Die Augen des Marburger Feh sind blaugrau und zeigen bei einem bestimmten Lichteinfall einen rötlichen Schimmer Die Krallen sind dunkel- bis hornfarbig.

Besonderheiten

Vertreter dieser Rasse können ihre Herkunft nicht verleugnen: Der Einfluss der Silberkaninchen ist hin und wieder noch zu sehen, wenn Tiere geboren werden, die nach einiger Zeit gesilberte Haarspitzen entwickeln.

Perlfeh

Herkunft

Diese Rasse mit ihrer besonderen Fellfarbe stammt ursprünglich aus Deutschland. Sie wurde zu Beginn des 19. Jahrhunderts unter anderem von dem Düsseldorfer Kaninchenzüchter Karl Hoffmanns entwickelt, dem wir auch die Luxkaninchen verdanken. Sein eigentliches Zuchtziel war es, eine Kaninchenrasse zu kreieren, die viel Ähnlichkeit mit den Sibirischen Eichhörnchen haben sollte, deren Fell damals hoch im Kurs stand. Er taufte seine neue Kaninchenrasse „Düsseldorfer Perlfeh".
Zur selben Zeit kam auch der Augsburger Züchter Deiniger durch Kreuzungen zwischen Havanna-Kaninchen und wildfarbenen Kaninchen zu ungefähr dem gleichen Resultat. Diese Rasse nannte er „Augsburger Perlfeh". Die beiden Rassen sind im Lauf der Zeit miteinander verschmolzen und werden heute nur noch Perlfehkaninchen genannt. Obwohl die Rasse in Deutschland und den benachbarten Ländern unter den Hobbyzüchtern eine breite Anhängerschaft hat, trifft man sie in den USA und England nicht an.

Eigenschaften

Perlfehkaninchen sind zutrauliche, gutartige und lebhafte Tiere. Auf dem europäischen Festland besteht in der Kaninchenzüchterwelt großes Interesse an dieser Rasse.

Körperliche Merkmale

Der Körperbau der Perlfehkaninchen ist mit dem der Havanna-Kaninchenvergleichbar. Die Tiere haben einen gedrungenen Körper mit einer ebenmäßigen Rückenlinie und einem sanft abgerundeten Hinterleib. Der Nacken ist relativ kurz und muskulös. Die Läufe passen hinsichtlich Länge und Dicke gut zum Körper. Der Kopf ist breit und nicht zu lang. Die fleischigen Ohren sind gut behaart, haben ab-

Junge Perlfehkaninchen

Perlfeh, Rammler

Perlfeh, Weibchen

gerundete Spitzen und sind ungefähr 11 Zentimeter lang. Die Tiere erreichen ein Mindestgewicht von 2 Kilogramm, ein Normalgewicht von 2,5 Kilogramm und ein Höchstgewicht von 3,25 Kilogramm.

Fell

Das glänzende Fell fühlt sich weich und elastisch an, ist dicht und kurz. Es liegt flach am Körper an.

Farbe

Die Farbe des Perlfehkaninchens ist einzigartig. Im Prinzip handelt es sich hier um ein blaugraues Kaninchen, dessen Haarspitzen wechselnde Farben haben. Der Effekt dieser einzigartigen Farbschattierung, die sich nur an den Enden des Haars zeigt, wird „Perlung“ genannt. Hiervon leitet sich auch der Rassename ab. Bauch, Teile der Läufe und die Unterseite der Blume sind heller gefärbt, genau wie Augenringe, Nase, Kinnbackeneinfassung, Halsring und die Innenseite der Ohren. Die Augen der Tiere sind graublau, die Krallen hornfarbig.

Luxkaninchen

Herkunft

Das Luxkaninchen wurde von demselben Düsseldorfer Kaninchenzüchter entwickelt, der auch für die Entstehung der Perlfehkaninchen verantwortlich ist: Karl Hoffmanns. Er verwendete für seine Kreation unter anderem Perlfehkaninchen und Marburger Fehkaninchen, aber auch Lohkaninchen und Marder.
Luxkaninchen wurden erstmals 1919 auf einer Ausstellung in Düsseldorf gezeigt. Die Anerkennung der Rasse folgte 1922. Im selben Jahr erhielt sie ihren Rassenamen: Luxkaninchen.
Luxkaninchen wurden in verschiedene europäische Länder exportiert. 1925 führte J. van Piggelen einige Tiere dieser Rasse in die Niederlande ein, die Anerkennung folgte hier 1927.

Luxkaninchen

Obwohl das Luxkaninchen gegenwärtig fast in ganz Europa zu finden ist, ist es nie übermäßig populär gewesen. In Großbritannien und den USA ist diese Rasse völlig unbekannt.

Eigenschaften

Das Luxkaninchen ist ein Ausstellungskaninchen, das praktisch nur von Hobbyzüchtern gehalten wird, die alles daran setzen, Typ und Farbe zu verbessern und das Ergebnis ihrer Anstrengungen auf Ausstellungen bewerten zu lassen.
Als Heimtier wäre das Luxkaninchen eigentlich gut geeignet. Zu diesem Zweck wird die Rasse jedoch nur selten gehalten, was wahrscheinlich eine Folge ihres nur mäßigen Bekanntheitsgrades beim breiten Publikum ist.

Körperliche Merkmale

Der Körperbau des Luxkaninchens ist vergleichbar mit dem des Havanna-Kaninchens. Es hat einen leicht gedrungenen Körper mit feinen Gliedmaßen, einer gleichmäßig verlaufenden Rückenlinie und einem sanft abgerundeten Hinterleib. Der Nacken ist kurz und muskulös. Die Läufe harmonieren gut mit dem Körper. Der prägnante Kopf ist breit, vor allem bei männlichen Tieren, und darf nicht zu lang sein. Die aufrecht stehenden Ohren sind fleischig, gut behaart, haben abgerundete Spitzen und messen ungefähr 11 Zentimeter.
Das Luxkaninchen erreicht ein Mindestgewicht von 2 Kilogramm, ein Normalgewicht von 2,5 Kilogramm und ein Höchstgewicht von 3,25 Kilogramm.

Fell

Das Fell fühlt sich weich und elastisch an. Es ist kurz (etwa 2,5 Zentimeter), glänzt und liegt am Körper an.

Farbe

Das Luxkaninchen hat eine ganz außergewöhnliche Fellfarbe. Die Unterfarbe, die Farbe di-

Luxkaninchen haben eine zarte, pastellige Fellfarbe.

rekt an der Haut, ist reines Weiß, die Zwischenfarbe ist ein warmes Rotgelb und die Deckfarbe an den Haarspitzen ist Silberblau. Bauch, Teile der Pfoten und die Unterseite der Blume sind weiß, ebenso wie Augenringe, Nase, Halslinie und Ohrinnenseiten. An den weißen Körperteilen ist die Unterfarbe Blau.
Die Augen sind graublau und haben bei einem bestimmten Lichteinfall einen rötlichen Glanz, der durch die Reflektion des Lichts am Augenhintergrund entsteht. Die Krallen sind hornfarbig.

Besonderheiten

In den USA gibt es eine unter dem Namen „Palomino" bekannte Kaninchenrasse. Sie ähnelt stark dem Luxkaninchen, hat aber eine andere Abstammung. Sie wurde von Mark Youngs aus Washington gezüchtet und in den USA 1952 in zwei verschiedenen Varietäten anerkannt: Lynx und Golden Palomino. Das Lynx sieht dem Luxkaninchen ähnlicher als das Palomino. Die Tiere wiegen 4 bis 5 Kilogramm. Außerhalb der USA kommt diese Rasse kaum vor.

Gouwenaar und Lilac

Herkunft

Es gibt drei verschiedene Kaninchenrassen, die sich hinsichtlich der Fellfarbe stark ähneln und die genetisch gesehen dieselbe Abstammung haben: Das niederländische Gouwenaar, das Englische Lila und das deutsche Marburger Feh. Obwohl das Marburger Feh heute ein wenig dunkler gefärbt ist als seine englischen und niederländischen Verwandten, hatte die Rasse ursprünglich den gleichen hellen, pastelligen Blaustich wie das Gouwenaar.
Der erste Züchter, der Tiere mit dieser besonderen Fellfarbe hervorbrachte, war der bekannte englische Kaninchenzüchter H. Onslow aus Cambridge. 1913 schickte er seine Zuchttiere, die er „Lilac" nannte, auf eine große Ausstellung in London.
Die englische Kaninchenzüchterin Illingworth, die 1908 die ersten Havanna-Kaninchen nach England gebracht hatte, züchtete ebenfalls diese Fellfarbe. Sie gab ihrer neuen Rasse den Namen „Essex Lavender".
Etwas später, zu Beginn der 20er Jahre, züchtete auch der englische Genetikprofessor R.

Gouwenaar

Gouwenaar

Das Lilac ist eine englische Rasse.

Punnet (Cambridge) durch Kreuzung von blauen Von-Beveren-Kaninchen mit Havanna-Kaninchen Tiere mit dieser Farbe. Letztere sind später zu der englischen Rasse „Lilac" geworden.
Von den englischen Züchtern unabhängig entstand in Marburg eine Kaninchenrasse mit genau der gleichen Fellfarbe. Diese Rasse, heute als Marburger Feh bekannt und durch Selektion immer dunkler geworden, wurde 1920 in Deutschland anerkannt.
In den Niederlanden hatte ein Taubenzüchter namens Spruyt die ersten lilafarbenen Kaninchen. Er züchtete damals neben seinen Tauben auch Havanna-Kaninchen. Nie hat er bewusst Versuche unternommen, eine neue Farbe zu züchten. Die lilafarbenen Tiere tauchten einfach plötzlich in seinen Havannastämmen auf. Da man in den Niederlanden zu dieser Zeit eine solche Farbe noch nicht kannte, hat man diesen Tieren nach dem Wohnort ihres Besitzers, der Stadt Gouda, den Namen „Gouwenaar" gegeben. Noch heute sind die Abkömmlinge der Tiere des Herrn Spruyt unter diesem Namen bekannt, der als Farbbezeichnung allgemein akzeptiert ist und auch für andere Kaninchen mit lilafarbenem Fell verwendet wird. Das Gouwenaar wurde in den Niederlanden 1927 offiziell als eigenständige Rasse anerkannt.

Eigenschaften

Sowohl das englische Lilac als auch das niederländische Gouwenaar sind ruhige, anhängliche und sanfte Tiere. Die Rassen sind nicht besonders populär, werden aber von einer kleinen Gruppe von Kaninchenfreunden gezüchtet. Obwohl sich die Rassen auch als Heimtier gut eignen, werden sie selten gehalten. Vermutlich hängt dies damit zusammen, dass beide Rassen dem breiten Publikum kaum bekannt sind.

Körperliche Merkmale

Der Körperbau der Gouwenaar bzw. Lilac ist mit dem der Havanna-Kaninchen vergleichbar. Es handelt sich um gedrungene Tiere mit breiter Brust und breitem Rücken, breiten Schultern und einem sanft abgerundeten Hinterleib.

Der kurze, breite Kopf sitzt auf einem kaum erkennbaren, muskulösen Nacken. Die Läufe harmonieren gut mit dem übrigen Körper. Die aufrecht stehenden Ohren sind gut behaart, haben abgerundete Spitzen und sind ungefähr 11 Zentimeter lang. Die Tiere wiegen 2,5 bis 3,5 Kilogramm.

Fell

Das Fell dieser Rassen ist kurz, mit feinen, weichen Haaren, die am Körper anliegen.

Farbe

Die Farbe von Gouwenaar und Lilac ist zart abgetönt lichtblau (lila). Die Augen sind graublau und zeigen bei einem bestimmten Lichteinfall einen roten Schimmer, den man als „rotes Feuer" bezeichnet.

Beige oder Separator

Herkunft

Kaninchen mit dieser außergewöhnlichen Fellfarbe entstanden sowohl in Großbritannien als auch in den Niederlanden. Züchter aus beiden Ländern haben jahrelang ohne voneinander zu

Beige oder Separator

Beige oder Separator

wissen diese Rasse unter demselben Rassenamen gezüchtet.
In Großbritannien entstand das Beige-Kaninchen Ende der 20er Jahre, sank zehn Jahre später aber in der Gunst, da es mit den Pelzrassen in Großbritannien nicht konkurrieren konnte.
Das niederländische Beige-Kaninchen wurde in den 30er Jahren in Rotterdam vom Kaninchenzüchter G. Brinks entwickelt. In den Niederlanden wurde die Rasse am 1. Mai 1939, wenige Tage vor Ausbruch des Zweiten Weltkriegs, anerkannt. Gut 40 Jahre später haben britische Kaninchenfreunde das Beige-Kaninchen in den Niederlanden wiederentdeckt und erneut in Großbritannien eingeführt. Diese Kaninchen werden nicht unter ihrem alten belgischen Namen „Beige" ausgestellt, sondern tragen in Großbritannien den Namen „Isabella". In Deutschland wird das Beige-Kaninchen als Separator bezeichnet.

Eigenschaften

Das Beige-Kaninchen kommt außerhalb seiner Heimat kaum vor und befindet sich fast ausschließlich im Besitz von Hobbyzüchtern. Separator-Kaninchen sind pflegeleichte, zutrauliche Tiere mit einem ruhigen Wesen.

Körperliche Merkmale

Der Körperbau ist mit dem der Havanna-Kaninchen vergleichbar. Separator-Kaninchen haben einen gedrungenen, walzenförmigen Körperbau, mit ebenmäßig verlaufender Rückenlinie. Brust, Rücken und Schultern sind breit, der Hinterleib ist sanft abgerundet. Der Nacken ist kurz und muskulös, der Kopf breit und kurz. Die kräftigen Läufe harmonieren gut mit dem übrigen Körper. Die aufrecht stehenden Ohren sind fleischig, gut behaart, an den Enden abgerundet und im Durchschnitt ungefähr 11 Zentimeter lang.
Tiere dieser Rasse erreichen ein Mindestgewicht von 2,5 Kilogramm, ein Normalgewicht von 3 Kilogramm und ein Höchstgewicht von 3,75 Kilogramm.

Fell

Das glänzende Fell dieser Rasse ist weich, mit feinen, kurzen Haaren, und liegt am Körper an.

Farbe

Die helle, gelbbraune Deckfarbe wird durch einen feinen, fehblauen Schleier getönt. Körperpartien mit kurzer Behaarung, wie Kopf, Ohren, Läufe und Blumenunterseite sind überwiegend fehblau. Die bläuliche Farbe des Bauches verblasst mit zunehmendem Alter. Die Augen sind graubraun bis graublau und zeigen bei einem bestimmten Lichteinfall einen rötlichen Schimmer. Die gelbliche bis cremefarbene Unterfarbe darf sich von der Deckfarbe nicht zu scharf abgrenzen.

Steen-Kaninchen

Herkunft

Das Steen-Kaninchen ist eine alte belgische Rasse. Ihren Namen verdankt die Rasse einer alten belgischen Maßeinheit: Ein „steen“ entsprach ungefähr 3,5 Kilogramm, dem Schlachtgewicht eines Kaninchens. Die ersten Steen-Kaninchen waren jedoch meist etwas leichter. Sie wurden in großer Zahl als Schlachttiere nach Großbritannien verschifft. Als aber die Briten zunehmend aus Australien Kaninchenfleisch importierten, sank auch das Interesse der belgischen Züchter an dieser Rasse. Um die Jahrhundertwende war das Steen-Kaninchen praktisch ausgestorben.
Ein einziger Züchter, mit Namen Delounois, hat die Steen-Kaninchen mithilfe anderer Rassen neu aufgebaut. Er kaufte auf einer Ausstellung in Hornu einen Rammler, der große Ähnlichkeit mit den Steen-Kaninchen von einst aufwies, und paarte diesen mit einem Weibchen, das ebenfalls relativ gut den Kriterien eines Steen-Kaninchens entsprach. Durch Zuchtwahl konnte er schließlich ein neues Steen-Kaninchen kreieren. Seine ersten Exemplare schickte er 1932 auf eine Ausstellung. Am 12. Juni 1934 wurden seine Anstrengungen mit der offiziellen Anerkennung der Rasse belohnt. Delounois ist der bedeutendste Züchter dieser Rasse. Er widmete sich ihr 40 Jahre. Ungeachtet seines großen Aufwands ist die Rasse heute kaum begehrt. Außerhalb Belgiens werden Steen-Kaninchen kaum gezüchtet.

Eigenschaften

Die meisten Exemplare dieser Rasse sind lebhafte, neugierige und gutmütige Tiere. Sie sind

Das belgische Steen-Kaninchen ist lebhaft und gutmütig.

überwiegend in der Obhut belgischer Hobbyzüchter, wären aber, auch wegen ihres „handlichen Formats", als Heimtiere geeignet.

Körperliche Merkmale

Steen-Kaninchen wiegen 2 bis 3 Kilogramm, im Idealfall liegt das Gewicht bei 2,5 Kilogramm. Der Körper ist gedrungen, der Nacken kurz und der Kopf breit und gut entwickelt. Die Läufe sind kurz und muskulös. Die breiten Ohren stehen aufrecht und sind durchschnittlich 10 Zentimeter lang.

Fell

Das Fell des Steen-Kaninchens ist kurz, dicht und liegt flach am Körper an.

Farben

Das belgische Steen-Kaninchen wird in verschiedenen Wildfarben gezüchtet: Hasengrau (licht braungraue Deckfarbe, schwarze Schattierung, braune Augen) und Hasenfarben (rötliche Deckfarbe, schwarze Schattierung, braune Augen).
Der eisengraue Farbenschlag (graue Deckfarbe, schwarze Schattierung, braune Augen) ist ebenfalls bekannt, kommt jedoch nur selten vor.

Junge Steen-Kaninchen

Deilenaar

Herkunft

Das Deilenaar ist eine niederländische Kreation von G.W.A. Ridderhof aus der Stadt Deil. Welche Rassen er genau genommen hat, ist nie klar gewesen. Man vermutet aber, dass das Deilenaar unter anderem Blut von Deutschen Riesen, Chinchillakaninchen, Roten Neuseeländern und Lohkaninchen in seinen Adern hat. Gelegentlich wird selbst der Einfluss des Hasenkaninchens diskutiert.

Am 1. Mai 1940 wurde diese Rasse in den Niederlanden offiziell anerkannt. Es hat aber noch einige Zeit gedauert, bis auch Kaninchenfreunde in anderen Ländern auf das Deilenaar aufmerksam wurden. In Großbritannien beispielsweise erkannte man die Rasse erst Ende der 80er Jahre an.

Das Deilenaar wird gegenwärtig in diversen europäischen Ländern in kleiner Zahl gezüchtet, kommt jedoch außerhalb Europas kaum vor.

Eigenschaften

Das Deilenaar ist eine robuste, kräftig gebaute Kaninchenrasse mit einem lebhaften, friedlichen Wesen. Die Tiere befinden sich vor allem in der Obhut von Hobbyzüchtern und werden nur äußerst selten als Heimtier gehalten, obwohl sie sich hierzu hervorragend eignen würde.

Körperliche Merkmale

Der Körperbau des Deilenaar-Kaninchens ist dem des Kleinchinchillas ähnlich, das heißt, der Körper ist kurz und gedrungen, vorne und hinten etwa gleich breit mit einem gut abgerundeten Hinterleib. Die Rückenlinie verläuft gleichmäßig. Der markante, breite, kurze Kopf sitzt auf einem kurzen, breiten Hals. Die Läufe sind zum übrigen Körper wohlproportioniert. Die fleischigen, behaarten Ohren stehen aufrecht und sind, zur Körpergröße passend, kurz. Deilenhaar-Kaninchen erreichen ein Mindestgewicht von 2,25 Kilogramm, ein Normal-

Deilenaar, Weibchen

Deilenaar

Kopfstudie Deilenaar, Rammler

Ein Wurf Deilenaar-Kaninchen

Junges Deilenaar-Kaninchen

gewicht von 2,75 Kilogramm und ein Höchstgewicht von 3,25 Kilogramm.

Fell

Das Fell ist mit seiner flockigen schwarzen Schattierung und dem leichten Rotstich das Kennzeichen, das am meisten ins Auge fällt. Es ist länger als bei anderen Kaninchenrassen, glänzt und hat mäßig viel Unterwolle. An Kopf, Ohren und Läufen ist das Fell kürzer.

Farbe

Das Deilenaar hat eine warme rotbraune Deckfarbe und ist am ganzen Körper mit Ausnahme von Brust und Vorderläufen unregelmäßig („flockig") schwarz schattiert. Kinn- und Bauch sowie die Unterseite der Blume sind hell, lohfarbig abgetönt. Die Ohren sind schwarz gerändert. Die Augen sind dunkelbraun, die Krallen schwarzbraun. Die Oberseite der Blume ist schwarz, fuchsig durchsetzt. Auf dem Rücken tritt die flockige Schattierung besonders deutlich hervor. Die Zwischenfarbe soll Rostbraun und scharf abgegrenzt sein. Die Unterfarbe, die etwa zwei Drittel der Haarlänge umfasst, soll rein dunkelblau gefärbt sein.

Bei diesen Deilenhaar-Kaninchen erkennt man gut, dass die schwarze Schattierung auf dem Rücken stark ausgeprägt ist.

Besonderheiten

In Frankreich gibt es das „Brun Marron de Lorraine", ein Kaninchen, das zwar die gleiche Farbe wie das Deilenaar hat, sich im Körperbau aber stark von diesem unterscheidet. Das Brun Marron de Lorraine ist ein schlankes Kaninchen mit leicht eckiger Kopfform und kurzem Fell. Das Gewicht dieser Rasse liegt bei 1,5 bis 2,5 Kilogramm.

Marder

Herkunft

Wie einige andere Kaninchenrassen wurde das Marderkaninchen nahezu gleichzeitig in mehreren Ländern entwickelt. Die Briten waren mit die Ersten, die sich der Zucht von Marder kaninchen widmeten. Der Kaninchenzüchter D. W. Irving kreuzte Anfang dieses Jahrhunderts seine Russenkaninchen mit Chinchillas. Bei den Tieren, die aus dieser Kreuzung entstanden, waren Schnauze, Ohren, Blume und Pfoten dunkel gefärbt, während der Körper eine hellere Farbe zeigte. Die Färbung war jedoch nicht so kontrastreich wie bei den Russenkaninchen.

Irving führte seine Tiere erstmals 1920 auf einer Ausstellung vor, sie wurden zu diesem Zeitpunkt jedoch noch nicht anerkannt. Heute ist das Marderkaninchen, das in Großbritannien „Siamese Sable" genannt wird, auf Ausstellungen ein vertrauter Anblick.

Ein anderer Züchter, der sich mit den Marderkaninchen beschäftigte, war der Deutsche Emil Thomsen aus Hamburg-Stellingen. Er hat zur Entwicklung des Marderkaninchens viele verschiedene Rassen eingesetzt, darunter Chinchillas, Havanna-Kaninchen, (Blaue) Wiener, Hasenkaninchen und Thüringer. Er nannte seine Kreation „Stellinger Kaninchen".

Auch der französische Züchter M. Fraineau aus Cognac hat diese Rasse gezüchtet. Er verwendete Chinchillas und Albinos und stellte seine Rasse erstmals 1925 auf einer internationalen Ausstellung in Paris vor.

Marderkaninchen, gelb

Marderkaninchen, sepiabraun

Schließlich gibt es auch Berichte über amerikanische Züchter, die zur damaligen Zeit Marderkaninchen züchteten.
Die ersten Marderkaninchen gab es zunächst nur in diversen Abstufungen des Farbenschlags Sepiabraun. Erst später entstand in Deutschland der blaue Farbenschlag. Die Farbe Gelb ist noch jünger. Sie wurde erst Anfang der 40er Jahre durch den bekannten Preisrichter und Züchter Friedrich Joppich kreiert.
Zu dieser Zeit entstand in Großbritannien und den USA eine Varietät, die bis heute auf dem europäischen Festland fast niemand kennt: Marderkaninchen, die ähnliche Abzeichen wie die Weißgrannen haben. In Großbritannien waren diese Kaninchen zunächst unter dem Namen „Maraaka" bekannt, später wurden sie in „Marten Sable" umbenannt. In den USA wurde dieser Farbenschlag „Silver Marten Sable" genannt.
Der deutsche Rassename „Marder" wurde von den wild lebenden Mardern abgeleitet, deren Fell eine ähnliche Färbung aufweist, wie das der Marderkaninchen. Ihren Namen erhielt die Rasse auf einer Versammlung der norddeutschen Preisrichter.

Marderkaninchen haben bei einem bestimmten Lichteinfall einen rötlichen Schimmer (rotes Feuer) in den Augen.

Marderkaninchen, blau

Eigenschaften

Marderkaninchen sind lebhafte Tiere mit einem gutmütigen Wesen. Anfangs wurde die Rasse vornehmlich in der Pelzindustrie eingesetzt. Heute genießt sie hingegen vor allem in Hobbyzüchterkreisen großes Ansehen. Aufgrund der außergewöhnlichen Farbzusammenstellung, der „handlichen" Größe und des gutmütigen Wesens wird diese Rasse auch gern als Heimtier gehalten.

Körperliche Merkmale

Das Marderkaninchen erreicht ein Mindestgewicht von 2 Kilogramm, ein Normalgewicht von 2,5 Kilogramm und ein Höchstgewicht von 3,25 Kilogramm.
Der Körper ist leicht gedrungen und mittellang. Die Läufe sind kurz, Brust und Becken sind breit und die Rückenlinie verläuft gleichmäßig. Der Kopf ist kurz und liegt dicht am Körper

Kopfstudie Marder, dunkelsepiabraun

an. Die fleischigen Ohren sind gut behaart und im Durchschnitt 11 Zentimeter lang.

Fell

Das Fell der Marderkaninchen hat eine normale Länge mit viel Unterwolle. Es fühlt sich weich an und ist fein strukturiert. Die Begrannung ist gleichmäßig und nicht zu hart.

Farben

Marderkaninchen kommen in diversen Farben vor, darunter Blau, (Sepia)Braun und Gelb. Der gelbe Farbenschlag wird im Namen „Siam" angedeutet. Andere Farben als (Sepia)-Braun sind außerhalb Europas kaum bekannt. Es gibt drei Farbabstufungen. Man unterscheidet Dunkelmarder, Mittelmarder und Lichtmarder. Braune und gelbe Tiere haben braune Augen, blaue Tiere haben graublaue Augen. Alle Varietäten zeigen bei einem bestimmten Lichteinfall einen rötlichen Schimmer in den Augen. Die Krallen der Tiere sind dunkel gefärbt.

Zeichnung

Marderkaninchen kommen in zwei verschiedenen Varietäten vor. Die Tiere, die in dieser Enzyklopädie abgebildet wurden, sind auf dem europäischen Festland unter dem Rassenamen Marder, in Großbritannien und den USA als Siamese Sable bekannt. Bei dieser Rasse sind Schnauze, Ohren, Blume und Pfoten etwas dunkler als der übrige Körper gefärbt.
Die andere Varietät ist das Silbermarderkaninchen, das die gleiche Farbe hat wie das Marderkaninchen, daneben aber eine weiße Zeichnung ähnlich der der Weißgrannen aufweist.

Besonderheiten

Das Züchten von Marderkaninchen hat so seine Tücken. Die Paarung zweier mittel gefärbter Tiere gibt beispielsweise fast immer einen gemischten Wurf, in dem auch dunkle Marderkaninchen, Kaninchen mit Russenzeichnung und Albinos vorkommen. Die Kreuzung eines dunklen Marderkaninchens mit einem Albino wird einen kompletten Wurf mittel gefärbter Marderkaninchen bringen. Die Paarung von zwei dunklen Marderkaninchen ergibt stets einen Wurf genauso gefärbter Jungtiere.

Kleinsilber

Herkunft

Das Kleinsilberkaninchen ist eine englische Kaninchenrasse. Diese Rasse zählt zu den ältesten Kaninchenrassen der Welt. Es gibt

Kleinsilber, lichtschwarz, in der Silberungsphase

Kopfstudie Kleinsilber, Rammler, gelb

Kleinsilber, lichtblau, in der Silberungsphase

Quellen, die behaupten, die Kaninchen mit den charakteristisch gesilberten Haarspitzen seien zur Blützeit der Handelsschifffahrt nach Großbritannien gebracht worden und stammten ursprünglich aus Asien, wo sie von buddhistischen Mönchen schon weit vor unserer Zeitrechnung gezüchtet wurden. Andere Quellen bestreiten die asiatische Herkunft dieser Tiere und berichten, die Silberung sei eine Mutation gewesen, die Mitte des 19. Jahrhunderts im englischen Lincolnshire bei halb verwilderten, in parkähnlichen Gehegen gehaltenen Kaninchen aufgetreten sei. Diese Tiere wurden „Lincolnshire Sprigs“, „Lincolnshire Silver Greys“ oder „Millers“ genannt.
Unabhängig davon wurden Kaninchen mit gesilberten Haarspitzen bereits im 17. Jahrhundert in England entdeckt. 1631 beschrieb Gervase Markham diese Tiere. Sonderbar ist, dass er dabei von „Riche Rabbits“ sprach – der alte französische Name für gesilberte Kaninchen war „Lapin Riche“. Was weiter mit diesen Tieren geschehen ist, ist unklar. Fest steht jedoch, dass seit Mitte des 19. Jahrhunderts ernsthafte Versuche unternommen wurden, Kleinsilber reinrassig zu züchten. Ende des 19. Jahrhunderts war die Rasse in fast allen Ländern Europas vertreten.
1860 wurde das Kleinsilberkaninchen erstmals auf einer Ausstellung präsentiert. Bis zur Anerkennung als Rasse vergingen jedoch noch Jahre. 1880 wurde in Großbritannien der erste Rassestandard für Kleinsilber aufgestellt. Um 1890 wurde auch in Deutschland der Standard festgelegt.
Die Rasse war zunächst vor allem für die Pelzindustrie interessant und gute Zuchttiere wurden für viel Geld ins Ausland verschickt. So kam die Rasse schon vor der Jahrhundertwende in die USA. Damals kannte man nur den schwarzen Farbenschlag, den man „Silver Greys“ nannte, bald folgte jedoch der gelbe Farbenschlag. Man vermutete lange Zeit, dass dieser Farbenschlag aus Frankreich stamme, wo man durch Kreuzungen von Gelben Burgunderkaninchen mit Großsilberkaninchen die „Argente-crèmes“-Kaninchen kreierte. Diese wurden vermutlich von englischen Züchtern importiert, um den gelben Farbenschlag der Kleinsilber zu entwickeln. Es gibt jedoch Quellen, die diese Theorie bestreiten und davon ausgehen, dass die gelbe Farbe durch Einkreu-

Kleinsilber, mittelschwarz

Kleinsilber, mittelbraun

Die Schnauze eines Kleinsilberkaninchens silbert zuerst.

zungen englischer zimtfarbener Kaninchen in Silberstämme entstanden ist.
Ein weiterer Farbenschlag ist der hasengraue Kleinsilber. Dieser wurde erst später von dem Engländer G. Johnson aus Kettering gezüchtet. Vermutlich hat er hierbei Hasenkaninchen eingekreuzt. Er gab seiner Kreation den Namen „Brown/Silver". Die Farben, Blau und Braun (Havanna) sollen durch das Einkreuzen von Blauen Wienerkaninchen und von Havanna-Kaninchen entstanden sein.
Das Einführen neuer Farben in eine bereits bestehende Rasse kann auf unterschiedliche Arten erfolgen und es ist nicht undenkbar, dass in dem langen – aber größtenteils nicht mehr rekonstruierbaren – Stammbaum der Kleinsilber weitaus mehr Rassen und auch rasselose Kaninchen vorkommen.
Blau- und Braunsilber wurden auf dem europäischen Festland entwickelt. Blausilber mit blauem Fell wurden erst 1980 in Großbritannien anerkannt, sind dort und in den USA jedoch selten. Das havannafarbene Kleinsilberkaninchen ist nur auf dem europäischen Festland zu finden.

Eigenschaften

Diese kleine Kaninchenrasse mit ihren auffallend gesilberten Haarspitzen ist sehr lebhaft. Als Heimtier für Kinder ist die Rasse wegen ihres Temperaments weniger geeignet.
Kleinsilber sind in allen Ländern bekannt. Als Ausstellungstier ist die Rasse äußerst beliebt. Nicht zuletzt deshalb, weil es schwierig ist,

Kleinsilber, mittelgelb

Kleinsilber, mittelschwarz

Tiere zu züchten, die dem Rassestandard hinsichtlich gleichmäßig ausgeprägtem Silberungsgrad entsprechen.

Körperliche Merkmale

Kleinsilber erreichen ein Mindestgewicht von 2 Kilogramm, ein Normalgewicht von 2,5 Kilogramm und ein Höchstgewicht von 3,25 Kilogramm. Sie haben einen kurzen, gedrungenen Körper; auch der Nacken ist äußerst kurz. Die Brust ist breit, die Hinterpartie schön abgerundet. Auffallend sind die breite Stirn, die breite Schnauze und die vollen Backen. Vor allem bei Rammlern kommt der Kopf gut zur Geltung. Die Läufe sind zum Körper wohl proportioniert, gerade und muskulös. Die breiten, fleischigen Ohren sind gut behaart, zur Länge des Körpers passend und haben abgerundete Spitzen.

Fell

Kleinsilber haben ein kurzes, dichtes, flach anliegendes Fell mit dichter Unterwolle. Der starke Glanz des Fells kommt insbesondere bei den dunklen und mittleren Varietäten gut zur Geltung.

Varietäten

Das Kleinsilberkaninchen hat seinen Namen der sanften Silberung seines Fells zu verdanken. Die Tiere werden vollkommen dunkel gefärbt geboren. Im Alter von fünf bis sechs Wochen beginnt der Silberungsprozess, das heißt, alle Haare, die nach der Geburt ausfallen, machen neuen Haaren Platz, die durch ihre pigmentfreien Spitzen gesilbert wirken. Wie lange sich dieser Vorgang hinzieht, hängt davon ab, wie stark das Kaninchen haart. Meist ist die Verwandlungsperiode jedoch nach einem halben Jahr abgeschlossen.
Es gibt drei Silberungsstufen: Die helle Silberung, bei der ein Großteil der Haare gesilbert ist und nur wenige durchgefärbte Haare im Fell zu entdecken sind; die dunkle Silberung, bei der nur ein kleiner Teil des gesamten Fells gesilbert ist und das Tier insgesamt einen gefärbten Eindruck macht, und die mittlere Sil-

Kleinsilber, lichthasengrau, Mutter mit Jungem

berung, die zwischen den beiden anderen liegt. Die verschiedenen Silberungsstufen sind nicht in allen Ländern anerkannt.
Auf Ausstellungen wird ein möglichst gleichmäßig gesilbertes Fell bevorzugt. Man möchte keine Tiere die auffallende helle und/oder dunkle Flecken im Fell aufweisen.

Farben

Unabhängig vom Grad der Silberung kann das Fell (havanna)braun, schwarz, blau und gelb sein. Die Augenfarbe harmoniert stets mit dem Fell. Schwarze, gelbe und hasengraue Tiere haben braune Augen, blaue Tiere haben blaue Augen und havannabraune Kleinsilber haben braune Augen mit einem rötlichen Schimmer.

Perlgraue von Halle

Herkunft

Über die genaue Herkunft dieser Rasse ist nicht viel bekannt. Man geht davon aus, dass die Tiere von dem belgischen Kaninchenzüchter Vervoort aus Halle stammen, der in einem Wurf seiner Havanna-Kaninchen einige Exemplare mit einer besonderen Fellfarbe entdeckte und mit diesen Tieren weiterzüchtete.
Ein Streitpunkt ist bis heute die Augenfarbe: Die Perlgrauen von Halle, die Vervoort züchtete, hatten der Literatur zufolge braune Augen – und noch heute werden im Rassestandard braune Augen vorgeschrieben. Genetisch ist dies jedoch nicht möglich: Alle Tiere dieser Rasse haben graublaue Augen. Es ist nicht möglich, Kaninchen mit dieser Fellfarbe zu züchten, die eine andere Augenfarbe haben.
Die Rasse hat einige treue Anhänger in ihrem Herkunftsland. Außerhalb Belgiens kommt sie kaum vor.

Perlgraue von Halle sind eine belgische Züchtung.

Perlgraue von Halle

Eigenschaften

Perlgraue von Halle sind kleine Kaninchen mit einem ausgeglichenen, freundlichen Wesen. Sie werden zwar meist von Hobbyzüchtern gehalten, sind jedoch angesichts ihrer geringen Größe, ihrer zutraulichen Art und der besonderen Fellfarbe auch geeignete Heimtiere.

Körperliche Merkmale

Perlgraue von Halle haben einen kurzen, gedrungenen Körper, der rundum gut befleischt ist. Der Nacken der Tiere ist sehr kurz. Der Kopf ist breit, rund und kurz und hat vor allem bei Rammlern ausgeprägte Backen. Die Ohren werden im Durchschnitt 9 Zentimeter lang und stehen aufrecht. Das Gewicht der Tiere liegt bei 2 bis 2,5 Kilogramm.

Fell

Das Fell hat eine normale Länge mit mäßig viel Unterwolle. Die Haare sind fein.

Farbe

Die Rasse verdankt ihren Namen ihrer besonderen Fellfarbe: Ein zartes, helles Graublau mit leichtem Platinglanz und matter gefärbtem Bauch. Die Tiere haben graublaue Augen, obwohl der Rassestandard braune vorschreibt.

Kleinchinchilla

Herkunft

Das Kleinchinchilla ist eine von dem französischen Züchter Dybowsik kreierte Rasse, die schon auftrat, bevor ihr Namensvetter, das Großchinchilla, gezüchtet wurde. Das Chinchilla ist im Grunde ein wildfarbenes Kaninchen, bei dem alle Gelb- und Rotpigmente aus dem Fell verschwunden sind. Der hierfür verantwortliche Faktor wird dominant vererbt.
Die Rasse ist nach der im Hochgebirge der Anden in Südamerika wild lebenden Chinchilla benannt, deren Pelz lange Zeit äußerst beliebt war. Genau wie diese wurde auch das Kleinchinchilla zunächst vornehmlich wegen seines Fells gezüchtet. Dies hing nicht nur mit der Ähnlichkeit zur echten Chinchilla zusammen, sondern auch mit der Tatsache, dass diese Kaninchen schon im Alter von fünf Monaten ein derart hochwertiges Fell hatten, dass sie gehäutet werden konnten. Das Kleinchinchilla war somit auch aus finanzieller Sicht für kommerzielle Züchter eine ideale Rasse.
Dybowski setzte bei der Zucht Russenkaninchen sowie einfarbig blaue und wildfarbene rasselose Kaninchen ein. 1913 waren Kleinchinchillakaninchen erstmals auf einer Ausstellung in Saint-Maur zu sehen. Nachdem die Rasse 1914 auch auf internationalem Niveau in Paris präsentiert wurde, interessierten sich auch ausländische Züchter für das Kleinchinchilla. Ein Jahr später kamen die ersten Kleinchinchillas nach Großbritannien. 1919 wurde

Junge Kleinchinchillas

Kleinchinchillas sind neugierige und freundliche Tiere, die sich gut als Heimtiere eignen.

die Rasse von den Amerikanern entdeckt – auch dort war sie schon bald sehr populär – und 1920 fand das Kleinchinchilla seinen Weg nach Deutschland.
Die Rasse hat an der Entwicklung anderer Rassen, wie Weißgrannen, Sallander und Marder mitgewirkt.

Eigenschaften

Kleinchinchillas sind lebhaft und haben ein freundliches Wesen. Diese kleine Rasse genießt keinen hohen Bekanntheitsgrad als Heimtier, in Aussteller- und Züchterkreisen wird sie dagegen sehr geschätzt und von Liebhabern in aller Welt gezüchtet.

Körperliche Merkmale

Das Kleinchinchilla erreicht ein Mindestgewicht von 2,25 Kilogramm, ein Normalgewicht von 2,75 Kilogramm und ein Höchstgewicht von 3,5 Kilogramm. Der Körper ist kurz und gedrungen, darf aber nicht plump wirken. Die Rückenlinie verläuft gleichmäßig, der Hinterleib ist gut abgerundet. Läufe und Nacken sind kurz und kräftig. Der Kopf ist kurz, breit und vor allem bei den Rammlern gut ausgeprägt. Die aufrecht stehenden Ohren sind fleischig, gut behaart, ungefähr 10 Zentimeter lang, kräftig und an den Enden abgerundet.

Fell

Das Fell des Kleinchinchillas ist länger als bei vielen anderen Kaninchenrassen, allerdings nicht so lang wie das der Angora- und Fuchskaninchen. Die dicht stehenden Haare haben eine Länge von 3 bis 4 Zentimetern. Das Kleinchinchilla hat eine dichte Unterwolle, wodurch sich sein Fell schön weich anfühlt.

Farbe

Ihren Namen hat diese Kaninchenrasse ihrer Fellfarbe zu verdanken, die mit der der süd-

Kleinchinchilla

Kleinchinchilla

amerikanischen Chinchillas vergleichbar ist. Kleinchinchillas haben eine bläulich getönte, aschgraue Deckfarbe mit deutlich schwarzer, flockiger Schattierung, die am intensivsten auf dem Rücken zur Geltung kommt. Die Deckfarbe am Bauch ist stets weiß. Den Bereich des Fells, der direkt über der Haut ansetzt, nennt man Unterfarbe. Sie ist bei dieser Rasse dunkelblau, auch am Bauch. Die Farbe von Brust und Läufen soll der Gesamtfarbe entsprechen. Die Ränder der Ohren sind schwarz gesäumt. Die Blume ist an der Oberseite schwarz mit grauweißen Haaren gesprenkelt, die Unterseite der Blume ist weiß.
In Frankreich, Deutschland und den Niederlanden wurden früher in großer Zahl havannabraun schattierte Chinchillakaninchen gezüchtet. In Großbritannien gab es daneben auch blaue Tiere. Die niederländischen havannabraunen Chinchillas wurden von G. H. Cornelissen de Beer aus Apeldoorn gezüchtet, der seine Kreation „Apoldro" nannte. Die Rasse wurde 1933 anerkannt. Französische braune Chinchillas wurden schon 1925 ausgestellt, später folgten die deutschen. Emil Mannel aus Pausa ist der bekannteste Züchter dieses Farbenschlags. Heute sind blaue und braune Chinchillas eher selten.

Besonderheiten

Die Standardisierung der Chinchillas ist auf internationaler Ebene noch nicht einheitlich. In der Schweiz unterscheidet man nicht zwischen Klein- und Großchinchilla. Dort gibt es nur eine Rasse, Chinchillas, die hinsichtlich Körperbau und Gewicht zwischen den beiden anderen stehen.
In den USA kennt man neben dem europäischen Klein- und Großchinchilla auch jeweils eine amerikanische Version dieser Rassen: „American Chinchilla" und „American Giant Chinchilla". Letztere wurde von Ed Stahl aus Missouri kreiert, der für seine Züchtung Großchinchillas mit Flanderischen Riesen kreuzte.

Thrianta

Herkunft

Diese orangefarbene Rasse mit ihrer bemerkenswerten Geschichte ist eine niederländische Kreation des Herrn Andrea aus Assen. Er setzte Lohkaninchen, Havanna-Kaninchen und einen madagaskarfarbenen Riesenschecken ein. Letzterer war ein einfarbiges Tier, das nicht die vorgeschriebene weiße Körperfarbe mit Abzeichen hatte. Das erklärte Ziel war eine einfarbig orangefarbene Kaninchenrasse. Angesichts der Tatsache, dass die Rasse kurz vor Ausbruch des Zweiten Weltkriegs entwickelt wurde und Orange auch damals die Farbe des niederländischen Königshauses war, liegt die Vermutung nahe, die Entwicklung dieser Rasse könnte ein stiller Protest des Herrn Andrea gegen den beständig stärker werdenden Nationalsozialismus gewesen sein.
Die Rasse wurde 1940 in den Niederlanden anerkannt. Leider bestand gegen Ende des Zweiten Weltkriegs in der Züchterwelt zu wenig Interesse an der neuen Rasse. Hierfür war unter anderem der unschöne Körperbau dieses Kaninchens verantwortlich, das damals durchaus eine schöne orangene Farbe hatte.
Die neuen Normen, die die Niederländische Kaninchenzüchtervereinigung für das Äußere der Thrianta-Kaninchen aufstellte, waren für die Züchter kaum zu erfüllen. Die Rasse wurde bald ohne viel Protest von der Liste der anerkannten Kaninchenrassen gestrichen.
In Deutschland gab es eine Rasse, die den Thrianta-Kaninchen stark ähnelte, das Sachsengold. Diese Rasse war lediglich etwas hel-

Kopfstudie eines Thrianta-Kaninchens

ler. Sie wurde mithilfe verschiedener Rassen aufgebaut, darunter Loh, Havanna, Kleinchinchilla, Kleinsilber, Japaner, Rote Neuseeländer und wahrscheinlich rasselose Kaninchen mit einfabrig gelbem Fell. Die letzten Stämme niederländischer Thrianta-Kaninchen kaufte der deutsche Sachsengold-Züchter Kissner auf. Er wollte mit ihnen die Farbe seiner geliebten Kaninchenrasse verbessern. Nachkommen von Kissners Kaninchen wurden Ende der 60er Jahre von niederländischen Züchtern importiert und unter dem Namen „Saksengoud" ausgestellt. 1971 wurden sie in den Niederlanden anerkannt, 1979 als Hommage an Herrn Andrea in Thrianta umgetauft.
Anfang der 80er Jahre kam die Rasse nach Großbritannien. In den USA ist sie nicht bekannt und auch in anderen Ländern findet man sie selten.

Eigenschaften

Das Thrianta wird von einer kleinen enthusiastischen Gruppe von Züchtern gehalten. Aufgrund seiner geringen Größe und seines freundlichen Wesens ist das Thrianta auch als Heimtier gut geeignet. Da diese Kaninchenrasse beim breiten Publikum wenig bekannt ist, findet man das Thrianta nur selten in Privathaushalten.

Ein Wurf Thrianta-Kaninchen

Thrianta

Thrianta-Kaninchen sind lebhaft und neugierig.

Körperliche Merkmale

Thrianta-Kaninchen sind kleine Tiere mit einem gedrungenen Körperbau. Sie wiegen zwischen 2 und gut 3 Kilogramm. Ihr Rücken ist relativ kurz, die Brust ist breit. Die Läufe sind gerade, kräftig und durchschnittlich lang. Der Hinterleib muss schön abgerundet sein.
Thrianta-Kaninchen haben einen gut entwickelten, breiten und kurzen Kopf. Die Kopfform kommt vor allem bei Rammlern gut zum Ausdruck. Die Ohren sind voll behaart, haben abgerundete Enden und sind durchschnittlich 8 bis 10 Zentimeter lang.

Fell

Das Fell fühlt sich aufgrund der dichten Unterwolle weich an und hat eine normale Länge.

Farbe

Das Fell der Thrianta-Kaninchen soll dunkelorangerot sein. An Bauch und Blume ist die Farbe, wie bei den meisten einfarbigen Rassen ein wenig heller. Häufige Fehler sind eine zu blasse Farbe, ein weißer Bauch und dunkle Ränder an den Ohren. Auch eine Schattierung, wie zart auch immer, ist unerwünscht. Die Augen der Tiere sind dunkelbraun.

Sachsengold

Herkunft

Das Sachsengold gleicht stark dem Thrianta, sein Fell hat aber einen weniger warmen Farbton. Die Rasse wurde von dem deutschen Kaninchenzüchter Richard B. Nennack aus Röhrsdorf bei Meißen in Sachsen gezüchtet. Für seine Kreation benutzte er unter anderem die Rassen Loh, Havanna, Kleinchinchilla, Kleinsilber, Japaner, Rote Neuseeländer und vermutlich auch rasselose Kaninchen mit einfarbig gelbem Pelz.

Das Sachsengold wurde 1953 in Leibzig zum ersten Mal ausgestellt. Diese Rasse wird überwiegend in Deutschland und den benachbarten Ländern gezüchtet.

Eigenschaften

Sachsengold-Kaninchen sind lebhafte, zutrauliche Tiere, die nicht nur bei Hobbyzüchtern zu finden sind, sondern auch häufig als Heimtiere gehalten werden.

Körperliche Merkmale

Das Sachsengold hat einen leicht gedrungenen Körperbau, eine gleichmäßig verlaufende Rückenlinie und einen gut abgerundeten Hinterleib. Die Läufe sind kräftig und gerade, der Nacken ist kurz. Der Kopf ist breit und kurz. Sachsengold-Kaninchen haben relativ kurze, breite, dicht behaarte und fleischige Ohren.
Sie erreichen ein Mindestgewicht von 2,25 Kilogramm, ein Normalgewicht von 2,75 Kilogramm und ein Höchstgewicht von 3,25 Kilogramm.

Fell

Das Fell des Sachsengold-Kaninchens hat eine normale Länge mit dichter Unterwolle. Es fühlt sich weich an und glänzt.

Farbe

Gewünscht ist am ganzen Körper eine intensive rotgelbe Deckfarbe mit etwas heller gefärbtem Unterfell. Die Bauchseite kann heller sein und die Unterseite der Blume kann cremefarben sein. Kopf, Ohren, Brust und Läufe sollen die gleiche Rotfärbung wie der Körper haben. Die Augen sind braun, die Krallen möglichst dunkel hornfarbig.

Hulstländer

Herkunft

Das Hulstländer ist eine jüngere Rasse aus den Niederlanden. Sie wurde von J. de Graaf gezüchtet und nach der Region, aus der de Graaf stammt, benannt: die Provinz Hulstlanden. Für seine Kreation setzte de Graaf Weiße Wiener und blauäugige Polenkaninchen ein.
Die Rasse ist Anfang der 80er Jahre entstanden und wurde 1984 in den Standard der Niederländischen Kaninchenzüchtervereinigung aufgenommen. Bis heute wird die Rasse fast ausschließlich in ihrem Herkunftsland gezüchtet.

Eigenschaften

Dieses kleine Kaninchen mit strahlend weißem Fell und hellblauen Augen wird in geringer Zahl von Hobbyzüchtern gehalten. Als Heimtier für Kinder ist das Hulstländer zu temperamentvoll.

Körperliche Merkmale

Hulstländer sind kleine Kaninchen mit einem gedrungenen Körperbau. Der Körper ist kurz und im Ganzen rundlich. Die kurzen Läufe sind kräftig und gerade. Der Hals ist relativ kurz. Der Kopf ist kurz und breit, die Backen

Hulstländer sind agil und temperamentvoll.

Hulstländer

Hulstländer

sind dick. Im Profil erscheint der Kopf kugelig. Die Ohren haben im Durchschnitt eine Länge von 9 Zentimetern. Sie sind kräftig, stark behaart und werden in V-Form aufrecht getragen. Hulstländer wiegen durchschnittlich 2,5 Kilogramm.

Fell

Das Fell des Hulstländer-Kaninchens ist kurz, glänzt, liegt dicht am Körper an und hat eine ansehnliche Menge Unterwolle.

Farbe

Hulstländer werden ausschließlich in Weiß gezüchtet. Ihr Fell ist schneeweiß ohne Abzeichen oder Gelbschimmer, die Augen sind lichtblau. Kaninchen, die wie das Hulstländer ein vollkommen pigmentfreies, weißes Fell und lichtblaue Augen haben, bezeichnet man als „leuchtend“.
Hinsichtlich seiner Fellfarbe kommt das Hulstländer genetisch dem Weißen Wiener, dem blauäugigen Polen, dem blauäugigen, weißen Fuchs- und dem Angorakaninchen gleich.

Lohkaninchen

Herkunft

Diese beliebte Rasse ist in der zweiten Hälfte des 19. Jahrhunderts in Großbritannien entstanden. Das erste Lohkaninchen war ein Zufallstreffer. Es wurde auf der Weide eines gewissen Herrn Cox aus Brailsford entdeckt. Dieser hielt ein ganzes Sammelsurium von Kaninchen, darunter Holländer und Kleinsilber, aber auch rasselose Tiere und Mischlinge.
Das Lohkaninchen zog mit seinem schwarzen Rücken und dem helleren, cremefarbenen Bauch die Aufmerksamkeit diverser Kaninchenzüchter auf sich, die beschlossen sich speziell um diesen Farbenschlag zu kümmern. Sie nannten ihn „Black and Tan“ (Schwarz und Loh).
Die ersten Lohkaninchen waren am Bauch cremefarben, am Rücken schwarz und insgesamt gedrungen gebaut. Der Züchter Purnell aus Cheltenham kreuzte einige Black and Tan mit Hasenkaninchen, um der cremefarbenen Färbung am Bauch einen Rotstich hinzuzufügen. Durch den Einfluss des Hasenkaninchens waren seine Kaninchen allerdings dunkler gefärbt, aber auch länger und schlanker gebaut als die ursprünglichen Black and Tan.
Bald sprach man schon von zwei verschiedenen Lohkaninchen: dem von Cox gezüchteten, relativ kleinen, gedrungenen und temperamentvollen Brailsford-Typ und dem von

Schwarzes Lohkaninchen, Weibchen

anderen Züchter entwickelten Cheltenham-Typ mit üppigerer Statur und kühlerem Temperament. Es gab dementsprechend zwei Spezialklubs: den 1890 gegründeten *National Black and Tan Club,* der sich für den ursprünglichen Brailsford-Typ einsetzte, und den *British Black and Tan Rabbit Club*, der die Anhänger des Cheltenham-Typs vereinigte. Der *National Black and Tan Club* wurde schließlich aufgelöst und beide Typen gingen ineinander auf. Das heutige Lohkaninchen ist eine Kombination aus beiden Varianten: seine Farbe stammt vom Cheltenham-, sein Körperbau vom Brailsford-Typ.

Um die Jahrhundertwende interessierten sich auch Kaninchenfreunde aus anderen Ländern für diese Rasse und importierten die Tiere. Es gab damals neben den schwarzen Lohkaninchen auch die von dem Engländer Atkinson gezüchteten blauen Lohkaninchen. Weitere zehn Jahre später entstand das (havanna)braune Lohkaninchen, 1927 folgte das lilafarbene. Diese Farbe ergab sich durch die Kreuzung von blauen Lohkaninchen mit Marburger-Feh-Kaninchen.

Bereits 1896 wurden die ersten Lohkaninchen in Deutschland (Sachsen) eingeführt. Aufgrund des intensiven Einsatzes von Züchtern wurde die Rasse erfolgreich gezüchtet und war in den folgenden Jahren auf allen Ausstellungen sehr stark vertreten.

Lohkaninchen hatten einen großen Einfluss bei der Entwicklung anderer Rassen beispielsweise von Thrianta und Weißgrannen.

Lohkaninchen

Braunes Lohkaninchen, Rammler

Eigenschaften

Das Lohkaninchen hat in allen Ländern, in denen Kaninchen gezüchtet werden, viele Freunde. Es ist ein angenehmer Zeitgenosse und wird, dank seines „handlichen Formats“ oft als Heimtier gehalten.

Körperliche Merkmale

Lohkaninchen haben einen gedrungenen, gut befleischten Körper mit rundlichen Formen. Die kräftigen Läufe sind gerade und passen von der Länge her zum übrigen Körper. Der Nacken ist relativ kurz, der Kopf voll, auffallend kurz und breit mit dicken Backen. Weibchen haben einen etwas schmaleren Kopf. Die robusten Ohren stehen aufrecht, sind an den Enden abgerundet und im Durchschnitt 9 Zentimeter lang.
Lohkaninchen erreichen ein Mindestgewicht von 2 Kilogramm, ein Normalgewicht von 2,5 Kilogramm und ein Höchstgewicht von 3,25 Kilogramm.

Kopfstudie eines schwarzen Lohkaninchens, Rammler

Junge Lohkaninchen

Hier sieht man die hinter den Ohren sitzende rote Triangel.

Fell

Das Fell ist mittellang und fein strukturiert. Das Haar liegt dicht am Körper an, wodurch ein tiefer Glanz entsteht.

Farben

Die häufigste und zugleich ursprüngliche Farbe der Lohkaninchen ist Schwarz, gefolgt von Blau und Braun. Als letzter Farbenschlag wurde Lila entwickelt.
Schwarze und braune Lohkaninchen haben braune Augen; blaue und lilafarbene Lohkaninchen haben blaue Augen. Die braune und die lilafarbene Varietät zeichnen sich durch einen charakteristischen rötlichen Schimmer in den Augen aus, der bei bestimmten Lichtverhältnissen auftritt. Er kommt bei mehreren Rassen vor und wird „rotes Feuer“ genannt.
Die lohfarbenen Abzeichen sollten einen warmen Rotbraunton haben. Vereinzelt dürfen Lohkaninchen weiße Härchen im Fell haben, sind es zu viele, wird dies als Fehler gewertet.

Abzeichen

Die Abzeichen müssen bei dieser Rasse scharf begrenzt sein und einen intensiven Kontrast zur jeweiligen Deckfarbe bilden. Die Lohfarbe zeigt sich um die Augen, an Vorder- und Innenseite der Ohren, an den Nasenlöchern, der Kinnbackeneinfassung, an Brust und Bauch sowie an Innen- und Hinterseiten der Läufe. Auf den Zehen sitzen kleine lohfarbene Flecken. Über Nacken und Kieferknochen verläuft ein lohfarbener Streifen, der sich hinter den Ohren zu einem triangelförmigen Abzeichen formt. Ferner erstreckt sich die Lohfarbe vom Bauch aus auf einzelne, längere Haare, die Grannen, bis etwa zur Hälfte des Hinterleibs.

Klein-Schecken

Herkunft

Der Klein-Schecke oder Lotharinger ist eine „Miniaturausgabe" des Deutschen Riesenschecken. Diese junge Rasse kommt aus den Niederlanden. Sie wurde dort im Juni 1975 offiziell als Rasse anerkannt und konnte binnen kürzester Zeit beachtlich viele Kaninchenfreunde für sich begeistern. Die Rasse wurde von der Preisrichterin und Kaninchenzüchterin J. M. K. Berman van Schelven aus Emmeloord kreiert, die Farbenzwerge mit (Riesen)Schecken kreuzte. Später wurden zur Verbesserung der Körperabzeichen auch grob gezeichnete Schecken eingekreuzt.
In Deutschland wurden die Klein-Schecken im Dezember 1977 in den Standard aufgenommen. Hier gilt Arnold Hirt aus Dauchingen als Herauszüchter der Rasse. Ziel war die Züchtung einer kleinen Scheckenrasse, die das gleiche Zeichnungsbild wie der Deutsche Riesenschecke haben sollte. Zusammen mit Dieter Rapp aus Deißlingen gelang Hirt eine wesentliche Verbesserung der Rasse.

Klein-Schecke, schwarz

Lohkaninchen, lila

Eigenschaften

Klein-Schecken haben ein lebhaftes und gutmütiges Wesen. Die Rasse wird überwiegend von Kaninchenzüchtern und -ausstellern gehalten, eignet sich aber auch als Heimtier. In den Niederlanden sind Klein-Schecken ungeheuer beliebt. In anderen Ländern kommen sie nicht so häufig vor. Das hängt damit zusammen, dass Kaninchenfreunde in einigen Ländern ihre eigenen Klein-Schecken züchten, die meist größer und schwerer sind als das Original. Bekannte Rassen sind beispielsweise die Tschechischen Schecken und die deutschen Klein-Schecken. Beide Rassen wurden hin und wieder mit den niederländischen Klein-Schecken gekreuzt, um die Abzeichen zu verbessern. Außerhalb Europas sind Kaninchen mit diesen Abzeichen und von dieser Größe durch die Englischen Schecken vertreten.

Körperliche Kennzeichen

Klein-Schecken haben einen lang gestreckten Körper. Ein derartiger Körperbau ist bei nahezu allen Zeichnungsrassen vorhanden, da die Zeichnung auf einem längeren Körper besser zur Geltung kommt. Die Rückenlinie verläuft ebenmäßig und der Hinterleib ist gut abgerundet. Die Läufe sind kräftig und gerade. Der Kopf ist breit, nicht zu lang und gut ausgebildet. Er liegt dicht am Körper an. Vor allem bei Rammlern sind die Backen gut ausgeprägt. Die Ohren sind fleischig und voll behaart. Sie haben im Durchschnitt eine Länge von 10 Zentimetern.
Klein-Schecken erreichen ein Mindestgewicht von 2,5 Kilogramm, ein Normalgewicht von 3 Kilogramm und ein Höchstgewicht von 3,75 Kilogramm.

Fell

Das Fell der Klein-Schecken hat eine normale Länge und fühlt sich weich an. Die glänzenden Haare stehen dicht beieinander und liegen glatt am Körper an.

Zeichnung

Charakteristisch ist die außergewöhnliche Zeichnung auf strahlend weißem Fell. Man unterscheidet Körper- und Kopfzeichnung. Die Kopfzeichnung besteht aus Schmetterling, Augenringen, Backenpunkten und gefärbten Ohren. Der Schmetterling ist ein dunkler Fleck

Klein-Schecke, blau

Klein-Schecken sind aktiv und zutraulich.

Klein-Schecke, eisengrau

an der Schnauze mit beidseitig vollen Flügeln, die den Unterkiefer seitlich schmal einfassen. Der Schmetterlingsdorn befindet sich genau in der Mitte des Nasenrückens. Er ist leicht abgerundet. Die Augenringe sollen geschlossen und gleichmäßig breit sein. Die Backenpunkte stehen frei und sind rund oder oval geformt. Die Ohrzeichnung ist an der Wurzel deutlich abgegrenzt.
Am Rücken haben die Klein-Schecken einen etwa 2 Zentimeter breiten Aalstrich, der hinter den Ohren beginnt und bis zur Blume verläuft. Auf Ausstellungen sind gleichmäßige und scharf gezeichnete Streifen gefragt.
Schließlich haben diese Kaninchen auf jeder Seite fünf bis sieben Punkte, die im Idealfall rund sind, einen Durchmesser von etwa 2 Zentimeter haben und sich nicht berühren. Weiße Härchen oder Flecken in den gefärbten Fellbereichen werten die Preisrichter nicht.

Farben

Klein-Schecken gibt es in nahezu allen bekannten Kaninchenfarben. Am häufigsten ist Schwarz, da es den stärksten Kontrast bildet. Auch andere Farben, wie Blau und Havanna kommen oft vor. Daneben findet man Klein-Schecken in Hasengrau (licht braungraue Deckfarbe, schwarze Schattierung), Eisengrau (lichtgraue Deckfarbe, schwarze Schattierung), Blaugrau (licht braungraue Deckfarbe, blaugraue Schattierung), Blaubraungrau (lichtgraue Deckfarbe, blaue Schattierung), Madagaskar und Isabellfarben. Auch dreifarbige Tiere sind bekannt.
Die Augenfarbe ist abhängig von der Fellfarbe. Schwarze, braune, hasengraue, eisengraue und madagaskarfarbene Klein-Schecken haben braune Augen, graublaue, trübblaue und isabellfarbene Tiere haben blaue Augen.

Besonderheiten

Es ist nicht leicht, gut gezeichnete Klein-Schecken zu züchten, denn die Paarung von zwei perfekt gezeichneten Elterntieren gibt keinerlei Garantie für ebensolche Nachkommen. In nahezu jedem Wurf befinden sich neben gut gezeichneten auch einfarbige Tiere,

Klein-Schecke, isabellfarben

Klein-Schecke, braun

die überwiegend weiß sind und eine lückenhafte Zeichnung aufweisen. Auch ein geteilter Schmetterling an der Nase kann vorkommen, der aussieht wie ein Schnurrbart. Dies hat den Tieren den Beinamen „Charlie" (nach dem berühmten Charlie Chaplin) eingebracht.

Holländer

Herkunft

Das Holländerkaninchen ist neben dem Kleinsilber und dem Lohkaninchen eine der ältesten Rassen. Die typische Zeichnung war schon vor einigen hundert Jahren bekannt. Es gibt Schriften aus dem 16. Jahrhundert, in denen bereits Kaninchen mit Holländerzeichnung abgebildet sind. Allerdings waren diese Tiere noch nicht so perfekt gezeichnet wie die heutigen Holländer.
Im Gegensatz zu dem, was der Name Holländer vermuten lässt, handelt es sich hierbei nicht um eine niederländische, sondern um eine englische Rasse. Die Urahnen der Holländer stammen jedoch aus Holland und dem Norden Belgiens, aus der Provinz Brabant. Dort wurden im frühen 19. Jahrhundert viele hasengraue Kaninchen und solche mit weißer Brust und weißem Kragen unter dem Namen „Brabander" als Schlachtkaninchen gezüchtet. Berichten zufolge hatten diese Kaninchen ein Gewicht von 2,5 bis 3 Kilogramm.
Viele dieser Kaninchen wurden nach Großbritannien exportiert. Dort nannte man sie „Dutch Rabbits". Aus diesen Tieren züchtete man die heutigen Holländer mit weißer Blesse, weißen Vorderläufen und Hinterpfoten. 1870 hatte die Rasse ihre ersten Auftritte auf Ausstellungen in Großbritannien und neun Jahre später wurde ein Klub, der sich mit der Zucht dieser Rasse beschäftigte, gegründet. Die ersten Exporte ins Ausland, auch nach Deutschland, erfolgten 1882. 1891 wurden die ersten Holländer in Chemnitz ausgestellt. Damals züchtete man bevorzugt den schwarzen Farbenschlag, der aus überwiegend hasengraubunten Schlachttieren entstanden ist. Später folgten braune und blaue Tiere und alle Wildfarben, wie Hasengrau und Eisengrau.

Holländer, schwarz

Junge Holländer, schwarz

Über die Entstehung der anderen Farben ist kaum etwas dokumentiert. Man weiß lediglich, dass diese Farben ungefähr zur selben Zeit an verschiedenen Orten, in verschiedenen Ländern und durch Kreuzungen unterschiedlicher Kaninchenrassen und rasseloser Kaninchen entstanden sind. Es ist nicht bekannt, welches Land Anspruch auf diese Kreationen und Farben erheben darf.
Von einer der zuletzt hinzugekommenen Farben weiß man es jedoch sehr wohl. Die ersten dreifarbigen Holländer wurden in den Niederlanden von dem Kaninchenzüchter Vijlbrief gezüchtet, der seine Zuchtergebnisse 1922 auf einer Ausstellung präsentierte. Später züchteten auch Versteeg und Wassink dreifarbige Holländer. Sie hatten die Zeichnung durch Einkreuzung von Japanerkaninchen erreicht und schickten ihre Tiere erstmals 1925 auf eine Ausstellung in Rotterdam.
Auch die dreifarbigen Holländer haben ihren Weg in viele andere Länder gefunden. Allerdings wurde dieser Farbenschlag erst Ende der 60er Jahre nach Großbritannien exportiert. In den USA gelten dreifarbige Holländer als eigenständige Rasse.
Das Holländerkaninchen hat eine wichtige Rolle bei der Entwicklung anderer Kaninchenrassen gespielt. Hierzu gehören unter anderem Weiße Wiener, Japaner, Polen, Alaska und das nur in Deutschland bekannte Hussemer Blauauge.

Junge Holländer, blau

Eigenschaften

Obwohl das Holländerkaninchen von Schlachtkaninchen abstammt, war diese Rasse nie als Fleisch- oder Pelzlieferant vorgesehen. Sie ist eine reine Zuchtrasse und ist nicht nur bei

Züchtern und Ausstellern äußerst beliebt, sondern auch als Heimtier begehrt, was aufgrund der hübschen Zeichnung, den enormen Farbmöglichkeiten sowie des ruhigen und zutraulichen Wesens der Tiere nicht verwunderlich ist.

Körperliche Merkmale

Das Holländerkaninchen ist ein gedrungenes, kräftig wirkendes Kaninchen mit geschwungener Rückenlinie und gut abgerundeter Hinterpartie. Die Läufe sind relativ kurz, gerade und feingliedrig, aber nicht dünn. Der kurze, kugelige Kopf mit breiter Stirn und Schnauze sitzt ohne erkennbaren Hals dicht am Körper.
Holländer haben aufrecht stehende, fleischige, an den Enden abgerundete Ohren mit einer Länge von durchschnittlich 9 Zentimetern. Hinsichtlich des Gewichts ist der internationale Rassestandard nicht einheitlich. In Großbritannien sind die Holländer am kleinsten. Dort dürfen sie höchstens 2,25 Kilogramm wiegen. In der Schweiz und in Deutschland liegt die Obergrenze bei 3,25 Kilogramm und in den Niederlanden sind 2,75 Kilogramm das Maximum. Normalerweise liegt das Gewicht eines Holländerkaninchens zwischen 1,5 und gut 3 Kilogramm.

Brauner Holländer, Rammler

Holländer im Farbenschlag Madagaskar

Blaugraues Holländerkaninchen, Rammler

Fell

Das dichte, glänzende Fell der Holländer ist kurz, hat viel Unterwolle und liegt flach am Körper an.

Zeichnung

Vorgeschrieben sind zwei gefärbte Kopfplatten, die sowohl Augen und Backen als auch die Ohren umfassen müssen, jedoch nicht die Schnauze mit einschließen oder bis zum Hals auslaufen dürfen. Durch eine richtige Zeichnung bekommt das Holländerkaninchen eine hübsche, scharf begrenzte Blesse in umgedreh-

ter V-Form. Etwa von der Körpermitte ab bis zur Blume ist das Fell dieser Kaninchenrasse gefärbt.
Die Trennlinie zwischen weißem und gefärbtem Teil muss möglichst scharf gezeichnet sein und ebenmäßig verlaufen. Die dunkle Zeichnungsfarbe umfasst auch die Hinterläufe, allerdings nur bis zur Mitte zwischen Sprunggelenk und Zehen. Die vordere Hälfte der Hinterläufe ist von weißen Manschetten umschlossen, die scharf zur dunklen Färbung abgegrenzt sein sollen. Auf Ausstellungen wird großer Wert auf eine scharfe Abgrenzung der Zeichnung gelegt.
Obwohl die Rasse nahezu auf der ganzen Welt bekannt ist und in großer Zahl gezüchtet wird, weichen die Normen nicht nur hinsichtlich des Gewichts voneinander ab. Auch bei der Zeichnung gibt es unterschiedliche Meinungen, vor allem darüber, ob die Farbe noch bis hinter die Ohren laufen oder zwischen den Ohren zusammenkommen darf, ist man sich nicht einig.

Farben

Da Holländer meistens schwarzweiß gezüchtet werden, ist dies auch der häufigste Farbenschlag, dem man auf Ausstellungen begegnet. Schwarz ist so beliebt, dass viele gar nicht wissen, dass es Holländerkaninchen auch in anderen Fellfarben gibt. Neben den schwarzen kommen auch braune (havanna) und blaue Holländer verhältnismäßig oft vor.
Ferner züchtet man die Rasse in den Farben Hasengrau (licht braungraue Deckfarbe, schwarze Schattierung), Hasenfarben (rötliche Deckfarbe, schwarze Schattierung), Eisengrau (lichtgraue Deckfarbe, schwarze Schattierung), Blaugrau (licht braungraue Deckfarbe, blaugraue Schattierung), Madagaskar, Isabella, Chinchilla (silberweiße Deckfarbe, schwarze Schattierung) und Orange. Es gibt sie auch dreifarbig. Allerdings sind nicht alle Fellfarben überall anerkannt.
Die Augenfarbe richtet sich nach der Fellfarbe. So sind die Augen bei schwarzen, braunen, hasengrauen, hasenfarbenen sowie eisengrauen, chinchilla und madagaskarfarbenen Tieren braun. Blaue, blaugraue und isabellfarbene Tiere haben blaue Augen.
Das dreifarbige Holländerkaninchen hat ungefähr die gleich Farbverteilung wie das Japanerkaninchen, aber mit den weißen Holländer-

Besonders hübsches Holländerkaninchen, in der bei dieser Rasse seltenen Farbe Hasengrau

Dreifarbige Holländer sind durch die Einkreuzung von Japanerkaninchen entstanden.

abzeichen kombiniert. Wenn ein dreifarbiges Holländerkaninchen schwarz oder braun mit Gelb gefärbt ist, dann hat es braune Augen. Ist es blau mit Gelb gefärbt, sind die Augen blau. Die Krallen der Tiere sind weiß.

Besonderheiten

Es ist nicht leicht, gut gezeichnete Holländerkaninchen zu züchten. Die Bandbreite in einem Wurf kann sehr groß sein. Hin und wieder kommen auch Holländer mit sehr hellblauen Augen vor, ähnlich den Wienern oder Hulstländerkaninchen, aber diese Augenfarbe ist nicht erwünscht. Auch helle Farbflecken in den Augen kommen vor.

Russen

Herkunft

Der Rassename Russen lässt vermuten, dass diese Kaninchenrasse in Russland ihren Ursprung hat. Aber in reinrassiger Form, wie man sie heute kennt, stammt sie aus Großbritannien. Dieses Land ist nicht nur die Wiege vieler Kaninchenrassen, sondern hat auch viele Nagetierrassen, insbesondere deren Farbvarianten, hervorgebracht.
Russenkaninchen oder besser gesagt Kaninchen mit den auffallenden Abzeichen dieser Rasse, haben eine lange Geschichte. Derartige Tiere kamen schon vor Hunderten von Jahren in China vor, wo sie als Fruchtbarkeitssymbol galten und zum Jahresanfang den Göttern geopfert wurden. Es gibt auch Veröffentlichungen, die berichten, dass Kaninchen mit nahezu weißem Körper und dunkel gefärbter Schnauze sowie dunkel gefärbten Ohren und Läufen in Russland wild vorkamen.
Auf welche Weise diese Kaninchen mit den auffallenden Abzeichen schließlich nach Großbritannien gekommen sind, ist unklar. In verschiedenen älteren Quellen wird behauptet, sie seien von englischen Seefahrern aus dem Himalaja mitgebracht worden. Auffallender-

Russe

Russenkaninchen sind überwiegend ruhig und zutraulich

Nahezu alle Russenkaninchen bekommen im Lauf der Zeit eine „Brille".

weise wird dies auch von der Siamkatze behauptet, die ähnliche Abzeichen wie das Russenkaninchen aufweist, jedoch eine andere Augenfarbe hat.
Diese bruchstückhaften Informationen haben dazu geführt, dass die Rasse im Lauf der Zeit unterschiedlichste Namen getragen hat. Sie war zum Beispiel als polnisches, chinesisches und afrikanisches Kaninchen sowie als Himalaja-Kaninchen und als Egyptian Smut bekannt.
Wie auch immer die Geschichte des Russenkaninchens tatsächlich verlaufen ist, mit Sicherheit wurde die Rasse Mitte des 19. Jahrhunderts in Großbritannien unter dem Namen „Himalayan" gezüchtet, einem in englischsprachigen Ländern noch heute gebräuchlichen Namen.
Ungefähr zur selben Zeit züchteten die Franzosen eine gleiche Kaninchenrasse, die nach Aussagen mehrerer Wissenschaftler keine einzige verwandschaftliche Verbindung zu den britischen Tieren, also einen ganz anderen Ursprung hat.
Die ersten Russenkaninchen waren schwarz gezeichnet. Auch später, als die anderen Farben aufkamen, blieb Schwarz die beliebteste, da sie den besten Kontrast zum rein weißen Fell bildet.

Eigenschaften

Russenkaninchen sind überwiegend ruhige und zutrauliche Tiere. Anfangs war die Rasse vor allem ihres Fells wegen begehrt, heute wird sie überwiegend zu Ausstellungszwecken gezüchtet.
Das Russenkaninchen kommt in allen Ländern, in denen es Kaninchenfreunde gibt, vor und ist auf jeder Kaninchenausstellung zu sehen. Diese kleine Rasse ist allerdings nicht nur in Züchterkreisen beliebt. Wegen ihres ausgeglichenen Charakters, ihrer „handlichen" Größe und der besonderen Farbzeichnung ist sie als Heimtier bestens geeignet.

Körperliche Merkmale

Russenkaninchen haben einen zierlichen und leicht gedrungenen Körper. Die Brust ist breit, die Rückenlinie verläuft gleichmäßig und der Hinterleib ist fließend abgerundet. Die Läufe sind relativ lang und schlank. Der Kopf passt von der Form her gut zum Körper, an dem er dicht anliegt. Er ist lang und nicht zu breit. Die

Junges noch nicht vollständig gefärbtes Russenkaninchen

Junge Russenkaninchen

fleischigen Ohren sind gut behaart, stehen aufrecht und haben eine durchschnittliche Länge von 9 Zentimetern. Bezüglich des Gewichts ist der Rassestandard auf internationaler Ebene nicht einheitlich. In den meisten Ländern wird ein Gewicht von höchstens 2,5 Kilogramm angestrebt, in anderen dürfen Russenkaninchen 3 Kilogramm wiegen.

Fell

Russenkaninchen haben ein kurzhaariges (2 bis 3 Zentimeter), dichtes und am Körper anliegendes Fell, das sich weich anfühlt.

Farben

Die spezifische Körperfarbe der Russenkaninchen ist die Folge einer Farbmutation. Die wirkliche Farbe des Tiers zeigt sich durch den Einfluss dieses rezessiven Gens nur an bestimmten Körperpartien: an Ohren, Schnauze, Läufen und Blume. Die Farbe entsteht nur an den kälteren, weniger durchbluteten Körperstellen. Zur Zeit werden vor allem Tiere mit schwarzen Abzeichen ausgestellt, aber auch blaue und havannafarbene Exemplare kommen vor. Außerdem gibt es auch lilafarbene Russenkaninchen und solche mit gesilberten Abzeichen an den Extremitäten. Diese Tiere sind jedoch äußerst selten und Russenkaninchen mit havanna- und lilafarbenen Abzeichen gibt es ausschließlich in Großbritannien und den USA. Durch das Einkreuzen anderer Kaninchen – mit anderen Fellfarben – gibt es an Läufen, Schnauze, Ohren und Schwanz im Grunde jede Farbe. Die Augenfarbe bleibt immer kräftig rosa, die Krallen der Tiere sind dunkelbraun.

Abzeichen

Russenkaninchen zeigen ihre Farbe nur an Ohren, Schnauze, Läufen und Blume. Ein gutes Ausstellungstier hat an der Schnauze eine ovale Zeichnung, die bis zum Unterkiefer reicht. Anders gefärbte Härchen oder eine unsymmetrische Begrenzung der Maske, wie man die Zeichnung an der Schnauze nennt, führen auf Ausstellungen zu Punktabzügen. Die dunkle Ohrfarbe beginnt schon am Ohransatz und muss, genau wie die Maske, scharf begrenzt sein. Die Körperzeichnung bilden Vorder- und Hinterläufe sowie die Blume.

Russenkaninchen kommen weiß oder mausgrau auf die Welt. Die dunklen Abzeichen entwickeln sich erst nach einigen Wochen. Erst wenn ein Russenkaninchen ungefähr ein halbes Jahr alt ist, kann man Aussagen über Größe und Intensität seiner Abzeichen wagen. Trotzdem unterliegt die Farbe noch Veränderungen. Unter Einfluss von Kälte sind die entsprechenden Körperpartien dunkler gefärbt, was man auf Ausstellungen gern sieht, während sie im Sommer wesentlich heller sind. Wenn diese Kaninchen in den weißen Bereichen ihres Fells eine Wunde haben, dann wachsen an dieser Stelle dunkle Haare nach. Den gleichen Effekt erreicht man, wenn man das Fell stutzt. Auf Ausstellungen ist dieses Vorgehen jedoch verpönt.
Charakteristischerweise bekommen ältere Tiere Ringe um die Augen. Bei manchen anderen Rassen sind Augenringe obligatorisch, aber bei Russenkaninchen gelten sie als Fehler.

Besonderheiten

Es gibt auch eine große Version des Russenkaninchens, die Großen Russen. Diese Tiere gelten als Fleischrasse und erinneren auf den ersten Blick an das Kalifornierkaninchen, sie sind jedoch wesentlich eleganter.
Der Körper der Großen Russen ist leicht gedrungen und blockig. Das Gewicht schwankt zwischen 3,5 und 5 Kilogramm. Große Russen werden vereinzelt in einigen europäischen Ländern gezüchtet.

Zwergrassen

Hermelin (Polish Rabbit)

Herkunft

Das Hermelin ist eine englische Rasse, die in ihrem Ursprungsland unter dem Rassenamen „Polish Rabbit“ geführt wird und dort bereits in der ersten Hälfte des 19. Jahrhunderts bekannt war. Seine Vorfahren stammen vermutlich aus Belgien, kleine Kaninchen, die aus Holländer- und Kleinsilberkaninchen sowie kleinen, rasselosen Kaninchen gezüchtet wurden.
Andere Quellen berichten von einer französischen Kaninchenrasse, bekannt unter dem Namen „Lapin de Nicard“, die im 18. Jahrhundert

Besonders hübsches rotäugiges weißes Hermelin

Sable Marten Polish mit British Giant

Polish Rabbit, hasengrau

in Frankreich vorkam. Diese Kaninchen hatten ein Gewicht von 1,5 Kilogramm und werden von vielen Kaninchenzüchtern als Urahn aller Zwergrassen angesehen.
Obwohl das Hermelin mittlerweile als reine Schaurasse betrachtet wird, war es einst als Delikatesse sehr begehrt. Die Rasse wurde trotz ihrer geringen Größe ausschließlich für den Kochtopf gezüchtet. Zu dieser Zeit hatte ein Hermelin ein Gewicht von 1,5 bis 2 Kilogramm.
1884 wurde die Rasse in Großbritannien offiziell anerkannt. Der Preisrichter und Kaninchenzüchter John Meynell aus Darlington hat sich besonders um diese Rasse bemüht.
Ende des 19. Jahrhunderts tauchten die ersten Hermelinkaninchen in anderen Ländern auf. Nach Deutschland kamen sie nach 1900. Hier wurden sie zunächst nur als Albinos (weißes Fell, rote Augen) gezüchtet. Erst um 1918 traten zum ersten Mal die so genannten „Sächsischen Hermeline“ auf, Tiere mit weißem Fell und blauen Augen.
Da allerdings auch regelmäßig gefärbte Hermelinkaninchen geboren wurden, beschloss das *British Rabbit Council* in den 50er Jahren, auch diese gefärbten Tiere auf Ausstellungen zuzulassen.
Ihren deutschen Rassenamen haben diese Kaninchen vermutlich der ersten Farbe zu verdanken, in der sie gezüchtet wurden: weiß. Dies rief Assoziationen zu den in den Polargebieten lebenden Hermelinen hervor, die im Winter ein weißes Fell tragen.

Eigenschaften

Das Hermelin ist ein lebhaftes Kaninchen, das wegen seines eleganten Körperbaus und seiner geringen Größe nicht nur in Hobbyzüchterkreisen, sondern auch als Heimtier sehr beliebt ist. Vor allem in Großbritannien und den USA ist diese Zwergrasse äußerst populär.

Körperliche Merkmale

Das Hermelin ist ein kleines, kompakt gebautes, aber elegant wirkendes Kaninchen mit schlanken, geraden Läufen. Auch der Kopf ist schlank und von der Seite gesehen keilförmig. Er sitzt ohne erkennbaren Hals dicht am Körper. Die Schnauze ist relativ spitz. Die Ohren sind schmal. Sie stehen eng beieinander, voneinander abgewandt und aufrecht. Die Ohren sind im Durchschnitt 5 Zentimeter lang. Hermelinkaninchen erreichen ein Mindestgewicht von 0,7 Kilogramm, das Normalgewicht liegt zwischen 1,1 und 1,25 Kilogramm und das Höchstgewicht beträgt 1,5 Kilogramm.

Fell

Das kurze, dichte Fell der Hermelinkaninchen hat eine feine Struktur und liegt flach am Körper an. Es ist weich mit gleichmäßiger Begrannung.

Farbe

Das Hermelin kommt in fast allen bekannten Fellfarben vor.

Besonderheiten

In den USA kennt man neben dieser Rasse, die dort „Britannia Petite“ genannt wird, eine weitere ähnliche Zwergrasse unter dem Namen „American Polish Rabbit“. Das American Polish Rabbit hat im Gegensatz zum Britannia

Petite jedoch wesentlich rundere Formen. Sein Kopf ist kugelig, die Schnauze viel kürzer und der Körper wirkt gedrungener.
American Polish Rabbits liegen zwischen dem niederländischen Farbenzwerg und dem englischen Polish Rabbit. Deshalb werden die Rassen auf Ausstellungen in getrennte Klassen eingeteilt und getrennt bewertet.

Polen

Herkunft

Das Polenkaninchen ist die „kontinentale" Version des Hermelins. Beide Rassen haben zwar die gleichen Wurzeln, sind durch intensive Zuchtwahl äußerlich jedoch sehr verschieden.
Die ersten albinotischen Hermelinkaninchen, Vorläufer der Polenkaninchen wie man sie heute auf dem Kontinent kennt, kamen Ende des 19. Jahrhunderts zunächst nach Deutschland, dann in die Niederlande. In beiden Ländern waren die Tiere innerhalb kürzester Zeit äußerst populär.
In den 50er Jahren gingen deutsche und niederländische Züchter daran, ein noch kleineres Polenkaninchen zu züchten. Sie wollten auch Körperbau, Kopfform und Ohrlänge „verzwergen". Der damalige Rassestandard gab kein Mindestgewicht vor – die Devise war: je kleiner desto besser. Auf Ausstellungen gaben die Preisrichter zu dieser Zeit kleineren und leichteren Tieren den Vorzug.
Da grundsätzlich nur mit den kleinsten Tieren weitergezüchtet wurde, entstanden schließlich Kaninchen, die nur knapp 700 Gramm oder noch weniger wogen. Als Folge davon kämpften viele Polenstämme mit einer verminderten Fruchtbarkeit und mit gesundheitlichen Problemen. Später hat man die Anforderungen an das Gewicht etwas gelockert und auch die Größe der Tiere wurde nach oben verändert. Dies schien einen günstigen Einfluss sowohl auf die Fruchtbarkeit als auch auf die Lebensfähigkeit der Tiere zu haben.
Trotz aller Anstrengungen sind die heutigen Polenkaninchen genau wie andere Zwergras-

Polenkaninchen mit roten Augen

Polenkaninchen mit blauen Augen

Polenkaninchen sind besonders beliebt.

Farbenzwerg mit Hototzeichnung und rotäugiges Polenkaninchen

sen, beispielsweise Farbenzwerge, schwieriger zu züchten als die großen Rassen. Die Würfe sind klein und bestehen durchschnittlich nur aus zwei Jungen. Allerdings tut dies ihrer grenzenlosen Beliebtheit keinen Abbruch. In allen Ländern, in denen Kaninchen gezüchtet werden, sind auch Polenkaninchen vertreten.
Das Polenkaninchen mit blauen Augen ist ein deutsches Produkt der beiden Züchter Lohse aus Dippolswalde und Kluge aus Hohndorf. Sie hatten diese neue Rasse mithilfe von rotäugigen Polenkaninchen, rasselosen Kaninchen, Holländerkaninchen und Weißen Wienern gezüchtet. Die Rasse war erstmal 1919 anlässlich der Leipziger Weltausstellung zu besichtigen. Die Tiere waren damals nicht so elegant gebaut wie die rotäugigen Polenkaninchen. Heute ist die Rasse durch Selektion und wiederholtes Kreuzen mit rotäugigen Polenkaninchen hinsichtlich des Körperbaus praktisch mit diesen identisch.
Sowohl die rotäugigen als auch die blauäugigen Polenkaninchen wurden zu Beginn der 50er Jahre von britischen Kaninchenfreunden in den Niederlanden entdeckt. Sie nahmen einige Exemplare mit nach Großbritannien, und da man dort schon seit Jahren unter demselben Rassenamen (Polish) weiße Kaninchen züchtete, beschlossen die britischen Züchter, den aus den Niederlanden importierten Kaninchen den Namen „Netherland Dwarfs" zu geben.
Auch die Amerikaner entdeckten diese Kaninchenrasse für sich. 1969 wurden einige Tiere – zusammen mit inzwischen entstandenen gefärbten Exemplaren – von amerikanischen Züchtern importiert. Dort gehören sie seitdem unter dem Namen „Netherland Dwarf" zu einer der beliebtesten Kaninchenrassen.
Auf dem europäischen Kontinent unterscheidet man zwischen (kontinentalen) Farbenzwergen und Polenkaninchen. Eine Ausnahme hiervon bildet Großbritannien. Auch in den USA trifft man diese Unterscheidung nicht. Das rotäugige und das blauäugige Polenkaninchen werden dort als zwei Farbenschläge des Netherland Dwarf gewertet.

Eigenschaften

Es besteht ein kleiner charakterlicher Unterschied zwischen Tieren mit blauen und Tieren mit roten Augen: Die blauäugigen Polenkaninchen sind insgesamt lebhafter.
Polenkaninchen zählen zu den populärsten Rassen der Welt. Vor allem die rotäugigen Ex-

emplare findet man auf internationalen Ausstellungen häufig. Aufgrund ihrer geringen Größe können sie gut in kleinen Ställen untergebracht werden, sodass man sie, auch wenn nur wenig Platz zur Verfügung steht, problemlos halten kann. Nicht nur Züchter lieben diese Rasse, auch als Heimtier ist sie sehr begehrt.

Körperliche Merkmale

Polenkaninchen haben einen sehr gedrungenen Körperbau und einen relativ kurzen Hals. Die Läufe sind feingliedrig und gerade, die Pfoten eher kurz. Der Kopf ist kugelrund mit breiter Stirn und breiten Backen. Von der Seite gesehen fällt das stark gebogene Nasenbein auf. Die Augen sind relativ groß und rund. Die Ohren sind schmal und zart. Sie stehen dicht zusammen, voneinander abgewandt und haben im Durchschnitt eine Länge von 5 Zentimetern. Bezüglich des Gewichts ist der Rassestandard auf internationaler Ebene nicht einheitlich. In den Niederlanden dürfen Polenkaninchen nicht mehr als ein Kilogramm wiegen, während sie beispielsweise in den USA und in Großbritannien ein paar Gramm mehr wiegen dürfen. In den übrigen europäischen Ländern wiegen Polenkaninchen im Durchschnitt 1,5 Kilogramm.

Fell

Das glänzende Fell der Polenkaninchen ist sehr kurz, hat viel Unterwolle und fühlt sich weich an.

Farbe

Polenkaninchen sind pigmentlose, schneeweiße Kaninchen. Die Farbe der Augen kann rot oder blau sein.

Besonderheiten

Durch Kreuzungen zwischen Weißen Hotot und Polenkaninchen wurden 1928 von einem

Polenkaninchen mit blauen Augen

Polenkaninchen mit blauen Augen, Rammler

deutschen Züchter braunäugige Polenkaninchen hervorgebracht. Diese braunäugigen Tiere gibt es heute jedoch nicht mehr.

Farbenzwerge

Herkunft

Farbenzwerge sind eine niederländische Rasse, die vermutlich in den 30er Jahren in den Niederlanden aus weißen Polenkaninchen und kleinen, wilden Kaninchen entwickelt wurde. Als bedeutendste Züchter für die Entwicklung dieser Rasse gelten Andrea (der Schöpfer des Thrianta), J. A. Schippers, Hoefman, C. W. Calcar und vor allem J. Meyering.
1938 wurde die Rasse von Hoefman aus Brielle erstmals auf einer Ausstellung gezeigt. 1940 wurde die Rasse in den Niederlanden offiziell von der Niederländischen Kaninchenzüchtervereinigung anerkannt. Obwohl man im Rassestandard im Wesentlichen alle üblichen Farben erlaubt hatte, waren die ersten Farbenzwerge fast alle hasengrau. Es galt damals ein Höchstgewicht von 1,5 Kilogramm und eine maximale Ohrlänge von 7 Zentimetern. Nach dem Zweiten Weltkrieg ist der einfarbig schwarze Farbenschlag hinzugekommen. In der Folge entwickelten die Züchter auch eisengraue Tiere in diversen Marderfarben. Durch Einkreuzungen anderer Rassen wurde das Farbspektrum der Farbenzwerge noch breiter.

Farbenzwerg, lohfarben

Farbenzwerg, schwarzotter

Farbenzwerg, lohfarben

Der erste Farbenzwerg mit spezifischen Abzeichen hatte Russenabzeichen. Dies war lange Zeit das einzige anerkannte Abzeichen. Heute gibt es Farbenzwerge in fast allen üblichen Abzeichen und Farben. Ende der 40er Jahre kamen die ersten Farbenzwerge nach Großbritannien, dort wurden sie binnen kürzester Zeit unter dem Rassenamen „Netherland Dwarfs“ äußerst populär.

Farbenzwerg, hasengrau

Farbenzwerg, eisengrau

Farbenzwerg, mittelblau-marder

Amerikanische Kaninchenliebhaber entdeckten diese Rasse erst wesentlich später. Die ersten Exemplare wurden 1969 in die USA exportiert. Auch in den USA liefen die Tiere mit der kleinen Statur und der breiten Farbpalette unter dem Rassenamen „Netherland Dwarf" und schafften es in Windeseile die Herzen zahlreicher Kaninchenfreunde zu erobern. Farbenzwerge werden in Europa getrennt von Polenkaninchen bewertet. Eine Ausnahme bildet hier Großbritannien. Dort werden sie als eine Rasse geführt. Dies gilt auch in den USA.

Eigenschaften

Farbenzwerge sind im Allgemeinen lebhafte Tiere. Zusammen mit den Polenkaninchen gehören sie weltweit zu den beliebtesten Kaninchenrassen. Einen Teil ihrer Popularität haben die Farbenzwerge ihrer geringen Größe zu verdanken. Die Tiere sind so winzig, dass sie auch problemlos gehalten und gezüchtet werden können, wenn man nicht viel Platz zur Verfügung hat.

Bei dieser Rasse kommen alle Farben und Zeichnungen vor, die man von anderen Rassen kennt. Farbenzwergzüchter haben eine große Auswahl. Abgesehen von der großen Popularität, die die kleinen Zwerge in Züchterkreisen

Farbenzwerg, braun

genießen, sind sie auch als Heimtiere sehr begehrt.

Körperliche Merkmale

Farbenzwerge haben einen stark gedrungenen Körperbau und einen sehr kurzen Nacken. Die kleinen Läufe sind feingliedrig und gerade, die Pfötchen kurz. Der Kopf ist kugelrund mit breiter Stirn und breiten Backen. Von der Seite gesehen ist das Nasenbein stark gebogen. Die Augen sind relativ groß und rund. Die schmalen Ohren stehen aufrecht, dicht zusammen, voneinander abgewandt und sind im Durchschnitt etwa 5 Zentimeter lang.
Hinsichtlich des Körpergewichts ist der Rassestandard auf internationaler Ebene nicht einheitlich. In den Niederlanden darf ein Kaninchen dieser Rasse nicht unter 800 Gramm und nicht über einem Kilogramm wiegen. In Großbritannien und den USA hingegen dürfen es ein paar Gramm mehr sein und in den übrigen europäischen Ländern sind sogar bis zu 500 Gramm mehr erlaubt.

Fell

Das Fell der Farbenzwerge ist kurz, hat einen schönen Glanz und fühlt sich weich an.

Die Fellfarben der Farbenzwerge

Farbenzwerg werden in fast jeder gängigen Farbe, jedem Abzeichen und mit jeder Zeichnung gezüchtet.

Wildfarben (agouti)

Wildfarbene Kaninchen erkennt man daran, dass jedes einzelne Haar in verschiedenen Farben gebändert ist. Die Farbe direkt über der Haut nennt man Unterfarbe. Diese ist bei vielen Tieren grau oder blau. Die Farbe an den Haarspitzen wird als Ticking (Schattierung) bezeichnet und die Farbe dazwischen nennt man Deckfarbe. Weitere Merkmale der agoutifarbenen Tiere sind der hell gefärbte Bauch und die lichten Ränder um die Augen; auch die Innen- und Hinterseite der Läufe und die Unterseite der Blume sind hell gefärbt.
Bei den wildfarbenen Farbenzwergen wird unterschieden zwischen hasenfarben (rötliche Deckfarbe, schwarze Schattierung, braune Augen), hasengrau (lichtbraungraue Deckfarbe, schwarze Schattierung, braune Augen), braungrau (lichtbraune Deckfarbe, schokoladenbraune Schattierung), trübbraun (lichtgraue Deckfarbe, schokoladenbraune Schattierung), blaugrau (lichtbraungraue Deckfarbe, blau-

Farbenzwerg, rot

graue Schattierung, blaue Augen), eisengrau (lichtgraue Deckfarbe, schwarze Schattierung, braune Augen), chinchilla (silberweiße Deckfarbe, schwarze Schattierung, braune Augen) und blaubraungrau (lichtgraue Deckfarbe, blaue Schattierung, blaue Augen). Bei gelben und orangefarbene Exemplaren handelt es sich im Grunde um wildfarbene Tiere ohne Schattierung. Sie haben beispielsweise helle Ränder um die Augen, die man bei einfarbigen Tieren nicht kennt. Die Augen dieser Tiere sind braun.

Einfarbig

Einfarbige Farbenzwerge haben weder eine Schattierung noch Abzeichen an Blume, Bauch und Läufen. Das Fell ist durchgehend einfarbig, lediglich der Bauch kann etwas matter gefärbt sein.
Einfarbige Farbenzwerge gibt es zum Beispiel in Blau mit blauen Augen sowie in Schwarz und Havanna mit braunen Augen.

Farbenzwerge mit Abzeichen

Farbenzwerge werden mit allen bekannten Abzeichen gezüchtet. Der Unterschied zwischen

Farbenzwerg, blau

Farbenzwerg, weißgranne-schwarz

Abzeichen und Zeichnung ist folgender: Wenn zwei Tiere mit den gleichen Abzeichen gekreuzt werden, haben die Jungen weitestgehend die gleichen Abzeichen wie die Eltern. Bei Zeichnungstieren ist dies nicht so selbstverständlich, hier hilft nicht nur Können, sondern auch Glück.

RUSSE

Die Russenabzeichen der Farbenzwerge stimmen mit denen des Russenkaninchens überein. Die eigentliche Fellfarbe, die bei diesen Farbenzwergen fast immer schwarz ist, zeigt sich nur an Ohren, Schnauze, Pfoten und Blume. Die Farbe entsteht nur an diesen Körperteilen, da diese weniger durchblutet sind.
Farbenzwerge mit Russenabzeichen werden weiß oder mausgrau geboren. Das Schwarz an Ohren, Schnauze, Pfoten und Blume entwickelt sich erst, wenn die Tiere ein paar Wochen alt sind. Die Augen sind bei Farbenzwergen mit Russenabzeichen immer rot.

MARDER

Die diversen Marderfarben, insbesondere Blau und Sepiabraun, bilden einen bei dieser Rasse häufig vorkommenden Farbenschlag. Marderfarben gibt es in drei verschiedenen Abstufungen. Man unterscheidet zwischen dunkel, mittel und hell gefärbten Tieren.
Sepiabraune Farbenzwerge haben braune Augen und blaue Farbenzwerge haben graublaue Augen.
Farbenzwerge mit diesen Abzeichen zeigen bei einem bestimmten Lichteinfall in den Augen einen rötlichen Schimmer, das so genannte „rote“ Feuer.

LOH

Farbenzwerge mit Lohabzeichen sind sehr beliebt. Farben und Muster stimmen mit denen des Lohkaninchens überein. Die Lohfarbe (gelbrot) zeigt sich bei dieser Varietät um die Augen, an Vorder- und Innenseite der Ohren, um die Nasenlöcher, am Kinn, auf Brust und Bauch und an der Innen- und Hinterseite der Hinterläufe. Auf den Zehen sitzen kleine lohfarbene Flecken. Um den Hals, längs des Kiefers, verläuft ein lohfarbener Streifen, der hinter den Ohren in einem triangelförmigen

Farbenzwerg, weißgranne-blau

Farbenzwerg, madagaskar

Farbenzwerg, chinchilla

lohfarbenen Abzeichen endet. Ferner erstreckt sich die Lohfarbe vom Bauch aus auf einigen längeren Haaren, den Grannen, bis auf ungefähr die Hälfte der Flanken und den Hinterleib des Kaninchens. Die übrigen Bereiche sind schwarz oder blau. Gelegentlich kommen havannabraune und lilafarbene Farbenzwerge mit Lohabzeichen vor.

WEISSGRANNE

Diese Abzeichen ähneln den Lohabzeichen, nur dass die lohfarbenen Bereiche beim Weißgrannenkaninchen silberweiß sind.
Dieser Farbenschlag kommt in Schwarz, Blau, Havannabraun und Lila vor, wobei jedoch schwarze und blaue Tiere am beliebtesten sind. Die Augen sind bei schwarzen und braunen Tieren braun, bei lilafarbenen und blauen Farbenzwergen mit Weißgrannenabzeichen sind sie blau.

GESILBERT

Der gesilberte Farbenzwerg ist vom Kleinsilber abgeleitet. Die Tiere werden einfarbig geboren und im Alter von fünf bis sechs Wochen beginnt der Silberungsprozess. Alle Haare, die nach der Geburt ausfallen, werden durch neue gesilberte Haare ersetzt. Silberung bedeutet, dass die Haarspitzen jedes einzelnen Haars pigmentfrei sind. Wie lange die Farbumwandlung dauert, hängt davon ab, wie stark das Kaninchen haart.
Silberung gibt es normalerweise in drei Abstufungen, hell, mittel und dunkel, aber Farbenzwerge werden ausschließlich in der mittleren Nuance gezüchtet. Das bedeutet, dass ungefähr die Hälfte der Haare gesilberte Spitzen hat, während die andere Hälfte normal gefärbt ist. Auf Ausstellungen wird eine möglichst gleichmäßig Silberung bevorzugt.

MADAGASKAR

Madagaskarfarbene Farbenzwerge haben ein gelbbraunes Fell. Jedes einzelne Haar ist an der Spitze braunschwarz gefärbt, was dem Fell insgesamt einen zarten schwarzen Schimmer verleiht. Ohren, Brust, Schnauze, Läufe, Hinterpfoten, Bauch, unterer Schulterbereich und Flanken sind dunkler gefärbt als der übrige Körper. Besonders stark ausgeprägt ist diese dunklere Farbe an Schnauze, Ohren und Bauch. Wenn man in das Fell bläst, kann man die wesentlich hellere Unterwolle gut erkennen.
Madagaskarfarbene Farbenzwerge haben dunkelbraune Augen.

Farbenzwerg mit Russenabzeichen

Ein hasengrauer Farbenzwerg in verschiedenen Entwicklungsstadien

ISABELLFARBEN

Isabellfarben ist eine blasse Version von madagaskarfarben. Die Abzeichen sind bei beiden Farbenschlägen gleich, aber das Deckhaar zeigt bei isabellfarbenen Tieren ein wesentlich helleres Gelb und ist von einem blauen Schleier anstelle eines braunschwarzen Schleiers überzogen. Die Augen sind bei isabellfarbenen Farbenzwergen blau.

Farbenzwerge mit Zeichnung

Zeichnungstiere sind Tiere mit einer bestimmten (Flecken)Zeichnung, die sich nicht so problemos vererbt wie Abzeichen. Die Paarung von zwei perfekt gezeichneten Farbenzwergen ist keine Garantie für vollendet gezeichnete Nachkommen. Deshalb ist das Züchten guter Zeichnungstiere sehr schwierig.

HOTOT

Die Hototzeichnung zählt zu den beliebtesten Zeichnungen bei Farbenzwergen. Tiere mit Hototzeichnung sind weiß und haben schwarze Augenringe, die ungefähr 3 bis 5 Millimeter breit sind. Diese Augenringe sollen möglichst

Farbenzwerg mit Hototzeichnung

Farbenzwerg mit Hototzeichnung

gleichmäßig und ohne Unterbrechung um die stets braunen Augen liegen.

LOTHARINGERZEICHNUNG (SCHECKE)

Farbenzwerge mit Lotharinger-Zeichnung werden erst seit kurzem gezüchtet und sind noch nicht in allen Ländern be- und anerkannt. Körper- und Kopfzeichnung sind vergleichbar mit der des Klein- und des Riesen-Schecken. Die Kopfzeichnung besteht aus Schmetterling, Augenringen, Dorn, Backenpunkten und gefärbten Ohren.

Der Schmetterling ist ein dunklerer Fleck in Form eines Schmetterlings, dessen Dorn genau in der Mitte des Nasenrückens liegt. Der Schmetterling sollte scharf gezeichnet sein und über die Nase bis zu beiden Mundwinkeln laufen.

Die Augenringe sollen um die Augen herum überall gleich breit und geschlossen sein. Die Backenpunkte stehen frei und sind rund oder oval geformt.

Die Zeichnung der Ohren ist an der Wurzel scharf abgegrenzt. Auf dem Rücken haben die Farbenzwerge einen Aalstrich, der hinter den Ohren beginnt und bis zur Blume reicht. Bei Ausstellungstieren sollte dieser Streifen möglichst gleichmäßig verlaufen und scharf gezeichnet sein.

Schließlich haben diese Kaninchen an den Seiten diverse Flecken, die im Idealfall rund sind und nicht ineinander laufen. Im Grunde kann diese Zeichnung in jeder beliebigen Farbe gezüchtet werden. Bisher sieht man jedoch ausschließich Farbenzwerge mit schwarzer Lotharingerzeichnung.

JAPANERZEICHNUNG

Farbenzwerge mit Japanerzeichnung haben die gleiche Farbverteilung und Zeichnung wie das Japanerkaninchen. Im Idealfall haben die Tiere einen zweifarbigen Kopf, der genau in der Mitte gescheitelt ist. Die eine Seite des Kopfes ist schwarz gefärbt, die andere rotgelb. Unter der schwarzen Kopfhälfte muss die Brust rotgelb sein, während die Läufe schwarz sind und unter der rotgelben Kopfhälfte ist die Brust schwarz, während die Läufe rotgelb sind. Läufe und Brust sollten auf der gleichen Körperhälfte nicht dieselbe Farbe haben, damit der Kontrast zur jeweiligen Kopfhälfte besser herauskommt.

Farbenzwerg mit Holländerzeichnung

Auch das Ohr an der rotgelben Kopfseite muss schwarz gefärbt sein, während das Ohr an der schwarzen Kopfseite eine rotgelbe Färbung aufweisen muss.
Auf dem Körper müssen außerdem schwarze und rotgelbe Bänder zu sehen sein, die so genannte „Zebrazeichnung“. Wie viele Bänder ein Tier aufweist, ist weniger wichtig, von größerer Bedeutung ist, dass sie scharf begrenzt sein müssen.

HOLLÄNDERZEICHNUNG
Die Holländerzeichnung schreibt zwei gefärbte Kopfplatten vor, die Augen, Backen und Ohren umschließen, sich aber nicht bis zur Schnauze erstrecken oder den Nacken hinablaufen dürfen. Bei einer korrekten Zeichnung ergibt sich ein hübsches, scharf begrenztes Abzeichen in Form einer umgedrehten v-förmigen Blesse auf der Stirn.
Von der Körpermitte bis zur Blume ist diese Varietät gefärbt. Die Trennlinie zwischen weißem und gefärbtem Teil muss möglichst scharf sein und absolut gerade verlaufen. Die Pfoten der Hinterläufe sind bei Farbenzwergen mit Holländerzeichnung immer weiß.

Rassen mit besonderer Fellstruktur

Rex

Herkunft

Mutationen können immer wieder auftreten. Im Grunde sind viele bekannte Kaninchenrassen durch eine über Zuchtwahl festgelegte Mutation entstanden. Das Rex-Kaninchen bildet hier keine Ausnahme. Das erste Kaninchen mit Rexfell, aus dem Züchter eine neue Rasse entwickelten, wurde 1919 in dem kleinen französischen Örtchen Louché-Pringé geboren. Es war ein Kaninchen in der Farbe, die man heute als Castor (Biber) bezeichnet. Der Dorfpfarrer namens Gillet war von dem Tier beeindruckt und begann mit der Zucht.

Sehr schönes Rex-Kaninchen, Rammler, in der beliebten Farbe Castor

Dalmatiner-Rex

Junges Rex-Kaninchen

Auch Weiß ist bei den Rex-Kaninchen sehr beliebt.

1924 wurden verschiedene seiner castorfarbenen Rex-Kaninchen erstmals auf einer großen internationalen Ausstellung in Paris gezeigt. Dies brachte den Durchbruch für die neue Rasse, die in kurzer Zeit bei den Züchtern großes Interesse weckte.

Leider gab es neben seriösen Züchtern auch solche, die ausschließlich auf die absurd hohen Gewinne aus waren, die man damals mit Rexfellen erzielen konnte. Hierdurch begann schon bald der Verfall der neuen Rasse. Denn um die große Nachfrage befriedigen zu können, verfielen die kommerziellen Züchter darauf, mit ihren Tieren vermehrt Inzucht zu betreiben und die Weibchen viel zu früh decken zu lassen. Als die Felle qualitativ immer schlechter und für die Pelzindustrie uninteressant wurden, verabschiedete sich diese durch die Hintertür.

Zum Glück sind einige seriöse Züchter der Rasse treu geblieben und haben alles unternommen, um dem Rex-Kaninchen wieder zu neuem Ansehen zu verhelfen. Dies ist ganz offensichtlich geglückt, denn das heutige Rex-Kaninchen ist ein gesundes, lebendiges Tier mit vollendetem Fell.

Durch das Einkreuzen diverser anderer Rassen und Farben ist das Rex-Kaninchen heute in zahlreichen Farben und Zeichnungen zu be-

Junge blaue Rex-Kaninchen

Weißes Rex-Kaninchen, Rammler

Die Fleckenzeichnung beim Dalmatiner-Rex ist bei jedem Tier anders.

Junges Rex-Kaninchen im Farbenschlag Gelb

wundern. Die ursprüngliche Farbe Castor ist jedoch in den meisten Ländern noch immer am begehrtesten.
Das Rex-Kaninchen aus Frankreich war nicht die einzige Mutante, die in Erinnerung blieb. Später tauchten regelmäßig Kaninchen mit dieser Fellstruktur auf. Dies passierte unter anderem 1926 in Lübeck, 1927 in Chartres, in der französischen Normandie, und 1938 im niederländischen Schoonhoven. Aus Kreuzungen zwischen diversen, nicht miteinander verwandten Stämmen gingen jedoch keine Jungen mit der gleichen Fellstruktur hervor. Hiermit war der Beweis erbracht, dass es sich um verschiedene Mutationen handelte, die alle die gleiche Fellstuktur verursacht haben.

Eigenschaften

Aufgrund der besonders weichen, samtigen Haarstruktur, der enormen Farbenvielfalt, des eleganten, außergewöhnlichen Körperbaus und aufgrund seines temperamentvollen, gutartigen Wesens, verdient das Rex-Kaninchen eigentlich mehr Beachtung als Heimtier. Es wird

zwar gelegentlich als Heimtier gehalten, aber die meisten Freunde hat es nach wie vor unter den Züchtern.
Das Rex-Kaninchen zählt auch auf internationaler Ebene zu den beliebtesten Kaninchenrassen.

Körperliche Merkmale

Das Rex-Kaninchen hat einen leicht gestreckten Körper, der vorne und hinten möglichst gleich breit sein soll. Die gleichmäßig verlaufende Rückenlinie endet in einem gut abgerundeten Hinterleib. Die kräftigen Läufe haben eine normale Länge, erscheinen durch die kurze Behaarung aber länger als bei anderen Rassen.
Der längliche Kopf ist im Profil gebogen, hat eine breite Stirn und Schnauze sowie kräftige Backen. Vor allem Männchen haben einen markanten Kopf und dicke Backen.
Die straff aufrecht stehenden Ohren sind fleischig und behaart. Die durchschnittliche Ohrlänge beträgt 12 Zentimeter.

Das Gewicht der Tiere liegt zwischen knapp 3 und 4 Kilogramm. In einigen Ländern werden verschiedene Farben getrennt bewertet und haben teils abweichende Gewichtsgrenzen.

Fell

Die Fellqualität ist bei Rex-Kaninchen von größter Bedeutung. Die Haare sind kurz, ungefähr 1,5 Zentimeter lang, und stehen senkrecht auf dem Haarboden. Das Haar muss allerdings in der Mitte des Rückens eine Länge von etwa 1,7 bis 2 Zentimetern haben. Die einzelnen Haare dürfen keinesfalls gewellt oder gelockt sein und müssen so kräftig sein, dass sie beim Streichen gegen den Strich nur langsam in ihre ursprüngliche Lage zurückgehen.
Die Grannenhaare sind fein und sollen mit der dichten Unterwolle abschließen bzw. dürfen den Wollflaum maximal um einen Millimeter überragen. Auch der Nackenbereich soll frei von Locken sein.
All diese Faktoren bewirken das einzigartige samtige Aussehen des Fells.

Englisches Rex-Kaninchen, lila

Castor-Rex, Weibchen

Kopfstudie Dalmatiner-Rex, Weibchen

Farben

Das Rex-Kaninchen wird in vielen verschiedenen Farben gezüchtet und durch Kreuzungen mit anderen Rassen und Farben kommen ständig neue hinzu. Im Folgenden finden Sie eine Beschreibung von einigen bekannten und weniger bekannten Farben.

WILDFARBEN (AGOUTI)

Wildfarbene Tiere zeichnen sich dadurch aus, dass bei ihnen jedes einzelne Haar in verschiedenen Farben schattiert ist. Die Farbe direkt über der Haut wird Unterfarbe genannt. Diese ist bei vielen Tieren grau oder blau. Die Farbe an den Haarspitzen wird Ticking bzw. Schattierung genannt und die Farbe dazwischen Deckfarbe. Der Übergang zwischen den drei Farben ist am besten zu sehen, wenn man in das Fell der Tiere bläst.

Weitere Merkmale sind der hell gefärbte Bauch und die lichten Ränder um die Augen; auch die Innen- und Hinterseite der Läufe und die Unterseite der Blume sind hell gefärbt.

Bei den wildfarbenen Rex-Kaninchen wird unter anderem unterschieden zwischen hasengrau (licht braungraue Deckfarbe, schwarze Schattierung, braune Augen), chinchilla (silberweiße Deckfarbe, schwarze Schattierung, braune Augen), luchsfarben (rotgelbe Deckfarbe, silberhellblaue Schattierung, blaue Augen), opal (rotbraune Deckfarbe, lila Schattierung, blaue Augen) und castor (mahagoniebraune Deckfarbe, lichtlila Schattierung, braune Augen).

Gelbe und orangefarbene Exemplare sind ebenfalls wildfarben jedoch ohne Schattierung. Sie haben im Gegensatz zu einfarbigen Rex-Kaninchen helle Ränder um die Augen.

Tiere mit gelbem oder orangefarbenem Fell haben braune Augen.

EINFARBIG

Einfarbige Rex-Kaninchen haben im Gegensatz zu den wildfarbenen weder eine Schattierung noch helle Abzeichen unter der Blume, am Bauch oder an den Läufen. Das Fell hat durchgehend dieselbe Farbe, die sich möglichst bis zur Haarwurzel erstrecken sollte.

Einfarbige Rex-Kaninchen können schwarz (mit braunen Augen), blau (mit blauen Augen), schokoladenbraun (mit braunen Augen) und lila (mit blauen Augen) gefärbt sein.

Einfarbig weiße Rex-Kaninchen sind sehr beliebt. Sie haben meist rote Augen, daneben gibt es sie aber auch mit blauen Augen.

Abzeichen

Bei dieser Rasse sind zahllose Abzeichen bekannt. Der Unterschied zwischen Abzeichen und Zeichnung liegt darin, dass sich Abzeichen dominant vererben. Wenn zwei Tiere mit den gleichen Abzeichen gekreuzt werden, haben auch die Nachkommen diese Abzeichen. Bei Zeichnungstieren ist dies nicht selbstverständlich.
Bekannte Abzeichen sind Madagaskar-, Weißgrannen- und Lohabzeichen in verschiedenen Farben sowie Russenabzeichen und diverse Marderfarben. Eher selten sind Rex-Kaninchen mit Holländerabzeichen.

Zeichnungen

Zeichnungstiere haben eine bestimmte (Flecken)Zeichnung. Diese vererbt sich nicht so leicht wie Abzeichen. Die Paarung von zwei perfekt gezeichneten Rex-Kaninchen ist keine Garantie für vollendete Jungtiere. Besonders hübsch und populär ist das aus der Schweiz stammende Dalmatiner-Rex, das sowohl mit schwarzen als auch mit braunen oder blauen Flecken oder in Farbkombinationen vorkommt.

Besonderheiten

Es gibt noch zwei weitere Typen von Rex-Kaninchen. Ersteres ist das 1924 durch den englischen Kaninchenzüchter T. Leaver aus Kent gezüchtete Opossum-Rex. Vertreter dieser Rasse haben relativ lange Haare (ungefähr 2,5 Zentimeter), die vom Körper abstehen und gekräuselte Spitzen haben. Auffallend sind die gesilberten Haarspitzen, die über das ganze Fell, abgesehen von Kopf, Läufen und Ohren, verteilt sind. Diese Rasse wird noch heute in geringem Umfang in Großbritannien gezüchtet. Die zweite Variante ist das ebenfalls aus England stammende Ast-Rex, das ein straff am

Ein Wurf Satinkaninchen

Körper anliegendes, gekräuseltes Fell hat. Diese Rasse wurde Anfang der 30er Jahre entwickelt. Auch beim Ast-Rex sind Kopf, Ohren und Pfoten normal behaart. Die Rasse kommt heute jedoch kaum noch vor.

Satinkaninchen

Herkunft

Seinen Namen hat das Satinkaninchen dem auffallend seidigen Glanz seines Fells zu verdanken. Dieser ist durch eine Mutation entstanden, die in einem Wurf von Havanna-Kaninchen auftrat, und zwar in Pendleton, Kentucky, bei dem amerikanischen Züchter Walter Huey. Die 1932 geborenen Kaninchen erregten großes Aufsehen, als Huey sie zusammen mit ihrem Nachwuchs 1934 erstmals auf einer Ausstellung in Louisville der Öffentlichkeit vorstellte. In den ersten Jahren wollte man die Satinkaninchen als neue Pelzrasse einführen, aber die Pelzindustrie zeigte nur mäßiges Interesse.
Ein anderer amerikanischer Züchter, ein gewisser Price aus Phoenix in Arizona, versuchte durch Einkreuzen des Weißen Neuseeländers, der in den USA damals beliebtesten Fleischrasse, den Nutzen der neuen Rasse zu erhöhen. Diese Kreuzungsversuche führten schließlich 1938 zu den elfenbeinfarbenen Satinkaninchen,

Orangefarbene Satinkaninchen

Satinkaninchen, elfenbeinfarben

Kopfstudie Satinkaninchen, orangefarben

Junges Satinkaninchen

genetisch betrachtet eigentlich Albinokaninchen, deren Fell durch die besondere Struktur einen gelblichen Schimmer hat. Geld war mit diesen Tieren allerdings kaum zu verdienen: Sie waren und sind reine Ausstellungstiere, die weder für die Fleisch- noch für die Pelzindustrie wertvoll sind. Obwohl diese Rasse keinerlei Nutzwert hat, gibt es doch einige Züchter, die ihr treu geblieben sind, sodass Satinkaninchen auch heute noch beliebte Ausstellungstiere sind.
1947 wurden die ersten Satinkaninchen von den USA ins Ausland exportiert. Im selben Jahr kamen elfenbeinfarbene Tiere nach Großbritannien. Die Briten verstanden es, durch Einkreuzen von Rex-Kaninchen in erstaunlich kurzer Zeit viele andere Fellfarben zu züchten. Durch den Einfluss britischer Züchter ist das Satinkaninchen heute auch im übrigen Europa auf Ausstellungen eine bekannte und gern gesehene Rasse.

Eigenschaften

Satinkaninchen haben ein auffallendes Äußeres, ein überwiegend ruhiges Wesen und einen gutmütigen Charakter. Diese Kaninchen sind bestens für Kinder geeignet, werden jedoch seit Entstehen der Rasse fast nur von Hobbyzüchtern gehalten und gezüchtet. Ein Grund hierfür mag sein, dass dem breiten Publikum diese Rasse kaum bekannt ist.

Körperliche Merkmale

Satinkaninchen erreichen ein Mindestgewicht von 2,5 Kilogramm, ein Normalgewicht von 3,25 Kilogramm und ein Höchstgewicht von 4 Kilogramm.
Der Körper ist leicht gedrungen, die Rückenlinie verläuft ebenmäßig und der Hinterleib ist schön abgerundet. Der Kopf ist dick mit breiter Stirn und ausgeprägtem Nacken. Vor allem bei den Männchen kommt dies gut zur Geltung. Die Ohren sind gut behaart und durchschnittlich 11 Zentimeter lang.

Fell

Satinkaninchen verdanken ihren Rassenamen der besonderen Fellstruktur, die gegenüber

Weißes Fuchskaninchen mit roten Augen

Weißes Fuchskaninchen mit blauen Augen

Fuchskaninchen, fehfarben

dem Normalhaar rezessiv vererbt wird. Das feine Haar hat einen besonders tiefen Glanz, der nur bei Kaninchen dieser Rasse vorkommt. Die Haarlänge liegt bei 2,5 bis 3 Zentimetern. Auf Ausstellungen wird vor allem Wert auf die Dichte des Fells gelegt. Satinkaninchen haben mehr Haar als alle anderen Kaninchenrassen.

Farben

Satinkaninchen werden in vielen verschiedenen Farben gezüchtet, die beliebteste ist allerdings Elfenbein. Im Grunde kann man durch Kreuzen von Satinkaninchen mit anderen Rassen jede beliebige Farbe oder Zeichnung erreichen.
Die erste Generation zeigt oft noch kein Satinfell, doch tragen schon alle Tiere den Satin-Faktor. Wenn später zwei Tiere mit Satin-Faktor gepaart werden, besteht eine gute Chance, einige Jungtiere mit Satinfell zu erhalten.
Elfenbein ist die häufigste Farbe bei Satinkaninchen. Diese Tiere haben in der Regel rote Augen (Albinos). Auch weiße Tiere mit blauen Augen kommen vor, sind aber seltener.
Weitere Farben sind Schwarz und das ursprüngliche Schokoladenbraun mit braunen Augen sowie Blau und Lila mit blauen Augen. Außerdem gibt es hasenfarbene (rötliche Deckfarbe, schwarze Schattierung, braune Augen), castorfarbene (rotbraune Deckfarbe, schwarze Schattierung, braune Augen) und chinchillafarbene (silberweiße Deckfarbe, schwarze Schattierung, braune Augen) Tiere. Orangefarbene Satinkaninchen sind eigentlich wildfarben ohne Schattierung (Ticking). Sie haben helle Ringe um die Augen, einen hellen Bauch, eine helle Blumenunterseite und hell gefärbte Innen- und Hinterseiten der Läufe. Schließlich gibt es noch Satinkaninchen mit Abzeichen, wie Russen- und Marderabzeichen. Diese sind auf dem europäischen Festland aber äußerst selten.

Fuchskaninchen

Herkunft

In den Adern der Fuchskaninchen, wie man sie heute täglich auf Ausstellungen sieht, fließt unter anderem das Blut von Havanna-Kaninchen, Chinchilla- und Angorakaninchen. Einer

Fuchskaninchen, fehfarben

der wichtigsten Züchter war in diesem Zusammenhang ein gewisser Schweizer namens Müller. Er kreuzte in den 20er Jahren Havanna-Kaninchen mit Angorakaninchen. 1925 wurde seine neue Kreation unter dem Rassenamen „Schweizer Fuchskaninchen" anerkannt. Müllers eigentliches Ziel war nicht eine neue Ausstellungsrasse in die Welt zu setzen. Er wollte

Fuchskaninchen, braun

vielmehr ein Kaninchen züchten, das das gleiche Fell wie ein Fuchs haben sollte, da damals Fuchspelzmäntel sehr begehrt waren.
Dieses Ziel erreichte Müller jedoch nicht bzw. nur unvollkommen und auch andere Züchter scheiterten, da ein Fuchsfell von der Struktur und Beschaffenheit her völlig anders und wesentlich gröber ist, als ein Kaninchenfell. Die Festigkeit und Rauchigkeit eines Fuchsfells kann nicht an das Kaninchenhaar angezüchtet werden. Die Schweizer Kaninchenrasse war bei Hobbyzüchtern dennoch schnell beliebt.
Einige Jahre später gelang auch dem deutschen Kaninchenzüchter Leifer aus Coburg die Zucht von Fuchskaninchen. Seine Tiere wurden erstmals 1932 unter dem Rassenamen „Blaufuchs" in Leipzig ausgestellt. Nach Leifer gab es in Deutschland noch mehrere Züchter, die – unabhängig voneinander – dasselbe Ziel verfolgten. Ihre Ergebnisse, mit denen sie auf zahlreichen Ausstellungen zugegen waren, erreichten aber nie die Qualität der Müllerschen Tiere.
Schweizer Fuchskaninchen wurden in großer Zahl von deutschen Züchtern importiert und fanden ihren Weg auch in andere Länder. In

Junges gelbes Angorakaninchen (vgl. Seite 306–309)

Angorakaninchen, weiß mit roten Augen (vgl. Seite 306–309)

Junges schwarzes Angorakaninchen (vgl. Seite 306–309)

den Niederlanden wurde die Rasse 1933 anerkannt, in Großbritannien wurde sie zu dieser Zeit häufig ausgestellt. Es dauerte jedoch bis in die 80er Jahre, bis man die Rasse dort unter dem Namen „Swiss Fox" anerkannte.
Während des Zweiten Weltkriegs ist diese Rasse beinahe verschwunden. Nach dem Krieg existierte nur noch eine Hand voll Fuchskaninchen. Liebhaber reisten in die Schweiz, wo man die Rasse während der Kriegsjahre weiterentwickelt hatte. Heute ist das Fuchskaninchen praktisch in jedem Land auf Ausstellungen präsent.

Eigenschaften

Das Fuchskaninchen hat ein ruhiges Wesen. Eigentlich war es zunächst als Felllieferant für die Pelzindustrie gedacht. Nachdem die große Nachfrage nach den Fellen dieser Tiere jedoch ausblieb, wurde die Rasse nur noch von Kaninchenfreunden gezüchtet, die die Kaninchen ihrer Schönheit wegen weiterentwickelten.
Auf Ausstellungen findet man Fuchskaninchen regelmäßig, als Heimtier ist die Rasse jedoch weitgehend unbekannt, obwohl sie hierfür gut geeignet wäre, denn sie bildet die ideale Zwischenlösung für Menschen, denen (halb)langhaarige Kaninchen zwar gefallen, die für die intensive Pflege eines Angorakaninchens aber nicht die nötige Zeit aufbringen können. Das Fell der Fuchskaninchen muss zwar hin und wieder gebürstet und gekämmt werden, die Tiere benötigen aber wesentlich weniger Fellpflege als Angorakaninchen.

Körperliche Merkmale

Fuchskaninchen sind sehr muskulös. Der gut ausgeprägte Kopf hat dicke Backen. Er sitzt ohne erkennbaren Hals am Körper und kommt vor allem bei Rammlern voll zur Geltung. Die durchschnittliche Länge der behaarten Ohren beträgt 11 Zentimeter. Fuchskaninchen haben ein Mindestgewicht von 2,5 Kilogramm, ein Normalgewicht von 3 Kilogramm und ein Höchstgewicht von 4 Kilogramm.

Frisch geschorenes Angorakaninchen, weiß mit roten Augen (vgl. Seite 306–309)

Die Fellpflege ist bei Angorakaninchen äußerst zeitaufwändig.

Fell

Auf Ausstellungen wird vor allem Wert auf Struktur und Dichte des Fells gelegt. Es darf nicht wollig sein und ist im Idealfall vollkommen glatt. Die dichte Unterwolle stützt das Deckhaar, sodass es nicht flach am Körper anliegt. Die Haarlänge beträgt etwa 5 Zentimeter, abgesehen von Kopf, Ohren und Läufen, die eine normale Behaarung aufweisen.

Farben

Fuchskaninchen werden in verschiedenen Farben gezüchtet. Weiße Tiere, teils mit blauen, teils mit roten Augen, sind am beliebtesten. Daneben gibt es Fuchskaninchen mit schwarzem, blauem und braunem Fell sowie fehfarbene Fuchskaninchen und chinchillafarbene, silberne und gelbe Tiere, die jedoch selten sind.

Angorakaninchen

Herkunft

Angorakaninchen gehören zu den ältesten bekannten Kaninchenrassen. In der Literatur wird

Blaues Angoraweibchen mit seinem Jungen

Angorakaninchen, blau

Angorakaninchen

gelegentlich behauptet, die Rasse sei ihres Fells wegen in Großbritannienschon im 15. Jahrhundert gehalten worden. Andere Quellen bestreiten dies. Wahrscheinlich haben britische Seefahrer Ende des 17. Jahrhunderts oder Anfang des 18. Jahrhunderts die Vorfahren der heutigen Angorakaninchen von ihren weiten Reisen aus dem Osten mit nach Hause gebracht.

Sicher ist, dass schon zu Beginn des 18. Jahrhunderts Angorakaninchen von britischen Seeleuten in Frankreich zum Kauf angeboten wurden und dass die Tiere bereits in diesem Jahrhundert reinrassig unter zwei verschiedenen Namen gezüchtet wurden: „White Turkish Rabbits" und „English Silk Rabbits". Später hat man sie alle in Angorakaninchen umbenannt, eine auf der ganzen Welt gebräuchliche Bezeichnung.

1777 kamen die ersten Angorakaninchen nach Deutschland und wurden von hier in die Nachbarländer, zum Beispiel in die Niederlande exportiert. Die damaligen Angorakaninchen waren mit den Tieren, die heute auf Ausstellungen präsentiert werden, in keiner Weise zu vergleichen. Das Fell und auch die Ohren waren bei diesen Kaninchen wesentlich kürzer. In erstaunlich kurzer Zeit verbreitete sich die Rasse über die ganze Welt.

Berichten zufolge züchteten damals auch Chinesen und Japaner Angorakaninchen, wobei es aber nicht sicher ist, ob diese Tiere aus Europa

Angorakaninchen werden mit einem dunklen Fell geboren, das später jedoch heller wird.

Kopfstudie Angoraweibchen, braun

stammten oder vor Ort aus ihrem ursprünglichen Lebensraum in der Natur geholt wurden. Sicher ist hingegen, dass in beiden Ländern im 18. Jahrhundert der Handel mit Angorakaninchen und deren Wolle blühte. Es gab sogar eine Zeit, in der die Chinesen die bedeutendsten Lieferanten für Angorawolle waren.
Im Lauf der Zeit entstanden verschiedene Typen von Angorakaninchen. Sie unterschieden sich nicht nur hinsichtlich der Größe und des Gewichts, sondern waren auch bezüglich der Struktur, der Dichte und der Länge des Fells sehr verschieden. Angorakaninchen, die in Großbritannien gezüchtet wurden, produzierten ungefähr 350 Gramm Wolle im Jahr, wohingegen Tiere, die in Deutschland und Frankreich gezüchtet wurden bis zu einem Kilogramm lieferten.
Angorakaninchen kamen zunächst ausschließlich in Weiß (Albinos) vor. Erst später hat man weitere Farben in die Rasse eingeführt. Vertreter dieser Rasse sind praktisch auf jeder Ausstellung zu bewundern.

Eigenschaften

Angorakaninchen in voller Haarpracht ertragen Hitze und Feuchtigkeit nicht. Man kann sie nicht waschen, da ihr Fell schlecht trocknet und schnell zerzaust.
Das Fell muss täglich gebürstet und entwirrt werden, damit das Kaninchen nicht in seiner Bewegungsfreiheit behindert wird. Gehen Sie behutsam vor, denn allzu enthusiastische Bürstenstriche ziehen den Verlust der Unterwolle nach sich.
Hin und wieder – je nach Felllänge und -dichte – muss das Haar gekürzt bzw. geschoren werden. Normalerweise genügt dies alle zwei bis drei Monate. Wenn dies nicht oder nur unzureichend geschieht, kann das Angorakaninchen durch das verfilzte Fell auf Dauer gesundheitliche Probleme bekommen und im Extremfall sogar sterben.
Außerdem lässt sich ein Angorakaninchen in vollem Haarkleid nur schlecht bis gar nicht auf Stroh, Heu oder Sägespänen halten, da dieses Material sich sofort im Fell verfängt. Ausstellungstiere werden meist in Käfigen mit Gitterboden gehalten. Gestutzte (getrimmte) Angorakaninchen können praktisch problemlos auf Stroh gehalten werden. Man muss allerdings täglich die Strohstückchen aus dem Fell entfernen.
Die Angorazucht ist mit spezifischen Problemen behaftet, die mit Felllänge und -struktur zu tun haben. So zieht sich bei Tieren mit vollem Fell der Deckakt in die Länge und auch das Werfen und Säugen der Jungen ist für das Weibchen leichter, wenn es zuvor von überflüssigem Fellbehang befreit wurde.
Diese Rasse dient der Wollgewinnung. Im Alter von sechs bis acht Wochen kann ein Angorakaninchen zum ersten Mal getrimmt werden. Das Fell wächst in drei Monaten durchschnitt-

Das Trimmen eines Angorakaninchens ist eine Sache für sich.

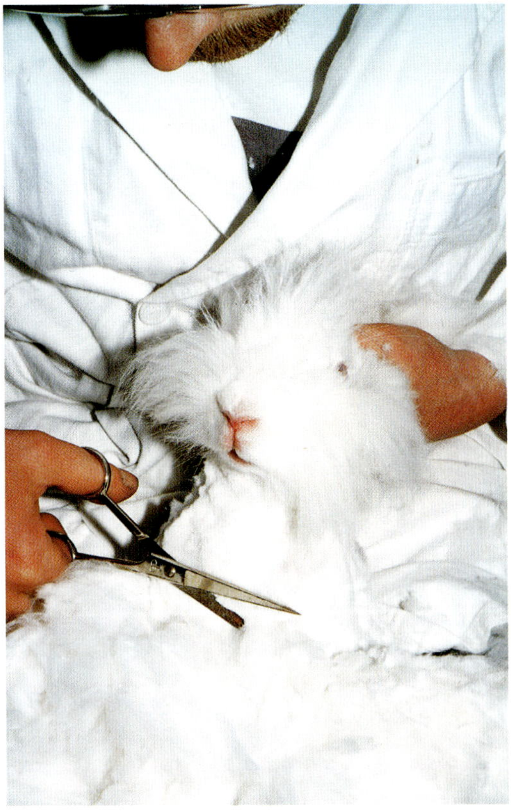

lich 8 Zentimeter. Pro Jahr kann der Wollertrag eines Angorakaninchens, je nach Wuchstempo und Dichte des Fells, bei über einem Kilogramm liegen.

Körperliche Merkmale

Angorakaninchen wiegen zwischen 3 und 4 Kilogramm. Durch das dichte Fell ist ihr Hals kaum zu sehen, sodass der Körper eher gedrungen wirkt. Die Läufe sind durchschnittlich lang und sollten kräftig und muskulös sein.
Angorakaninchen haben einen breiten Kopf, der nicht zu lang sein darf. Die voll behaarten Ohren sind dick und kräftig; sie stehen aufrecht und haben eine durchschnittliche Länge von 12 Zentimetern.

Fell

Auf Ausstellungen wird größter Wert auf Qualität, Länge, Struktur und Dichte des Fells gelegt. Ein gesundes Angorakaninchen sollte eine Felllänge von mindestens 6 Zentimetern aufweisen, damit es auf Ausstellungen gut abschneidet. Längeres Fell wird nicht als Fehler gewertet. Wie jedes Kaninchen hat auch das Angorakaninchen verschiedene Haartypen: Wolle, Unterwolle und Grannenhaare. Die weiche Wolle muss bei diesen Kaninchen überwiegen. Ohr- und Stirnbüschel sowie der Backenbart dürfen auf keinen Fall fehlen.

Farben

Angorakaninchen werden in verschiedenen Farben gezüchtet. Der bekannteste Farbenschlag ist Weiß mit roten Augen, es gibt aber auch weiße Angorakaninchen mit blauen Augen. Außerdem werden Angorakaninchen in Schwarz, Braun, Gelb und Blau gezüchtet. Auch marderfarbene Angorakaninchen kommen vor, sind aber nicht überall anerkannt. Charakteristisch für farbige Angorakaninchen ist, dass ihre wirkliche Farbe, sobald die Tiere erwachsen sind, nur noch an den kürzeren Haaren an Schnauze und Ohrinnenseite zu erkennen ist. Der übrige Körper trägt ein wesentlich blasseres Fell.

Besonderheiten

Es gibt verschiedene Typen von Angorakaninchen: Französische Angorakaninchen unterscheiden sich hinsichtlich der Fellstruktur von den Angorakaninchen in anderen Ländern. Ihr Fell ist weniger weich und wächst langsamer. Sie werden selten getrimmt, sondern eher gezupft, wobei man lose Haare von Hand aus dem Fell entfernt.

Junges Angorakaninchen im Farbenschlag Gelb

Farbenzwerg mit Rexfell, hasengrau

Zwergrassen mit besonderer Fellstruktur

Farbenzwerge mit Rexfell

Herkunft

Farbenzwerge mit Rexfell sind aus Kreuzungen von Farbenzwergen mit marderfarbenen Rex-Kaninchen entstanden. Die ersten Tiere waren weiß und marderfarben. Sie wurden vom Kaninchenzüchterverband Boydon aus Den Dolder erstmals auf der 1966 in den Niederlanden stattfindenden Ornithophilia (Kaninchenausstellung) dem Publikum vorgestellt. In Deutschland wurde die Rasse 1980 anerkannt, in Großbritannien 1990 unter dem Namen „Mini Rex". Hinsichtlich des Körperbaus wird, abgesehen von der Größe, der Standard für normale Rex-Kaninchen angewendet. Auch in den USA ist diese Rasse bekannt und beliebt.

Zwergkaninchen mit Angorafell, schwarz

Eigenschaften

Charakter und sonstige Eigenschaften dieser Rasse sind mit den übrigen Farbenzwergen vergleichbar.

Zwergkaninchen mit Angorafell, (vgl. Seite 312–314)

Angorazwerge sind ideale Heimtiere, wenn man nur wenig Platz zur Verfügung hat.

Die Rasse kommt in jedem Land vor, in dem Kaninchen gezüchtet werden, ist aber nicht überall gleich populär. Wegen ihrer Anhänglichkeit werden diese Kaninchen nicht nur in Hobbyzüchterkreisen, sondern auch als Heimtiere gehalten.

Zwergkaninchen mit Angorafell

Körperliche Merkmale

Farbenzwerge mit Rexfell haben einen gedrungenen, walzenförmigen Körper, der vorne und hinten gleich breit ist. Die Rückenlinie verläuft ebenmäßig, der Hinterleib ist gut abgerundet. Die Läufe sind kurz und feingliedrig, die Blume ist klein und liegt dicht am Körper an. Der Kopf ist breit, kräftig und kurz mit breiter Stirn und Schnauze. Er sitzt ohne erkennbaren Hals am Körper. Die aufrecht stehenden Ohren sind kurz (bis etwa 5,5 Zentimeter), stehen eng beieinander, sind gut behaart und an den Spitzen abgerundet. Die Tiere erreichen ein Mindestgewicht von 0,8 Kilogramm, ein Normalgewicht von 1,2 bis 1,4 Kilogramm und ein Höchstgewicht von 1,6 Kilogramm.

Fell

Die Fellqualität ist bei diesen Farbenzwergen von größter Bedeutung. Die kurzen Haare stehen senkrecht vom Körper ab. Das Fell muss im mittleren Bereich des Rückens eine Länge von 1,4 bis 1,7 Zentimetern haben. Die Haare dürfen nicht wellig oder lockig sein und müssen eine gute Standfestigkeit haben. Wenn man mit der Hand gegen den Strich durch das Fell geht, sollen die Haare nur langsam in ihre ursprüngliche Lage zurückgehen. Rex-Kaninchen haben viel Unterwolle, die die Dichte des Fells ausmacht. Die Grannenhaare sind fein und nicht gekrümmt und sollen mit dem Unterhaar auf gleicher Höhe abschließen. Der Nackenbereich soll frei von Locken sein.

Farben

Farbenzwerge mit Rexfell werden im Prinzip

Zwergkaninchen mit Fuchsfell (vgl. S. 314)

in allen Farben gezüchtet, die bei normalhaarigen Farbenzwergen auch vorkommen. Da die Rasse noch nicht so lange bekannt ist, sind viele Farben, Abzeichen und Zeichnungen noch nicht vollständig entwickelt.

Zwergkaninchen mit Angorafell

Angorazwerg

Herkunft

Das Angorazwerg-Kaninchen ist in mehreren Ländern beinahe zeitgleich aus der Kreuzung von Angorakaninchen mit anderen Rassen entstanden. In Belgien war es ein gewisser Herr Born aus Lüttich, der diese Rasse durch die Kreuzung eines kleinen Angoratyps mit rotäugigen Polenkaninchen kreierte. Ende der 80er Jahre wurde die Rasse in Belgien anerkannt. Auch in Frankreich blieb die Anerkennung nicht aus. In Deutschland und den Niederlanden ist sie dagegen bis heute nicht in den Rassestandard aufgenommen. Das Interesse an dieser Rasse wächst jedoch zusehends, sodass die Anerkennung nur eine Frage der Zeit ist.

Zwergkaninchen mit Fuchsfell

Eigenschaften

Diese Kaninchenrasse ist ideal für Menschen, die gerne ein langhaariges Kaninchen haben möchten, aber zu wenig Platz für ein großes Angorakaninchen haben. Das Fell eines Angorazwergs muss täglich gepflegt werden. Wenn die Tiere ihr volles Fell haben, ertragen sie Wärme und Feuchtigkeit nicht. Ihr Fell sollte nicht gewaschen werden, da es schlecht trocknet und stark zerzaust bei dieser Prozedur.
Um Ihr Tier gesund zu erhalten, sollten Sie das Fell jeden Tag locker durchbürsten. Es muss außerdem täglich entwirrt werden, damit keine Knötchen entstehen. Beim Bürsten (oder Kämmen) muss man behutsam vorgehen, da das Fell leicht beschädigt werden kann. Je nachdem, wie schnell das Fell wächst, sollten Sie Ihren Angorazwerg alle zwei bis drei Monate trimmen. Hierdurch gibt man auch der Haut eine bessere Chance zum Atmen.
Ein Angorazwerg in voller Haarpracht kann nicht auf Sägespänen und nur schlecht auf Stroh gehalten werden, da diese Materialien sich in dem weichen Fell festsetzen. Getrimmte Kaninchen können gut auf einer Strohunterlage gehalten werden, man muss ihnen allerdings alle paar Tage die Strohreste aus dem Fell sammeln. Ausstellungstiere werden meistens in Käfigen mit Gitterboden gehalten.
Bevor ein Angorazwerg gedeckt wird, sollte man das Tier scheren, da sowohl das Decken als auch das Säugen bei vollem Behang fast unmöglich ist.

Körperliche Merkmale

Ein Angorazwerg-Kaninchen sollte genauso aussehen wie ein Angorakaninchen, es ist nur kleiner. Obwohl es Angorazwerg heißt, ist es kein richtiges Zwergkaninchen. Derzeit wiegen die Tiere durchschnittlich 1,75 Kilogramm, das Idealgewicht liegt bei 1,5 Kilogramm.

Fell

Das Fell des Angorazwergs hat die gleiche Struktur und Dichte wie das des Angorakaninchens, er ist nur etwas kürzer. Auf Ausstellungen beträgt die Mindestlänge 5 Zentimeter.

Farben

Bis heute überwiegen weiße Angorazwerge mit roten oder blauen Augen, aber auch havannabraune und schwarze Tiere mit braunen Augen sieht man auf Ausstellungen immer öfter.

Farbenzwerge mit Fuchsfell

Herkunft

Farbenzwerge mit Fuchsfell sind eine kleinere Variante des Fuchskaninchens. Die Rasse wurde in Deutschland und den Niederlanden durch die Kreuzung von Fuchskaninchen mit Polenkaninchen gezüchtet. In den Niederlanden wurde die Rasse 1994 anerkannt.

Körperliche Merkmale

Diese Kaninchen haben die gleiche Statur wie normale Zwergkaninchen und die gleiche Behaarung wie ein Fuchskaninchen, nur etwas kürzer.
Es handelt sich um eine Zwergrasse mit kurzem, gedrungenem Körperbau und rundem, kurzem Kopf. Das Fell ist halblang, fühlt sich weich an und darf nicht zu wollig sein. Die Tiere kommen heute zumeist in Weiß mit roten oder blauen Augen vor.

Zwergkaninchen mit Fuchsfell, weiß mit roten Augen

Adressenliste

Zentralverband Deutscher Kaninchenzüchter e.V.
Krefelder Straße 130
D-41063 Mönchengladbach
Tel: 0 21 61/60 23 31

Meerschweinchenfreunde Deutschland (MFD)
Bundesverband Deutschland e.V.
Postfach 10 11 29
D-63011 Offenbach Main
Tel: 0 69 50/59 50

Verein Deutscher Meerschweinchenzüchter e.V. Bonn
Hommelsheimstraße 7
D-53359 Rheinbach

Vereinigung Deutscher Rassemeerschweinchenzüchter VDRZ
Postfach 68
D-34287 Zierenberg

Meerschweinchenfreunde in Österreich e.V.
Schulstraße 69/8
A-2103 Langenzersdorf

Vereinigung der Schweizer Meerschweinchenfreunde
Ziegelscheune 496
CH-4245 Kleinützel

Rattenclub Berlin-Brandenburg e.V.
Bornsdorferstraße 43
D-12053 Berlin

Verein der Rattenliebhaber und -züchter
Postfach 15 03 24
D-60063 Frankfurt

Zentralverband Zoologischer Fachbetriebe e.V.
Rheinstraße 35
D-63225 Langen
Tel: 0 61 03/91 07 12 (nur vormittags anrufen)

Farbenzwerg mit Rexfell im Farbenschlag Schwarz

Danksagung

Herausgeber und Autorin möchten folgenden Personen für die zur Verfügung gestellten hübschen Tiere und für ihre Zeit bei den Fotoaufnahmen danken:

H. Akkerman, Fr. Aleven, L.A. van Bakel, Comb van Beek, C. van de Berg, T. Blokker, C. Bregman, A.W. Cannell, Fam. Captijn, H. Cornelissen, L. van Dalen, J. Drury, C. Duyvekam, A.E. Derksen, M. Derksen, A.M. van Dongen, L. Donkersteeg, H. Dutewaert, C. van Empel, L. Everitt, H. Fennis, H. van de Geest, F. Gidding, D. Goudriaan, Comb. Goedhart-Pappot, D. Grau, H. Hak, Fam. Harks, F. den Hartog, A. Hendriks, A. van Hinthum, Fam. den Hollander, N.G. Hoornsman, J.C. Hulleman, J.W. Jansen, D. de Jong, H. Jonker, Comb. Kamps, J. Kanen, Fam. van Kapel, J. van Kessel, Fam. Kogels, H. Kool, M.J.A. van Kooten, Dhr. Kraayenveld, Comb. van Kruistum, W. Kreydt, T. Kwetters, W. van Laar, D. van Leeuwen, W. van Leeuwen, H. Lindeboom, W. Lindeboom. Judith Lissenberg, E. van Manen, Fam. Meeldijk; P. Megit, Ben Mimpen, W. Monshouwer, D. van Muijden, M.J. van de Muijden, Yolanda van Mul, G. Niesing, Fam. van Nuland, J. van Oirschot, Combinatie 'Onze Sport', A.G. Oomen, Joyce den Otter, W. den Otter, Fam. v.d. Pas, J. van de Pavert, Fam Pennings, H.G. Philipse, G. Prins, Gaby Prust, Rabbiminimus, G. Reijersen, Comb. de Rode Toren, Comb. van Roelofs-Schmit, J. van Rooij Sr., J. van Rooij Jr., L.A.G. van Rooij, A. van Rooijen, Fam. van Rumpt, A. Salari, Comb. Satijn, R. Schellevis, G.J. Schotman, J.J. Schreuder, K. Seepers, M. van Setten-Blok, J. en M. Stilkenboom, J.G. Tres-v.d. Linden, Fam. de Veer, P. v.d. Ven, B. van Venrooij, M. Verhoeven, J.F. Verrips, L. Vervecken, J.H. Verweij, Cees Vos, G. de Wit, J.G.P. Wolberts, W. van Zuilichem, H. Ziel en O. Zumbrink.

Besonderer Dank gilt zwei Menschen, die sich beide mit Recht – jeder auf seinem Gebiet – Experten nennen dürfen. Sie haben die ganze Zeit bereitwillig geholfen, wo sie gebraucht wurden. Für den Kaninchenteil in dieser Enzyklopädie war dies A.G. Oomen (Preisrichter) und für den Nagetierteil Judith Lissenberg (Vorsitzende NMC). Ihre jahrelange Erfahrung und ihr großer Einsatz haben viel zu dieser Enzyklopädie beigetragen. Dank gilt auch L. Donkersteeg und B. Mimpen für ihre große Hilfe. Außerdem danken wir den Mitgliedern des V.K.P.V. in Veenendaal, die freundlicherweise Räume für die Fotoaufnahmen eingerichtet und an der Realisation geduldig mitgewirkt haben. Außerdem geht der Dank an die Redaktion der englischen Zeitschrift „Fur & Feather", dem offiziellen Magazin des *British Rabbit Comicil,* die diese Ausgabe freundlicherweise mit Bildmaterial von einer Reihe englischer Kaninchenrassen bereichert hat. Dank gilt auch A. Vandenbroecke vom *Speciaalclub Het Belgisch Raskonijn* für Informationen zu einer Reihe belgischer Kaninchenrassen. Schließlich geht der Dank an F. Petrij für Informationen über Zwerghamster.

Alaskajunge, zwei Wochen alt

Elsterkaninchen, Weibchen

Fotonachweis

Judith Lissenberg (NL): S. 8, 10 rechts unten, 13 rechts unten, 17 unten und Mitte links, 18 links oben, 19 unten, 21, 47 rechts oben, 59 oben, 62 links oben, 66 rechts oben, 67, 68 oben (beide), 69 links oben und links Mitte, 81, 82 links unten und rechts oben, 83 links oben, 84 oben, 85 oben und links unten, 88 rechts oben und rechts unten, 89, 91 rechts, 94, 98 rechts oben, 102 links oben, rechts Mitte und rechts unten, 103 links oben und rechts unten, 104 links oben, 107 rechts oben, 108 links oben und links unten, 109 links unten, 111, 113 oben, 114 rechts oben, 115 unten, 116 rechts oben, rechts unten und links unten, 117 oben, 118 links unten, 119 rechts unten und links oben, 120 rechts oben, 121, 122, 123, 124, 125, 126, 127, 128 rechts oben und rechts unten, 129, 130 oben, 134 rechts oben, 135, 137, 139 rechts unten und links oben, 140 links oben, 143 rechts unten, 308 rechts unten.

Folgende Fotos wurden von „Fur & Feather" zur Verfügung gestellt und von Gaskin (GB) aufgenommen: 189 rechts oben, 190 rechts unten und links oben, 210 links oben, 220 links unten, 226 rechts oben, 233 rechts oben, 239 links oben, 250, 282, 283 und 298.

Die Fotos auf Seite 92 rechts oben und Seite 95 wurden gemacht von Debby „The Rat Lady" Ducommun (USA) und die Fotos auf Seite 93 stammen von Mary Ann Isaksen (USA).

Alle übrigen Fotos hat Esther J. J. Verhoef-Verhallen gemacht.

Hasenkaninchen, black & tan

Steen-Kaninchen

Register

Thüringer

Schecke, Weibchen im Farbenschlag Madagaskar

Kalifornier

Perlfeh

Havanna

Havanna

Holländer, eisengrau

Wiener, hasengrau

Braunes Lohkaninchen, Weibchen

Klein-Schecke, blau

Kleinsilber, lichtschwarz

Marder